◇導入対話◇
による
国際法講義〔第3版〕

廣部 和也
荒木 教夫

不磨書房

第3版はしがき

　第2版を刊行して7年が過ぎた。また，初版の刊行から10年が経過した。この間，国際法に関して新しい事象が見られるとともに，教科書として用いる点で幾つかより充実させた方がよいと思われた。全体としての構成や細部の編成は変更する必要はないと思われたが，今回，新たに加えるとともに，部分的に内容は変えないが全体を書き換えたり圧縮したりする作業を行った。主な項目としては，国家管轄権を国家主権の次に加えた。国家権力の主権作用を具体的な事例との関係でより理解しやすくなると思われたからである。また，国家責任の中に対抗措置を，難民の項目に難民審査参与員制度を加えた。海洋紛争の処理は，国連海洋法条約の紛争解決手続としてより充実する記述を行った。書き換え等を行った部分は一々挙げないが，主権免除や海賊のように，我が国にとして新しい法律が制定されたような問題は当然取り上げている。展開講義については，いくつかを削除したが新たに付加したため全体として5項目が増加する結果となった。その他，データについては，できるだけ新しいものに修正した。結果的に，ページ数がかなり増加した。本書を厚くすることは本意ではないが，思い切った削除は困難であり，止むを得ない結果となった。

　今回の改訂によって本書が少しでも改善されたとすれば幸甚である。大方の批判をいただき，次の機会には，さらなる充実を期したいと思う。

　最後になったが，今回も不磨書房の稲葉文子氏には大変お世話になった。記して心からの謝意を述べる次第である。

　　平成23年3月

　　　　　　　　　　　　　　　　　　　　　　　　　　廣　部　和　也
　　　　　　　　　　　　　　　　　　　　　　　　　　荒　木　教　夫

第2版はしがき

　本書を最初に刊行して3年以上が過ぎた。この間，国際法に関しては，幾つかの現象も生じている。また，たとえ僅かなものであっても出来るだけ新しい現象を取り上げていきたいと考えていたこともあり，今回，全面的に見直したうえで，第2版とすることとした。全体としての構成や細部の編成は変更していない。導入対話の部分も基本的にはそのままである。しかしながら数字や展開講義の手直しを含め，国際刑事裁判所規程の発効，国家責任草案や環境問題の展開のように，新しい現象が増えたことなど，実際には，ページ数は少し増加する結果となった。

　今回の改訂によって本書が少しでも良くなったと自負している。初版と同様に大方の批判をいただき，次の機会には，さらなる充実を期したいと思う。

　　平成16年2月29日

　　　　　　　　　　　　　　　　　　　　　　　　廣　部　和　也
　　　　　　　　　　　　　　　　　　　　　　　　荒　木　教　夫

はしがき

　最近における国際関係の変化は目まぐるしいものがある。20世紀最後の10年間の国際社会は，第二次大戦後の45年間維持されてきた国際社会の秩序と全く異なるものとなった。東西対立の構造に代わり，国家数の量的増大と民族的対立の激化がみられ，依然として南北対立を解消できない国際社会は，ますます複雑になっている。しかも，グロバリゼーションが進み，環境や人権などの問題が新たな局面をもたらしている。国際社会の法である国際法が，国際社会の変化の影響を受けることは当然のことである。国際法は絶えず成長し発展する法であり，常に進行し展開する過程にある。国際法は国際社会の変化に敏感に対応する法である。それは，一方では，法が政治に追随する側面を持つことを示すとともに，他方において，法が社会に対する法的統制の機能を持つことを意味している。今日において，より重要なのは，後者の機能である。社会的変化が進行する過程においても，そこに一定の則があることを忘れてはならず，基本的に守られるべき基準があるからこそ，われわれは安心して生活することができるのである。後者については，常に新しい法現象に注目すべきとの要請につながる。国際法は一朝一夕に変わるわけではない。国際法の成立にはかつて要したほどの時間は必要でないものの，一定の時間的経過は必要である。それだけに，変化に対して敏感でなければならず，同時に，その基礎・土台となるべき部分について確固とした理解が必要である。

　本書は，国際法の教科書として編んだものである。国際法が対象とすべき範囲は増大しており，教科書も次第に厚くなっている。本書の執筆にあたっても，できるだけ長くならないように意図し，基本的な点に留意した。本書の構成は，従来の国際法の体系とは少し異なるものとなっている。講学上の見地から，一定の論理性を重視しながらも，学生諸君にとって少しでも理解しやすくするにはどのような構成がよいかという観点からの一つの試みである。導入対話という方式も，同様に，学生諸君にとってとっつきやすく，また関心を持つ契機と

なることを意図して作成した。導入対話の内容は，箇所によってかなり異なるものとなったが，どのような対話が好まれるかは，読み手によっても違うものと思われる。文責は両名が負うべきものであるが，この教科書を利用してくださった方々のご批判・ご意見を頂ければ幸いである。

　本書は，当初の刊行予定より1年近く遅れることになった。執筆者が少なければそれだけ早くできるものと思って取り組んだが，意図した通りには運ばなかった。この間，辛抱強く原稿を催促し，刊行までこぎつけて下さった不磨書房の稲葉文彦氏，編集工房INABAの稲葉文子氏には，記して心からの謝意を述べる次第である。

　　平成12年2月21日

　　　　　　　　　　　　　　　　　　　　　　　　　　廣　部　和　也
　　　　　　　　　　　　　　　　　　　　　　　　　　荒　木　教　夫

本シリーズの特色

(1) 【導入対話】

学習の《入口》である導入部分に工夫をこらしました。学習に入りやすい"導入対話"です。通常その項目で最初にいだくかもしれない「疑問」を先取りして，学ぶ者と教師との対話により，学習目標を明らかにしようとしています。いわば，《学習のポイント・予備知識》です。学習の入口となるものですから，必ずここから読み始めてください。

(2) 【基本講義】

基礎的・標準的な"基本講義"です。通常の講義で語られる《基礎的なツールを，スタンダード》に，条文の解釈を中心にしながら解説し，筆者の自説を「押し売り」することをできるだけ避けているはずです。この部分は必ず，『条約集』や『六法』の条文を参照しながら読んでください。授業では，講義を聞きながら，いわば《講義ノート》の役割をはたします。

(3) 【展開講義】

基本講義を抽象的に理解するだけでなく，実践的に・具体的にしかも現代的に《重要問題について展開》しています。基本講義を一通り理解し，より深い学習をしたい方は，これだけを抜き読みすることも一つの方法です。また，ゼミナールなどでの学習にも，使いやすく効果的です。

本シリーズでの学習方法

本シリーズの効果的な学習方法を提案してみましょう。

法律の勉強に限らず，どんな勉強でも，1回で分かることはないでしょう。最低2回以上は同じ本を読んで理解を深める必要があります。そこで，

① 1回目は，【導入対話】とそれに続く【基本講義】のみを読んでみる。

② 2回目は，【導入対話】→【基本講義】→【展開講義】と，全体を一通り読んでみてください。

《その際，できれば目次をコピーして，今自分がどのあたりを読んでいるかを確かめながら進むことも大切です。地図をたよりに，どこか知らない観光地に旅しているような気分になるでしょう。》

③ 3回目は，目次を見ながら，書かれてあった事柄が思い出せないところ，不確かなところをもう一度読んでみるといいでしょう。

このような順序をふまえながら，学習進度に応じて読み進むことにより，確かな実力を得ることができるように工夫されています。

〔参考文献〕

田畑茂二郎『国際法新講上・下』東信堂　1990年，1991年
藤田久一『国際法講義Ⅰ　国家・国際社会』『国際法講義Ⅱ　人権・平和』東京大学出版会　1992年，1994年
寺澤一＝山本草二＝広部和也編『標準国際法［新版］』青林書院　1993年
山本草二『国際法［新版］』有斐閣　1994年
村瀬信也＝奥脇直也＝古川照美＝田中忠『現代国際法の指標』有斐閣　1995年
金東勲＝芹田健太郎＝藤田久一『ホーンブックス国際法［再改訂版］』北樹出版　1998年
波多野里望＝小川芳彦編『国際法講義［新版増補］』有斐閣　2000年
香西茂＝太寿堂鼎＝高林秀雄＝山手治之『国際法概説（第4版）』有斐閣　2001年
松井芳郎ほか『国際法［4版］（Sシリーズ）』有斐閣　2002年
水上千之＝臼杵知史＝吉井淳編『ファンダメンタル法学講座　国際法』不磨書房　2002年
杉原高嶺ほか『現代国際法講義［第4版］』有斐閣　2007年
小寺彰『パラダイム国際法』有斐閣　2004年
島田征夫『国際法［全訂版］』弘文堂　2008年
杉原高嶺『国際法学講義』有斐閣　2008年
小寺彰＝岩沢雄司＝森田章夫編『講義国際法［第2版］』有斐閣　2010年
柳原正治＝森川幸一＝兼原敦子編『プラクティス国際法講義』信山社　2010年

［条約集・辞典］

奥脇直也編集代表『国際条約集』有斐閣
田畑茂二郎＝高林秀雄『ベーシック条約集』東信堂
杉原高嶺編集代表『コンサイス条約集』三省堂
国際法学会編『国際関係法辞典』三省堂
筒井若水編集代表『国際法辞典』有斐閣

目　次

第3版はしがき
第2版はしがき
はしがき
本シリーズの特色・学習方法

第Ⅰ部　国際法の特質と国際社会における法の支配

第1章　国際法の基本構造
1　国際社会の構造——国内社会との相違 ……………………………………*2*
　◆ 導入対話 ◆
　　1.1　国際社会と国内社会の違いと法の形成 ……………………………*3*
　　1.2　国際法の定義 …………………………………………………………*5*
　　1.3　国際法の法的性質 ……………………………………………………*6*
2　国際法の歴史的発展過程 …………………………………………………*6*
　◆ 導入対話 ◆
　　2.1　ウエストファリア条約 ………………………………………………*7*
　　2.2　主権国家体制の成立 …………………………………………………*8*
　　2.3　国際関係の構築と国際法学の英雄時代 ……………………………*9*
　【展開講義 1】　近代国際法の展開とグロティウス ……………………*10*
　　2.4　国際法の適用範囲の拡大 ……………………………………………*10*
　【展開講義 2】　日本における国際法の継受 ……………………………*12*
　　2.5　科学技術の発達と国際法の展開 ……………………………………*13*
　　2.6　戦争の違法化 …………………………………………………………*13*
3　国際法の機能と役割 ………………………………………………………*15*
　◆ 導入対話 ◆
　　3.1　国際法と法の支配または法治主義 …………………………………*16*

	3.2 伝統的国際法の性格 ……………………………………………… *17*
	3.3 現代国際法の特徴 ………………………………………………… *17*
	3.4 国際法の役割 ……………………………………………………… *18*
4	**国際法を知りたいとき何をみればよいか──国際法の法源** ……… *19*
	◆ 導入対話 ◆
	4.1 法源の意義 ………………………………………………………… *20*
	【展開講義 3】 ソフト・ローとハード・ロー ………………………… *22*
	4.2 国際慣習法 ………………………………………………………… *23*
	4.3 条 約 …………………………………………………………… *23*
	4.4 法の一般原則 ……………………………………………………… *24*
	4.5 判例・学説 ………………………………………………………… *24*
	4.6 一方的行為の法的意義 …………………………………………… *25*
	【展開講義 4】 法原則宣言の効果 ……………………………………… *26*
5	**国際慣習法の成立** ……………………………………………………… *27*
	◆ 導入対話 ◆
	5.1 一般慣行の存在 …………………………………………………… *28*
	5.2 法的確信 …………………………………………………………… *29*
	【展開講義 5】 北海大陸棚事件 ………………………………………… *30*
	【展開講義 6】 国際礼譲 ………………………………………………… *31*
6	**条約の成立** ……………………………………………………………… *31*
	◆ 導入対話 ◆
	6.1 条約締結手続 ……………………………………………………… *32*
	【展開講義 7】 国会承認条約 …………………………………………… *38*
	6.2 留保・解釈宣言 …………………………………………………… *38*
	【展開講義 8】 ジェノサイド条約への留保事件 ……………………… *41*
	6.3 条約の登録 ………………………………………………………… *45*
	6.4 条約の無効 ………………………………………………………… *46*
	【展開講義 9】 国際法上の強行規範 …………………………………… *50*
	6.5 条約の第三者に対する効力 ……………………………………… *51*
	【展開講義 10】 慣習法化した条約規定の効力 ………………………… *53*

6.6　条約の解釈・適用 …………………………………………………………53
　　　6.7　条約の改正・終了 …………………………………………………………57
　【展開講義 11】　事情変更の原則／アイスランド漁業管轄権事件 ……61
　7　法典化 ………………………………………………………………………………62
　　◆ 導入対話 ◆
　　　7.1　国際立法 ……………………………………………………………………63
　　　7.2　法典化 ………………………………………………………………………64
　【展開講義 12】　国際法委員会と法典化 …………………………………66
　8　国際法規相互の効力関係 ………………………………………………………67
　　◆ 導入対話 ◆
　　　8.1　合意の自由と効力関係 ……………………………………………………67
　　　8.2　法規抵触の調整 ……………………………………………………………68
　　　8.3　上位規範導入による法の統一 ……………………………………………69

第2章　国際法と国内法の関係
　1　国際関係における国内法 ………………………………………………………71
　　◆ 導入対話 ◆
　　　1.1　国際法の優位の原則 ………………………………………………………72
　　　1.2　国際裁判における国内法の取扱い ………………………………………73
　2　国内場面における国際法と国内法 ……………………………………………74
　　◆ 導入対話 ◆
　　　2.1　歴史的背景 …………………………………………………………………75
　　　2.2　国際法と国内法の関係に関する理論 ……………………………………76
　　　2.3　国際法の国内的適用 ………………………………………………………79
　【展開講義 13】　シベリア抑留捕虜補償事件 ……………………………82
　【展開講義 14】　砂川事件 …………………………………………………83

第Ⅱ部　国際法における行為主体

第3章　国　　家

1　国家としての要件……………………………………………………86
　　◆ 導入対話 ◆
2　国家承認………………………………………………………………87
　　◆ 導入対話 ◆
　　2.1　国家承認の意義……………………………………………88
　　2.2　国家承認の法的性質………………………………………89
　　2.3　国家承認の要件……………………………………………91
　　【展開講義 15】　不承認主義…………………………………92
　　2.4　国家承認の方式……………………………………………92
　　【展開講義 16】　未承認国の国際組織への加盟……………94
　　2.5　国家承認の効果……………………………………………95
3　政府承認………………………………………………………………95
　　3.1　政府承認の要件……………………………………………96
　　【展開講義 17】　政府承認不要論……………………………97
　　3.2　政府承認の方式……………………………………………98
　　3.3　政府承認の効果……………………………………………98
　　3.4　事実上の政府………………………………………………99
4　国家承継………………………………………………………………99
　　◆ 導入対話 ◆
　　4.1　国家承継の意義……………………………………………100
　　4.2　条約の承継…………………………………………………101
　　4.3　国家財産・公文書・国家債務の承継……………………102
　　4.4　政府承継……………………………………………………103
　　【展開講義 18】　光華寮事件…………………………………104
　　【展開講義 19】　ドイツの統一並びに旧ソ連および旧ユーゴスラビ
　　　　　　　　　　アの解体に伴う国家承継………………………106
5　国家主権………………………………………………………………107

5.1　主権観念の形成と変容 …………………………………………… *107*
　　　5.2　主権平等 …………………………………………………………… *108*
　　【展開講義 20】　国際組織と国家主権および主権平等原則 ………… *109*
　6　国家管轄権 ………………………………………………………………… *110*
　　　6.1　国家管轄権の意義 ………………………………………………… *110*
　　　6.2　作用上の分類 ……………………………………………………… *111*
　　　6.3　国家管轄権行使の根拠となる原則 ……………………………… *112*
　　【展開講義 21】　TAJIMA 号事件 ……………………………………… *116*
　　【展開講義 22】　逮捕状事件 …………………………………………… *118*
　　　6.4　国家管轄権の競合の調整 ………………………………………… *119*
　7　不干渉義務 ………………………………………………………………… *109*
　　【展開講義 23】　人権問題と干渉 ……………………………………… *124*
　　【展開講義 24】　人道的干渉 …………………………………………… *125*
　　【展開講義 25】　国際社会の組織化と不干渉原則 …………………… *125*
　　【展開講義 26】　新たな干渉方法の登場 ……………………………… *127*
　8　主権免除 …………………………………………………………………… *127*
　　◆ 導入対話 ◆
　　　8.1　意義および沿革 …………………………………………………… *128*
　　　8.2　制限免除主義 ……………………………………………………… *129*
　　　8.3　免除の享有者 ……………………………………………………… *130*
　　　8.4　強制執行の免除 …………………………………………………… *130*
　　【展開講義 27】　主権免除に関するわが国裁判所の対応 …………… *131*
　　【展開講義 28】　ピノチェ事件 ………………………………………… *133*
　9　対外関係の処理 …………………………………………………………… *134*
　　◆ 導入対話 ◆
　　　9.1　外交使節制度の沿革 ……………………………………………… *135*
　　【展開講義 29】　外務公務員法 ………………………………………… *136*
　　　9.2　外交官の任務・種類・階級 ……………………………………… *136*
　　　9.3　外交関係の開設と任務の開始 …………………………………… *138*
　　　9.4　領事制度の沿革 …………………………………………………… *138*

9.5　領事の任務・階級・種類 …………………………………… *139*
　　　9.6　領事関係の設定と任務の開始 ……………………………… *140*
　【展開講義 30】　ラグラン事件 ………………………………………… *140*
　　　9.7　特権免除 ……………………………………………………… *141*
　【展開講義 31】　外相の特権免除 ……………………………………… *144*
　【展開講義 32】　外交的庇護 …………………………………………… *145*
　【展開講義 33】　瀋陽総領事館事件 …………………………………… *146*
 10　外国軍隊の地位 ……………………………………………………… *147*
　【展開講義 34】　ジラード事件（相馬ケ原事件）…………………… *148*
 11　国家責任 …………………………………………………………… *149*
　◆ 導入対話 ◆
　　　11.1　国家責任の法的性質 ………………………………………… *150*
　　　11.2　国際違法行為の存在（客観的要因）……………………… *151*
　　　11.3　行為の国家への帰属（主体的要因）……………………… *151*
　【展開講義 35】　在テヘラン米国大使館占拠事件 …………………… *153*
　　　11.4　過失責任主義と無過失責任原則 …………………………… *154*
　【展開講義 36】　危険責任主義 ………………………………………… *156*
　　　11.5　違法性阻却事由 ……………………………………………… *156*
　　　11.6　対抗措置とその問題点 ……………………………………… *159*
　【展開講義 37】　ガブチコボ・ナジュマロス計画事件 ……………… *160*
　　　11.7　国家責任の解除 ……………………………………………… *161*

第 4 章　国際組織
 1　国際組織の意義と類型 ……………………………………………… *162*
　◆ 導入対話 ◆
　　　1.1　国際組織の意義 ……………………………………………… *163*
　　　1.2　国際組織の類型 ……………………………………………… *164*
 2　国際組織の歴史 …………………………………………………… *164*
 3　国際組織の権利能力 ……………………………………………… *166*
　　　3.1　国際法上の権利能力 ………………………………………… *166*

【展開講義38】　国際連合の職務中に被った損害に対する賠償事件 … *169*
　　3.2　国内法上の権利能力 ……………………………………………*170*
　【展開講義39】　国連大学事件 …………………………………………*171*
4　国際組織の加盟国の地位 ……………………………………………………*172*
　　4.1　加　入 …………………………………………………………*172*
　【展開講義40】　国際連合への加盟承認の条件 ………………………*173*
　　4.2　代表権 …………………………………………………………*173*
　【展開講義41】　中国代表権問題 ………………………………………*174*
　【展開講義42】　カンボジア代表権問題 ………………………………*175*
　　4.3　権利停止 ………………………………………………………*175*
　【展開講義43】　国際連合のある種の経費事件 ………………………*176*
　　4.4　除　名 …………………………………………………………*177*
　　4.5　脱　退 …………………………………………………………*178*
5　国際組織の機関 ………………………………………………………………*179*
　　5.1　国連総会 ………………………………………………………*180*
　　5.2　国連安全保障理事会 …………………………………………*180*
　　5.3　国連経済社会理事会 …………………………………………*181*
　　5.4　国連信託統治理事会 …………………………………………*181*
　　5.5　国際司法裁判所 ………………………………………………*181*
　　5.6　国連事務局 ……………………………………………………*181*
　【展開講義44】　専門機関 ………………………………………………*183*
6　国際組織の表決手続 …………………………………………………………*184*
　　6.1　表決手続 ………………………………………………………*184*
　　6.2　コンセンサス方式 ……………………………………………*185*
　　6.3　表決権 …………………………………………………………*186*
7　国際組織の決議の効力 ………………………………………………………*187*

第5章　個　人
1　国籍の得喪 ……………………………………………………………………*189*
　　◆　導入対話　◆

1.1　国籍の機能 ………………………………………………………… *189*
　　　1.2　国籍の付与基準 …………………………………………………… *190*
　【展開講義 45】　非嫡出子の国籍取得制限 …………………………… *191*
　【展開講義 46】　アンデレ事件 ………………………………………… *192*
2　旅券・査証 ……………………………………………………………… *193*
　◆ 導入対話 ◆
3　外国人 …………………………………………………………………… *196*
　　　3.1　外国人の基本的地位 ……………………………………………… *196*
　【展開講義 47】　マクリーン事件 ……………………………………… *197*
　　　3.2　定住外国人の地位 ………………………………………………… *197*
　　　3.3　外交的保護 ………………………………………………………… *200*
　◆ 導入対話 ◆
　【展開講義 48】　ノッテボーム事件 …………………………………… *202*
4　逃亡犯罪人引渡 ………………………………………………………… *203*
　◆ 導入対話 ◆
　　　4.1　逃亡犯罪人の引渡手続 …………………………………………… *204*
　　　4.2　政治犯罪人不引渡の原則 ………………………………………… *205*
　【展開講義 49】　尹秀吉事件 …………………………………………… *207*
　　　4.3　政治犯罪以外の不引渡事由 ……………………………………… *208*
5　難　民 …………………………………………………………………… *209*
　　　5.1　沿　革 ……………………………………………………………… *209*
　　　5.2　定　義 ……………………………………………………………… *209*
　【展開講義 50】　条約難民・棄民・流民 ……………………………… *210*
　　　5.3　受入れ国の義務 …………………………………………………… *211*
　　　5.4　わが国の難民認定手続 …………………………………………… *211*
　　　5.5　難民審査参与員制度 ……………………………………………… *212*
6　人権の国際的保護 ……………………………………………………… *213*
　◆ 導入対話 ◆
　　　6.1　第二次大戦以前 …………………………………………………… *214*
　　　6.2　国連における人権の国際的保護 ………………………………… *214*

6.3　地域的人権保障条約 ·· 217
　7　個人の国際犯罪 ·· 218
　【展開講義 51】　国際刑事裁判所 ·· 219

第Ⅲ部　地的管轄権の配分

第6章　国家領域および国際的地域
　1　領域主権――領土・領水・領空―― ··· 224
　　◆ 導入対話 ◆
　　　1.1　領域主権の意義 ·· 224
　　　1.2　領域主権の機能 ·· 225
　【展開講義 52】　アイヒマン事件・金大中事件 ··· 226
　　　1.3　領域権原の取得 ·· 227
　　◆ 導入対話 ◆
　【展開講義 53】　日本の領土紛争 ··· 229
　2　国際河川・国際運河 ·· 231
　　　2.1　国際河川 ·· 231
　　　2.2　国際運河 ·· 232
　3　南　　極 ··· 234
　【展開講義 54】　南極資源の開発と保存 ··· 235
　【展開講義 55】　南極と日本 ··· 236

第7章　海　洋　法
　1　海洋法の歴史的展開過程 ··· 237
　2　領　　海 ··· 238
　　◆ 導入対話 ◆
　　　2.1　領　水 ··· 239
　【展開講義 56】　領海および接続水域に関する法律 ··· 239
　　　2.2　基　線 ··· 240
　【展開講義 57】　韓国漁船拿捕事件 ·· 241

　　　　2.3　無害通航権 …………………………………………… *242*
　　　【展開講義 58】　軍艦の無害通航権 ……………………………… *243*
　　　【展開講義 59】　非核三原則 ………………………………………… *244*
　　　【展開講義 60】　接続水域 …………………………………………… *244*
　　　【展開講義 61】　群島水域 …………………………………………… *245*
　　　　2.4　沿岸国裁判管轄権 ……………………………………… *246*
　　3　国際海峡 ……………………………………………………………… *247*
　　　◆ 導入対話 ◆
　　　【展開講義 62】　ソ連原潜の日本領海通航事件 ………………… *249*
　　4　公　　海 …………………………………………………………… *250*
　　　◆ 導入対話 ◆
　　　　4.1　公海自由の原則 ………………………………………… *251*
　　　【展開講義 63】　第五福竜丸事件 ………………………………… *251*
　　　　4.2　旗国主義 ………………………………………………… *252*
　　　【展開講義 64】　便宜置籍船 ………………………………………… *253*
　　　【展開講義 65】　公海上での船舶の衝突と刑事裁判権 ………… *254*
　　　　4.3　追跡権 …………………………………………………… *255*
　　　　4.4　海上犯罪の取締 ………………………………………… *256*
　　　【展開講義 66】　臨　　検 …………………………………………… *257*
　　　【展開講義 67】　アキレ・ラウロ号事件 ………………………… *259*
　　5　海洋資源の開発 …………………………………………………… *262*
　　　◆ 導入対話 ◆
　　　　5.1　大陸棚 …………………………………………………… *263*
　　　【展開講義 68】　大陸棚の限界画定 ……………………………… *266*
　　　【展開講義 69】　沖の鳥島——島の制度 ………………………… *266*
　　　【展開講義 70】　定着性の種族 ……………………………………… *267*
　　　　5.2　排他的経済水域 ………………………………………… *268*
　　　【展開講義 71】　高度回遊性の種・遡河性資源・降河性の種 ………… *271*
　　　　5.3　深海底 …………………………………………………… *272*
　　6　国連海洋法条約の紛争解決手続 ……………………………… *275*

【展開講義 72】 みなみまぐろ事件 …………………………………………276

第8章　国際航空・宇宙法

1　領空主権 ………………………………………………………………279
　◆ 導入対話 ◆
　　1.1　空の区分 …………………………………………………………279
　　1.2　領空の範囲 ………………………………………………………280
　　1.3　領空主権 …………………………………………………………280
　　1.4　領空侵犯 …………………………………………………………282
【展開講義 73】 防空識別圏 ………………………………………………283
【展開講義 74】 大韓航空機撃墜事件 ……………………………………283
2　航空機の地位 …………………………………………………………284
　　2.1　国　籍 ……………………………………………………………284
　　2.2　航空機の種類 ……………………………………………………285
　　2.3　航空業務 …………………………………………………………285
【展開講義 75】 路線権・以遠権 …………………………………………288
【展開講義 76】 日米航空協定 ……………………………………………289
3　航空犯罪 ………………………………………………………………290
　　3.1　機上犯罪 …………………………………………………………290
　　3.2　航空機の不法奪取 ………………………………………………291
　　3.3　民間航空の安全に対する不法行為 ……………………………291
【展開講義 77】 政治犯不引渡の原則との関係 …………………………292
4　宇宙法の形成とその基本構造 ………………………………………293
　◆ 導入対話 ◆
　　4.1　宇宙の法的地位 …………………………………………………294
　　4.2　宇宙の開発・利用の方式 ………………………………………297
【展開講義 78】 宇宙基地協定 ……………………………………………299
　　4.3　宇宙活動に関する国家の義務 …………………………………299
【展開講義 79】 コスモス954事件 ………………………………………302

第9章　環境の国際的保護

- 1　国際環境法の形成 …………………………………………………………… *303*
  - ◆ 導入対話 ◆
- 2　越境損害に対する国家の責任 ……………………………………………… *305*
  - 2.1　領域使用の管理責任 ……………………………………………… *305*
  - 2.2　越境損害に対する国家の賠償責任 …………………………… *306*
  - 2.3　事前通報義務 ……………………………………………………… *306*
  - 【展開講義 80】　チェルノブイリ原発事故 ………………………… *307*
  - 【展開講義 81】　有害廃棄物の越境移動に関するバーゼル条約 ……… *308*
- 3　海洋汚染 …………………………………………………………………… *308*
  - 【展開講義 82】　トリー・キャニオン号事件 …………………… *309*
- 4　貿易・開発と環境問題 …………………………………………………… *313*

第Ⅳ部　国　際　紛　争

第10章　紛争の平和的処理

- 1　非裁判手続による紛争処理 ……………………………………………… *318*
  - ◆ 導入対話 ◆
  - 1.1　戦争の違法化と紛争の平和的処理の義務 …………………… *319*
  - 1.2　平和的処理の手続・方法 ……………………………………… *320*
- 2　国際連盟および国際連合による紛争の平和的処理 …………………… *322*
  - 2.1　国際連盟による紛争の平和的処理 …………………………… *322*
  - 2.2　国際連合による紛争の平和的処理 …………………………… *323*
- 3　国際仲裁裁判 ……………………………………………………………… *327*
  - ◆ 導入対話 ◆
  - 3.1　国際仲裁裁判の意義 …………………………………………… *328*
  - 3.2　国際仲裁裁判所の設置 ………………………………………… *328*
  - 【展開講義 83】　法律的紛争と非法律的紛争 …………………… *329*
- 4　国際司法裁判 ……………………………………………………………… *330*
  - ◆ 導入対話 ◆

4.1　構　成 ………………………………………………………………… *331*
【展開講義 84】　国籍裁判官と特任裁判官 ………………………………… *332*
　　4.2　当事者能力 …………………………………………………………… *332*
　　4.3　事項的管轄 …………………………………………………………… *332*
【展開講義 85】　自動的留保 ………………………………………………… *336*
　　4.4　裁判手続 ……………………………………………………………… *337*
【展開講義 86】　先決的抗弁・受理可能性 ………………………………… *339*
【展開講義 87】　仮保全措置 ………………………………………………… *339*
　　4.5　判　決 ………………………………………………………………… *340*
【展開講義 88】　判決の履行と国連安保理の役割 ………………………… *341*
　　4.6　勧告的意見 …………………………………………………………… *342*

第11章　平和と安全の維持

1　武力行使の違法化過程 ……………………………………………………… *344*
　◆ 導入対話 ◆
　　1.1　国際連合以前の過程 ………………………………………………… *345*
　　1.2　国際連合における武力行使の禁止 ………………………………… *346*
【展開講義 89】　旧敵国条項 ………………………………………………… *347*
2　国連の集団安全保障制度 ………………………………………………… *348*
　◆ 導入対話 ◆
　　2.1　集団安全保障制度の意義 …………………………………………… *349*
【展開講義 90】　勢力均衡による平和の維持 ……………………………… *350*
　　2.2　国連の集団安全保障制度 …………………………………………… *351*
【展開講義 91】　侵略の定義 ………………………………………………… *352*
【展開講義 92】　国連の集団安全保障制度と日本国憲法 9 条 ………… *358*
3　地域的安全保障 ……………………………………………………………… *358*
　◆ 導入対話 ◆
4　平和維持活動 ………………………………………………………………… *360*
　◆ 導入対話 ◆
　　4.1　平和維持活動の意義 ………………………………………………… *361*

【展開講義 93】　平和維持活動の経費負担問題 …………………… *362*
　　　　4.2　平和維持活動の特徴 ……………………………………… *363*
　　　　4.3　冷戦終結後の平和維持活動 ……………………………… *365*
　　　【展開講義 94】　平和維持活動への日本の参加 …………………… *366*
　5　自衛権 ……………………………………………………………… *367*
　　◆ 導入対話 ◆
　　　　5.1　個別的自衛権 ……………………………………………… *368*
　　　【展開講義 95】　オイル・プラットフォーム事件 ………………… *372*
　　　【展開講義 96】　イラク原子炉空爆事件 …………………………… *374*
　　　【展開講義 97】　エンテベ空港事件 ………………………………… *374*
　　　　5.2　集団的自衛権 ……………………………………………… *375*
　　　【展開講義 99】　対ニカラグア軍事的活動事件 …………………… *377*
　　　【展開講義 99】　日本国憲法 9 条と集団的自衛権 ………………… *378*
　6　軍縮・軍備管理 …………………………………………………… *378*
　　◆ 導入対話 ◆
　　　　6.1　定　　義 …………………………………………………… *379*
　　　　6.2　歴史的展開過程 …………………………………………… *380*
　　　　6.3　特定兵器の規制 …………………………………………… *381*
　　　　6.4　特定地域の非核化 ………………………………………… *384*
　　　　6.5　履行確保の方法 …………………………………………… *385*

第12章　武力紛争法

　1　武力紛争法 ………………………………………………………… *386*
　　◆ 導入対話 ◆
　2　交戦法規 …………………………………………………………… *387*
　　◆ 導入対話 ◆
　　　　2.1　害敵手段の規制 …………………………………………… *388*
　　　【展開講義 100】　核兵器の使用の合法性 ………………………… *390*
　　　　2.2　傷病者・捕虜・文民の保護 ……………………………… *391*
　　　　2.3　内戦と国際人道法 ………………………………………… *393*

【展開講義 101】 パレスチナ占領地におけるイスラエルの壁建設
　　　　　　　　不承認を支持する勧告的意見 …………………………*394*
3　中立法規 ……………………………………………………………………*395*
　◆ 導入対話 ◆
　3.1　伝統的中立制度 ……………………………………………………*396*
　3.2　戦争違法化と集団安全保障制度の確立による中立制度の動揺 ……*397*

事項索引…………………………………………………………………………*399*
条約・憲章・宣言等索引 ………………………………………………………*413*

導入対話による

国際法講義〔第3版〕

第Ⅰ部

国際法の特質と国際社会における法の支配

　国際社会には，国内社会に見られるような議会もなければ，裁判所もないし，警察もありません。それにもかかわらず，国際社会を規律するルールは存在しており，ほとんどの国家は，国際法上の原則を遵守し，自国に課せられた義務を果たしているといえます。国内社会と構造の異なる国際社会には，国際社会に独自のシステムが存在しており，無秩序状態ではないということです。国際法が有する独自の特徴とは何か，どのような歴史的過程を経て今日に至ったか，といった問題を検討するのが第Ⅰ部のテーマです。

第1章　国際法の基本構造

1　国際社会の構造——国内社会との相違

　　　　　　　　　　◆　導入対話　◆

学生：国際法は，国内法と比べた場合，どのような点で異なるのでしょうか。

教師：「社会あるところ法あり」といわれるように，法と社会とは密接に結びついています。法は，それぞれの社会関係を反映して制定されますし，社会は法によって規律され一定の秩序を保つことができます。国内法は一つの国家の国内社会において制定され行われる法です。国際法は国際社会を基盤として存在しています。両者を比べた場合，それぞれよって立つ社会が異なります。もちろん，国家はそれぞれ異なり国の数だけ国内社会がありますが，共通して基本的に言えることは，多かれ少なかれ一定の権力構造が確立されていることです。現代における国家は，立法・行政・司法の権力を国家で独占することで国内社会を維持していますが，国際社会には，このような国内社会に対応するような権力は確立していません。国際社会には，国会のような立法府はありませんし，法を執行する内閣にあたるような行政府はありません。また，法を適用して紛争を解決する国際裁判所はありますが，国内の裁判所とはかなり異なっています。

学生：なぜ，国際社会と国内社会は異なるのでしょうか。

教師：それは難しい問題ですね。そう簡単に答えることのできる問題ではありません。むしろ，それは君たちが，これから法を通して学ぶ課題でもあるのです。ただ，基本的にいえることは，国際社会の基本的な構成単位は国家であり，国内社会は個人を単位としているということです。国際社会における行為主体はさまざまであり，国家以外に，国際組織，各分野の民間の国際的団体，個人，法人（多国籍企業）など，実際の国際社会は多くの要因によって組織され動いています。しかし，後にみるように，国際法のよって立つ国際社会は近代主権国家によって形成され運営されてきました。国内社会が個人を単位としながら，

>　法を支える社会構造としては権力による支配・被支配の縦の関係によって維持されているのに対して，国際社会は，一つ一つの国家それ自体が権力主体である並列的な関係で構成され維持されているのです。しかも，国家社会と国際社会は，かつては，かなり明確に区別され一線が引かれていましたが，近年，ボーダレスの時代ともいわれ，両者の区別はそれほど明確ではなくなり，相互に関係し影響し合っているのです。
>
> 学生：そうすると，国際法と国内法は，同じ法とはいっても，かなり異なるということでしょうか。
>
> 教師：そうですね，確かに二つの法はかなり異なるように見えます。このため，かつては，国際法がそもそも「法」なのかどうかがずいぶん議論されました。この議論は，結局の所，「法」をどのように定義するかにかかっている問題なのです。しかし，今日では，国際法が法であることは，理論的にも実際的にもほとんど異論なく受け入れられていますし，一定の機能と役割を果たしているのです。

1.1 国際社会と国内社会の違いと法の形成

　国際法は国際社会の法である。これに対して，一つ一つの国家内で制定される法を国内法というが，国内法は，国内社会（国家）の法である。したがって，大きく分類すれば，人間の生活関係を規律する法は，国際法か国内法のいずれかか，あるいは，両者である。しかし，これら二つの法の基盤となっている国際社会と国内社会が異なるため，国際法と国内法は，法という点では共通の性質を持つが，しばしば異なったものとして捉えられる。

　国際社会と国内社会の違いは，後者が，中央集権化され社会秩序の維持に最も完成された体制であるのに対して，前者においては，その構成要素の権力関係が並列的で分権的であり，社会秩序の維持に関しては未成熟な体制だということである。国内法においては，法を支える権力が制度上国家によって独占されており，立法，司法，行政の権力が国家に集中するシステムが設けられている。しかし，国際法の場合は，法を支える権力は，国際社会の構成要素であるそれぞれの国家に委ねられており，制度的に集中化された権力構造は存在しない。つまり，国内におけるような立法，司法，行政の権力は存在しない。

社会関係の違いは，法の形成にも違いをもたらす。一般に，社会規範が形成される方法には，次の三つがあるといわれる。第1に，社会の構成員が全体として契約を結んで，自分達が生活する社会における規範のあり方について，相互・個別的に作成する場合であり，いわば，構成員の直接の明示的な合意によって社会規範を形成する場合である。第2に，社会構成員のそれぞれが，自らが属する社会の目的やあり方を理解して，一定の事態の下では常に一定の行動をとることによって，暗黙のうちに一定の規範が形成される場合であり，いわば，黙示的な合意によって社会規範を形成する場合である。第3に，その社会において，社会全体のために規範を制定する権力が特定の個人（たとえば，君主）または合議体（たとえば，国会，市会）に与えられ，それらの権力者が規範を制定する場合である。最初の二つは，最も民主的な方法であるが，社会の構成員が少なく，社会の規範もあまり複雑でない場合に用いることができる。第3の方法は，社会の構成員が多数となり規範内容が複雑な社会において，なお，民主的であることを意図して用いられる方法である。今日の近代国家の下では，主として第3の方法によって法を制定している。国際社会の規範もこれら三つの方法で形成されることは国内社会と同じであるが，既述のように二つの社会に相違があることから，次の点に注意をしなければならない。

　第1に，国際社会の構成員としてさまざまな単位を考えることは可能であるが，基本的単位はあくまでも国家だということである。国際社会全体を人類社会として位置づけ，その構成単位は人類・個人であるとの見解も見られるが，国際社会の法制度という観点からは，人々は国家を通して位置づけられ，国際法が定める内容は，原則として，国家の権利義務関係を規定する。個人が，直接，国際法上の権利義務関係の当事者となるのは例外的である。したがって，国際法の形成についても，国家が第一義的な当事者であり，国家の実行がどのようになされるかが最も重要である。

　第2に，上述の三つの法形成のうち，国内法の場合には，今日の国家体制の下で，第3の立場が通常採用されているのに対して，国際法の場合には，主に，第1と第2の立場で法の形成がなされるということである。

　第3に，国家が主権を持つことから，原則として，合意がないところに法の形成は考えられないということである。明示の合意が成立する場合は条約とな

り，黙示の合意は国際慣習法として説明される。「黙示の合意」は，実際には全ての国家の合意が存在するわけではないから，法形成の説明のために用いられる言い回しである。このことは，擬制的な言い方であるが，同時に，国家による合意の重要性を示すものでもある。このように，国家の意思を無視して法の形成はできないのはもちろん，国家が集まって何らかの決議をする場合にも，原理的には，多数決は成り立たないことになる。しかし，今日，国際社会においては，多数決制度は一般的に認められている。

1.2 国際法の定義

国際法は，国際社会の法である。国際関係において生じた出来事や国際社会に存在する物事を規律し，主として，国家相互間の関係を規律する。他に，国際組織と個人に対しても同様に，それらに対して，あるいは，国家も含めた相互関係を規律する。

今日，人々は，自らの国家を形成し，いずれかの国の国民として生活をしている。人々は，国際社会の中でもさまざまな活動を行い，実際には，人と人との交流あるいは企業と企業の交流など私的な形で関係を持つことが多い。しかし，国際社会全体の秩序維持のための法制度という観点からみた場合には，国家を単位として，法的関係が成り立っているのである。人類は，主権国家を形成し，その相互関係を規律するものとして国際法を作り出し，国際社会を維持してきた。この意味で，国際法は，第一義的に，国家を単位とし，その相互関係を規律する。しかし，国際社会の発展と共に，国際組織が出現するに及んで，国際法は，国家のみならず，国際組織もその対象とするようになった。また，国家という単位を通したのでは，人々の活動を規律したり人々を保護できない状況が出現するようになり，国際社会全体あるいは人類全体の問題として扱うほうが，より人類にとって利点があると考えられ，国際法も，場合によっては，国家の枠にとらわれることなく個人に対しても直接一定の規律を行うことを内容とするようになった。しかし，国際法が何を対象としどのような内容の制度を作り出すかは，国家または国家群によって決められることなのである。自己が所属する国家が国際関係の中でどのような態度をとりどのような内容の選択をするのか，人々がこの点でどのように考えるかは，国際法にとっても重要なことなのである。

1.3 国際法の法的性質

　法を支える権力構造の違いのため,国際法は法として国内法と同じ強制力を発揮するわけではない。このため,しばしば,国際法が真の意味で法であるか否かが議論の的となった。この問題は,つまるところは,「法」をどのように定義するかにかかる問題となる。たとえば,分析法学のように,「法は,主権者の命令である。」という定義をすれば,国際社会には単一の主権者はいないから,国際法は法ではないということになる。また,強制力が,国内法のように,物理的・制度的に組織化されていなければならないということであれば,国際法は法とはいえないであろう。しかし,法を「強制力ある社会規範」と定義すれば,国際法も法だということになる。今日においては,理論的にも,実際的にも,国際法が法であることを疑う議論はほとんど見られない。それは,国際社会の現実のなかで,国際法が実際に機能しており,国際社会における法としての役割を果たしているからである。

2　国際法の歴史的発展過程

◆　導入対話　◆

学生：国際法はいつどのようにして作られたのですか。
教師：国際法は歴史的状況の中で生まれた法です。国と国との関係を規律するという点では,古代国際法ともいわれるような法が存在した時代もありましたが,現在われわれが学ぼうとしている国際法は,近代以降の所産です。
　国際法は,西ヨーロッパにおいて,近代主権国家相互の関係を規律する法として誕生しました。国際法の誕生を特定の年で示すことは不可能ですが,ルネッサンス,宗教改革を経て,ヨーロッパ国家体制の成立と期を一にしています。つまり,国際法の成立を知るためには,近代主権国家の誕生とそれらの国家によって形成された国際社会の誕生について学ぶことが必要です。
　ウエストファリア会議（1648年）は,歴史的に,近代を画する出来事ですが,この会議で作成されたウエストファリア条約は名実共に中世の世界を終焉させるものでした。中世は,ローマ法王と神聖ローマ皇帝が支配し,地方領主の権力が法王や皇帝を源泉として与えられていた普遍的な時代として特徴づけられますが,中世末から近代初期へと移行していく時代は,そのような中世の支配

を打破し，地方領主が国家としての独立した地位を獲得していく時期でした。この独立した国家の地位を表す観念が「主権」でした。主権という概念を初めて定式化したのはジャン・ボーダンですが，彼は「主権とは国家の絶対的で恒久的な権力である」と述べています。つまり，公権力の至高のかつ最終的な源泉を国家そのものに置いたのです。それまで国家（地方領主）の上位にあると考えられてきた法王や皇帝の普遍的支配権が明確に否定されたということです。16，17世紀の西ヨーロッパの国家は，それぞれ自らを至高の独立した存在として自己形成をしたのです。相互に至高・独立を主張する主権国家の間には激しい確執があり，ホッブスのいう「万人の万人に対する闘い」の状況といえましょう。しかし，そのような激しい権力闘争の中からしだいに主権国家相互の関係を規律する一定のルールを生み出す努力がなされるのです。それが国際法なのです。19世紀以降の国際法の発展は現実の国際社会の動きの中で育ってきたものですが，最初の国際法の誕生は，学者や思想家が，統一的な秩序ある世界と考えられていた中世からの影響を受けながら，観念として形成したものだったのです。

学生：そうすると，国際法は最初はヨーロッパ地域だけの法として誕生したということですね。でもそれが，現在のように世界全体を規律する法となるにはどのような過程を経ているのですか。

教師：国際法が，君たちが勉強している国内法と違うのは，この法が，歴史の発展とともに，対象とする地域的範囲，国家，事項，出来事などを広げるに伴い，その内容を変化させ発展させてきたということです。その最初は，ヨーロッパから南北アメリカ大陸への拡大でした。それがさらに，19世紀中葉には日本，中国，トルコなどのアジアの一部の国へ広がりました。そして，1960年代以降，かつて植民地であった多くのアジア・アフリカ諸国が独立し，国際社会の構成員となりました。第二次大戦が終了した時点では，世界の国家数は50余でしたが，現在は190を超える国家が存在しています。絶対主義の時代からスタートした国際法は，資本主義的取引関係を基盤としながら，自由主義，社会主義を取り入れ，国際社会の変化・発展とともに発展してきました。

2.1 ウエストファリア条約

17世紀前半，神聖ローマ帝国を主戦場としながら，ほぼヨーロッパ全域に影響を与えた最初の国際戦争ともいわれる三十年戦争は，それまでのさまざまな

歴史的出来事を清算し，中世を終わらせる役割を果たすものとなった。この戦争を終結させたウエストファリア会議は，国際平和問題処理方式として先駆をなすものである。戦後処理のみならず，ヨーロッパ全体を視野にいれた会議として，国際共通利益の思想が強調された萌芽といえよう。これによって，その後のヨーロッパの国際秩序が定められたのである。ウエストファリア条約は，厳密にいえば二つの講和条約からなるが，その内容は大きく三つに分けることができる。領土問題，神聖ローマ帝国の体制問題，そして，宗教問題である。領土に関しては，フランスとスウェーデンが大きな利を得，ドイツも勝利者としての利を得た。スイスの独立が追認された。そして，スペインがネーデルランドの独立と主権を正式に承認したことも大きな意味を持っていた。

体制問題については，法律の制定や戦争，防衛，講和・同盟の締結に帝国議会の承認が必要となり，「皇帝絶対主義」の道は完全に葬りさられた。領邦諸侯（地方領主）にほぼ完全な主権が認められ，対内的な主権はもとより，条約を締結する権利が認められ，対外的な主権も認められたのである。当時大小約350の領邦があったといわれるが，その後離合集散を繰り返し独自の国家建設に進み近代主権国家が形成されていくのである。

宗教問題については，皇帝の「復旧勅令」が撤回され，「アウグスブルク宗教平和令」の体制は維持されて，為政者がそれぞれの国内の公認宗教を決定することができると同時に，カトリック，プロテスタントいずれの宗教の如何にかかわらず対等の権利を有するものと認められた。これによって，ローマ法王の普遍主義の主張が排除され，諸国の独立・平等の観念が確立されたのである。

2.2 主権国家体制の成立

法王権力と皇帝権力の聖俗二つの普遍的権威を中心として成り立っていた中世の秩序が崩壊するのは，ウエストファリア条約によって突如として生み出されたわけではなく，すでに14，15世紀のヨーロッパ各地における動きを通してしだいに芽生えていたのであり，ウエストファリア条約はその総決算ともいうべきものであった。16，17世紀のヨーロッパは，主権国家が創出される激動の時代でもあり，地方領主は国家形成に向けて，互いに覇を競いながら絶えず戦争を繰り返していた。戦争が恒常化し，戦争の中から主権国家が生まれたのである。絶えざる戦争の繰り返しは，武器や戦術の進歩をもたらし，軍隊の制度

が作られ，それを維持するために中央集権の強力な権力の出現を必要としたのである。このような近代国家の出現の過程で，その形成に大きな役割をはたした二つの点を指摘しておこう。

一つは，主権観念の出現である。主権は，一地方領主の支配する地域が国家となるためには，どうしても必要な概念だったのである。中世の普遍的権威に対抗し，統治者が自らの正当性を主張するための基礎的概念として考えられた。もう一つは，火薬と火器の出現により，大量の兵士が必要となり，やがて常備軍が創設されて軍事行政が成立したことである。軍隊は，傭兵や志願兵の時代から，兵役義務の時代へと移り，国民の多くが，直接戦争に参加し，自分の国を守り，あるいは，自国をより強力にすることに携わるようになった。そして，軍隊を常時維持するために，租税制度が発達した。租税は，人々の国家に対する帰属意識を育てるとともに，その効率的な徴収と利用のために行政制度が整備され，国家としての形が整えられたのである。

2.3 国際関係の構築と国際法学の英雄時代

国際法は，初めから，国家が単位となって，国家の実行が積み重ねられてできたわけではない。最初は，国際関係の形成と対をなして，そこに行われるべき法として，当時の神学者や法学者が，為政者達に国際法の必要性を説いたのである。そして，国家のお互いの関係を創出するために，それぞれが主権国家としての「至高性」を主張しながら，相互に一定のルールを作り出す努力がなされていった。時代的には，16世紀から18世紀にかけてである。スペインの神学者ヴィトリアやスアレスが神学的な体系の中で正戦論の問題を中心に国際法・国際関係を論じた。これに対して，イタリアの法学者ゲンチリは，講和条約や外交使節などの具体的問題を実証的な観点から取り上げ，神学から切り放した世俗的な国際法を論じた。そして，これら二つの流れを統合する形で論じたのがグロティウスである。グロティウスは，その著書である『戦争と平和の法』(1625年) により「国際法の父」ともいわれる。グロティウスに対するこのような呼称にしばしば異論がみられるのは，グロティウスの作業がそれまでの人々の成果をまとめたものであり，また，彼の後にも，プーフェンドルフ，ヴォルフ，ヴァッテルなどの学者も国際法の形成に大きな影響を与えたからである。このような学者達による国際法の創出がやがて国際関係の構築に結びつ

いていくのである。

【展開講義　1】　近代国際法の展開とグロティウス

　グロティウス（Hugo Grotius, 1583―1645）は，「国際法の父」といわれるオランダの法律学者である。国際法学の英雄時代における，最も中心的な学者である。この時代の学者として，グロティウス以前には，ヴィトリア（Francisco Vitoria, 1480―1546），スアレス（Fracisco Suares, 1548―1617），アヤラ（Balthasar Ayala, 1548―1584），ゲンチリ（Alberico Gentili, 1552―1608）が，彼と同時代のズーチ（Richard Zouche, 1590―1660），それに続くプーフェンドルフ（Samuel Pufendorf, 1632―1694），ヴォルフ（Christian Wolff, 1676―1756），バインケルスフーク（Cornelius van Bynkershook, 1673―1743），ヴァッテル（Emmerich de Vattel, 1714―1767）などがいる。

　グロティウスの思想は，一面において，近代的な国際法思想に発展する契機を有しながら，他面において，依然として，中世の普遍主義的思想を強く有しており，いわば中間にあるものとして，以後の国際法形成に大きな影響を与えたのである。グロティウスは，『戦争と平和の法』において国際法を体系的に表したが，そこで展開されているのは，国家主権を基盤とする近代国際法というよりは，普遍人類法ともいうべき趣の法であった。一般に，最初の国際法学者の思想的基礎として，国際社会を普遍人類社会と捉え，国際法をそのような社会で行われる普遍人類法と考える傾向が強かったが，グロティウスも根本的には同じ思想的基盤の上にあったものと思われる。ただ，グロティウスは，国際法を論じる基礎として依拠したのは，神の法と区別した自然法とローマ法を含めた実定法であり，当時のヨーロッパ社会の状況に適応しそれなりの説得力を持っていたのであり，本格的な近代国際法形成への重要な契機を含んでいたと思われる。しばしば指摘されるように，グロティウスの国際法思想の中に含まれたそれぞれの要素が，グロティウス以後それぞれの方向に発展せしめられ，自然法学派，実定法学派，グロティウス学派の三つに分化したといわれるが，このような説明を裏づけるものであろう。自由にして独立の国家主権の観念を中心とした近代国際法の形成は，プーフェンドルフ以後のことである。

2.4　国際法の適用範囲の拡大

当初，国際社会全体からみれば一地域である西ヨーロッパで成立した国際法

は，かつては，ヨーロッパ公法ともいわれたが，現在では，全世界・地球全体をカバーする法となっている。国際法が，ヨーロッパから他に広がった最初は，まず，アメリカ大陸であった。18世紀後半から19世紀初めにかけてアメリカ州でいくつかの国が独立し，新たな国際法主体として登場した。この時点では，キリスト教文明としての基軸は維持されたまま地理的に適用範囲が広まったのである。さらに，19世紀半ば過ぎ，日本，中国などのアジア諸国が新たな国際法主体として登場した。しかし，この時には，これらのアジア諸国は，国際法の完全な主体としての文明国の地位が認められず，「国際法の協調と利益」に参加させてもらうために不平等条約を締結することを強要された。20世紀初めまで，国際法の利益を完全に享受できるのは文明国のみとされていた。アジアへの拡大は，地理的に適用範囲が広まっただけでなく，キリスト教文明とは異なる異質の国家を含めたのである。そして，第一次大戦後，ロシアで革命が成功し，ソビエト連邦の登場によって，従来とは異質の政治・経済体制が国際法の担い手となった。それまで国際法の基盤となっていたのは，政治的には独裁主義・自由主義，経済的には資本主義であったが，マルクス＝レーニンの教義を基調とする社会主義・共産主義という全く異なる政治・経済観が国際法に入り込むことになる。これにより，質的に適用範囲が拡大したのである。

　さらに，第二次大戦後，それまで植民地として統治・支配の対象でしかなかった多くの地域が，国家として独立し国際社会の一員となった。国際法規の中には，植民地支配のために形成されたものもあり，このような法には，かつて植民地であった国にとっては受け入れがたいものもみられたのである。このため，多くの新興独立国の側から，既存の国際法に対して，さまざまな批判・否定的評価が加えられた。国際法は，地域的には，地球全体をカバーする普遍的なものとなったが，ここでまた新たな挑戦を受けることになった。しかし，同時に，普遍性を得たことによって，新たな側面ももたらされた。それは，人類社会全体あるいは地球社会全体という観点であった。

　1989年11月，ベルリンの壁が崩壊し，東欧圏が崩壊したため，国際社会は新たな変化を経験することになる。1990年代に入り，冷戦構造が終わり，かつて，国際法の発展に種々の影響を与えてきた勢力が大きく後退した。今後，国際法がその影響をどのように受けるかを見守っていかなければならない。

【展開講義　2】　日本における国際法の継受

　国際法は，わが国に最も早く輸入された西洋の法制思想であった。幕末において，開国後，外国との接触に国際法が基準としてもちだされた。しかし，当時にあっては，国際法，すなわち国家間に法が存在するということ自体非常な驚きであった。すでに安政年間に，外国奉行のところには，ホィートン（Henry Wheaton）やフィリモーア（Robert Phillimore）等の書物があり，また，安政4（1857）年のハリス来日の際には，幕府の接待委員はハリスに国際法に関する質問をしたといわれる。したがって，その頃すでに国際法が輸入されていたと思われる。しかし，国際法が広く受け入れられるようになるのは，ウィリアム・マーチン（William Martin，中国名を丁韙良）による『万国公法』であろう。1864（元治元）年，中国在住のアメリカの宣教師ウィリアム・マーチンは，ホィートンの"Elements of International Law"を漢訳し『万国公法』と題して出版した。翌65年，この書物が幕府の開成所で6冊本で復刻出版された。その後，漢訳本の注釈書などが出版され，当時の識者は，国際法の知識を吸収することに熱心であり，この書物はよく読まれたとのことである。また，維新当初の開国方針を決定する際の重大な参考書となった。1868（慶応4）年には，三つの和訳が出版されたが，その一つが，西周助の『和蘭　酒林氏万国公法』であった。西は，わが国最初の海外留学生としてオランダへ行き，津田真道と共にライデン大学でフィッセリング（Simon Vissering）に学んだ。帰国後，西は，幕府において，万国公法を講じた。その後，明治初年にも十数冊の国際法関係の翻訳本が出版されたが，その一つが，箕作麟祥によるウールズィ（Theodor D. Woolsey）の"International Law"を訳した『国際法，一名万国公法』（明治6年）であった。

　明治3年の「中小学規則」，「大学規則」および「大学南校規則」の法科の科目の中に「万国公法」があり，明治4年の「京都小学校」の科目の中に「万国公法」があったというし，また，東京帝国大学の前身である東京開成学校の明治7年の教科の中に「列国公際法」があった。これらは，明治初年に，国際法が重視されていたことを示すものである。

　なお，国際法の名称については，種々の用語が用いられていたが，明治14年に東京大学の学科改正の時に，上述の箕作麟祥の訳になる「国際法」という名称が正式に採用され，以後，この名称が一般に広く使われるようになった。

2.5 科学技術の発達と国際法の展開

　国際法は時代の状況の中でその影響を受けて展開・変化する法である。一方では，すでに見たように，政治・経済・社会の変化が国際法の変化をもたらした。同時に，他方において，国際法の発展が科学技術の発達とも深く関連していることも認識しておかなければならない。たとえば，海洋法の場合，当初，海の使い方は運輸，漁獲，海戦など海の表面のみを用いていた時代には，海洋法は領海と公海という二元的構造によって形成された。しかし，やがて海の使い方について，鉄製のスピードの出る船が作り出され，漁業技術が進歩して，密輸や漁業独占等の問題が生じるに及んで，接続水域や漁業水域など平面的に海域がいくつかに分割された。さらに，資源開発の技術が進んで，大陸棚や深海底に関心が持たれ，海の法制度は立体的にも法的性質の異なる海域に分割された。こうして，今日では，海洋法は多元的・複層的に形成されている。また，空に関しても，20世紀にはいるまでは空が法制度の対象になるとは考えられなかった。しかし，航空機が開発されて空の制度が形成され，さらに，人工衛星が地球の周りを回る状況になって宇宙法が形成されたのである。このように，国際法の制度の中で科学技術の発達と密接に関連するものがあることを理解しておかなければならない。

2.6 戦争の違法化

　国際法がどのように発展してきたかを概観した。国際法の発展の過程を見た場合，ほぼ20世紀初頭を境として，国際法の質的・構造的転換がみられ，それ以前の国際法を伝統的国際法，これ以後の国際法を現代国際法として区別するのである。それぞれの特徴については後述するが，そのような転換をもたらした要因は私法原理の克服と戦争の違法化である。とくに，国際法が戦争を違法化したことである。法にとって最も大きな課題である暴力を法的に位置づけたともいえよう。20世紀初頭までの国際法は，戦争を合法的なものとして認めており，戦争の方法や手段に対する規制を行っていたにすぎない。

　戦争は，国際法にとって当初からの課題であり，近代初頭の国際法の創設期においては，正戦論が展開されていた。正当原因があるか否かによって正しい戦争と正しくない戦争を分け，国際法上，正しい戦争のみが許されるとしたのである。たとえば，グロティウスは，防衛，財産を中心とする権利に対する侵

害の救済, 制裁の三つを正当原因とした。つまり, 戦争そのものをどう評価するかが法の課題であり,「戦争についての法」(jus ad bellum) が国際法として規定されるべきものとされた。基本的には, 相手国の違法行為に対する自力救済としての戦争を認め, 単に自国領土を広めたり勢力を拡大したりするための侵略目的の戦争は許されないとしたのである。しかし, このような正戦論は各国の実行の中に定着しなかった。実際の戦争では, 国家は常に何らかの形で正当性を主張し, 正しい戦争としてなされ, また, 国際社会には, いずれの立場が正当であるかを客観的に判定する機関が存在していなかったのである。このため, 正戦論はほとんど意味をなさなくなり, やがて,「無差別戦争観」が主張されるにいたった。つまり, 国際法は, 戦争そのものが正しいかどうかを評価するのではなく, 戦争がどのような方法・手段で行われるべきかを問題とするようになった。「戦争における法」(jus in bello) が国際法として規定されるようになったのである。国際法の体系は, 平時法と戦時法に分けられ, 戦争そのものは国際法上合法的なものと認められ, 戦争状態が生じた場合には, 平時とは異なる戦時の法が適用されるべきものとされたのである。このため, 戦争に関する法が種々整備され発達した。しかし, ハーグ平和会議以降, 次第に戦争それ自体に対する批判が高まり, これを否定する考え方が部分的に見られるようになった。その具体的な表れが,「契約上の債務回収のためにする兵力使用の制限に関する条約」(1907年, ポーター条約ともいう) である。そして, 第一次大戦を経験して設立された国際連盟の下で, 戦争を厳しく制限し, さらに, 不戦条約 (1928年) において, 戦争を全面的に禁止したのである。第二次大戦後の国際連合においては, 戦争を含め国家による武力行使が一般的に禁止され違法なものと規定された。

　このような第一次大戦以後の戦争の違法化に向かう国際法の変革は, 国際法の質的変化をもたらすものであった。かつては, 戦争という力の行使を認めることによって, 国際法は力関係を背景として成り立つ法と認識されていた。法的には, 自力救済が認められる法制度ということになり, 法制度としては極めて未熟だということになる。国内法の場合には, 少なくとも, 近代国家の下では, 法は自力救済を原則として禁止している。国際法も, 武力の行使・威嚇を禁止したことによって, 国際社会における暴力を規制の下に置いたのである。

3　国際法の機能と役割

◆ 導入対話 ◆

学生：国際法は，われわれの生活にどのように関わるのでしょうか。

教師：民法や刑法などの国内法とは違い，国際法は，必ずしも，私たちの日常生活に常に直接に関係があるというわけではありません。しかし，数は少ないのですが，国内裁判所で国際法が適用される事件がありますし，また，国際法を具体的に実現するための国内法がいくつも制定されていて，われわれの生活を守っていることは確かなのです。

　今日，われわれの生活がおよそ国際的な側面と全く無関係ということはあり得ません。外国旅行は多くの人が経験しますし，日本の企業が外国で活動していますし，また，仮に一歩も国の外へ出ない場合でも，外国の人や会社あるいは機関と接触を持つことは，珍しいことではありません。外国人や外国企業が日本で活動できるのは，それなりの法的根拠があるということです。

学生：国際法を学ぶ意味が，重要になってくるわけですね。

教師：今日，実際に多くの条約が締結され，一定の分野の人々にとって関係してくることが大いにあるでしょう。たとえば，国連海洋法条約は，国際的に船舶を運航する人々や遠洋漁業を行う人々には直接関係してきます。また，条約締結に伴って国内法が制定されます。たとえば，バーゼル条約には「特定有害廃棄物の輸出入等の規制に関する法律」が，対人地雷禁止条約には「対人地雷規制法」が，また，国連海洋法条約に関連しては，「領海接続水域法」，「排他的経済水域大陸棚法」，「排他的経済水域漁業等主権的権利行使法」，「海洋生物資源保存管理法」等が制定されています。

学生：国際法は国際社会の法ですから，国際関係の中で定められる法ですね。

教師：われわれの生活そのものを規制するわけではありませんが，われわれが生活している国家のあり方を規制しています。国家が国際社会の中で活動するためには，国際法をきちんと守らなければなりません。自分たちが住む国が，国際法をちゃんと守っているかどうか見守らなければならないのです。また，国家は条約に加盟することで国際社会における自らの地位を明確にすることになります。たとえば，わが国が国際連合の加盟国であるのは，国際連合憲章を批准したからです。また，日米安全保障条約がわが国にとってどのような意味を持つ条約であるかは，近時，いわゆるガイド・ライン問題を通して知ることが

> できます。
> 　国際法を学ぶことの意味は，国際法は，国内法とかなり異なる法だということです。今日の人間の生活関係について，国際法と国内法が一体となって規律している部分が多くあります。それだけに，国内法だけでなく，異なった性質・機能・役割を持つ国際法を学ぶことは大変意味のあることだと思われます。

3.1　国際法と法の支配または法治主義

　国内法の場合は，今日において，法の支配あるいは法治主義の観念が当然のごとく受け入れられている。法の支配の観念は，元来，イギリス市民革命の法イデオロギーであり，また，法治主義は，大陸法の国家において自由主義的政治原理に由来するが，今日においては，これら相俟って国家が法の下にあることを表す言葉として用いられており，おおよそ，次のような意味に用いられている。第1に，国家権力の行使は法に基づいて行われなければならない。第2に，その法は国民の意思を反映したものでなければならない。第3に，国家権力の行使が法に基づいているかどうかが裁判所によって判断されなければならない。

　このように，法の支配または法治主義の観念を，権力が法に基づいて行使されること，国民主権に支えられていること，権力が法から逸脱することを防ぐために，裁判制度による保障を要請するものと捉えた場合，国際法についても，法の支配を認めることができるであろうか。近代法の下における法の支配あるいは法治主義は，憲法の基本原則である，国民主権，人権保障，権力分立と深く結び付けられる原理である。このような観点からは，同様の原則が存在しない国際社会に同様の観念を認めることは困難である。しかし，今日の国際社会において，権力や力の行使は国際法の制限の下にあり，決して一方的に行使されるわけではない。また，国際社会の基本的な構成要素である国家については，確かに，大国の発言力が強いことは否定できないものの，主権平等の観念が確立し，国際社会の意見を集約する制度もさまざまな形で確保されるようになっており，国際法の制定には，多くの中小国の声が反映されている。さらに，個々の国家や個々の国際組織の具体的な行為が，国際法にかなったものであるかどうかは，利害関係国にとって重要であるばかりでなく，国際社会全体の関

心事でもある。限界のある制度とはいえ，国際裁判制度が発達し，国際組織による判断がなされている。少なくとも，今日の国際社会において，国際法を守らなくともよいとか，守る必要がないという考え方はみられない。むしろ，国家は，自らの行動が国際法に違反していないことあるいは国際法に合致していることを強く主張するのである。法を支える権力について，国際社会の構造は国内社会のそれとは異なるので，国際社会に特有の形で法の支配を確保しようとしている。

3.2 伝統的国際法の性格

国際法について述べる場合に，しばしば，伝統的国際法（古典的国際法あるいは近代国際法ともいわれる）と現代国際法の区別がなされる。国際法の歴史の中で，19世紀の終りから20世紀の初め頃を基点として，国際法が質量ともに大きく変化したと考えられ，根本的に法観念が変化したのである。

伝統的国際法は，ヨーロッパ公法として出発し，国際法学の英雄達があるべき法として説いた国際法を基盤としながら発展した法である。国家実行の蓄積を重ねながら，19世紀には一つの完結した法体系にまで成熟したといえよう。この伝統的国際法は，並列的関係によって成り立つ主権国家体制の存在を絶対的なものとし，相互に相手国家の主権を前提としながら，基本的には，二国間関係を基軸として成り立っていた。したがって，その関係は共通の法を作り出すというより，相互の権限の制限・調整を基本とするきわめて消極的なものであり，相対的関係が中心であった。また，主権国家の価値を最高のものとしていたことから，それぞれの国家のみが法の適用と執行を行い，そのために，個別国家による戦争という暴力を合法的なものとして認めていた。そして，あるべき国際法を作り出すために借用された多くの私法原理を類推しながら国際法の基本構造が作り出された。たとえば，国家領域に土地所有の観念が，また，条約に契約の観念が類推された。伝統的国際法には，このような私法原理から類推される部分が色濃く残っていたのである。

3.3 現代国際法の特徴

現代国際法は，伝統的国際法の観念を部分的に踏襲しながら，さらに，国際社会の発展を反映し，構造変換ともいうべき大きな質的変化を遂げた。そのような変化をもたらした背景には，国際社会が拡大し，条約の締結を中心に国際

関係が質的にも量的にも大きく増大するとともに、科学技術の発展の影響があったことはすでに述べた。伝統的国際法と現代国際法の規範構造に関する基本的違いは、戦争の違法化と私法原理の克服にある。

　伝統的国際法に比べて、現代国際法の特徴は、まず、適用範囲が拡大したことである。地理的に国際社会全体を対象とするようになったということのみならず、規律対象が量的に拡大したことである。政治的・軍事的なものから経済的・社会的・文化的なものへと広がり、従来は国内法の規律に委ねられていた事項が国際法の対象として規律されるようになった。労働、通貨、貿易、科学、文化、人権など広範な領域に及び、しかも、二国間協力体制を越えて、地域的・普遍的協力体制が導入され、多くは、国際組織を通して行われるのである。現代国際法の特徴は、更に、その内容的な変化にもみることができる。戦争の違法化を基盤とした集団安全保障制度、紛争の平和的処理の義務、軍備縮小などにみられる平和維持への要求とそのための規律、非植民地化の促進と民族自決権の主張、発展途上国を含めた経済的・社会的・文化的協力と地球環境問題への取り組み、そして、全人類的立場からの人権の保護などの問題は、伝統的国際法の下では、みられなかった対象であり、規律内容が大きく変質したことを示すものである。

　以上のような特徴を全体として捉えるならば、現代国際法の最も基本的な特徴は、普遍的な協力体制を実現し、それを基盤として成り立っている点にあるといえよう。伝統的国際法は、絶対的な国家主権を基盤とした二国間の対立を調整し、国家権限の範囲を画定することに力点を置いていた。現代国際法は、国際社会全体の利益あるいは人類社会全体の普遍的利益を追求し実現するために、すべての国家に同様の義務を課し、すべての国家が協力することに力点を置いている。

3.4　国際法の役割

　以上のような現代国際法の特徴を見れば、国際法が果たしている役割が多岐にわたり、多くの対象と取り組んでいることが理解されるであろう。個々の事項ごとの具体的な役割は、それぞれの分野の国際法がどのようになっているかを学ぶことによって理解されるであろう。国際法の役割としても最も基本的な点だけを指摘しておこう。

今日における国際法は，伝統的な国際法の要素を維持しながら，歴史的な発展の過程を経て，現代国際法として機能しているのである。まず，国際法は，国家権限の相互調整を行う。主権を有する国家の活動は，基本的には，自由である。国家主権が，文字通り排他的で絶対的なものであるならば，他国との関係で抵触・衝突する事態を避けることはできない。そこに一定のルールが必要となろう。この場合，国際法は，二国間関係を基軸として，国家相互の権利義務関係を規律する。国際法のもう一つの役割は，国際社会全体の共通利益を実現することにある。現在の国際関係は，二国間の相互的関係だけではなく，多数国間の協力関係によって成り立っている。多数の国家が集まり，共通の利益実現・維持のために，共通の目的を掲げ，共通の政策を立案して，立法条約を制定し，一定の体制・制度を作り出すのである。そのような場合には，国際法は，共通の利益を実現する役割を課せられている。

4　国際法を知りたいとき何をみればよいか——国際法の法源

◆　導入対話　◆

学生：国際法の規定として，どのようなものが具体的にあるのかを知りたいときには，何を調べればよいのですか。

教師：このような問題は，国際法学では法源といっていますが，具体的な紛争があった場合に，その解決のためにどのような法を適用するのかということが重要なことです。

　第1に適用されるのは，条約です。一国家が締結する条約は相当多数にのぼりますが，重要なものは，条約集に掲載されています。条約は，国家・国際組織相互間の合意によって成立する成文法ですが，合意した国家や国際組織に関してだけ有効なのです。つまり，合意した国家や国際組織についてのみ法としての意味を持ちます。そのため，適用する条約がないということがあります。

　そこで，条約がない場合に適用される国際法が国際慣習法です。国際慣習法は，国際社会のすべての構成員を拘束しますが，国際慣習法は不文法ですから，「刑法」や「民法」のように，第1条から始まるような形で規定が列挙してあるわけではありませんから，どのような慣習法があるかを最も簡単に知るには，国際法の教科書を見ることです。ただ，国際慣習法の法典化がかなり進められ

ていますから，条約の形になっているものもいくつかあり，条約集に掲載されています。

条約も慣習法もない場合に，三番目に適用されるのが法の一般原則です。国際司法裁判所規程の裁判基準では，条約も国際慣習法もないときには，法の一般原則を適用するとしています（国際司法裁判所規程38条）。このような裁判基準が挙げられたのは，国際司法裁判所の前身で最初の司法裁判所である常設国際司法裁判所が設置されたときに，適用法規が存在しないことが理由となって裁判不能ということにならないようにするためでした。ただ，法の一般原則は，文明国に認められる諸国に共通の国内法の基本的・一般的原則と理解されていますから，裁判基準が必ずしも法とは限らないこともあって，それが国際法か否かについて見解が分かれるのです。

それから，国際法の場合には，このような形式的意味の法源だけでなく，実質的意味の法源にも留意する必要があります。

学生：判例や学説はどのような役割を果たすのですか。

教師：国際裁判の判決は，同一の裁判所でも先例拘束のような原則があるわけではないので，それ自体判例となるわけではありません。しかし，判決は，国際法規を明らかにする役割を果たし，法規をより成熟したものにするのです。具体的な紛争に国際法規がどのように具体的に適用されるのかを学び，生きた国際法を知るためには，国際裁判所の判決を見ることが大切です。ただし，国際裁判の判決も国際法に関する学説も，それ自体が国際法ではなく，国際法を明確にするための補助手段として認められています。

4.1 法源の意義

一般に，法源または法の淵源という用語はいくつかの意味に用いられる。第1に，法に拘束力を与える根拠という場合である。第2に，法を発生させたりあるいは発展させる要因という場合である。第3に，法がどのような形で存在しているかという場合である。第4に，法規を認識するための資料・素材という場合である。ここでは，このうち，第3の意味で用いる。すなわち，国際法の存在形式または成立形式の意味である。

法の存在形式の意味に用いられる法源とは，法の解釈・適用にあたって援用することのできる法形式である。この点につき，さらに概念上，形式的または

制度上の法源（形式的法源）と実質上または事実上の法源（実質的法源）との区別がある。前者は，法律上の法源，規範的法源，あるいは法解釈学上の法源といわれ，裁判官が制度的に従うべきものとされている法形式である。また，この法は，国家間の合意が確定的に成立し，その名宛人を法的に拘束するために一般的に適用される法規として存在しているものである。後者は，事実的法源あるいは法社会学上の法源ともいわれ，裁判官が事実上従う法源である。国家間の合意が未だ確定的に成立してはいないため，それ自体直ちに法的拘束力を持つものではないが，一定の制度上の証明を受けることによって，一般的適用のために法的拘束力が与えられる基礎となり，また，その証拠となるものである。従来は，形式的法源のみを一般的適用性のある国際法規として扱ったのであるが，今日では，実質的法源の重要姓が増大している。

　国際法の形式的法源としては，伝統的国際法の下では，国際慣習法と条約が認められ，常設国際司法裁判所が設置された以降は，法の一般原則が第3の法源として認められるか否かが議論となってきた。今日では，これを法源として認めるのが通説的立場といってよいであろう。

　実質的法源は，国際関係の動態を反映するものであるから，政治的・経済的・社会的要因の故に国際社会の基本構造が動揺したり，科学技術の進歩が著しい状況などで，新しく法が形成される場合，あるいは，既存の国際法規に対する妥当性が争われるような場合には，とくに，注目されなければならない。それは，さまざまな分野で観察することができるが，たとえば，最近では，国際環境法の分野で顕著である。問題の重要性が充分認識され，法規制の必要から種々の国際文書を見ることができるものの，実定法として確立している部分が現象に追いつけず不十分である場合である。国際法の発展は，そもそも国際社会のさまざまな変化を受けとめながら成し遂げられてきたのであり，常に新しい要因を法として展開してきた。そのような観点からすれば，時代によっての緩慢はあるものの，常に発展過程にある法であり，形式的法源と実質的法源を厳密に区別することが困難である。国際裁判の判決や学説は，実定法規を明確にするための補助的法源であるが，時には，実質的法源として機能する場合もある。未発効の多数国間条約は，厳密には，条約として成立していない以上形式的法源とはいえないが，新しい国際的合意として充分認められて然るべき

であり，実質的法源といえよう。採択されてからかなり早期に発効するものもあるが，発効まで十年以上かかるものも稀ではなく，なかには数十年経っても未発効のままであるものもある。内容的に定着するものもあれば，定着しないものもあり，実質的法源としてどの程度認められるべきかは，それぞれの条約によって異なる。また，国際裁判において，新しい実質的法源を取り込んだ判決・勧告的意見は，新たな形式的法源を定立する証拠・要因となろう。さらに，国際組織の決議は，一般的には勧告でしかないが，法原則宣言のように，多数国間条約の作成に一定の法的枠組みを設定するものも見られ，また，同じ内容の決議が繰り返し行われることによって次第に国際社会に定着していくものも見られる。ソフト・ローのような論議は，実質的法源を少しでも実定法に近づけようとするものといえよう。

　なお，法源と裁判基準は同じものではない。法源は，形式的法源も実質的法源も，直接・間接に裁判基準となり得るが，裁判基準は法源として認められるものに限られず，衡平と善に基づいて裁判することも可能である（国際司法裁判所規程38条2項）。

【展開講義　3】　ソフト・ローとハード・ロー

　ソフト・ロー（soft law）は，1960年代後半から用いられるようになった用語であるが，非拘束的合意，非法律的合意，プログラム法，形成途上の法などともいわれるように，法と非法との間の境界領域に存在すると考えられる拘束力の低い法的規範の呼称として用いられる。ハード・ロー（hard law）は，ソフト・ローに対比して，従来の実定法の呼称として用いられる。

　ソフト・ローの具体的内容は多様であるが，基本的には，2種類に分類され，一つは，形式的には条約上の規則でありながら，拘束力が低いかまたは義務性が少ないと解されるものであり，もう一つは，形式的には法的拘束力を持たないが，実質的に何らかの法的拘束性をうかがうことのできるような，または，政治的・道義的レベルの拘束性を越えて限りなく法に近い意義を有する国際文書を指す。ソフト・ロー議論により重要なのは後者の場合であり，そのような例としては，友好関係原則宣言・国家の経済的権利義務憲章・海底平和利用原則宣言・行動指針や行動綱領などの国連諸機関での決議，人間環境宣言や欧州安全保障会議ヘルシンキ最終議定書のような国際会議で採択された最終文書・宣言などがある。

ソフト・ローは，開発法や環境法など，法の萌芽や必要性があっても未だ充分に法が確立していない状況の分野で，従来の二元的な国際法の法源論を越えて，本来法とはなっていないものを法のレベルまで引き揚げて評価を与えようとするものである。繰り返し行われる決議の積み重ねの効果あるいは法への形成途上にある一定の法的状況に対して，重要な国際文書に何らかの法的意義を持たせようとする議論である。それは，一方で国際組織の役割が増大し，そこでなされる決議が重要な影響力を有すること，そして，他方において，科学技術の進歩に対応すべき法制度の整備の緊急性に対処する法律学の解答ともいえよう。しかし，これに対しては，法と非法の区別を曖昧にする結果，国際法の規範構造全体を脆弱化するものだとの批判がある。

4.2 国際慣習法

国際慣習法は，一般国際法であり，国際社会全体を規律する法である。したがって，国際社会のすべての国家を拘束する法は国際慣習法である。今日では，条約法の発達が著しく広範な範囲にわたるが，国際慣習法はなお，一般国際法として重要な役割を持っている。国家主権の観念，海洋法における公海と領海，外交使節の制度など，近代以前から問題として認識され，近代国際社会の構築と共に形成され国際法の基本的骨格をなす法規は，時代の要請の中で一般的に承認され長期間にわたって維持されてきた。条約の限界は，いかに多くの国が当事国になっても全ての国が加盟することはなく，一般国際法とはなり得ないのであり，また，あくまでも合意した国家だけを拘束する点にある。

国際慣習法は，「法として認められた一般慣行の証拠としての国際慣習」であり（国際司法裁判所規程38条1項b），国際慣習法の成立には，一般慣行と法的確信という二つの要件が必要である。

4.3 条　　約

条約は，国家および国際組織相互間において取り交わされた明示の合意である。より正確に定義すれば，条約とは，国家およびその他の国際法主体がその相互間において，当事者間に一定の権利義務を生じさせることを意図して締結され，国際法によって規律される国際的合意をいう。条約は，「合意は拘束する」（pacta sunt servanda）という原則の下に，条約当事国のみを拘束する。世界中の全ての国家が加盟している条約があれば，それは，一般国際法という

ことになるが、そのような条約は現実にはないので、条約は、原則として、特別国際法である。

4.4 法の一般原則

法の一般原則は、文明国において認められた法の一般原則であり、国際司法裁判所規程38条に裁判の基準として規定されている。もともとは、常設国際司法裁判所を設置した際に、裁判不能になるのをできるだけ防ぎたいとの意図のもとに、第3の裁判基準として規定された。しかし、突如出現したわけではなく、それまでの国際仲裁裁判において裁判基準として用いられていたものを取り入れたのである。今日でも、国際司法裁判所規程のみならず、多くの二国間仲裁裁判条約や多数国間条約の紛争解決条項において、裁判基準の一つとして規定されている。

法の一般原則とは、規程の表現にもあるように、「文明国が認めた法の一般原則」であり、法系の異なる諸国の間でも共通に認められている国内法の原則である。国際裁判で適用される法の一般原則は、国内法で認められる原則の中で国際関係にも適用可能なものでなければならないが、たとえば、信義誠実の原則、既判力の原則、黙認の法理、禁反言の原則などである。

法の一般原則が、条約、国際慣習法につぐ独立した第3の法源であるかどうかについて議論が別かれている。裁判基準と法源とは同じではないから、裁判所規程に規定されていること自体は、法源として認められたということを意味しない。今日では、国際裁判においても学説においても、条約と国際慣習法が規律していない新しい分野を補う法理として、法の一般原則を第3の法源として認める考え方が有力である。

4.5 判例・学説

国際裁判所の判決・勧告的意見と学説は、実定国際法規の実質的内容を決定するための補助手段である（国際司法裁判所規程38条1項d）。

国際裁判所の判決は、それ自体、先例拘束力を持つような形で法的意義が与えられているわけではないが、国際法の発展にとって極めて重要な意味を持つ。

国際司法裁判所の判決・勧告的意見は、第1に、法則決定の補助手段として、国際法規を明確に認定するための証拠となる。すでに、判決・勧告的意見として示されているものが、各分野の個々の国際法規の学習に引用されるので、そ

れらを学ぶことが重要である。裁判の当事国が，判決を受け入れてその内容を実行すればいうまでもなく，また，必ずしも判決そのものが直ちに実行されなくても，判決そのものの意義が損なわれるわけではない。大陸棚制度の国際慣習法化について，それまでは必ずしも慣習法の制度として異論がなかったわけではないが，北海大陸棚事件の判決（1969年）以降は，異論なく慣習法の制度として国際社会が認定するようになったのである。また，国際平和維持活動の経費について，国際連合のある種の経費事件の勧告的意見（1962年）では，国連の経費と認定され，種々の議論のあった分担金について一定の解決が図られた。第2に，法規形成の機能を有する。国際司法裁判所の判決・勧告的意見が契機となって新たな一般国際法規の形成を促進する場合がみられる。直線基線の制度（漁業事件・1951年判決）や条約に対する留保制度（ジェノサイド条約への留保事件・1951年勧告的意見）等にその例を見ることができる。

　国内裁判所の判決のうち国際法に関するものが同様の意味を持つかどうかについては見解が別れる。国内裁判所の判決は，一国家の国家実行としての意味を持つが，国家によって判断が異なる場合も見られることから，それ自体で直ちに法規認定・法規形成につながるものではない。しかし，同時に，主権免除原則のように，国内判決が極めて重要な意味を持つ場合があることも認識しておかなければならない。

　学説については，今日においては，かつて国際法学の英雄時代といわれた頃のような役割を果たすものと認められているわけではない。しかし，今日でも，国家は自らの行為の正当性を主張するために国際法の主張をし，その根拠として学説を援用することがしばしば見られる。その意味で，判決と同様の法規認定の機能を持ち，また，立法論として展開される学説が法形成につながる場合もある。

4.6　一方的行為の法的意義

　一方的行為とは，国家または国際組織が，国際法上の法律行為として，一定の法的効果を生ぜしめることを意図して行う単独のまたは一方的な意思表示である。

　(1)　国家による一方的行為

　国家が単独で行う行為が一方的行為として認められ，国際慣習法または条約

によって一定の法的効果が認められる場合があり，通告，承認，放棄，抗議などである。また，エストッペル（禁反言）のように，国家が一方的に行ったことが，当該国家を法的に拘束する場合もみられる。

これ以外の一方的行為として，国際法が規定していないか，または，未だ法規が確立していない分野において，いわば，国際法の枠を越えて行われるものがみられる。さらには，現行の国際法の変革を求めて行われる場合もある。通常は，国家が，国内法上の規制あるいは政策表明として行うもので，一方的国内措置または一方的宣言の形でなされる。そのようなものの国際法的評価は困難な場合が多いが，結局のところ，どの程度の対抗力と拘束性が認められるかによって，国際法形成に一定の機能を発揮する。

(2) 国際組織による一方的行為

今日において，国際組織は独自の法主体として，その設立基本条約に従い自らの意思表示を行う。国際組織の決議は，決議の他宣言や憲章などの名称が付されるが，いずれも国際組織の意思表示として行われる一方的行為である。国際組織の決議には，国際組織の内部規律のために行われるものと，対外的に一定の効果を持つものとがある。前者の例として，加盟・除名・権利停止に関するもの，補助機関の設置，職員の勤務規律などがある。後者については，形式的には勧告であるものの，加盟国に対して規範的な要素をもって行われるもので，航空，船舶の航行，保健衛生などの分野で統一化のために最小限度の国際基準の規則制定を行うもののほか，多数国間条約作成のための法的枠組みを設定する法原則宣言，国連友好関係原則宣言のように設立基本条約の規定の解釈に際してより詳細な基準を提供する決議，侵略の定義のように加盟国の行動の基準を提供する決議など，さまざまな性質を持つものがある。

【展開講義　4】　法原則宣言の効果

法原則宣言の例として，「宇宙空間の探査及び利用における国家活動を律する法的原則の宣言」（1963年12月13日・国連総会決議1962号）や「国家の管轄権の範囲を超えた海底及びその地下を律する原則宣言」（深海底原則宣言・1970年12月17日・国連総会決議2749号）などを挙げることができる。それぞれ，宇宙条約および国連海洋法条約第11部の基礎となりその内容として取り入れられた。この

ような法原則宣言は，国連総会の決議として行われたものである以上，加盟国に対しては勧告の性質を持つに過ぎない。したがって，加盟国を法的に拘束するものとはいえないであろう。しかし，国連の内部的問題としては，自らの活動の方針を自ら明らかにした以上，これを守るのが当然のことであり，多数国間条約の作成・採択に当たり，国連自体の作業・活動として行われるものについては，採択した原則に拘束されるといわなければならない。とくに，条約の作成・採択を前提として決議された法原則宣言は，当該条約の法的枠組みを設定するものであり，作業自体を法的に拘束する効果を持つといえよう。

　以上は，新たな立法条約を制定する場合に重要な意味を持つ法原則宣言の決議である。同様の性質のものとはいえないが，法原則を宣言するものとして，「国際連合憲章に従った国家間の友好関係及び協力についての国際法の原則に属する宣言」（国連友好関係原則宣言・1970年10月24日・国連総会決議2625号）がある。同宣言は，国連憲章の七つの原則の漸進的発達と法典化を行う目的の下に採択されたものであるが，憲章原則をより詳細に示す現代的・発展的解釈であり，一般国際法を示すものと理解されている。

5　国際慣習法の成立

―――――◆　導入対話　◆―――――

学生：国際慣習法のような法律は国内法ではあまり見られないような気がするのですが。

教師：慣習法は，国際社会に特有のものではなく，国内法でも見られます。民法92条，法例2条，商法1条等を思い出してください。ただ，その効力をどのように認めるかという点で必ずしも同じではありませんし，国際社会の場合は，世界全体ということですから，その規模の点で戸惑うかも知れませんが，慣習法がどのようにして成立するかという点では同じです。

学生：国際習慣法が成立する基準は，はっきりしているのでしょうか。

教師：国際慣習法が成立するためには，二つの要件が必要です。一般慣行の存在とその慣行の実践の際に法的確信または法的信念が見られることです。注意しなければならないのは，国際慣習法が成立しているか否かについて，制度的な裏付けがないことです。もちろん，国際裁判で具体的に認定・適用したような

事例があればはっきりするのですが，国際慣習法として成立しているかどうか，換言すれば，二つの要件がきちんと揃っているかどうかは，それぞれの国家が判断することです。国内法の場合と比べて困ることの一つは，どうも，この点のようです。国際慣習法について，おおよその時期はわかるのですが，一つ一つの法規がいつどのようにして成立したのかが明確ではありません。条約や国内法の立法による場合のように効力発生の時期が明示されているわけではないのですが，ある時点では，国際慣習法が成立していることは間違いなく把握できるのです。このような不明確さがあるため，ある具体的な国際慣習法の存在そのもの，その具体的な内容について，対立する場合がみられます。

5.1　一般慣行の存在

　国際慣習法は，明確さや確実性の点で成文法である条約に劣るが，柔軟で弾力性をもち，組織的統一性に乏しい国際社会により適合している。したがって，国際社会の組織化が進めば進むほど一般条約の比重がより増えることになる。しかし，国際法の基本構造を構成しているのが国際慣習法であることに変わりはないであろう。

　国際慣習法の成立には，まず，一般慣行の存在が必要である。慣行とは，従来からしきたりとして決まって行われることである。ある具体的な事柄・事態・状況に対して常に一定の対応が反復・継続してなされることである。したがって，ある事柄に対する対応がなされる場合，以前にみられた同様の事柄に対してなされた対応が同じように行われることになる。つまり，慣行の継続的蓄積がなされて，一般慣行となる。慣行の証拠となるのは，国家実行あるいは国際組織の実行である。国家実行は，国家機関の実行であるが，それは，対外的に国家の意思を代表する国家機関の行為に限られるものではなく，およそ国際関係を扱うすべての国家機関の行為が含まれる。具体的には，外交書簡などの対外的事項に関する外交上の文書，条約作成のための国際会議・外交会議での審議における発言，条約その他の国際文書の受諾・受入れ，国会本会議・委員会における発言，閣議決定，記者会見等における報道発表，法律・政令などの国内法令，行政行為として行われる行政機関の措置・決定，国内裁判所の判決・命令など多岐にわたる。国際組織の実行は，多くの場合，その決議である

が，国際組織が自ら当事者となる条約その他の国際文書などもある。

　このような実行の繰り返しがなされて一般慣行となるが，それにはどのような範囲の国家が参加しなければならないかという問題がある。黙示の合意を前提とすれば，全ての国家の合意が必要だということになるが，実際にはそのようなことはあり得ずまた必要でもない。そもそも慣行が慣習法成立の要件として重要なのは，多数の国家の実行の繰り返しによって，特定の事項については一定の行為がとられることの妥当性が認められるとともに，そのような反応に対して一般的期待を生ぜしめるからであり，必ずしも，国際社会の全ての国家が同一の実行を繰り返す必要はない。大国を含む多数の国家の実行によって，国際社会全般に妥当する一般慣行の成立が認められる。

　実行の反復・継続について，その量的・時間的要素が問題となる。この要素は，一つの目安となり，かつては重要な意味を持っていたが，今日では，必ずしも重要視されていない。繰り返される実行が，実効的かつ恒常的に行われ，少なくとも将来に対する一般的な期待が確定的に認められるのであれば，反復の数が少なくともまた短時間であっても成立の妨げになるわけではない。

5.2　法的確信

　第2の要件として挙げられる法的確信または法的信念とは，国家がある一般慣行を行う場合に，それが法としてなさねばならないものであるとの確信あるいは信念が伴っているという国家の規範意識のことである。もとより，そのような確信があるということが，国家が行為を行うごとにいちいち明らかにされるわけではない。このため，法的確信を要件とすべきではないとの見解も見られる。しかし，一般慣行だけでは，国際礼譲と異ならない。国際礼譲は，国際社会において，法ではないが一般慣行として行われているものである。国際礼譲と区別するためには，法的確信の要件が必要である。確かに，法的確信の内容をどのように捉えるか，また，どのように認識するかは，困難な問題であり，種々論議のなされるところでもある。法的確信が，実行を行う個別国家の法的義務実践の意識なのか，最小限度の社会規範形成への義務実践の意識があれば足りるのかといったことである。また，義務実践意識とは限らず，国際法上の権能として許容されているとの認識があれば足りるのかという問題である。法的確信の有無については，実行の際に何らかの形で意思表示が明確になされる

場合には問題なく把握できるが、むしろ、そのような場合は稀であろう。結局のところ、実行が行われた場合に、外面に現れた行態から推論するしかないであろう。

【展開講義 5】 北海大陸棚事件

　本件は、国際司法裁判所に係属したものであり、本来、大陸棚の分割に関する事件であるが、判決の中で条約規定が慣習法化する条件について述べている。

　西ドイツとデンマークおよびオランダとの間で、自国沖合いの北海大陸棚の境界画定をめぐって紛争が生じ、1958年の大陸棚に関する条約（大陸棚条約）6条に規定する等距離方式が国際慣習法の規則であるか否かが争われた。裁判所は、判決（1969年2月20日）において、等距離原則が、大陸棚条約採択の時点では未だ国際慣習法として認められてはいなかったことを明らかにし、その後の発展において、国際慣習法の規則となったか否かを検討した。その際、条約の規定がどのような条件の下で国際慣習法となるかを展開している。裁判所によれば、その条件の第1は、当該条約の規定が法の一般的な規則の基盤を形成するものとみなし得るような根本的な規範創造性を有していることである。第2の条件は、自国の利害が特別に影響を受ける国々を含めて、その条約に対して非常に広範で代表的な参加があることが必要である。第3の条件は、短い期間内であっても、自国の利害に特別の影響を受ける国々を含む諸国家の実行が、当該規定に照らして頻繁でかつ実質的に一様であること、さらに、その国家実行が、法の規則または法的義務に関係するものであることについての一般的な承認が示されるような仕方でなされることが必要である。

　このような条件との関係で大陸棚条約6条を検討した結果、裁判所は、等距離原則が国際慣習法の規則にはなっていないと判断した。第1の条約規定の規範創造性の点については、合意によって等距離規則からの離脱が可能であること、「特別の事情」の意味が不明確であること、留保を付すことが可能であることを理由として、慣習法の規則を創設していないとした。第2の条約への多数の参加とその代表性の要件については、加入国の数が充分ではないとした。第3の、その規則が、一般的に拘束的な規則として、諸国家の実行によって受容されていなければならないという点については、条約非当事国も含めた国家実行が不十分であるとした。この点に関しては、とくに、法的確信に言及し、ある行為が法的確信を構成するものとみなされるためには、単に行為が定着した実行とならなけれ

ばならないだけでなく、さらに、その行為がこの実行を要求する法の規則の存在の故に実行が義務的とされるという信念の証拠として行われていることが必要だとしている。

　このような国際慣習法の形成について一般慣行と法的確信が必要とする裁判所の立場は、常設国際司法裁判所以来踏襲されてきたものであり、同様の見解は、対ニカラグア軍事的活動事件においても表明されている（本案・1986年6月27日判決）。

【展開講義　6】　国際礼譲

　国際礼譲（international comity）は、儀礼・政治的便宜・好意・慣例などの観点から、国家間に一般的に行われている慣行である。たとえば、外国元首の来訪に際しての儀礼、国家の代表者に対する敬称、海上礼式、条約上の義務がないのに逃亡犯罪人の引渡し要請に応ずる場合などである。これらの行為は、一般慣行という点では国際慣習法形成の要件と合致するが、法的義務として行われるわけではないので、仮に相手国が国際礼譲に従うことを拒否しても、国際違法行為とはならず、国家責任を追及することもできない。ただし、非友誼的行為として、道徳的・政治的非難や政治的不利益を招く恐れはある。なお、外交使節に対する課税免除のように、国際礼譲が国際慣習法の規則に発展する場合も見られる。

6　条約の成立

◆　導入対話　◆

学生：条約は国家間の明示の合意ということですが、どのように形成されるのでしょうか。

教師：条約は、古くから国家間の合意として国際社会における秩序の形成に多くの役割をはたしてきました。合意が形成されさえすれば、原則として、どのような方式・手続でも構わないわけですが、法的に一定の効果を与えるために、諸国に共通の一定手続が国際慣習法として発達してきました。それが条約法です。

学生：何か決まった手続はあるのでしょうか。

教師：条約の締結手続・効力・改正・解釈などに関する国際法規を総称して条約

法と呼びますが，条約法は，長年にわたる国家間の慣行の積み重ねにより，国際慣習法として形成されてきたものです。条約は，当初は，国家間の契約として理解されたこともあって，当事者自治が大幅に認められ，条約に関する慣習法の内容はかなり緩やかな部分がありました。また，現代国際法における条約の飛躍的増大と共に，国家間の権利義務関係が条約にもとづいて規律され，条約の効力や解釈に関する国際紛争が増えるなど，国際関係の安定化のためには，条約法をより明確にする必要があると考えられたのです。国際法委員会では，当初より，条約法の法典化を課題の一つとして掲げ，1950年の第2会期から具体的作業に着手し，1966年の第18会期において，最終草案を採択しました。この草案をもとに，1968年と1969年の2度にわたる国連条約法会議開催の結果採択されたのが条約法に関するウィーン条約（以下，条約法条約）です。条約法条約は，基本的には，条約に関する従来の国際慣習法を法典化した条約ですが，既存の法を明確にして整理したのみならず，いくらか漸進的立法を加えて成文化したものなのです。したがって，国際慣習法の部分と新しく条約化された部分があることを認識しなければなりません。ただ，条約法条約は，国家間の条約に適用される規則を定めたもので，国際組織を当事者とする条約に対しては適用されません。条約法条約は，条約に関するすべての国際法規を定めているわけではありませんが，条約法の根幹をなし，新しい部分についても次第に定着していると思われます。

6.1 条約締結手続

(1) 当事者能力

条約は，国際法主体が合意することで形成されるが，この国際法主体とは，条約を締結する能力または資格を持つもの，すなわち，条約締結の当事者能力が認められるものである。換言すれば，国際法上の法律行為能力を有するものである。このような国際法主体として条約締結の当事者能力を認められたものだけが条約を締結できるのであり，それは，国家と国際組織である。

連邦の支分国は，国際法主体としての国家ではないが，ときには，当該連邦国の憲法体制の範囲内で，輸送や商業関係などの非政治的条約の締結能力が認められる。完全な主権を持たない保護国や従属国の場合は，条約締結能力が制限される。

国際組織は，国家に当然に認められるような一般的・包括的な能力ではなく，その設立基本条約に基づき，その範囲内で条約締結能力が認められる。

(2) 条約締結権者

国家が条約を締結する場合，国家を正当に代表して国際的合意を有効に形成する権限を持つもののみがその役割を果たすことができる。このような権限を持つ国家機関を条約締結権者という。条約締結権者が誰であるかは，それぞれ国家が国内法によって決めるが，通常は，元首または行政の首長である。三権分立制度の確立と共に，外交問題の処理は行政権の担当事項となり，条約締結権も行政権に属することとなった。国内的な手続としては，行政権の有する条約締結権に対して立法権が関与するのが通例となっている。

国際組織の場合は，設立基本条約において条約締結の機関を定めるのが普通である。しかし，設立基本条約に明記してあるとは限らず，また，締結の機関が一つとは限らない。条約の性質や内容により，また，それに対応する機関の目的・機能に応じて条約締結権を与えるのが普通である。

(3) 条約の締結

条約の締結はさまざまな形でなされ，必ずしも画一的ではない。要は国際的合意が有効に形成されればよいわけであるが，条約法条約では，国際慣行として行われてきた手続を規定し，これに従えば，有効に条約を締結できるとしている。二国間条約，多数国間条約，国際組織による条約など，今日では，さまざまな条約締結手続がみられるが，基本的な手続を概観し，それぞれの箇所で条約のタイプに応じた説明をつけ加えることとする。条約締結手続の基本を図式化すれば，次頁の通りである。

(a) 全権委任状　条約締結は交渉によって始められる。交渉を始める動機・目的や形態はさまざまであるが，条約としてまとめあげるためには，正式の外交会議または国際会議が開催されなければならない。このような会議に出席し有効に条約を締結することができるのは，締結の過程において，国家を代表して権限を行使し責任を持つ資格のあるものでなければならない。それは，本来は，条約締結権者である。しかし，実際には，条約締結権者がすべての条約締結に当たることは不可能であり，多くは，全権委員または全権代表によって行われる。条約締結権者に代わって，国家を代表し，条約文を採択・確定し，

条約締結手続

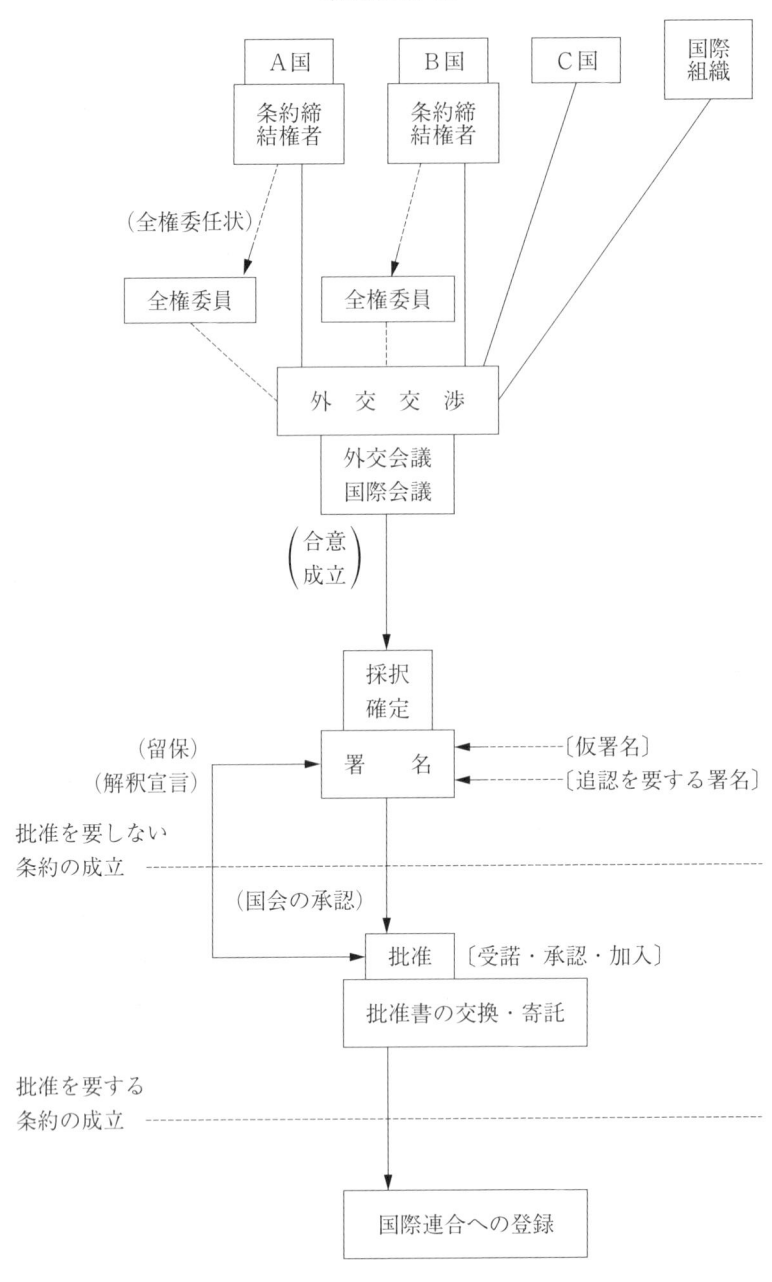

```
┌─────┐  ┌─────┐  ┌─────┐  ┌─────┐
│ A国 │  │ B国 │  │ C国 │  │国際 │
├─────┤  ├─────┤  └──┬──┘  │組織 │
│条約締│  │条約締│     │     └──┬──┘
│結権者│  │結権者│     │        │
└──┬──┘  └──┬──┘     │        │
   ┊(全権委任状)      │        │
   ▼        ▼          │        │
┌─────┐  ┌─────┐     │        │
│全権委員│ │全権委員│    │        │
└──┬──┘  └──┬──┘     │        │
   └────┬────┴──────────┴────────┘
        ▼
   ┌─────────┐
   │ 外 交 交 渉 │
   ├─────────┤
   │外交会議   │
   │国際会議   │
   └────┬────┘
    (合意)
    (成立)
        ▼
   ┌─────┐
   │採択 │
   │確定 │
   ├─────┤  ──[仮署名]
   │署 名│  ──[追認を要する署名]
   └──┬──┘
(留保)
(解釈宣言)
```

― ― ― 批准を要しない条約の成立 ― ― ―

(国会の承認)
↓
批准　〔受諾・承認・加入〕
↓
批准書の交換・寄託

― ― ― 批准を要する条約の成立 ― ― ―

↓
国際連合への登録

あるいは，条約に拘束される旨の国家の同意を表明するためには，全権委任状（full powers）が必要である（条約法条約7条1項(a) なお，本節の以下の記述で，とくに条約名に言及せず，同として条文数が示してあるものは条約法条約の規定である）。全権委任状は，実際に条約締結の任に当たる者が，その国家を代表して，条約の交渉・採択・確定・署名をする権限を持つことを，条約締結権者が証明する文書である。ただし，国家がある者をその国を代表するものと認め，かつ，全権委任状を省略するという意図が明確な場合には，その者は，全権委任状がなくとも国家を代表することができる。なお，国家元首，総理大臣，外務大臣，外交使節など職務上，当然に国家を代表すると認められる者は，全権委任状を提示しないでも国家を代表するものとみなされる（同7条2項）。わが国の場合，全権委任状は，条約締結権者である内閣が発行し，天皇が認証することになっている（日本国憲法7条5号）。

以上のいずれにも該当しない者が行った条約締結に関する行為は，当該国家によって追認されない限り，いかなる法的効果も有しない（条約法条約8条）。

条約の交渉に入るのに先立ち，二国間交渉の場合には全権委任状を相互に交換し，多数国間交渉の場合には委任状審査委員会を設けて審査するなどの形で，権限の正当性が確認される。

(b) 採択・確定・署名　　条約の交渉がまとまり，条約内容について合意に達すると，文書になった条約文が採択され確定される。条約文の採択（adoption）は，条約の作成に参加したすべての国の同意によって行われる（同9条1項）。採択は，条約の形式と内容を定める手続であるが，二国間条約や少数の国家間において作成される条約の場合には，参加するすべての国家の同意によって行われることになる。しかし，多数の国家や国際組織が参加する大規模な国際会議における条約作成や国際組織の内部における条約作成の場合には，今日では，多数決方式によるのが通例となっている。いかなる多数決方式を採用するかは，関係国または国際会議において自ら決定すべきことであるが，表決手続に関する議論によって会議が遅滞する場合も少なくないので，条約法条約は，手続上の問題が迅速かつ公正に解決されるための基礎を提示している。すなわち，国際会議における条約文の採択は，出席して投票した国の3分の2以上の多数によって行われるが，同じ多数決によって他の規則を決定すること

もできる（同9条2項）。

　条約文の採択が行われると、次に条約文の確定（authentication）が行われる。採択によって定まった内容と形式を変えることなく、場合によっては言語上・文法上の観点から間違いや表現上の訂正がなされたり、あるいは、正文として数カ国語ある場合はその翻訳が行われるなど、条約としての全体的な整備が行われ、条約文として確定される。確定されると、条約文は真正かつ最終的なものとされ、それ以後は条約に対する変更・修正は一切認められない。なお、二国間条約の場合は、採択と確定は同時に行われるのが通例である。

　条約文の確定は、条約の作成に参加した国による署名（signature. 調印ともいう）によって行われる。署名には、正式の署名以外に、仮署名（initialing）と追認を要する署名（signatured referendum）という方式がある。仮署名は、頭文字だけを記入するものであり、最終的な条約の受入れが不確実であるような場合に行われる。仮署名がなされた場合、後に正式の署名が行われなければならないが、当事国の合意により正式の署名と同一の効果を持たせることもできる（同12条2項(a)）。追認を要する署名は、暫定的なもので、後に本国政府が承認（追認）したときに完全な署名となる。ここでなされる追認は、単に署名に対して行われるもので、追認が得られれば、通常は、署名の日付に遡って正式の署名としての効果を生じる。これら三つのいずれの署名も、条約文を確定する効果を持つものであり、批准や追認の義務を生じさせるものではない。

　以上のように、署名は、通常は、次の手続である批准が用意されている場合に、条約文の確定という効果を持つ。しかし、場合によって、当事国が合意すれば、署名をもって、条約に拘束される国家の同意を示す効果を持つものとすることもできる。政府間協定や議定書・交換公文・暫定協定など、一般に内容の軽微なものや簡略な形式によるものは、署名だけで成立するのが普通である。

　(c)　批准　　署名によって成立する条約以外は、署名に続いて批准の手続を必要とする。署名をもって同意の最終的意思表示とするか、批准を要する条約とするかは、当事国の合意によって決まるが、条約中の規定やその他の方法で示される（同14条1項）。最近では条約手続の簡易化と迅速性が要求され、交換公文などの形式張らないタイプの国際的合意が多用される傾向にあり、署名のみの簡単な手続で条約を成立させようとする場合が多くなっているが、署名・

批准の手続を経て締結するのが伝統的な方式である。

　批准（ratification）は，この行為により，国家が条約による拘束に同意することを国際的に意思表示をする最終的な手続である。批准という用語は，国内憲法上，議会による批准または承認の意味に用いられる場合もあるが，ここでは，国際的行為を問題にしているので，混同しないように注意しなければならない。国際的行為として行われる批准は，実際には，批准書の交換または寄託という形で行われる。つまり，条約は，批准書を交換または寄託することによって，国際的に完全に成立し，国家間の合意を確立する（同16条）。二国間条約および少数国間条約の場合には，互いに批准書を交換するが，多数国間条約の場合には，署名が行われた国の外務省に寄託されることが多い。また，国際組織の下で作成された条約の場合は，当該国際組織の事務局に寄託されるのが通例である。

　批准という手続が設けられているのは，第1に，条約の署名国が条約を詳細に検討して，その内容をより精確に把握する機会を持つことと，第2に，条約締結の過程に立法権が参加する機会を持つためである。条約内容が複雑になって国内の個人の生活関係に関連する場合が多くなるに伴い，国内法を条約に合致させる必要から，また，内外の政策的選択の観点から，第1の点は重要である。しかし，批准制度の今日的意味は，第2の点においてより強調される。民主的な憲法を持つ国においては，外交に関する職務は行政権が担当し，これに対して立法権が民主的コントロールの役割を果たすのが通例である。条約に関しても，行政権の条約締結権限を立法権の統制の下に置き，条約締結権者が批准する前に，立法権が審査し，承認を与えることが一般化した。

　批准は義務的ではないから，この手続を採らないことは法律的には自由であるが，正当な理由なしに拒絶することは国際道徳的に非難され，国際的信用を害する結果になる。さらに，批准が条件となっている条約に署名した国は，当事国にならない意図を明確にしない限り，その条約の趣旨と目的を阻害するような行為をしてはならない（同18条(a)）。

　批准と同じ効果を持つものとして，受諾（acceptance）または承認（approval）の用語も用いられる（同14条2項）。開放条約の場合には，署名しなかった国は，加入（accession）によってその当事国となることができる。加入

の条件や手続は条約中に規定される。受諾書・承認書・加入書は，批准書と同じ効果を持つ。

【展開講義　7】　国会承認条約

　今日において，多くの国の憲法規定で，条約の批准に先立ち，国会の承認を経るのが普通になっている。権力分立制度の下で，条約締結を含む外交問題の処理は行政権に委ねられ，これに対して，立法権が民主的コントロールを行うのである。さらに，今日，条約内容は国際社会の一般利益を規定するものが多くなり，各国国内法制と緊密にかかわり合うことが一般化している。

　行政権による条約批准に先立ち立法権の同意を必要とする旨を最初に明記したのは，アメリカ合衆国憲法（1788年）である。同憲法は，大統領を条約締結権者としつつ，上院の助言と承認を得るものとし，上院の出席議員の3分の2の賛成が必要としている（アメリカ合衆国憲法2条2節2項）。それが，フランス憲法に取り入れられ，次第に諸国の憲法に採用されるに至った。現代の多くの憲法体制においては，立法権がなんらかの形で条約の締結に関与するようになっている。しかし，その方式は一様ではない。最も多く採用されているのが，行政権が条約締結に際して立法権の承認を要するという方式であるが，この場合も，一院制か二院制か，承認に必要な多数決の基準，承認を必要とする条約の範囲，承認権の性質など，国家によってさまざまである。

　わが国の場合，条約締結権は内閣に帰属し，事前または事後に国会の承認を経ることとしている（日本国憲法73条3号）。今日，条約は，国内法令，行政措置，国家政策と密接に関連し，国家機関の権限と直接・間接に交錯・競合することが多い。それだけに，行政権と立法権との関連において，国会に提出して承認を得なければならない条約を明確にしておく必要がある。なお，憲法発足の当初は，事後承認も見られたが，今日ではすべて事前承認となっている。また，簡略形式の条約は，国会の承認を必要としないのが特徴であるが，条約の形式・名称によって承認の有無が判断されるのではなく，内容の点から必要の有無が判断される。わが国では，国会の立法権の範囲内にはいる，いわゆる法律事項を含む条約，財政事項を含む条約，政治的に重要な条約は，国会の承認が必要である。

6.2　留保・解釈宣言

条約が成立して，国家としてその条約の当事者になることを選択した国は，

批准その他の手続をとり，その条約を法として受け入れることになる。当該条約を守ることができなければ，国際法違反として，国家責任を追及されることになる。したがって，国家は，条約に加盟するかどうかの選択を慎重に検討すると共に，条約締結の過程で，自国の立場が有利になるように条約内容について意見を述べ反映するように努力をする。しかし，多数国間条約の場合や締結過程に参加しなかった条約の場合には，必ずしも自国の事情が反映されない。ある条約について，その条約の目的・趣旨に賛同することができ，個々の条約規定のほとんどを受け入れることができるが，自国の外交政策あるいは国内事情から，1ヵ条・2ヵ条あるいはある規定の一部分をどうしても受け入れることができないという場合がある。このような場合に，条約の当事国になるとともに，条約の一部分の効果を排除・変更したり，規定の文言に一定の特別の解釈を付け加えるということが認められる。それが留保と解釈宣言である。

(1) 条約に対する留保

留保とは，国家が条約の締結に際して行う一方的宣言であって，条約の適用の場合に，若干の規定の法的効果を排除または変更することを意図するものである。留保は，署名または批准の際に宣言される。留保が当事国間で有効に成立するためには，他の当事国の明示または黙示の同意が必要である。留保は，既に確定している条約文に一定の変更をもたらすので，ある特定の当該国に対してのみそのような変更を認めるかどうかが問題となる。二国間条約に対する留保は，新たな交渉の提案とみられるので，通常は，交渉過程における問題として処理される。多数国間条約の場合は，ある国家の留保を受け入れるか否かについて，他の当事国の判断が別れるため，複雑な問題を生じることがある。

留保の実際例として，たとえば，わが国が経済的，社会的及び文化的権利に関する国際規約（1966年，国際人権規約A規約）を批准した際（日本国批准1979年9月），その第7条(d)の「公の休日についての報酬」や第13条2項(b)および(c)の「特に，無償教育の漸進的な導入により」の部分には拘束されない権利を留保する旨を明らかにしている。

(2) 留保制度の変遷

留保制度が条約上の慣行として行われるようになるのは，19世紀末であり，それがより発展したのは，1899年と1907年に開催されたハーグ平和会議におい

てであった。この二つの会議で採択された諸条約に対して多くの留保が付され，一定の慣行が成立するに至った。国際連盟の下でも多くの多数国間条約が成立し，多くの留保がみられた。ハーグ以来の慣行が制度的に確立され，いわゆるユナニミティ・ルール（unanimity rule，全当事国一致の原則）として制度化された。これによれば，国家は原則として条約締結過程において留保を申し出ることができるが，この留保が有効に成立するためには，他のすべての条約当事国によって受け入れられなければならず，一国でも反対すれば，その留保は無効になるものとされた。

しかし，他方，地域的慣行として，米州大陸諸国間には別の慣行が行われていた。留保を付した場合，留保に反対する国があっても，条約への参加そのものが全面的に否定されるわけではなく，留保に同意する国と反対する国とで扱いが異なる慣行が行われていた。

国際連合の時代になって，当初は，国際連盟におけるユナニミティ・ルールの慣行に従って留保が処理された。しかし，1951年に発効を予定されていた「集団殺害罪の防止及び処罰に関する条約」（1948年，ジェノサイド条約）に対して旧ソ連を初めとするいくつかの国が留保を付し，これらの留保に対して反対の立場が表明され，国際連盟の慣行を適用すべきか否かをめぐり各国の立場が対立した。国連総会は，国際法委員会に，法典化及び国際法の漸進的発達の観点から，多数国間条約に対する留保の一般的問題の研究を求めるとともに，国際司法裁判所に留保の有効性に関して勧告の意見を要請した。国際司法裁判所は，1951年5月に勧告的意見を与え，「留保と条約目的との両立性」という新しい規則を明らかにした。当時は，批判も多かったが，その後，国家実行と学説の大勢は，裁判所の意見を支持する方向に向かった。しかし，すでに，条約法条約を審議していた国際法委員会は，一般報告書を国連総会に提出し，国際司法裁判所の示した両立性の基準（compatibility test）を多数国間条約に一般的に適用するにはふさわしくないとし，伝統的なユナニミティ・ルールの採用を勧告した。

国連総会は，第6会期において，裁判所の意見と委員会の報告書をあわせて審議した結果，ジェノサイド条約に関しては両立性の基準に従って留保を処理するよう事務総長に求め，かつ，各国に対しても両立性の基準を指針とするよ

う勧告した。しかし，国連が将来採択する多数国間条約に関しては意見が対立しまとまらなかったため，留保が付された場合の法的効果については各国の判断に委ねるものとした。

その後，国際社会は質量ともに急速に拡大し，多数国間条約が多数採択され，それに参加する国家の多様性が増大した。そのような状況に伴い，ユナニミティ・ルールは実際的でもなく適切でもないとの認識が一般的になってきた。また，国連における扱いも条約一般についても次第に両立性の基準を採用する方向になった。国際法委員会もこの方向を受け入れ，条約法条約最終草案において，国際司法裁判所の考え方をほぼ全面的に取り入れた。

【展開講義　8】　ジェノサイド条約への留保事件

国際司法裁判所は，ジェノサイド条約に対する留保に関して勧告的意見を示し，条約の留保制度に関して大きな影響を与えた。

国連総会は，1950年11月16日の決議により，ジェノサイド条約に対する留保の問題につき，次の3点について，国際司法裁判所の勧告的意見を要請した。

① ジェノサイド条約を1またはそれ以上の当事国が留保に反対し，他の当事国が反対しなかった場合に，留保した国はその留保を維持したまま条約当事国とみなすことができるか。

② 第1の問に肯定的である場合に，留保した国と，(a)留保に反対する当事国との間において，(b)留保を認める当事国との間において，留保の効果はいかなるものか。

③ 留保に対する異議が，(a)まだ批准していない署名国によって行われた場合，(b)署名または加入の資格はあるが，まだそうしてはいない国によって行われた場合，第1の問いに対する回答に関して，その法的効果はいかなるものか。

これに対する勧告的意見（1951年5月28日）は，いずれも7対5の僅少差であったが，次のようになされた。①については，その留保が条約の目的と両立する場合には，条約の当事国とみなすことができる。そうでない場合には，その国は条約当事国とみなすことができない。②については，(a)条約当事国が，留保を条約の目的と両立しないとして反対する場合には，その国は留保を行う国を事実上条約当事国でないと考えることができる。(b)他方において，条約当事国が，留保を条約の目的と両立すると認めるならば，留保を行う国を条約当事国と考えることができる。③については，(a)条約をまだ批准していない署名国が行った他国

の留保に対する異議は，批准を待って初めて，第1の問いに対する回答において示された法的効果を持つことができる。そのときまでは，その異議は単に署名国の将来生ずべき態度を他国に知らせるものとして役立つだけである。(b)署名または加入の権利を持つが，まだそれを行使していない国により行われた留保に対する異議は，法的効果を持たない。

　以上のような両立性の基準を示した勧告的意見は大きな反響を呼んだ。この勧告的意見においては，国際法の原則によれば，全ての当事国の同意がなければ，留保は有効となり得ないということを認めつつ，ジェノサイド条約の性格から，留保と条約目的との両立性の基準という新しい法原則をしめした。それは，ジェノサイド条約が「人道的且つ文明的目的」を持つものであり，国際社会の共通利益の促進という観点から捉えるべきとの考え方に基礎を置くものである。この点で，条約の普遍性と一体性のバランスをどのようにして採るかという判断を示したものである。

(3)　条約法条約の定める留保制度

(a)　留保の表明　　国は，条約に署名・加入し，または条約を批准・受諾・承認する際に，次の場合を除き，留保を表明することができる（条約法条約19条）。①条約によって留保が禁止されている場合，②条約が特定の留保のみを許容しており，当該留保がその中に含まれていない場合，③　①および②に該当しない場合で，留保が条約の趣旨および目的と両立しない場合。

　この中で，最も問題になるのは③の両立性の基準の場合である。基準に合致しているか否かの判断は，各国が個別的に行うのであり，しかも，その基準の内容が客観的に明確になっているわけではない。したがって，国によって判断が別れる場合が生じ，条約関係は複雑になるであろう。

(b)　留保の受諾・留保に対する異議　　留保は他の当事国によって明示的または黙示的に受諾されて，初めて効力を生じる。

　条約の明文の規定によって留保が認められている場合には，条約に別段の規定がない限り，留保は他の締約国によって後から受諾されることを要しない（同20条1項）。他の締約国の同意は条約の規定中に既に与えられていると考えられるからである。交渉国の数が限られていること，および，条約の趣旨と目的からみて，すべての当事国に条約の全体を適用するのが各当事国の条約参加

の不可欠の条件であることが明らかなときは，留保は全当事国による受諾を必要とする（同20条2項）。また，国際組織を設立する条約の場合には，留保は，その組織の権限ある機関の受諾を必要とする（同条3項）。

　以上に該当しない場合で，しかも条約に特段の定めがないときには，留保は次のように行われる。まず，留保を受諾した締約国がある場合には，受諾国と留保国との関係において留保国はその条約の当事国となる（同20条4項(a)）。留保国が条約当事国となるためには，少なくとも一つの締約国によって留保が受諾されなければならない。次に，留保に異議を申し入れた国と留保国との関係については，異議の申入れがあったからといって，両国間において条約が当然に効力が生じないわけではない。異議を申し入れた国が条約発効に反対の意図を確定的に表明した場合に，両国間に条約関係は生じない（同項(b)）。留保に対する異議の表明があっても，そのことが必ずしも条約関係に入ることの拒絶を意味するとは限らないので，このような規定が設けられたのである。条約関係を生じさせるか否かの決定を異議申入れ国の意思に委ねたのである。さらに，ある国が留保つきで条約に参加したいという意思表示をした場合，少なくとも締約国の一つがその留保を受諾すれば，条約への参加が直ちに効力を生じる（同項(c)）。その場合の「留保受諾」の意思表示は，必ずしも明示的であることを必要とせず，黙示的受諾という国際慣行が明文化されている（同条5項）。

　(c)　留保の法的効果　　以上のようにして留保が成立した場合，次のような法的効果を生じる（同21条）。①留保国とこれを受諾した条約当事国との関係においては，留保に関連する条約規定は，相互に留保の限度において修正適用される。②留保国を除く条約の他の当事国相互間においては，留保は何等の法的効果も持たない。③異議を申し入れた国が，留保国との関係における条約の効力発生に，とくに反対しなかったときには，①の場合と同一の法的効果を生じる。反対をすれば，両国間に条約関係は生じない。

　(d)　留保の手続　　留保・留保の明示的受諾・留保に対する異議の申入れは，いずれも書面によって行われなければならず，関係国に直ちに通報される（同23条1項）。

　(e)　留保の功罪　　留保は，条約が本来意図している効力に制限を加え，内容的な変更をもたらすものである。場合によっては，条約の目的そのものが阻

害されることになりかねない。また，すべての当事国に同一の効果をもたらすことにならず条約関係も複雑になる。したがって，国際関係のみを見た場合あるいは条約体制そのものからみた場合には，留保はあまり歓迎されないであろう。しかし，国にはそれぞれ特異な国内事情があるため，現実には，多数国間条約に対して留保を希望する国が少なくない。条約のほとんどの規定に賛成することができても，わずかの規定あるいはある規定の一部分を受け入れることができないという場合がある。また，条約の作成段階で，すべての規定について，すべての参加国の利害を完全に一致させるような表現をとることは，まず不可能に近いことである。したがって，もし仮に，留保の内容が，その留保を申し入れた国にとっては極めて重要な意味を持つものであっても，他の当事国にとってそれほど重要でもなく直接の不利益ももたらさない場合であれば，むしろ，留保を認める方が，条約参加国が拡大し，条約の普遍性をより確保できることとなり，条約目的をより広く達成することになろう。しかし，留保の内容が条約の重要な規定に関連する場合には，留保を認めることが条約目的の達成を妨げることにもなりかねない。しかも，留保国とそれ以外の締約国の条約上の負担は不均衡となるから，条約の本来の目的達成との関係において，条約の一体性が損なわれることも明らかである。したがって，条約の一体性をどこまで認めるかが留保の許容範囲となる。つまり，条約の普遍性と条約の一体性の均衡の中に留保制度が位置づけられることになろう。この意味で，留保に関して条約が明文の規定をあらかじめ置いておくことが最も望ましい。

(4) 解釈宣言

解釈宣言は，採択された条約の特定の規定，文言または事項の適用について，許容されている複数の解釈の中から自国として特定の解釈を採用する旨の意思表示をする一方的宣言である。解釈宣言は，留保と同様，参加国の国内事情を背景として行われ，多数国間条約の場合に，署名・批准・受諾・承認・加入のいずれの段階でも行うことができる。しかし，留保は条約の法的効力そのものに関係するが，解釈宣言は，自国の立場を明確にするだけのものであり，条約の文言を排除したり変更したりして，条約上の義務そのものを変更する法的効果をもたらすものではない。解釈宣言は，条約が留保を一般的に禁止している場合でも認められることが少なくない（国連海洋法条約309条・310条参照）。実

際に多くの国が，さまざまな形で解釈宣言を積極的に活用して条約に参加している。たとえば，日本は，「経済的，社会的及び文化的権利に関する国際規約」（国際人権規約A規約）および「市民的及び政治的権利に関する国際規約」（国際人権規約B規約）を批准した際，それぞれ第8条2項および第22条2項の「警察の構成員」という用語に日本国の消防職員が含まれるとの解釈宣言をした。それぞれ，労働者の団結権・同盟罷業権および結社の自由に関する規定であるが，日本ではこの点に関して，消防職員が警察官と同様に扱われているためである。

解釈宣言については，条約法条約でも扱われておらず，学説上も実行上も必ずしも明確ではないところがあり，一国の一方的宣言が解釈宣言か留保かで争われる場合もある。大陸棚条約に付されたフランスの宣言はその一例である（英仏大陸棚事件）。

6.3 条約の登録

条約の登録（registration）とは，条約を公表のために国際組織に寄託することである。登録された条約は，国際組織によって国際社会全体に広く公表され，誰でもがこれを見ることができる状況にある。

条約の登録制度は，秘密外交が戦争の原因の一つだというウィルソン・アメリカ大統領の主張をもとに，国際平和達成のために国家間に「公明正大ナル関係」を維持し，秘密外交を防止する目的で，国際連盟において初めて設けられた。国際連盟加盟国の締結した一切の条約は，連盟事務局に登録することが必要とされ，登録されるまでは拘束力は生じないとされた（連盟規約18条）。登録制度が条約の成立要件の一つとして位置づけられたのである。

国際連合においても，登録制度の必要性が認識され，国連加盟国が締結するすべての条約および国際協定は，国連事務局に「なるべくすみやかに」登録されなければならないとされた（国連憲章102条1項）。しかし，登録を条約の発効要件とした国際連盟の制度は，登録にあまりにも大きな効果をもたせすぎるとの非難が強かったため，国連ではこの点が緩和され，すでに成立した条約を登録することとした。未登録の条約も当事国間では法的拘束力を有するのである。ただし，登録してもしなくても同じということではない。国連の下では，登録されていない条約については，当事国が，これを国連の機関に対して援用

できない（同条2項）。たとえば，国際司法裁判所や安全保障理事会で，未登録の条約にもとづく権利を主張して，義務の履行を要求したり，未登録の条約に基づいて紛争の解決を求め，強制措置の発動を主張することはできない。

　国連の制度の下で登録の対象となるのは，国連憲章の発効後に国連加盟国が締結したすべての条約および国際協定である。加盟国相互間の条約は当然のことながら，非加盟国や国際組織との間の条約もすべて含まれる。登録は国連加盟国の義務であるから，登録に対する相手国または非加盟国の同意の有無は問題とならない。また，条約の性質・内容・形式・軽重・存続期間などは一切問わず，実質的意味の条約を対象とするから，国家や政府の承認・中立通告・封鎖宣言などの純粋な一方的行為を除いて，国家の一方的宣言といえども，実質的に拘束力を持つものであれば，すべてここに含まれる。

　国連に登録された条約は，公表（publication）のために事務局によって国連条約集（United Nations Treaty Series）に掲載される。

　国連以外にも，自らの組織に関連する条約の登録制度を有する国際組織もある（たとえば，国際民間航空条約81条・83条）。

　条約法条約においても，登録制度が規定され，条約は，効力発生の後，記録および公表のため，条約当事国によって国連事務局に送付されるものとしている（同80条1項）。

6.4　条約の無効

　条約が当事国を有効に拘束するのは，当事国の合意が形成されたからにほかならない。形の上では条約が成立したように見えても，当事国の真実の合意が形成されておらず，合意の形成に瑕疵のある場合には，その条約は有効に成立したとはいえない。そのような場合は，条約は無効であり，初めから成立しなかったということになる。条約法条約は，条約の無効原因につき網羅主義をとり，条約法条約の適用を通じてのみ，条約の有効性を否認できるとした（同42条1項）。条約法条約は，以下の八つの無効原因を列挙しているが，その中には，これまで慣習法として認められてきたもののみならず，新たに制定されたものも含められている。

(1)　無　効　原　因

(a)　条約締結の権限に関する国内法の規定　　条約と国内法とが内容的に矛

盾する場合に，国内法の規定を援用して条約の無効を主張できないことは，国際法上の確立した原則である。問題となるのは，憲法上の手続的な制限に違反して条約が締結された場合である。憲法上の手続的な制限と条約の無効との関係に関しては，従来，三つの立場がみられた。第1に，憲法上の制限は国際法に組み入れられているとする立場である。第2には，第1の立場にいくらか制限を加え，憲法上の制限のうち，他の諸国家がそれを知ることを合理的に期待することができるような周知のもののみを考慮しようとする立場である。第3には，国際法は，条約締結意思を形成する機関と手続を各国に委ねてはいるが，条約に対して国家が国際的場面において表明する同意の手続と条件は国際法によって決定されるべきものであるとする立場である。

　以上の三説のうち，従来の国際裁判や国家慣行の多くは第3の立場を支持してきた。しかし，他方において，憲法上の要件と国際法上の効力とを結び付けようとする主張も強くなされてきた。条約法条約は，これら三説を充分に尊重し，かつ，条約締結の手続には各国政府が熟慮し得るような機会が含まれていることを勘案して，国内法上の手続に違反して締結された条約は一定の場合にのみ無効であるという制限的立場をとった。すなわち，条約締結権に関する国内法規定に対する違反が明白であり，かつ，違反された国内法規定が基本的な重要性をもつものでない限りは，同意を無効にする原因として国内法違反を援用できない（同46条1項）。「違反が明白である」とは，通常の慣行に従い，かつ，誠実に行動するすべての国にとって，その違反が客観的に明らかであるような場合をいう（同条2項）。

　(b)　国の同意を表明する権限に対する特別の制限　　特定の条約に拘束されることに対する国の同意を表明する代表者の権限が，特別の制限に従うことを条件として与えられているにもかかわらず，代表者がその制限を守らなかった場合には，この同意は瑕疵あるものであり，問題となる。

　条約法条約は，条約関係の安定という観点から，代表者の権限に対する特別の制限が代表者の同意表明に先立って他の交渉国に知らされていない限り，その代表者の同意を無効にするものとして援用できないとした（同47条）。

　(c)　錯誤　　条約締結の時に存在していた事実または事態に関する錯誤で，しかも，それがその条約によって拘束されることに対するその国の同意の不可

欠の基礎を構成していた場合には，その錯誤は，条約の無効原因として援用することができる（同48条1項）。

(d) 詐欺　交渉相手国の詐欺的行為があって条約締結に至った場合には，これを援用して条約の無効を主張できる（同49条）。

(e) 国の代表者の買収　交渉相手国が直接または間接に自国代表者を買収した結果，条約に拘束されることに対する同意が表明された場合には，この同意を無効にする根拠として，その買収を援用することができる（同50条）。この無効原因は，従来の慣習法にはなかったものであるが，条約法条約の審議の最終段階で含められた。

以上の五つの無効原因は，条約を当然に無効にする効果を持つものではなく，当該国家がこれらの原因を援用して条約の無効を主張する権利を有するということである。したがって，当該当事国が，条約の効力を明示的または黙示的に承認したときは，これらの原因事実があっても，この権利は消滅し，条約は有効に成立したということになる。これに対して，次の三つの無効原因は，関係国間でその原因となる事実が判明したときに，条約は当然に無効となる。

(f) 代表者に対する強制　国の代表者に対して個人的に強制または脅迫が加えられ，その結果，条約に対する同意が表明された場合に，その同意が無効であることは，従来から確立した原則であった（同51条）。強制・脅迫は，代表者個人に加えられるすべての形のものであって，身体に対する脅迫，私的な不行跡を基にした脅迫，家族への危害を内容とした脅迫などを含む。

(g) 国に対する強制　伝統的国際法の下では，武力の行使や脅威によって国家が強制的に締結させられた条約でも，その効力には影響はないものとされていた。いわゆる砲艦外交も有効な手段の一つとして認められていたのである。このような制度は，分権的な国際社会の下では法律関係の安定を保つためにはやむを得ないものと考えられていたし，また，国際紛争を解決するための武力の行使が合法とされていた時代にはむしろ当然のこととされたのである。したがって，国際社会が組織化され，国家間の戦争が一般的に否認されて平和的変更と集団的安全保障体制が確実に行われるようになれば，この制度は変化するものと考えられた。

戦争の違法化・武力行使の違法化が確立されている現代国際法の下では，条

約法制も変化することになる。国連憲章の下では，武力による威嚇や武力の行使は一般的に禁止されているので（国連憲章2条4項），少なくとも，国連加盟国の間では，このような行為によって締結された条約の効力が認められないのは，理の当然である。

条約法条約は，この点を明確にし，国連憲章に規定された国際法の諸原則に違反する武力による威嚇または武力の行使によって締結された条約は無効であるとした（同52条）。この規則の効力をどの時点から捉えるかは問題がある。条約法条約の規定自体は，原則として，その発効以前に遡及しないものとしているが（同4条），52条の趣旨は，条約法条約の効力発生前に締結された条約であっても適用されることを意図しているものと思われ，その時期は，国連憲章が成立したときである。

(h) 一般国際法の強行規範との抵触　条約法条約は，一般国際法の強行規範に抵触する条約は無効であるとした（同53条）。従来の慣習法では認められなかった新たに定められた規定であり，国際法の基本的性質・構造に関わる論点を提示した。従来の国際法は，条約内容や目的の適法性を，条約が有効に成立するための要件とすることは，ほとんど考慮していなかったし，また，ごく最近までは，一般国際法の下で強行規範の語が用いられることも見られなかった。しかし，国連国際法委員会は，条約法条約の法典化に当たり，今日では，国家がその自由意思によって逸脱することのできない制約が存在しているとの認識が国際社会に受け入れられているとの考えを基礎に作業を進め，これを条文化したのである。一般国際法の強行規範とは，それらからのいかなる逸脱も許されず，かつ，事後に生じた同一性質の一般国際法規範によってのみ変更し得る規範であって，国際社会全体によって受諾され，かつ，承認された規範である（同53条後段）。

一般国際法の強行規範の具体的な内容は，条約法条約には規定されていない。今後，国際慣行や国際裁判所の判決を通して形成されていくことになると思われるが，具体的には，国連憲章の諸原則に違反する侵略などの違法な武力行使の禁止，あるいは，奴隷売買・海賊行為・集団殺害などのように，その禁止・防止にすべての国家の協力が求められているような規則を挙げることができるであろう。他に，個人の保護に関する規則，善良の風俗，法の一般原則などを

挙げる学者もいる。

【展開講義　9】　国際法上の強行規範

　強行法規または強行規範（ユス・コーゲンス，jus cogens）は，任意法規または任意規範（ユス・ディスポジティーヴム，jus dispositivum）の反対語であり，近代国家の国内法の下では，一般的に認められている。通常は，当事者がそれと異なる特約をした場合にそれを無効とする法規定が強行法規であり，特約が優先し廃除されてしまう法規定が任意法規である。つまり，その逸脱を許さない法的な力を持つ上位法規を強行法規として扱うのである。

　国際法の場合は，一般に，強行規範はないものと考えられてきた。伝統的な国際社会においては，主権を有する国家の意思が尊重され，国家間の合意の自由（条約締結の自由）を制限する強行規範はないものと考えられてきた。国際慣習法は，任意法規・補充法規と捉えられてきたのである。しかし，20世紀に入って，戦争の違法化・人類社会の共通利益・人権の国際的保護などの観念が発展するにつれて，異なる捉え方が生じてきた。第二次大戦以前にも，学説としてフェアドロス（Alfred Verdross）などによって，国際法においても，国家がそれから逸脱できない一定の規範が存在すると主張された。国際法委員会は，条約法を法典化する過程で，各国に対して条約法に関するアンケートを行い，その中で，国家はどのような内容の条約でも締結できるかを問うたところ，これを否定する見解が多く寄せられた。すなわち，国際社会の認識として，条約締結に際して，逸脱することを許さない一定の規範が国際社会に存在するということが認められたのである。それは，国際慣習法の中に，それと異なる条約内容を締結した場合に，その条約を無効とするような法規定が存在するということである。

　強行規範の内容は，本文に述べられている通りであるが，国家間の慣行が確立していないという点で適用上の問題があることは否定できない。しかし，強行規範が国際法上も存在することが確認されたことは，国際法秩序の新しい展開として注目しなければならない。

(2)　手　続

　条約の無効を主張する当事国は，条約についてとられるべき措置とその理由を他の当事国に対して文書によって通告し，一定期間（原則として3ヵ月以上）の満了後，これに対して他の当事国から何らの異議の申入れもなかった場

合には，他の当事国に正式な文書を伝達することによって，採られるべき措置を実施することができる。他の当事国から異議の申入れがあった場合，両国間の意見のくいちがいは，国連憲章33条に示された紛争の平和的解決方法によって解決を図る（同65条）。

しかし，12ヵ月以内に解決できなかった場合には，強行規範に関する紛争は国際司法裁判所に一方的に付託することができ，その他の無効原因に関する紛争は付属書に定められた義務的調停手続に付すことができる（同66条）。

6.5 条約の第三者に対する効力

(a) 基本原則　条約は，当事国のみを拘束し，第三国に対して効力を及ぼさない。合意を基礎とする国際社会においては，「合意は守られなければならない」(Pacta sunt servanda) という原則とともに，「合意は第三者を害しもせず益しもしない」(Pacta tertis nec nocent nec prosunt) という原則が確立している。しかし，今日のように，構成員である国家が相互に密接な関係を持つ国際社会においては，ある条約が，その条約に参加しなかった国に対して，不利益を及ぼしまたは利益を与えることは，時として避けることができない。不利益や利益が，条約作成国にとって意図的でなく，単に条約規定である内容を設けたことによる反射的な効果の結果という場合もあるが，意図的に第三国に対して法的に権利を与え，法的な義務を課す場合もみられる。条約法条約では，第三国に対する一般原則として，国際判例などにおいて従来から確立してきた原則を明示し，条約は第三国の同意なしに義務または権利のいずれをも創設するものではないとした（同34条）。

条約が第三国に対して効力を及ぼす実際例の内容は多様であるが，権利と義務の二つに分け，その取扱いを異にする。いずれの場合も，第三国が自国に関係する条項に同意を与える場合には，たとえ，条約自体の当事国にならなくても，その第三国は条約上の権利義務に拘束されることになる。

(b) 義務を課す場合　条約によって第三国に義務を課すためには，第1に，条約規定において，第三国（非当事国）に義務を設定することが意図されていることが明らかになっていなければならず，第2に，第三国がその義務を負うことに明示的に同意しなければならない（同35条）。義務を課す例として，従来しばしば議論になってきたものとして，国連憲章2条6項がある。この規定

に関して，非加盟国に対しても一定の義務を課しているとの見解があるが，この規定は単に非加盟国に対する国連自身の方針を定めただけであって，非加盟国に対して義務を設定することを意図したものではない。

　(c)　権利を付与する場合　　条約が第三国に対して権利を与えることができるかどうかに関して，従来二つの立場があった。第1の立場は，条約が第三国に利益を与えることは認めざるを得ないが，この利益が現実の法的権利となるためには，当事国と第三国との合意が必要であるとする。第2の立場は，権利付与についての当事者意思を尊重し，国際法上，条約によって他の国のために権利を実効的に創設することを禁止するような規則は存在しないとする。条約法条約では，当事国が条約の規定によって第三国に権利を付与することを意図し，かつ，第三国がこれに同意する場合に，同意した第三国に権利を付与し，しかも，その第三国の同意は反対の表示がない限り存在するものと推定されるとした（同36条）。

　(d)　撤回または変更の場合　　第三国の同意または受諾によって，権利または義務が生じた後，この権利・義務の撤回または変更が問題となる。一般的には，国家が法律上の権利・義務を得た場合，その権利・義務の撤回・変更が，当該国家の意思に反して行われることはない。この点，負担を取り除く義務の場合よりも，利益を失う権利の場合が問題となる。条約が第三国に与えた権利を自由に撤回・変更できるかは問題である。条約が単に第三国に対して反射的利益を与えているに過ぎない場合には，条約は当該第三国の同意を求めることなく条約を撤回・変更することができる。ただし，第三国が反射的利益を長年にわたって享有している場合には，一種の既得権とみなされ，条約当事国がそれを奪うことができなくなることがある。第三国に与えた権利については，当該第三国の同意なしに撤回または変更し得ないことが意図されていたと認められるときは，条約当事国はその権利を撤回または変更することができない（同37条2項）。

　第三国の義務についても，条約当事国と当該第三国との双方が同意したときに限って，撤回または変更が可能とされる。ただし，当事国と第三国に別段の合意があるときは，どちらかが一方的に撤回または変更することも許される（同条1項）。

なお，条約中の規則が国際慣習法化されたような場合には，第三国といえどもこれに拘束される（同38条）。たとえば，陸戦の諸規則に関するハーグ条約，スイス中立化のための規定，国際的水路の自由航行に関する条約などがそれにあたる。この場合，条約の規則そのものが第三国に対して拘束力を持つのではなく，条約の規定が契機となって国際慣習法が成立し，その慣習法の規則が第三国に対しても拘束力を持つのである。

【展開講義 10】 慣習法化した条約規定の効力

条約が国際慣習法になる条件については，北海大陸棚事件【展開講義 5】で示されたとおりである。基本的には，条約は，慣習法の証拠となる実行の一つであるから，ある条約規定が，慣習法化する場合がある。とくに，法典化の作業において，さまざまな内容のものがみられ，狭義の法典化として，既存の国際慣習法をそのまま宣言的に成文化した条約は，条約形式になっていても，慣習法に他ならないが，新たに規則を作り出した場合，あるいは，慣習法としては未成熟なもの・形成段階にあるものを条約化した場合には，慣習法化する可能性が高い。たとえば，大陸棚条約の基本概念に関する第1条から第3条までは，トルーマン宣言（1945年）以降，次第に慣習法化への方向にあり，条約採択時（1958年）には，議論の対立があったものの，少なくとも形成段階にあったと思われ，北海大陸棚事件（1969年）では完全に慣習法化したとの判断がなされた。しかし，同じ条約の第6条の等距離原則の規定については，慣習法化していないと判断された。かくして，北海大陸棚事件においては，大陸棚の基本的観念については，大陸棚条約の非締約国である西ドイツに対しても，法としての効力を持つものとされたが，等距離原則については，西ドイツを拘束しないとされた。

6.6 条約の解釈・適用

条約が具体的に機能するためには，条約を解釈し適用することが必要である。成立した条約にいかなる解釈を与えるかによって，条約の実質的内容が定まってくる。また，条約を具体的事件にどのように適用するか，あるいは，条約内容をどのように実現するかは，条約の履行を確保するためにはどうしても必要なことである。

(1) 条約の解釈

(a) 条約解釈の意義　条約を解釈するに当たって，何を明らかにするのかについては，通常の法の解釈と同様に，立法者意思説と法律意思説の対立がみられる。すなわち，条約解釈の目的を，条約の成立当初に意図された具体的内容を正確に明らかにすることにあるとする態度と，あるべき法としての条約目的の発見・達成におくべきだとする態度がある。今日の国際社会においては，条約の解釈も基本的には法律意思説の立場に立つべきものと思われる。

　一般に，法の解釈は，個々の具体的なケースについて法規の持つ意味を明らかにするために行われる。国内社会では，その作用を，立法機能から独立した司法機能の役割としている。しかし，国際社会においては，国家は自ら立法者となり，同時に解釈も行う。しかも，条約は，しばしば，法というよりも，むしろ，国内法の契約と対比される。通常の法律の解釈については目的論的解釈が通則であるが，契約の解釈については，当事者意思の尊重が根本とされる。このため，契約に類似する条約の解釈についても，当事者意思の発見にその基本原理があると主張される。たしかに，私法上の契約と国際法上の条約の法的性質は本質的に同一であると指摘されることがあり，領土割譲条約や租借条約など契約的な条約にその典型を見ることができる。しかし，表意者の能力・権限，意思の瑕疵，強制や詐欺の効果，その履行など，条約と契約とではその原理を異にする。また，国際社会の発達とともに，契約的性質を持たない，むしろ，法としての要素をより強く持つ立法条約が増加した。今日では，立法条約と契約条約の区別が生じ，契約に関する解釈原理は，契約条約についてはなお適用できるとしても，それを立法条約を含む条約一般に当てはめることはできない。現代国際法の下では，条約の解釈においても，法律意思説が基本にあると考えられるが，条約の場合には，国内法に比して，立法者意思の比重がより大きいといえよう。なぜなら，条約には契約的性質が含まれており，また，条約の第一次解釈権は当事国にあるからである。

(b) 条約の解釈権者　国内社会においては，法を有権的に解釈するという意味の解釈権者は，いうまでもなく，裁判所である。しかし，国際社会においては，20世紀になるまで，法解釈の組織的機関としての司法裁判所は存在しなかったし，今日においても，国内裁判所に比して，国際裁判所の機能は非常に制限されている。このため，従来においても，また，今日においても，条約解

釈の第一次的担当者は国家である。この意味での解釈者は，国家と国際組織である。ただし，国家は自国が当事者となっていることを前提に一般的に解釈権を持つのに対して，国際組織の場合には，組織設立の一定目的の下にこの権能を行使しうるにすぎない。しかし，これらは第一次的解釈者であって，最終的な解釈者ではない。条約の適用に関連して解釈に争いがある場合に，有権的に決定する者を解釈権者と呼ぶならば，国家と国際組織はこれに当たらない。近時，条約の解釈について国際裁判所を利用する考え方が一般的となり，その決定を最終的なものとする傾向にある。条約の解釈について争いが生じたときには，これを国際裁判で解決することを条約中の紛争解決条項，付属書，合意議事録などで約束することが一般的となっている。このような観点からは，条約の解釈権者は，国際裁判所ということになる。

(c) 解釈原則　条約法条約は，条約の解釈について，次のような基本的原則を定めた（同31条）。解釈の基本となるのは，条約当事国の意思を有権的に表示していると推定される条約文（text of treaty）であり，解釈の出発点は，条約文の意味の明確化にある。まず，一般原則として，第1に，条約は誠実に解釈されなければならず，第2に，条約中の用語は通常の意味に従って解釈されなければならず，第3に，用語の通常の意味は，抽象的にではなく，条約の文脈により，かつ，条約の趣旨および目的に照らして決定されなければならない。ここでいう「文脈」は，前文および付属書を含む条約文のほか，条約の締結に関連して全当事国によって行われた合意と，条約の締結に関連して1または2以上の当事国により作成され，かつ，条約に関連する文書として他の当事国が受諾した文書を含む。さらに，文脈と並んで考慮されるべき解釈に関連する追加的要素として，(a)条約締結後における当事国間の合意，(b)当事国の合意を確立する条約適用上の慣行，(c)当事国間の関係に適用される国際法の関連規則，があげられる。

以上のような規則に基づいても，なお意味が曖昧であったり不明確な場合，あるいは，その結果が明らかに常識に反したり，不合理であるような場合には，条約の準備作業および条約締結の際の諸事情を含む補足的手段を用いて解釈することができる（同32条）。

条約の解釈の基礎となる条約文は，正文として認められた条約規定である。

どの言語で作成されたものが正文かは、条約に規定されている。条約が複数の言語で確定された場合には、各言語による条約文は、等しく正文として権威を有する。ただし、特別の条約文が優先すべきことが条約に規定されているか、それについて当事国が合意する場合は、その規定または合意に従う（同33条1項）。解釈にあたって、特定の条約文が優先すべきことを条約が定めることは、二国間条約でみられる（たとえば、日韓基本関係条約の末文）。条約の文言は、それぞれの正文で同一の意味を有するものと推定される（同条3項）。複数の言語で作成されていて、それらすべてが条約正文として確定されている場合、すべて同一の内容が規定されているはずである。しかし、食い違いが生じることは避けられず、そのような場合は、できるだけ調和させ、それぞれの共通の意味を発見するように努力しなければならない。そのような例としては、国連憲章27条3項があげられる。

(2) 条約の適用

(a) 条約の遵守　条約の適用とは、条約を物事にあてはめて用いることである。それは、いわば、条約が確実に遵守・実現されることである。条約が効力を持つということは、条約当事国を拘束するということであり、当事国は条約を誠実に履行しなければならない（同26条）。「合意は守られなければならない」（Pacta sunt servanda）は国際法の根本原則である。具体的に、条約をどのように履行するかについては、その方法・手続は、基本的には、条約当事国が決めることである。もちろん、条約自身が方法・手続を規定している場合にはこの限りではない。条約の履行・遵守にとって、しばしば、国内法との関係が問題となるが、国内法の規定を理由として条約の履行を怠ることはできない（同27条）。このことは、国際先例においても、学説においても、一致して認められた原則である。条約の履行・遵守のためには、条約内容に抵触する国内法があれば、これを廃止または改正しなければならず、条約の履行に国内法の制定が必要ならば、これを制定しなければならない。この場合に、条約の国内的効力が問題となるが、その問題は、第2章で取り上げる。

(b) 条約履行の確保　上述のように、条約は、その内容が確実に履行・実現されることによって、はじめて意味のあるものとなる。国際社会には、国内社会と異なり、中央集権的な権力制度が確立しているわけではなく、条約の実

施を確保するのは条約当事国自身である。古くは，条約履行の担保として人質をとったり，土地の占領（保障占領）をするという方式がとられたこともあった。今日では，条約によっては，報告制度，協議制度，査察制度など，それぞれの条約内容に見合った特有の制度を設けている場合がみられ，そのような制度の多くは，国際組織の制度として確保されている。

6.7 条約の改正・終了

(1) 条約の改正

通常，条約は，とくに期限を付さないかぎり，永続的であることを意図している。しかし，条約が，国際社会の実情に合わなくなり，制度を手直しするほうが，条約目的をよりよく実現できるという場合に，現行条約を廃止して新たな条約を作らなくとも，現行条約の改正によってよりよく適応できることがある。このため，条約の中に改正に関する条項が含まれている。

条約の改正は，当事国の合意によって行われるが，手続的には，締結のときと同じ手続が適用されるのが原則とされてきた。二国間条約の場合は，このような原則がそのまま当てはまり，改正の場合と新たな条約を作成することを分けて考える必要はほとんどないので，改正を特に論じることはない。しかし，国際組織の発達と多数国間条約の飛躍的増大は，条約改正の過程に大きな影響を与えている。第1に，多数国間条約の改正問題の多くは，国際組織に関連するものであり，国際組織に独自の制度を発展させてきた。国際組織の設立条約を改正する場合に，全構成メンバーの同意を要求するような厳格な要件を課すことは非現実的であり，最近では，一定数の構成メンバーの同意のみで改正を可能とする制度が一般的となっている。第2に，多数国間条約の増加にともない，それが将来において改正される可能性について，条約中に予め規定を置くことの重要性が一般的に認識されるに至っている。第3に，多数国間条約の当事国数の増大と条約対象の多様化から，条約の改正が行われた場合に，新旧の条約すべてを有効なものとし，一方では，改正を受諾する国家相互間においては改正条約を有効なものとし，他方において，改正条約受諾国と非受諾国との間および非受諾国相互の間では，改正前の旧条約の効力をも存続させるという慣行が一般化してきた。このような例として，1883年に制定されて以来1967年までに6度の改正を経た工業所有権保護同盟条約（27条）がある。

条約法条約では，条約の改正は，当事国間の合意によって行われるものとし，別段の定めがないかぎり，条約の諸規則が適用されるとした（同39条）。多数国間条約の改正をすべての当事国間で行う場合，条約に別段の定めがないかぎり，改正の交渉にはすべての締約国に参加する権利が認められ，旧条約も改正条約もそれぞれ独立の条約としての地位を認め，それぞれに同意した国のみを拘束するという条約法の基本原則を適用している（同40条）。

改正の例として，たとえば，連盟規約と国連憲章をみた場合，両者は対象的である。連盟では，規約の改正は，理事会構成国の全部とそれを除く総会構成国の過半数の批准によって成立するが，その改正に反対の国は自動的に脱退することになる（連盟規約26条）。国連憲章の場合は，総会または加盟国の全体会議で構成員の3分の2の多数で採択された憲章の改正案は，安全保障理事会の常任理事国全部を含む加盟国の3分の2によって批准されたときに成立し，しかも，それはすべての加盟国に対して効力を生じる（国連憲章108条）。したがって，改正後の憲章による効力を免れるためには，連盟規約のように単に不同意を表明するだけでは不十分であり，自ら国連を脱退しなければならない。

(2) 条約の終了・運用停止

(a) 意義　通常，条約の終了（termination，消滅ともいう）とは，すべての当事国に対して条約が効力を失うことをいう。しかし，多数国間条約の場合，脱退・廃棄により特定の当事国について条約が効力を失うこともまたその国との関係において条約の終了と呼ばれる。条約そのものを消滅させないで，条約の効力を停止することを運用停止（suspention of operation）という。廃棄（denunciation）とは，通常，二国間条約に用いられ，一方の当事国が条約を終了させる意思を一方的に表明する場合をいう。脱退（withdrawal）とは，多数国間条約から離脱することをいい，条約は他の当事国の間で有効に存続し，脱退した当事国についてのみ効力を失う。脱退の用語は，とくに国際組織の設立条約の場合によく用いられる。

国際慣習法上の条約の終了原因は必ずしも明確ではなく，個々の事態が条約の終了原因に当たるか否かをめぐって紛争を生じることも少なくなかった。条約法条約は，条約の終了原因および運用停止の明確化をはかり，体系的に規定するとともに，網羅主義の立場をとった（同42条2項）。

(b) 条約の規定または当事国の同意による終了・脱退・運用停止　条約は終了について何らかの規定を置くのが通例である。条約の有効期間・条約終了の日時・条約を終了させる条件または事実・廃棄・脱退などについて規定がある場合には，その規定に従う。このような規定がない場合には，すべての当事国が同意すれば，いつでも，どのような形式でも，条約を終了させることができる（同54条）。同様のことは，運用停止についても妥当する（同57条）。また，一定の場合に一定数の国の合意によって運用停止ができる（同58条）。

(c) 終了・廃棄・脱退の規定のない条約の終了　終了に関する規定を含まず，廃棄・脱退に関する規定を置いてない条約の場合は，当事国が廃棄・脱退の可能性を認める意思を有していたことが証明される場合，および，条約の性質から判断して，廃棄・脱退の権利が当然に含まれていると見られる場合，一定の予告期間をおいて，廃棄・脱退が認められる（同56条）。条約の性質上，廃棄・脱退が許されない場合がある。たとえば，平和条約や国境画定条約などである。また，国連憲章は，連盟規約と異なり，脱退に関して明文の規定を置いていないが，憲章制定時に脱退に関する宣言が採択されており，実際にも，1965年にインドネシアが脱退した（ただし，翌1966年に加入手続をとらずに復帰）。

(d) 新条約の締結による黙示の終了・運用停止　ある条約のすべての当事国が当該条約内容と同一の事項について新たな条約を締結したとき，次の場合に，前の条約は終了したものとみなされる。第1に，当事国が，その事項については，後の条約によって規律すべきことを意図し，そのことがその条約から明らかであるか，他の方法によって証明される場合，第2に，後の条約の規定が前の条約の規定と両立しないため，両条約を同時に適用することが不可能である場合である（同59条1項）。また，当事国の意図が条約の運用停止のみにあることが明らかな場合は，前の条約は運用を停止する（同条2項）。

(e) 条約違反の結果としての終了・運用停止　当事国のいずれかが条約上の義務を履行しなかった場合あるいは違反した場合，他の当事国は，これを理由として条約を廃棄する権利を有し当該条約を終了させまたは運用停止させることができる。従来，この原則自体は一致して認められてきたことであるが，どの程度の違反があれば，この権利が発生するかについては争いがあった。条約法条約は，条約違反が「重大なものである」との条件の下，その条約を終了

させ，あるいは，条約の全部または一部を停止させるための根拠として，その違反を援用する権利を他の当事国に与えた。ここでいう「重大な違反」とは，条約法条約によって容認されない条約の履行拒否，または，条約目的の達成に不可欠な規定の違反である（同60条）。

(f) 後発的履行不能　条約の実施に不可欠な目的物が永久に消滅または破壊されたために，条約が履行不能になったとき，当事国は，その履行不能を，当該条約を終了させ，または，条約から脱退するための根拠として援用することができる。条約の履行不能が一時的であるときは，条約の運用を停止するための根拠としてのみ，それを運用することができる（同61条1項）。この規定は，条約の実施に不可欠な島の水没・河川の枯渇・ダムの破壊など，条約締結後に発生する事態を予想したものであるが，これらの事態が発生したからといって，条約を自動的に終了させるのではなく，条約終了のための根拠として履行不能を援用する権利を当事国に認めたにすぎない。

(g) 事情の根本的な変化　条約を締結したときの事情がその後大きく変化して，根本的ともいえる変化が発生した場合，これを理由として条約を終了させることができるか否かは，古くから学者によって問題とされてきた。事情に重大かつ根本的な変化が生じた場合，条約をそのまま存続させることが，一方の当事国に重大な不利益を生じさせることがある。その場合，当事国間の合意によって条約を終了させることができるのはいうまでもない。問題は，重大な不利益を被ることになった当事国が，その条約を一方的に廃棄することができるかどうかである。これを認めるのを事情変更の原則という。事情が大きく変化したにもかかわらず，条約の拘束力をそのまま認めることは不合理であり，とくに条約の改正の困難な国際社会においては，事情変更の原則それ自体は，理論的には，充分の合理性と存在理由を持つといえよう。また，実際にも，1870年にロシアがパリ条約（1856年）の黒海中立化条項を廃棄しようとした例があり，また，常設国際司法裁判所にも付託された「上部サボアとジェックスの自由地帯に関する事件」でも，この原則が主張された。しかし，そのような合理性にもかかわらず，「事情の重大な変化」の内容とその認定，条約の種類による適用・不適用の区別，廃棄権の行使の態様などについて問題があり，濫用の危険性が極めて高いことなどから，実定法の原則として認めることについ

ては，従来，学説は否定的であり，実際に認められた例も存在しない。

条約法条約では，事情変更の原則を認めつつも，制限的に援用できるものとした。すなわち，条約締結の当時に存在していた事情について，当事国が予見することができなかったほどの根本的変化が生じた場合でも，①変化前の事情の存在がその条約に拘束されることに対する当事国の同意の不可欠の基礎をなしており，かつ②その変化が，当該条約の下でなお履行を要求される義務の範囲を根本的に変更する効果を有する，という二つの条件を満たさないかぎり，条約を終了させ，また，それから脱退するための根拠として事情変更を援用することはできない（同62条1項）。また，条約が国境を画定するものである場合，および，事情の根本的変化がこれを援用する当事国による国際義務違反の結果として生じる場合には，事情変更を援用することは認められない（同条2項）。

【展開講義 11】 事情変更の原則／アイスランド漁業管轄権事件

　国際司法裁判所の管轄権を否定するために，事情変更の原則が援用されたが，アイスランドが主張する「事情の変化」は，裁判付託義務を根本的にかえるものではないとして，この原則を適用しなかった事例である。本事件は，イギリスと西ドイツがそれぞれアイスランドを訴えた二つの事件であるが，内容的には同じであるので，西ドイツの例にそって説明する。

　アイスランドは，1958年，12カイリ漁業水域を設定する法令を制定したが，西ドイツはこの法令の効力を認めず，交渉によってその紛争を解決するための種々の交渉がなされた。1961年，両国は交換公文を締結し，西ドイツはアイスランドの12カイリ漁業水域に対して異議を唱えず，また今後アイスランドの漁業水域拡大に関して紛争が生じた場合，国際司法裁判所に一方の当事者の要請により付託することに合意した。アイスランドは，1972年に漁業水域を12カイリから50カイリに拡大することを表明したため，この一方的行為を認めない西ドイツは，交換公文の裁判付託条項に基づき，国際司法裁判所に提訴した。交換公文の無効を主張するアイスランドは，裁判法廷に出席しなかったが，反論する書簡を送付した。アイスランドは，管轄権を否定する主張の一つとして，アイスランド周辺海域における増大の一途をたどる漁業資源の開発から生じた事情の変化があり，重大な利益と事情の変化により，1961年交換公文はもはや適用できないと主張した。

　この点に関して，裁判所は，アイスランドの主張を，ウィーン条約法条約第62条に規定する事情変更の原則を援用したものとし，これによれば，事情の変化が

根本的なものでなければならないとする。そして，伝統的見解を採用し，基本的または重大なものとみなさなければならない事情の変化とは，当事国の一方の存立または重大な発展を脅かす程度のものでなければならないとした。さらに，事情の変更が，条約の終了の根拠となるためには，将来果たすべき義務の範囲について根本的な変化が生じていることが必要であり，その変更とは，義務履行の負担を当初引き受けたものとは本質的に異なる程度にまで増大するものでなければならないとした。このような基準に照らして，アイスランドの主張について根本的に変わっていないと判断した。

(h) **外交関係・領事関係の断絶** 条約の当事国間における外交関係または領事関係の断絶は，条約関係に影響を及ぼさない。ただし，外交関係または領事関係の存在が条約の適用に不可欠である場合には，この限りではない（同63条）。

(i) **一般国際法の強行規範の出現** 一般国際法の強行規範が新たに生じたときは，その規範に抵触する現行の条約は，無効となって終了する（同64条）。

7 法 典 化

◆ 導入対話 ◆

学生：国際慣習法の場合，本当に成立しているのかどうか，また，内容的にどのような範囲まで規定しているのかなど，その具体的な法規が必ずしも明確ではないのですが。とくに，何か具体的な事件に適用しようとした場合によくわからない場合が多いような気がします。

教師：そうですね，国際慣習法の不明確さはしばしば問題になってきましたし，また，不明確なままであることは，国際関係の不安定化にも関連します。このため，法典化の作業が行われてきました。

　みなさんは，国内法を勉強する場合は，もっぱら六法全書を開きながら成文化された条文をみるわけです。国際法の場合は，条約はほとんど同じ感覚で捉えることができると思いますが，国際慣習法の場合は，教科書の記述を読みながら学ぶわけです。国内法の成文法や条約のような記述にはなっていませんし，また，文章で繰り返したりさまざまな表現がしてあるため，さらに捉えにくい

ようですね。
学生：法典化の作業はどのように行われ，どのような国際慣習法が法典化されたのでしょうか。
教師：法典化（codification）は，もともと，国内法の分野で考えられたもので，制定法がなく判例法に依拠していたようなある法分野を統一的・合理的にまとめ，場合により必要な内容上の修正を加えて，一つの体系に従った制定法とすることです。国際法の場合も，同様のことが法典化として捉えられますが，国際法は慣習法を中心に発達してきましたから，成文化の必要は早くから認識されていました。本来の法典化は，確立した慣習法規を成文化することですが，絶えず発展している国際法の場合には，そのような作業だけでは不十分であり，新たな規則を含めて体系化する必要があります。時と共にめまぐるしく変化していく国際社会の場合には，法典化はどうしても必要なことであると思われます。また，新しい国家が誕生した場合，そのような国家が国際法規の形成に参加する機会を持つことになり，国際社会の新しい立場・主張を含めて法規を成立させることが可能になります。

7.1 国際立法

　国際社会の組織化が進み，条約の作成が，組織的・統一的に行われるようになった。国際組織において条約の制定が行われ，国際会議で条約の採択がなされる場合も，その準備や草案の作成が組織的になされる場合が多い。国際社会には，国内社会のような統一的な立法機関は存在しないので，国内の立法機関による立法形式が国際法に認められることはない。しかし，国際会議・国際組織において，伝統的な二国間・多数国間の国家間合意の形成を越えて，組織的な形で，条約の定立がなされるようになっている。加盟国である主権国家とは独立の地位を有する国際組織が法形成の主導権を持ち，発議・草案起草・審議・採択という一連の手続を経て制定される。そのような手続を経て制定される条約は，通常，一般条約であり，立法条約である。その背景にあるのは，国際社会全体の利益・共通利益の実現を目指して，一般的・包括的な規律を意図して行われるものであり，国内の立法に多少なりとも外観上類似する部分を持っており，擬制することが可能であるので，国際立法の名称をもっていわれ

るのである。ただし、国内の立法のように、成立すれば、直ちに社会構成員全体を拘束するということはなく、それらの条約は、原則として、国家の批准・承認といった同意の手続を必要とする。国際立法の中心的地位にあるのが、国連国際法委員会による法典化の作業であるが、それに限られず、その内容に応じて、他の機関が作業する場合も多々みられる。経済関係、人権問題、環境問題などはそれぞれを専門的に扱う機関が、また、宇宙法や国際取引法など高度の専門技術的な分野についても、同様に別個の機関が対応してきた。

7.2 法典化

国際法の法典化は、19世紀末から次第に行われるようになった。国際法の法典化の必要は、19世紀の前半、「法典化」(codification) の用語を造語したといわれるベンタム (Jeremy Bentham) を初めとして多くの学者によって主張された。学問的立場から、法典化の案が発表され、また、19世紀後半には、国際法学会 (Institut de Droit International, 1873年設立) や国際法協会 (International Law Association, 1873年設立) のような、多数の国際法学者の協力により、法典化を推進するための研究団体が発足した。現在に至るまで、多くの条約案を採択してさまざまな形で影響を与えてきた。

国家間で実際に法典化が行われるのは、19世紀後半、戦争法の分野においてであった。1864年の第1回赤十字条約、1874年の陸戦法規に関する法典化の試みなどは最も早い例である。1899年と1907年の2度にわたるハーグ平和会議で採択された陸戦・海戦・中立・開戦などに関する諸条約は、そのほとんどが法典化の成果である。

国際連盟においては、国際法の法典化を重要な任務としていた。1930年に国際連盟主催の下にハーグにおいて国際法典編纂会議が開催され、国籍・領海・国家責任の三つの問題を取り上げ、国籍に関しては若干の条約と議定書が採択されたが、他は成果を得ることができず、全体としては、失望に終わった。

国際連合においては、法典化を総会の重要な任務とした。総会は、その任務のために、補助機関として、国際法委員会を設置した。国際法委員会は、設置されて以来、50余年にわたり活動してきたが、全体としては、一応着実な成果を挙げてきたと評価される。なお、法典化は、国際法委員会以外でも行われている。たとえば、1949年ジュネーブ諸条約は、赤十字国際委員が主催するジュ

表1　国際法委員会による作業が完了しているもの

	条約名	国際法委員会 研究開始	最終草案提出	所要年数	条約採択	条約発効	締約国数 (2010.現在)
1	無国籍の削減に関する条約	1951	1954	3	1961. 8. 30	1975. 12. 13	37
2	領海及び接続水域に関する条約	1951				1964. 9. 10	52
3	公海に関する条約	1949				1962. 9. 30	63
4	漁業及び公海の生物資源の保存に関する条約	――	1956	7	1958. 4. 29	1966. 3. 20	38
5	大陸棚に関する条約	――				1964. 6. 10	58
6	仲裁手続モデル規則	1949	1958	9	(1958. 11. 14) 総会決議	――	――
7	外交関係に関するウィーン条約	1954	1958	4	1961. 4. 18	1964. 4. 24	187
8	領事関係に関するウィーン条約	1955	1961	6	1963. 4. 24	1967. 3. 19	173
9	特別使節団に関する条約	1958	1967	9	1969. 12. 16	1985. 6. 2	38
10	普遍的性質の国際機構との関係における国家代表に関するウィーン条約	1962	1971	9	1975. 3. 14	未発効	34
11	外交官を含む国際的に保護された者に対する犯罪の防止及び処罰に関する条約	1971	1972	1	1973. 12. 14	1977. 2. 20	173
12	条約法に関するウィーン条約	1949	1966	7	1969. 5. 23	1980. 1. 27	111
13	最恵国条項に関する条文草案	1967	1978	11	――	――	――
14	国家と国際機構又は国際機構相互の条約法に関する条約	1970	1982	12	1986. 3. 21	未発効	41
15	条約に関する国家承継に関するウィーン条約	1962	1974	12	1978. 8. 23	1996. 11. 6	22
16	国家の財産，公文書および債務に関する国家承継に関するウィーン条約	1967	1981	14	1983. 4. 8	未発効	7
17	外交伝書使及び外交伝書使が携行しない外交封印袋の地位に関する条約	1979	1989	10	――	――	――
18	国家及びその財産の裁判権免除に関する条約	1978	1991	13	2004. 12. 2	未発効	11
19	人類の平和と安全に対する罪の法典案	1982 再開	1996	14	――	――	――
20	国際河川の非航行的利用に関する条約	1974	1997	23	1997. 5. 21	未発効	21
21	国際刑事裁判所規程	1982 再開	1998		1998. 7. 17	2002. 7. 1	114
22	国家承継時の自然人の国籍に関する条文草案	1993	1999	6	――	――	――
23	国家責任	1955 (1963)	2001	46 (38)	――	――	――
24	危険な活動で生ずる越境損害防止に関する条文草案	1997	2001	4	――	――	――
25	外交的保護に関する条文草案	1995	2006	11	――	――	――
26	危険な活動で生ずる越境損害における損失配分原則草案	2002	2006	4	――	――	――
27	法的義務を発生させる国家の一方的宣言に適用される一般原則	1996	2006	10	――	――	――
28	国際法の断片化に関する研究報告	2002	2006	4	――	――	――
29	国境を超える帯水層法草案	2002	2008	6	――	――	――

表2　現在，作業が継続中のもの

	課題名	国際法委員会 研究開始	現在までの所要年数	進捗状況 （2010現在）
1	条約に対する留保	1994	16	審議中
2	国際組織の責任	2002	8	審議中
3	共有天然資源	2002	8	審議中
4	外国人の追放	2005	5	審議中
5	条約に対する武力紛争の効果	2005	5	審議中
6	外国人の引渡または訴追の義務	2006	4	審議中
7	災害時における人の保護	2007	3	審議中
8	外国刑事管轄権からの国家公務員の免除	2007	3	審議中
9	後になされた合意・後に生じた慣行と条約の解釈(継時的条約)	2008	2	審議中
10	最恵国条項（第二部）	2008	2	審議中

ネーブ外交会議によって採択された。また，国連海洋法条約には多くの法典化の部分が含まれるが，国連主催の下，数次にわたる国際会議開催の繰返しによって，新規規定を含めて全体としての成果を得たのである。

【展開講義　12】　国際法委員会と法典化

　国際法の法典化は，国際連合会の任務の一つとして掲げられ，そのために，総会の補助機関として国際法委員会が設置された。法典化の試みは，本文にも示したように，既に19世紀の後半からなされてきたが，制度化され組織的に進められたのは，国際連合になってからのことである。

　国連憲章では，総会の任務のうち，国際協力の促進に関して，国際法の漸進的発達および法典化を奨励する目的のために研究を発議しおよび勧告をするものとしている（同13条1項a）。このために，総会は，1947年に決議174(II)に基づき，その補助機関として，国際法委員会（ILC・International Law Commission）を設置した。以来50年余の期間において，全体としてみれば，一応の成果を挙げてきたといえよう。その成果は別表の通りである。

　憲章規定の「法典化」とは，広範な国家実行，先例および学説が存在している法分野において，国際法の規則のより正確な定式化および体系化をはかることを意味し，「漸進的発達」とは，未だ国際法によって規律されていないか，国家の

実行において法が未だ充分に発達していない問題について、条約草案を準備することを意味する。これら二つの用語は、観念的にはこのように分類できるものの、実際の法現象は必ずしも明確に区別できるわけではなく、両者の区別は相対的であるとともに、これらを合わせて広い意味で法典化の言葉がしばしば用いられる。実際には、国際法委員会は、慣習法の規則をそのまま文章の形で表す最も狭い意味の法典化から、全く新しい法規則の定立、そして、その中間である、法が未発達ないし不明確な部分の定式化といった広範な作業を行う。狭い意味の法典化を目指す場合でも、一つの条約の全ての規定がそのようなものとして成文化されることは殆どなく、条約としての整備を行うために、新たな規定が付け加えられることも見られる。

　国際法委員会で準備・採択された草案は、通常、国連総会の第6委員会で審議され、その上で、改めて、条約採択のための外交会議が開催される。

8　国際法規相互の効力関係

◆　導入対話　◆

学生：国内法の場合ですと、法体系全体の整合性を保つために、法規相互の効力関係を規律するルールがありますが、国際法の場合はどうなのでしょうか。

教師：法規が内容的に相互に抵触または衝突する場合、どの法を優越させるのか、その順序を定めて、抵触を解決しなければなりません。国際法の場合は、基本的な法形式として存在するのは、条約と国際慣習法ですから、これら二つの法の効力関係が問題ですし、条約についても、一般条約と特別条約の関係が問題となります。条約と国際慣習法は、単に成立形式を異にするだけですから、そこには、国内法の体系のような憲法を頂点とした法の段階構造のようなものが、認められるわけではありません。もちろん、法の抵触がないわけではないので、その場合は、国内法の場合と同じような原則が適用されることになります。

8.1　合意の自由と効力関係

　国際法は国家間の合意を基礎に形成される法であり、その合意が明示によるか黙示によるかによって、条約と国際慣習法という二つの形式の国際法として存在する。

国際法の場合は，国内法のように，法規範相互間の上下構造は認められず，それぞれの法源は，法的に同等の価値を持つものと考えられてきた。条約と国際慣習法の相互の間も，法的な効力の上下関係はなく，一方が他方を変更したり廃棄したりすることはない。国家は，それぞれ主権を持つ対等の関係を基礎に，自由に合意する。合意の自由が認められる以上，それによって作り出される法規相互に優劣関係は認められない。このような国際法の基本構造は，今日においても維持されている。しかし，後述するように，国際法の構造の中に上位規範の存在が認められるようになり，基本構造が修正されつつあるといえよう。

8.2　法規抵触の調整

国際法の法源は，原則として，形式的効力の点で上下関係はないが，形式的効力が同等の法規相互の間では抵触が生じる可能性がある。複数の国際法規が，同一の当事国間で同じ事項を規定し，しかも内容的に抵触が生じる場合，いずれを適用するかを決めなければならない。厳密にいえば，変更や廃棄をもたらすという意味の法の効力の優劣の問題ではなく，どの法を適用法規として選ぶべきかという問題である。このような意味の抵触を解決する原則は，「特別法は一般法を破る」（lex specialis derogat generalis）と「後法は前法を廃する」（lex posterior derogat priori）である。前者は，法規内容の特定性の有無によるものであり，後者は，成立の時間的前後を基準とした解決方法である。いずれも国内法にも認められる原則である。

一般法と特別法の関係は相対的であるが，国際慣習法は，原則として，一般法規であり，これとの対比で，条約は特別法規である。国際慣習法は，一定地域にのみ適用される地域的慣習法を除き，通常，一般国際法として，国際社会全体に普遍的妥当性を持つ。これに対して，条約は，特別の合意であり，締約当事国に対してのみ妥当する特別法規である。したがって，国際慣習法と条約が抵触する場合は，条約が優先的に適用されことになる。法源のところでみた国際司法裁判所規程第38条1項は，そのことを示している。たとえば，ある二国が，国際慣習法である「公海の自由の原則」と抵触する漁業禁止の条約或いは相互に何らかの制限を課す条約を締結すれば，当該二国に関しては，その条約がまず適用されるのである。一般法と特別法の関係は，国際慣習法相互間

および条約相互間においても生じる。

　後法と前法の関係は，後法優越の原理による。時間的に後から制定されたものが，前に制定されたものに対して優越する効力を持つということである。通常は，国際慣習法相互間または条約相互間で適用される。国際法が一つの法秩序として，適用される場合に相互に矛盾しないことが必要である。国際法は，それぞれの時代における社会的・経済的・政治的基盤の上に成立し，その変化発展とともに，法も制定改廃されていくのであり，後の法令が前の法令に勝つということは，法の本質的要請である。国際慣習法の場合，たとえば，かつては領海の幅に3カイリ規則が支持されていたのが現在では12カイリ規則が妥当しているように，新しい慣習法規成立の問題となる。条約の場合は，条約の改正，終了，運用停止の場合とほぼ同じであり，条約法条約中に規定されている（条約法条約30条，59条）。ただし，条約の場合，改正されて前の条約が効力を失う場合もあるが，改正条約を含めて，元の条約・改正条約のすべてが同等に有効とされる場合もあり，改正条約との関係に関する条約規定をよく吟味する必要がある。

8.3　上位規範導入による法の統一

　国家の合意を基礎とした国際法規の効力関係は，個別的・分権的であり，不安定なものといわなければならない。国内法の場合は，憲法を頂点とする法の段階的構造が確立しており，全体として統一的整合性を有している。国際法についても，一定の基本原則が上位規範として導入されれば，国際法の規範構造はより強固なものとなるであろう。実定法としてそのような統一性の構造が認められるのは，次の二つの場合である。

　第1に，強行規範（jus cogens）の導入である。その経緯や意義・内容については，条約の無効原因の一つとして，すでに，条約法のところで学んだ。これによって，上位規範と下位規範の区別が，国際法秩序に持ち込まれたということである。一般国際法上の強行規範であるから，一般国際法としての国際慣習法に，上位規範である強行規範としての国際慣習法とそれ以外の従来と同じ法的地位を持つ国際慣習法の二種類のものが認められるということになる。しかも，適用の順序の問題ではなく，抵触する条約を無効にするという法の効力の問題として捉えなければならない。国際法の規範構造に一定の段階制と統一

性がもたらされたのである。

　第2に，条約が，自らそれと抵触する他の条約の適用を排除して優位性を示す場合である。国際連盟規約20条1項は，「連盟国は，本規約と両立しない連盟国相互間の義務または了解が——，すべて本規約によって廃棄せらるべきものなることを承認し，かつ今後本規約の条項と両立せざる一切の約定を締結せざるべきことを誓約す」と規定していた。これは，連盟規約が，すべての条約に優位するとし，これに抵触する条約の廃棄・解除または締結の禁止を定めたものである。これに対して，国連憲章103条は，加盟国が締結した国際協定上の義務と国連憲章に基づく義務とが抵触するときは，憲章に基づく義務が優先するとしている。これは，連盟規約の場合のように，国際協定の廃棄を謳ったり，抵触する条約の締結を認めないというのではなく，より具体的に，実際的見地から，抵触関係の解決をはかったのである。条約自体の効力は生じても，国際連合という組織・制度の下では，抵触する条約は効力を持たず，その限りにおいて，法の統一をはかるものといえるであろう。同様の，抵触の場合の優先規定を置くものに，万国著作権条約（19条）がある。また，優劣関係までは明示してはいないが，抵触しない限りで特別取決めの締結を認めたり（例：工業所有権保護同盟条約19条，文学的及び美術的著作物の保護に関するベルヌ条約20条），抵触を除去するための手段を講ずる旨を定めるものもみられ（欧州共同体条約307条），そのような条約も，当該条約体制としての統一性を維持するためのものであり，基本条約が上位規範として機能しているといえよう。

第2章　国際法と国内法の関係

1　国際関係における国内法

◆　導入対話　◆

学生：われわれの生活関係を規律する法には国際法と国内法があるわけですが，この二つの法はどのような関係にあるのでしょうか。

教師：二つの法の関係を検討する場合，それがどのような形で問題となるのかを理解していなければなりません。19世紀末までは，国際法と国内法が関係するということは殆ど考えられませんでした。国内場面で，外交特権に関する事件などが扱われたことはありましたが，国際法は，国と国の間の権力的関係のみを規律するもので，個人の生活には関係がないと考えられていたからです。国際法の規律の対象と国内法の規律の対象が明確に区別され，相互に関連を持つということはなかったのです。しかし，時代の進展と共に，国際法と国内法が内容的に重なり合う部分が生じ，実質的に相互に作用する現象がみられるようになったのです。国際法と国内法が一致しないと，国際法上の義務を履行できないという状況が生じるようになりました。そうしますと，これら両者の関係を論じなければならなくなります。国際関係においては，国家にとって国際法上の義務は，必ず守られなければなりません。抵触する国内法があるために国際法上の義務を履行しなくてもよいということであれば，すべて国家の考えが国際法に優先して考慮されるということになり，また国際法上の義務は履行されなくてもよいということで，国際法秩序そのものが維持できなくなります。他方，国際法は，国家の内部にまで入り込んで，自らの効力を決めることができないわけで，まさに，国家の主権事項であり，国家自身が決めることです。が，それは，あくまでも，国際法の規律の下で国家に与えられる権限ですから，その範囲で国家が裁量権の行使が可能だということです。現実には，国際関係における国際法と国内法の関係と，国内的場面における国際法と国内法の関係は，同じではありません。

1.1 国際法の優位の原則

　国家には，国際法上の義務の履行について，それが自国の憲法その他の国内法と抵触しているために履行することができないという抗弁は認められない。国際場面においては，国際法と国内法の関係は，国際法の優位（Supremacy of international law）の原則が確立している。この点については，国際裁判，国家実行，学説等において，異論なく認められている。国内法と抵触していることが理由で，国際法が守られないということでは，国際法の存在自体が否定されることになり，この原則は当然のことである。実際には，国家が，国際義務を免れる理由として国内法を持ち出すことは珍しいことではない。しかし，国際裁判において，国際法優位の原則は，繰り返し確認されてきた。常設国際司法裁判所のダンチッヒにおけるポーランド系住民の待遇に関する事件（1932年2月4日意見）はその代表的な例である。

　もとより，国際法は国内法を無視するわけではない。国内法は，国際慣習法や法の一般原則の証拠として用いられる。さらに，国際法は，国家に対して，一定の裁量の範囲を認め，あるいは，義務づけて，国内法に補完されることによって，初めてその機能を発揮できる場合もみられる。この意味で，国際場面においても，国際法と国内法は一定の関係を有し，国内法の規定も十分に存在意義が認められる。しかし，国際法と国内法の抵触のゆえに国際義務を遵守できなければ，国家責任を生じることになり，この意味で，国際法の優位の原則が確立している。この原則には，とくに，次の二つのことが含まれる。第1に，国際法が国家の権限の範囲を相互に画定しているということである。国家は，領域主権を基礎としながら，属地的にあるいは属人的に，権限の行使をする。それらの権限行使の限界，あるいは，権限が競合する場合の調整は国際法によるのである。第2に，国際法は，管轄権について，国際分野と国内分野との間に機能的限界を設けている。この第2の点は，二つの問題を含んでおり，一つは，国内管轄権あるいは国内管轄事項の問題であり，国内法規によって律せられる事項と国際法規によって律せられる事項をどのように区別し決定するかという問題である。もう一つは，国際法規と国内法規との抵触の問題である。この抵触の問題は，理論的な観点からと実際的な観点からとそれぞれ考察され，また，国際的場面における場合と国内的場面における場合とで扱いが異なる。

1.2 国際裁判における国内法の取扱い

　国際裁判所が，国際法を適用して裁判をするが，国内法を検討しなければならない場合がある。収用や人権などに関する国家の権限の範囲，漁業などを中心とした国家領域・管轄権行使の範囲，自然人と法人の国籍など，国内法によって決められている問題は少なくない。この場合の国内法とは，制定法の規定のみならず，慣習法や判例法，国内裁判所の判決，行政行為などを含むものである。国際裁判所は，国内法を国内判決や行政行為と同様に，単にその国の意思を表明し，国家の活動を構成する「事実」（facts）にすぎないとしている（たとえば，常設国際司法裁判所・ポーランド上部シレジアのドイツ人の利益に関する事件・1926年）。国際裁判において，単なる事実に過ぎない国内法の観念には，次の六つの側面が含まれているという。①国内法は，条約または国際慣習法の法規違反の証拠となり得る。②裁判所は，国内法を当然に知っているものとはみなされず，国内法の立証を求め，証拠調べをし，必要ならば，自ら調査する。③国内裁判所による当該国内法の解釈は国際裁判所を拘束する。④裁判所の立場は，裁判所が承知している国内問題に関して，適用可能な国内法規が常に存在しており，そのような国内法規が他の事実と同様の方法で確かめることができる，という仮定にたつものである。しかし，この仮定は，国内法が必ずしも明確でないが故に，常に確実というわけではない。⑤国際裁判所は，国内法規の国内場面における無効を宣言することはできない。それは，国内管轄権の問題であり，国際法は，これを尊重しなければならない。⑥国際裁判所の何人かの裁判官は，国内法が単なる事実であるという命題のコロラリーとして，国際裁判所は国内法それ自体を解釈しないと述べてきた。しかし，この点は疑問である。当事国の合意によって，紛争の目的に国内法規の適用を求める場合や，国際法が適用可能な法として国内法を指定している場合には，国内法を解釈しなければならない。また，紛争の最も主要な論点が国内法の調査を必要としている場合，たとえば，国籍法や国内的救済の可能性などの場合には，国内法を解釈せざるを得ないであろう。

2 国内場面における国際法と国内法

◆ 導入対話 ◆

学生：国際場面で国際法と国内法の関係がどのようになっているかについては理解できましたが，国内場面において，両者の関係はどうなっているのでしょうか。実際に，どのような問題を頭において考えるとよいのでしょうか。

教師：国内においてその国の国内法が効力を持つのは当然のことですが，まず，問題となるのは，国際法も国内場面で国内法と同じように法としての効力が認められるかどうかということです。国際社会と国内社会は異なるということですから，この点は大いに疑問になるでしょう。伝統的な考え方では，国際法は国家間の法であり，国際社会においてのみ行われる法として把握されてきました。国際法は，国家の自立的権能を最大限に尊重し，国家を全体として義務づけてきたのです。国際法の義務の履行は，国家責任の問題であり，義務履行ができなければ国家が責任をとらなければならないということですが，義務履行の具体的な方法は国家に任されているのです。したがって，国内の場面で国際法がどのような法的効力を持つかは，それぞれの国家が決めることなのです。この限りでは，二つの法は直接関係することはなく，抵触することもないようにもみえます。が，実際には，国家がどう決めるかによって，問題が生じる場合があるのです。具体的な事件に法がどのように適用されるのかを考えてみるのが最もよいのではないでしょうか。たとえば，ある国の国内法（漁業法）が一方的に自国領海外の沖合いまで管轄権を拡大し，外国人も含めて取り締まるようにした場合，全ての国の国民に開放されている公海における国際慣習法（公海自由の原則）と抵触することになります。この国の沖合いの公海上で漁業を行った外国人が当該国内法違反のかどで逮捕され，その国の国内裁判所に起訴された場合，この外国人漁民は国際慣習法上の権利を援用し無罪を主張するでしょう。

　裁判所は，漁業法に基づいて処罰するか，国際法に基づいて無罪とするかということになります。国際連合憲章においても，基本的人権を尊重し，加盟国に対して，人種，性，言語などによる差別をしないように規定しています（同1条3項，55条c項，56条）。国際連合加盟国の一つが，特定の外国人を差別しその特定の国の人の土地所有を禁止する国内法を制定した場合などは，当該外国人の土地購入は有効か，無効か，当該国内法と国連憲章の当該規定とは法

的に関連があるのか，全く無関係なのかという問題があります。このように，国際法と国内法が関連する事件は，国内裁判所において多く扱われているのです。

2.1 歴史的背景

　国家は，国際法に拘束されている以上，これを守るために，自国の国内法を国際法の内容に合致させておくべき一般的義務を負っている。しかし，国際法が拘束する義務の対象は，全体としての国家それ自体であり，国際法が国内的に関係する場合でも，国家が自己に課せられた国際法上の義務をどのように履行するかは，国家の自由である。国際法を履行するのに必要な国内法が存在しなかったり（消極的抵触），国際法に反する国内法が存在する場合（積極的抵触），この抵触をいかに処理すべきかという問題が生じることになる。

　国際法と国内法とが抵触する現象が生じるようになるのは，時期的にはほぼ19世紀後半以降のことである。アンシャン・レジームの下では，絶対君主が対内的にも対外的にも絶対権力を行使しており，たとえば，条約を締結しても，法律と同じように国家機関と臣民を拘束したし，実際的にも，内容の面からも，抵触を生じるような事態は比較的稀であった。また，自然法観念の下にあっては，国際慣習法と国内法の区別それ自体が殆ど意識されていなかったといえよう。

　国際法と国内法の抵触が生じるようになったのは，次のような背景による。

　第1に，国際関係の発展と共に，条約を中心として，国際法が規律する対象が拡大され，個人の権利義務関係についても規定することが多くなったためである。国際法は，国家の対外的な権力作用の限界を定めたり相互に調整するだけでなく，個人の人権や文化的・経済的・社会的な生活に関する権利義務についても，国際的な立場から共通の規準を設け，締約国に対して，国内場面で自国民に対してこの規準を実現することを求めるようになったのである。個人に関する規定は，国内場面で実現されることによって初めて国際法としての強制力が発揮できる。その結果，本来個人の権利義務を規律する国内法との間に矛盾を生じる可能性がより増えることになる。実際に矛盾が生じれば，これを解

決するために，両者のいずれを適用するかという問題を解決しなければならない。

　第2に，立憲主義市民国家の出現である。絶対主義国家と立憲主義国家と比べた場合，国際法の履行・遵守に関する法的な保障やコントロールという点で，後者の方がより優れていることはいうまでもない。しかし，立憲主義国家における権力分立制度の下においては，条約締結を含む外交関係の処理は行政権の権能であり，個人の権利義務を設定する国内法の制定は立法権の権能である。たとえば，条約の履行・実現に，特別に国内法を制定する必要がある場合，従来の国内法の改正・廃止が必要な場合，あるいは，財政措置が必要な場合など，単に条約締結手続に立法権が参加するのみならず，条約の履行・実現に立法権の協力が不可欠である。しかし，条約締結権を有する行政権と国内法を制定する立法権の意思が常に合致するわけではない。また，国際法と国内法が同様の事項を規律するということになれば，行政権と立法権と両方で実質的な立法を行うことになる。国内法は立法権の専権事項として全体として整合性を持って制定されており，かつ，憲法を頂点とする段階的構造の下に組み込まれているが，行政権が外国との関係において行う法制定（国際法）は，どこまで憲法のコントロールの下にあるか，あるいは，そのような法についてどのように整合性を確保するのかが問題となる。

　第3に，憲法の国際化現象である。立憲主義体制の下では，行政権の対外的作用・職務も民主的統制の下に置かれることになるから，条約締結権，宣戦布告，戦争放棄など国際的な意味をもつ規定が置かれるようになった。とくに，国家が国際法規の受入れを積極的に明示することが多くなった。その最初は，米国憲法6条2項であるが，両大戦間において一般的になった。近代の歴史的経験は，国内の民主主義と国際の平和主義が密接な関係を持つことを示している。憲法の規律によって，国内場面に直ちに国際法の国際的効果が容易にもたらされるのである。国際法の拘束力をより積極的に各国の憲法体制の中に取り入れるようになると，国際法規と各国の憲法規定との調和をとることが重要性を持ってくるのである。

2.2　国際法と国内法の関係に関する理論

　国際法と国内法の関係を，法論理の観点から，初めて論理的に検討したのは，

トリーペルの『国際法と国内法』（Völkerrecht und Landesrecht, 1899年）である。この著書において，トリーペルは，二元論の立場を展開し，これ以降，国際法と国内法の関係に大きな関心が向けられるようになった。この問題は，国際法の基本的性質そのものに関係する根本的な問題を含めて議論が展開されていった。トリーペルによって提起された問題を異なる立場から展開し，更に理論的に発展させたのは，第一次大戦後，純粋法学の立場に立つウィーン学派の学者たちであった。ケルゼン，フェアドロス，クンツといった人々を中心に鋭く二元論を批判し，国際法優位の一元論を展開した。これを受けて，アンチロッチやヴァルツなどが，二元論を更に理論的に発展させ，一元論と二元論の国際的大論争がなされ，国際法学の発展に大きな貢献をした。国際法と国内法の関係に関する学説には，二元論，国際法優位の一元論，国内法優位の一元論の三つがある。

　二元論は，国際法と国内法は，それぞれ別個妥当の根拠を持ち，規律の対象を異にする，別個独立の法秩序を構成しているとする考え方である。二元論の祖トリーペルによれば，国内法は個人相互の関係または個人と国家との関係を規律の対象とし，国際法は，国家相互の関係を規律の対象としている。さらに，国内法はある国家の単独意思に基づき，国際法は複数国家の共同意思に基づいて成立し，それらの意思を妥当根拠としている。かくして，両者は異なった互いに独立した法秩序であるという。アンチロッチは，基本的に同じ考え方を採りながら，純粋法学の影響を受け，その淵源とする根本規範が異なるとし，国内法の根本規範は立法者の命令に従うべきであるというものに対し，国際法の根本規範は「合意は拘束する」（pacta sunt servanda）であり，それぞれ独自の妥当根拠に基づくと説明した。二元論によれば，国際法と国内法は別個独立の法秩序であるから，国際法が国内的にそのままの形で効力を持つことはあり得ず，法論理の観点からみて，両者が相互に抵触することもあり得ない。したがって，国際法を国内的場面で履行・実現するためには，国際法の内容が国内法として「変型」されなければならず，何らかの国家行為を通して国内法に作り替えられなければならない。

　一元論は，国際法と国内法とが全体として一つの統一的法秩序を構成しているという考え方である。一つの法秩序に二つの法が所属し，その法秩序が全体

として整合性を持つということは，そこに所属する法に一定の有機的関係がなければならない。つまり，論理的にみて，両者が同等か，一方が他方の法の効力を与えて優位にあるかの，どちらかである。前者の両者が同等ということは，それら二つの効力の基になる第3の法がなければならないが，そのような法はない。したがって，後者の立場に立つことになるので，両法のいずれに優位を認めるかによって，国内法優位論と国際法優位論に分かれる。

国内法優位論は，国際法と国内法の関係に関する問題が展開される以前から，国家主権の絶対性を基に主張されていた。この立場の最も基本的な考え方は，国際法の妥当根拠を個別国家の意思に求めるところにあるが，イエリネックの「国家の自己拘束」の理論が最も代表的なものであり，今世紀に入ってからも，何人かの有力な学者がこの学説を主張した。たとえば，ヴェンツェルンは，条約締結権が直接には国内憲法によって与えられることを基に，条約の成立根拠を憲法に求める。しかし，この学説では，国際法が，革命やクーデターなどによる国内法の変革には影響されないこと，国際慣習法の拘束力の根拠をどこに求めるか，あるいは，憲法の授権なしに締結される戦時規約の効力などについて充分な説明ができない。また，論理的な帰結として，国際法を外部国家法として把握することになり，結局は国際法を否定することになってしまい，現実の法経験とはあまりにもかけ離れ，国際法の存在そのものが否定される結果となる。

国際法優位論は，二元論に対抗して，第一次大戦後の国際主義的風潮を背景として唱えられた学説である。この学説は，ケルゼンによる純粋法学の立場を出発点としており，二つの法の法学的認識の統一性を基礎とし，国内法は国際法によってその妥当性の根拠が与えられているとする。国際法に対して，妥当性についての委任の優位を認め，国内法は国際法によって委任された部分的法秩序として統一的に把握する。もっとも，ケルゼンは，委任の優位は論理的にはいずれの法にも可能であるという相対主義の立場に立っている。フェアドロスやクンツは，この相対主義の立場を克服して現実の法経験をより重視する立場をとった。

以上の学説のうち，理論的には，国内法優位論はほぼ否定されているといってよいが，二元論と国際法優位論の対立はなお未解決である。しかし，これら

の学説は，いずれも論理的に首尾一貫させることに主眼が置かれ，議論の展開が規範論理的な形でなされているため，現実の法現象や実定国際法にそぐわない面も見られ，いずれも実際の法現象を矛盾なく全体的に説明しているとはいえないのである。たとえば，国際法の国内的場面における問題が国家の憲法体制にかかっているという点では，二元論がより説得的であり，国家責任の問題では，国際法優位論が勝っているように思われる。

2.3 国際法の国内的適用

(1) 意　義

国際法と国内法との関係が問題となるのは，国際法が国内的場面に関係してくる場合である。国際法の国内的妥当性とか国内的効力といわれる問題である。それは，国内的場面において，個人の権利義務に直接関係したり，行政行為の規準や限界を設定することを意味するが，その最終的な姿は，国際法が国内裁判所においてどのように適用されるかという，司法上の執行力の問題として認識される。国内裁判所が国際法の適用をどのように行うかは，各国の憲法体制の問題であるが，二つの論点が含まれる。

第1に，国際法の国内的妥当性という問題である。国内裁判所が国際法を適用するには，当該国内裁判所に国際法を適用する権限が与えられていなければならないが，このことを決めるのは各国の憲法体制である。国際法に対して国内的効力を認め，個人が，国内裁判所において，直接国際法を援用して権利を主張することができるかということである。

第2に，第1の妥当性が認められることを前提として，国内裁判所が国際法を適用するにあたり，国内法との間に抵触が生じた場合に，具体的に適用法規をいかに選択するかという問題である。国際法と国内法の法規相互の効力関係がいかに設定されるかということである。憲法には，原則的な規定が置かれることになるが，具体的事件においては国内裁判所が重要な役割を果たすことになる。

(2) 国際法の国内的妥当性

国際法が国内的に履行・実現される方法として，変型と受容がある。変型は，国際法を国内的に履行・実現するためには，国内法として作り替えなければならないとする体制である。したがって，国内的に国際法がそのまま適用される

ことはない。受容は，国際法をそのままの形で国内法の一部として認める体制である。変型は，国際法の国内的効力を認めない憲法体制であり，受容は，国内的効力を認める憲法体制である。

　国内的妥当性に関するもう一つの重要な問題として，国際法規の性質・内容という点がある。国内的妥当性を論じることができるのは，国際法規が，国内裁判所において，具体的事件との関連で，直接に司法上の執行力を付与し得るに足るような規定の場合だということである。国際法規の規定の仕方はさまざまであり，必ずしも国内法と同様に国内裁判所における適用に堪え得るとは限らないのである。個人に関係する国際慣習法の多くは，そのまま国内裁判所で適用することが可能である。しかし，裁判所によっては，一定の規準を基に適用の可否を判断する場合がみられる。条約に関しては，セルフ・エキュゼキューティング（self-executing）な条約とノン・セルフ・エキュゼキューティング（non-self-executing）な条約との区別に注意しなければならない。前者は，自動執行条約とも訳されるが，人権や労働者の権利など個人の法律関係・権利義務の具体的内容を直接に規定する条約で，とくに国内立法上の措置をとらなくとも，そのまま具体的紛争に適用することが可能な条約規定である。後者は，政治同盟や領土割譲などの個人の権利義務に必ずしも直接関係しない条約，あるいは，個人の権利義務関係を規定していても，国家に対して，とくにそれを実施するための立法措置を義務づけているような条約で，これをそのまま，国内裁判所で適用することが無理な条約規定である。このような条約規定の分類は，もともと，米国の憲法慣行として国内判例において展開されたのであるが，今日では，国際法上の一般的概念として用いられている。

　国際法に国内的効力を認めない憲法体制の場合には，規定の性質のいかんにかかわらず，国内法化するための変型の手続がとられなければならない。国内的効力を認める受容の憲法体制をとる場合には，規定の内容・性質に即して，セルフ・エキュゼキューティングなものについてはそのまま国内的に適用されるが，ノン・セルフ・エキュゼキューティングなものについてはそのままでは国内的効力を生ぜず，何らかの国内法化の措置をとらなければならない。もっとも，セルフ・エキュゼキューティングなものでも，国内法制の全体的な整合性の点から，立法措置がとられる場合もある。

実際の憲法体制はどうか。国際慣習法については，すでに古くから，イギリスには「国際法は国内法の一部である」(International law is a part of the law of the land) という法原則が存在していたが，その後米国に継承され，多くの国で明文をもってあるいは慣行として認められるに至っている。たとえば，ドイツ連邦共和国基本法は，「一般的な国際法規」が国民に直接権利義務を生じさせる旨を明記している（同25条）。大韓民国憲法は，「一般的に承認された国際法規」は国内法と同等の効力を有するとしている（同6条1項）。わが国憲法の「確立された国際法規」の誠実遵守（同98条2項）も国際慣習法の国内的効力を認めたものである。

　条約については，イギリスやデンマークなど若干の国家において，その国内的効力を認めない。イギリスにおいては，条約は議会立法を通してのみ国内的に実施される。ただし，二つの点に留意したい。一つは，立法措置は必ずしも一様ではなく，種々の形がとられるということである。条約全体をそのまま国内法化する場合のみならず，部分的に国内法にしたり，一つの条約をばらばらにしていくつかの国内法の規定に組み込むといったようにさまざまである。もう一つは，欧州共同体との関係においては，一般の条約体制とは異なるということである。EC法の直接効果・優位性が認められ，いちいち国内法化されることなく，そのまま適用されている。これに対して，初めてこの種の規定をした米合衆国憲法は，条約が「国の最高の法」として裁判官を拘束する旨を明記している（同6条2項）。表現の違いはあっても，同様の趣旨を規定するものに，フランス（同55条），オランダ（同66条），オーストリア（同49条），大韓民国（同6条1項）など多くの国の憲法があり，わが国憲法（同98条2項）もこの体制である。これらの国では，条約は，公布手続を経て，そのまま国内的効力を有する。

　(3)　国際法の国内的効力の位置

　国際法の国内的効力を認めない国においては，国内的に実施適用されているのは国内法であるから，国内法相互の効力関係に従うことになる。国内的効力を認めた場合，国内法秩序のどこに位置するかが問題となる。国法秩序の効力関係は各国の憲法体制によって決められることであり，国際法を国内法体系のいかなる地位に置くかは諸国の体制によって異なる。条約については，たとえ

ば，米合衆国憲法は，条約が州憲法・法律に優先することを明記し（同6条2項），判例によって，連邦の法律と同等の地位を与えることとしている。フランス憲法は，条約は憲法の下位，法律の上位としている（54条，55条）。オランダ憲法（63条，65条）やオーストリア憲法（50条）では，条約に対する国会承認の手続を二種に分け，法律と同一の手続による条約と憲法改正手続と同一の手続による条約とで効力関係を区別し，前者に法律と同等，後者に憲法と同等の地位を与える。国際慣習法については，ドイツ基本法では，法律に優先する地位を与え（同25条），イギリス憲法慣行では議会の制定法に優位が認められている。

以上のように，国によって異なるが，多くは，法律との関係では明らかにされている。しかし，憲法との関係では，憲法に明記していないものが多い。理論的には，憲法より下位に置くのが多くの国の考え方であるが，しかし，実際には，国際法が国内法と矛盾したために適用不可という結論を避ける考え方をとっている。一つは，いわゆる統治行為論あるいは政治問題の理論を採用して，裁判所の国際法に対する違憲法令審査権を行使しないという方法であり，もう一つは，「合致の推定」の原則により，できる限り国際法に一致するように国内法を解釈するという方法である。これによって，かなりの程度まで，国際法を国内法に優位させたに等しい取扱いをしている。

なお，わが国に関しては，憲法上に明文の規定がないため，少なくとも条約が法律の上位にあることにはあまり異論がないようであるが，憲法と条約の関係については，憲法の解釈論として，条約優位説と憲法優位説とに学説は分かれている。解釈論としては一長一短ありいずれが有力とはいえず，実際例としても，砂川事件では，日米安全保障条約と憲法9条の関係が問題となったが，統治行為論を適用したものとされている。

【展開講義　13】　シベリア抑留捕虜補償事件

　第二次大戦後，シベリアに抑留されていたかつての日本人将兵が，捕虜に関する国際法規を基に，日本政府に対して国家賠償を求めた事件で，条約の国際慣習法化，国際慣習法の国内的効力として自動執行力が認められるか論点となった。

　1945年の第二次大戦の戦闘終了後，当時満州・朝鮮に侵攻・占領していた約70

万人の日本軍人・軍属がソ連によって武装解除され、連行されて、シベリア・樺太等の捕虜収容所に抑留され、強制労働に従事させられた。この厳寒地における過酷な強制労働の結果、約6万人が現地で死亡したといわれる。

　以上を経験した帰還者の一部が、平均3年半に及ぶ抑留期間中の強制労働や負傷・身体障害等について、日本国政府に対し、総額2億6,400万円の損害賠償ないし未払い賃金などの補償を請求した。その主要な法的根拠は、捕虜の待遇に関するジュネーブ条約（1949年ジュネーブ諸条約の第三条約）の66条および68条の「自国民捕虜補償の原則」（捕虜の所属国が抑留中の労働に対する賃金や負傷等に対する補償を支払うべきである）の国際慣習法化した規則である。同条約が日本について効力を有するのは原告等の帰国後（1953年10月）であったため、同条約の適用ができないことから、原告側は、同条約の内容がすでに国際慣習法として確立していたこと、また個人にも国際慣習法に基づく請求権が認められるべきとの主張を行ったのである。

　第一審・第二審（東京地裁判決1989年4月18日、東京高裁判決1993年3月5日）ともに、原告側の主張を全面的に退けて請求を棄却した。裁判所は、国際慣習法の成立に関する基準（一般慣行および法的確信）を明らかにした上で、自国民捕虜補償の原則は本件抑留当時未だ国際慣習法として成立していなかったと認定し、自動執行力についても、それが認められるためには権利の発生要件と効果が明確かつ詳密でなければならないが、同原則については不明確な点が多いとした。最高裁判所も原審判断を認め上告を棄却した（最高裁1997年3月13日）。

【展開講義　14】　砂川事件

　この事件は、日米安全保障条約に基づく米軍駐留の合憲性が争われ、条約と憲法の国内的効力関係、および、条約に対する司法審査権の及ぶ範囲に関して、わが国裁判所として最初の判断を示したものである。

　1957年7月、東京都砂川町にある駐留米軍基地の立川飛行場拡張工事に反対するデモ隊が基地内に侵入、うち7名について、旧日米安保条約3条に基づく行政協定に伴う刑事特別法第2条違反に問われ、起訴された。処罰の直接の根拠となっている刑事特別法は国内法であるが、それは、安全保障条約に基づいて制定されたものであり、安保条約が憲法との関係で法的に無効ということになれば、当該国内法も存在しないこととなり、処罰されない結果となる。

　第一審判決（東京地裁判決1959年（昭和34年）3月30日、いわゆる伊達判決）は、米軍駐留の根拠である安保条約に対して司法審査権が及ぶか否かの問題には

触れることなく，駐留米軍は憲法9条2項前段でその保持が禁止されている「戦力」に該当し違憲であるとし，したがって，その基地を保護するために軽犯罪法より重い刑罰を科す刑事特別法も，憲法31条に違反して無効であるとし，全員に無罪を言い渡した。安保条約の改定を翌年に控えていたこともあって，検察側は飛躍上告を行った。

上告審判決（最高裁大法廷判決1959年（昭和34年）12月16日）は，原判決を破棄し原審に差し戻した。理由は，次のようであった。すなわち，安全保障条約は，主権国家としてのわが国の存立に重大な関係を持つ高度の政治性を有する条約であり，その違憲なりや否やの判断は，一見きわめて明白に違憲無効であると認められない限りは，裁判所の司法審査の範囲外のものであって，第一次的には，条約締結権を有する内閣および承認権を有する国会の判断に，また終局的には，主権を有する国民の判断に委ねられるべきものである。駐留米軍は，わが国自体の戦力ではなく，またその駐留も，わが国の防衛力の不足を平和を愛好する諸国民の公正と信義に信頼して補おうとするもので，憲法9条，98条2項および前文の趣旨に適合こそすれ，一見きわめて明白に違憲無効とは認められない。

本判決は，理論的には，憲法の条約に対する優位と条約に対する司法審査の可能性を認めつつも，現実的な処理として，高度の政治性を有する条約に対しては統治行為論を用いて司法判断を回避したものと位置づけられる。なお，差戻審の第一審判決（東京地裁1961年3月27日）は有罪判決（罰金2,000円）を下し，差戻第二審判決（東京高裁1962年2月15日）は控訴を棄却し，最終的に刑が確定した。

第Ⅱ部

国際法における行為主体

21世紀においても，国際社会は，依然として国家を中心として運営されるでしょう。しかし，国連を初めとする種々の国際組織も，これまで以上に大きな役割を演じていくのは確実です。また，多国籍企業も，その巨大な経済力の故に，さまざまな形で国家に対する影響力を増大させ，国際法の形成・適用に，より大きく関わっていくものと思われます。さらに，個人も，自らの権利を国際法に基づいて直接主張し，その具体的実現手段を国際法のレベルでこれまで以上に確保していくだけでなく，戦争犯罪や国際テロの規制にみられるように，ますます国際法によって直接規律されることになるでしょう。国際法に関わる行為主体が，多様性と複雑さを増していくのは不可避です。

第3章 国　　家

1　国家としての要件

◆　導入対話　◆

学生：「会社の作り方」といった本はよくありますが，「（あなたにもできる）国家の作り方」などという本は見たことがありません。友人，知人，親戚を集めて，日本から独立した新たな国家を自分達だけで作るなんてことは常識的には考えられませんが，作ろうと思えばできるものなのでしょうか。

教師：国際社会は主として国家によって構成されているといわれます。国際社会において国家と認められるには，一定の要件を満たさなければなりません。人が集まって勝手に国家を自称しても，それだけで国際法上の国家として認められることはなく，国家としての国際法上の権利義務が発生することにもなりません。もちろん，要件を満たしさえすれば可能でしょうが，通常はあり得ません。お遊びや「村おこし」の一環で，○○共和国などといって楽しんでいるだけなら何の問題もありませんが。

学生：日本の会社法によれば，新しい会社を作って一定の効力を発生させるためには，設立「登記」を行うことが必要ですが，国際社会で新国家を作った場合に登記を行うなどということも聞いたことがありません。新国家の存在は，どのようにして広く社会に公示されるのでしょうか。

教師：国際社会には，新国家の独立を広く社会に示す公示手続はありません。そのような職務を遂行する機関がそもそも存在しません。既存の個々の国家が国家承認という手続を通じて，個別かつ一方的に処理します。ですから，国際法上の承認手続は相対的な効力しか持ちません。これは，国際社会と国内社会の組織化が全く異なる状況にあるためで，両社会の性質の大きな相違を反映するものです。

国際社会における主たる行為体は国家であるが，最近では，諸国に共通する一定の利益の実現のために設立された国際組織も行為体として重要な機能を果たすに至っている。さらに，個人にも国際法上の一定の権利義務が認められるようになっており，国際関係における行為体は多元化しつつある。しかし，領土を基盤とする唯一の団体は国家であり，国家は国際関係におけるすべての生活関係を規律する権能を有しており，国際法上もその原初的な法主体として包括的な権利義務を与えられている。国際組織に一定の権利義務が付与されるのも，国家の合意によるのである。そうした意味で，国際関係は今日でも国家を基本単位として運営されている。

　それでは，国際法上の国家といえるためには，どのような要件を充足する必要があるか。国家の権利および義務に関するモンテビデオ条約（1933年）は，国家の要件として，①領域，②住民，③実効的政府，④他国との関係を取り結ぶ能力を挙げている。

　①領域は，面積の広狭を問わない。一定の範囲を実効的に支配している事実が存在すればよい。国境が詳細かつ明確に画定されている必要もない。たとえば，イスラエルは，独立時に領土は画定されなかったし，その後も何度か領土の変更を経験している。現在でも，すべての隣接諸国との間で国境線について合意が完了しているわけではない。それにもかかわらず，国境の不画定を理由として，その国家性が問題とされたことはない。②住民数の多寡も国家としての性質に関係はない。中国のように13億を超える国家もあれば，特殊なバチカン（1000人足らず）を含めて，人口1万人に満たないサン・マリノやナウル，数万人のセーシェル，ツバルといった国もある。③④は，国内を安定させる能力と，自主的な外交処理能力を意味する。本国からの分離独立の場合は，旧本国が，失地の回復を放棄するか，または再征服の機会が全くないと思われるようになったとき，この要件がみたされたことになる。

2　国家承認

◆　導入対話　◆

A：国家承認とはなんですか？

B：植民地が独立したり，国家が分裂して複数の国家ができたときに，既存の国家が，これを国家として認める行為を国家承認といいます。

A：現時点でわが国が国家として承認していない国がありますか？

B：朝鮮民主主義人民共和国です。もっとも，わが国が承認しないからといって朝鮮民主主義人民共和国という存在が無となるわけではありません。かつて存在した満州帝国も同じです。

A：満州帝国を承認した国はあったのですか？

B：日本，ドイツをはじめ，当時の国家のうち，かなりの数が承認しています。バチカンも承認していました。率先して不承認を主張していたのは米国でした。何のことはありません，米国は満州で特殊な権益を獲得しようとしていましたが，日本に先を越されて嫉妬しただけです。

A：嫉妬だなんて。

B：国際関係は面子と嫉妬で動いているところがあります。価値の問題も関わってきます。同じような価値を共有していない国家は承認しないというものです。たとえば，民主主義という価値を共有していないと認めないといったことです。

A：人種差別的な国家など，理不尽な体制は認めたくないです。

B：現代の国際法は，そのような国家を承認してはいけないことにもなっています。法制度としての側面と政治的な思惑の側面が顕著に混在する研究領域といえます。

2.1 国家承認の意義

国際社会を構成している基本的な主体としての国家の数は，常に一定しているわけではない。中南米諸国は，1820年代以降に植民地本国から分離独立し，1871年に成立したドイツ帝国は，プロイセンを中心にドイツ諸邦が合併したものである。また，エチオピアは，1936年にイタリアに併合されて消滅した。このように，国家の誕生と消滅の事例は歴史上多々みられる。最近では，第二次大戦後のアジア・アフリカ諸国の独立，1991年におけるソ連の解体や，ユーゴスラヴィアの解体と混乱の事例を指摘できる。

国際社会において新たな国家がさまざまな形態で誕生したときに，既存の国家が，その国家性を認定し，もって国際法の主体として認める一方的行為が国際法上存在する。これを国家承認という。1933年の第7回米州諸国会議（モン

テビデオ）で採択された前述の国家の権利および義務に関する条約は，6条において，「国の承認とは，承認する国が，国際法により決定されたすべての権利および義務とともに，他方の人格を認めること……」としている。

　国家承認という制度が国際法上初めて登場するのは，米国が独立したときである。米国が本国たる英国から独立するとき，英国と対立していたフランスが，いち早く米国の独立を認め，国際法上の国家として扱う姿勢を示したのである。その後，19世紀初頭に，中南米の植民地が本国たるスペイン・ポルトガルから独立する際に，英国および米国がこの制度を適用し，スペイン・ポルトガルとの論争を招いたこともある。こうした経緯の後，19世紀を通じて，国際慣習法上の制度として形成されていったのである。

　この制度が必要とされた理由は何か。歴史的沿革からすれば，植民地（米国，中南米諸国）と本国（英国，スペイン・ポルトガル）との抗争過程を利用して，既存の国家（フランス，英・米）が，承認行為を通じて自己の政治的立場を明確にすることで，潜在的な敵対関係にある植民地本国との外交関係で優位に立とうとしたことがあげられよう。形式的にいえば，国際社会は未組織状態であり，新たな国際法主体が成立したときに，それを認定する機関が存在していないということを指摘できる。国内社会であれば，法人登記という制度によって新たな法主体の存在を確認できる。国際社会では，個々の国家が承認行為を通じて，事実を確認し，ある政治集団が国家という法人となるのに必要な条件を満たしているか否かを認定し，国際法主体としての存在を証明せざるをえない。

2.2　国家承認の法的性質

　国家承認行為の法的性質については，創設的効果説と宣言的効果説の対立がある。創設的効果説によれば，新国家は既存の国家から承認を受けることによってのみ，当該承認国との関係で国際法上の存在になるという。すなわち，国家は事実上成立するだけでは国際法上の存在とはならず，承認が与えられることによって初めて国際法上の存在となり，国際法主体性を獲得すると考える。承認以前の国家は国際法的には無の存在とされ，承認によって，事実上の存在から国際法上の存在へと創設されるのである。この考え方は，19世紀後半に至るまで有力視されていたものであるが，既存の国家に新国家に対する生殺与奪の権利を付与したに等しい。

宣言的効果説は，新しい政治的実体が国家としての構成要素を客観的に備えれば，国際法上も当然に国際法主体となるという考え方である。構成要素を客観的に備えていれば，その政治的実体はすでに国際法上成立しているとするわけだから，この場合の承認は，承認国と新国との間に何らの法的関係をも創設するわけではなく，すでに法的にも成立している国家の存在を確認し，宣言するにすぎない。被承認国は，要件の充足によって，すでにすべての国家に対してその国際法主体性を主張できるのであり，承認前後を通じて法的地位に変化はない。承認は，承認国と被承認国との間で国際法上の関係を確定させる効果を有するにすぎない。

　これらの性質づけには，それぞれが現実をすべて説明しきれないという難点がある。創設的効果説の難点としては，たとえば，既存の国家が合併・分裂した場合に，成立した新国家が，その成立した時点で事実上の存在になってしまうことが挙げられる。A国とB国が国家として承認されていたにもかかわらず，合併してC国となったとたんに，他の国家に承認されないかぎり，国家として認められないのは不合理である。また，承認されていないから一般国際法上の基本的権利は認められないとして，その領土が武力行使または併合の対象となり得るわけでもない。通常，外国の上空飛行は禁止されるが，未承認国の場合も同じで，未承認国の上空だからといって外国航空機が勝手に上空を飛行することが許されることにもならない。逆に，未承認国は，未承認を理由に一般国際法上の国家としての義務を免れることもできない。たとえば，未承認国が外国人を不当に扱ったり，外国航空機を違法に撃墜すれば，当該外国人や航空機の所属する国家に承認されていなくとも，当該国に対する一般国際法上の義務を免れることはできず，当然に責任を問われる（1949年の英国・イスラエル間の英国航空機撃墜事件，1954年の米国・中国間の海南島沖英国民間機撃墜事件において，それぞれ損害賠償が請求されている）。

　以上の事例は，創設的効果説では説明できない。しかし，他方で，既存の国家の国内裁判所が，未承認国に出訴権または国家および政府財産の所有権の請求を認めない場合もある（承認の国内的効果の存否）。また，国家間の実行を見ると，承認国と被承認国の間に国際法上の全面的な権利義務関係が設定されるのは，国家承認を通じてのみである（承認の国際的効果）。承認行為はいかなる

法効果も生み出さないとする宣言的効果説では，こうした現象を説明することができない。すなわち，政治的実体の国際法上の権利および義務については，承認の有無にかかわらず，最低限認められるべきものはあるが，それ以外の権利および義務については，承認する側の国家に大幅な裁量が認められているというしかない。

上述したように，国家承認は，既存の国家に大幅な裁量を認める行為であるから，承認する側の国家に承認の義務を課すものではない。したがって，承認を行うか否かは，その時々の政治的思惑に左右される傾向が強い。たとえば，1948年にイスラエルが独立した直後，米国の国連安保理代表は米国によるイスラエルの承認について以下のように述べている。

「国家の事実上の地位の承認という高度に政治的な行為の実行にあたり，いかなる国も米国の主権を問題視することはできない。さらに，直接的であれ間接的であれ，わが国の行為の合法性または有効性を判断できる裁判所は存在しないのである」。

1950年の国連事務局の声明も，

「国家実行が示すところによれば，承認は依然として本質的に政治的決定とみなされ，個々の国家が事態についての自由な評価に従って決定する」。

と述べている。わが国が，1949年に成立した東ドイツを1973年まで承認しなかったことや，北朝鮮を未だに承認していないことも同様に考えることができる。

2.3 国家承認の要件

新国家が国家として承認されるためには，国家としての資格要件，すなわち，領域・住民・実効的政府・外交能力を有している必要がある（第3章1参照）。他に，国際法を遵守する意思と能力を有することも要件とされる。この要件は，かつては，ヨーロッパを中心とするキリスト教文明を有する国のみが持つとされた能力であるが，その後，国際法の存在と適用を積極的に否定しない限り，その存在は推定されるようになった。最近では，国家承認をめぐる無用な国際紛争を回避するためにも，より客観的な要件，とりわけ実効的政府の存在を重視する傾向にある。なお，ヨーロッパ共同体の閣僚理事会は，1991年に東欧およびソ連における新国家承認に関する指針を作成した。その基準として，国連憲章，ヘルシンキ最終議定書および，パリ憲章の約束，とりわけ，法の支配，

民主主義，人権に関する約束の尊重，人種的および民族的集団ならびに少数者の権利保障，国境の不可侵性の尊重などを設定した。従来のモンテビデオ条約を基礎とした伝統的実行からは逸脱している。民主主義の具体的基準も不明確で，主観的基準の復活といえなくもない。基準としては実践的でなく，政治的にも単純にすぎるとしかいえないこの指針を適用して，ヨーロッパ共同体は，旧ソ連15ヶ国のうち11ヶ国を承認した。旧ユーゴスラビアの構成国についても，その承認前にユーゴスラビア会議仲裁委員会が指針を基準にして審査した。ただし，指針は地理的に限定されたものであり，1993年に英国がエリトリアを国家承認したとき，この指針への言及はなかった。

上記の要件を充たさないにもかかわらず承認を行った場合，当該承認行為は尚早の承認となり，違法となる。植民地が本国からの分離独立を目指して戦闘継続中であるにもかかわらず，これに対して国家承認を行う場合がこれにあたる。この場合の国家承認は，本国に対する違法な干渉行為となる（米国独立戦争に際し，フランスが行った承認）。

【展開講義　15】　不承認主義

国家としての要件を充たしていても，国家の成立過程に違法性があったとして，国家承認を与えないことがある。1931年の満州事変に際し，米国国務長官スティムソンは，「米国は，国際連盟規約または不戦条約に違反する手段でもたらされた事態・条約・協定は如何なるものでもこれを承認しない」との政策を示した。スティムソン・ドクトリンと呼ばれる。国際連盟もこれに倣う決議を採択したが，満州国は，その後，バチカンをはじめドイツやイタリアなど20ヵ国以上の諸国から承認されている。さらに，1935年にエチオピアを併合したイタリアがイタリア・エチオピア帝国を成立させたときも，英国をはじめとする44ヵ国が承認している。こうしたことから，「国際連盟規約または不戦条約に違反する手段で引き起こされた事態」等を承認しない義務が確立していたとはいえない。こうした考え方が国際法上の原則となったのは，国際連合の成立により，武力不行使原則が確立してからである。この原則は，国連友好関係原則宣言（1970年）第一原則の1，10段にも明記されている。

最近では，人権尊重または民族自決権に反する方法で成立した国家は承認しないという原則が確立しているとされる。1965年の南ローデシア不承認要請決議

（国連安全保障理事会決議216），1976年のトランスカイ不承認要請決議（同402）は，人種差別的政策によって成立した国家を承認しないよう諸国に要請した決議である。また，1983年の北部キプロス（北キプロス・トルコ共和国）不承認要請決議（同541）は，民族自決主義に反する事態を承認しないよう要請するものである。

2.4 国家承認の方式

　国家承認の方式として，明示的承認と黙示的承認がある。明示的承認は，通告・宣言・条約等によって既存の国家が被承認国を国家として承認する旨を明示的に示す方法である。黙示的承認は，国家間においてのみでしか行われない行為を行うことによって，間接的に承認意思を示す方法である。本国との武力抗争等を通じて分離独立するような新国家に対して，第三国が本国との関係を考慮して行われることが多かったが，そうでない場合でもこの方法が利用される。通商条約，軍事同盟条約等の重要な二国間条約，外交関係の開設，派遣された領事機関の長に対する認可状の交付といった行為がこれにあたる（3章9.6参照）。認可状は，領事機関の長を受け入れる接受国が，任務遂行を承認するために交付する文書である。認可状の交付を伴わない場合は，たとえ領事を受け入れたとしても，国家承認の効果を生じさせない。未承認国家の参加する国際会議への参加，多数国間条約の批准も承認の効果を伴わない。

　通常行われる承認は，法律上の承認（de jure recognition）と呼ばれ，新国家が，国際法上の国家として承認されるに足る要件を充たしたことを認定する行為であり，二国間における外交関係の出発点となる。これに対して，事実上の承認（de facto recognition）が行われることがある。事実上の承認は，通常の承認を行うために必要とされる要件が一応は備わっているものの，未だ十分に確認することができないようなときに行われる。たとえば，新国家の政治権力の基礎が安定していないとか，国際法を遵守する意思と能力に疑問がある場合である。そのような場合でも，一定の地域を支配している事実が存在すれば，新国家と一定の関係を設定する必要が生ずる。そうしたときに，事実上の承認が行われる。

　事実上の承認は，通常の承認を行う要件に不確定要素がある場合になされる

のであり，暫定的な性質を有する。すなわち，法律上の承認が与えられると撤回することができないのに対して，事実上の承認の場合は，それを与えた後に，通常の承認のための要件をみたしたと確認されれば，あらためて法律上の承認がなされ，逆に，要件が充たされないことが明確になったときは，撤回することができる。こうした暫定的性質のため，承認後の二国間の関係も，暫定協定の締結，特別外交使節の派遣等，実務的・限定的公式関係の処理に留まる。

　事実上の承認は，19世紀の初めにラテン・アメリカ諸国が独立したときに行われたのが最初である。英国および米国が，スペイン・ポルトガルとの関係を配慮して編み出した承認方式である。暫定的性質を有するこの方式の採用によって，尚早の承認を避け，植民地本国との国際的摩擦を回避できるとともに，被承認国と実質的な関係を維持できるわけである。最近では，1948年から翌年にかけて，米国がイスラエルに対して事実上の承認を行ったことがある。

　わが国の場合，承認手続は，憲法73条2号に規定された内閣の職務の一つたる「外交関係の処理」に含まれるものとされている。具体的には，外務大臣の発議により閣議に諮られ，承認する旨の閣議決定が行われる。その後，外交ルートを通じて相手国に通告されるとともに，官報に公示される。

【展開講義　16】　未承認国の国際組織への加盟

　未承認国の国際組織への加盟承認が，加盟国による黙示的な国家承認になるかどうかが問題となる。加盟の賛否を問う投票等，加盟国による意思表示が行われるので，そうした意思表示が国家としての承認意思とどう関わるかが問題となるからである。

　国際連盟は，連盟規約1条2項で，加盟を非独立国にも認めているので，国家承認の問題は生じない。しかし，国際連合は，加盟の資格を国家に限定している（4条1項）。そこで，国際連合への加盟承認は，国連加盟国による新加盟国に対する黙示的国家承認となるという主張がある。しかし，加盟に反対した国までもが黙示的に承認したと推定するのは困難である。そもそも国際組織の加盟承認と国家承認とは手続の性質も制度の目的も異なっているので同じ効果をもたらすものと考えることはできない。「国家または政府の承認は，各国の個別行為であり，他方，加盟国の地位または代表権の承認は，国連の機関による集団的行為であるから，加盟承認は加盟国による被加盟承認国の国家としての承認を意味するもの

ではない」(1950. 3. 8 リー事務総長覚書)。また，国際組織への加盟承認はあくまで新国家が当該国際組織の内部で組織の基本目的を達成するのに必要な資格要件を認めるのみであり，国際組織の外部で国家相互間の承認関係に直接の影響または効果を及ぼすものではない。エジプト等若干の国を除き，アラブ諸国はイスラエルの国連加盟後も国家承認したとはみなされていない。エジプトが1979年にイスラエルを国家として承認したことは，逆の面からこのことを証明している。もっとも，加盟に同意した国の行為を国家承認と無関係とする必要もない。ただし，その場合でも，せいぜい「事実上の承認」を与えたと解されるにとどまる。

2.5 国家承認の効果

承認が行われることにより，被承認国は，承認国との関係で一般的権利能力を取得し，一切の事項について，国際法上の権利義務の実現を相互に保障しあうことになる。さらに，承認はひとたび与えられたら，その効果は承認された当局が現実に活動を開始した時点に遡る（遡及効）。いずれも承認国との関係で認められることから，これを承認の相対的効果という。また，法律上の承認がなされたのであれば，前述のように，これを撤回することができなくなる。国内裁判所における出訴権および国内法令の効力，そして主権免除については，承認との牽連性はないとされる。ただし，承認の効果として関連づける国もあり，一貫性はない。わが国の国内裁判所は，私人間の紛争を処理するにあたり，未承認国の国内法の適用の可否と国家承認を関連づけてはいない（「離婚請求事件」大阪地判昭38・4・16）。

3 政府承認

革命・クーデタによって，一国内で政府が非合法的に交代し，新たな政府にとってかわる事態が生じたとき，他国が，当該新政府に対して国家を代表する資格を一方的に認める行為を政府承認という。革命にせよ，クーデタにせよ，一国の内部で生じた問題であり，国際法が関与すべき問題ではないかのように見える。しかし，他国からすれば，当該国との国交を維持する上で，新政府が当該国家を実効的に支配し，国家を代表する能力を有するかどうかを確認する

必要がある。そうした確認のために成立した制度である。

国家承認が，新たな国際法主体の誕生を前提とするものであるのに対し，政府承認は，国際法主体の継続を前提とする。すなわち，政府承認の場合，国家そのものの同一性は不変である。したがって，政府の形態が変更しても，他国との間で，国家としての国際法上の権利義務関係は存続している。国内社会における政治的変動の効果が，そのまま国際社会に波及するのを防止し，国際社会の法的安定性を確保するためである。

3.1 政府承認の要件

政府承認が行われるためには，新政府が，①当該国家の領域と住民の大部分に対して，実効的支配を事実上確立し，その継続が見込まれること（客観的要件），②当該国家を代表する意思と能力を有すること（主観的要件）が必要である。

旧政府が依然として国家の重要地域を支配しているとき，または，新政府の権力が不安定であったり，外国の軍事援助によって維持されているような場合であれば，新政府は実効的支配を確立しているとはいえない。こうした状態にある新政府を承認すれば，尚早の承認となり，正統政府に対する違法な干渉行為を行ったことになる。新政府と旧政府との間で戦闘が継続中に行われる政府承認も同じである。ただし，旧政府が一部地域に残っていても，中央政府として復帰する可能性がなければ問題はない（たとえば，中国と台湾の関係）。

国家を代表する意思と能力を有するというのは，旧政府が外国と締結した条約上の権利義務を承継することである。

この他に，政府承認に際しては，権力が特定の正統性にもとづいていることが必要であると主張されることもある。正統主義といわれるものであり，いくつかの類型が見られる。

19世紀初めに登場するのが，君主主義的正統主義である。これは，フランス革命の影響を防ぐために神聖同盟に参加した君主制諸国が唱えたものであり，ウィーン議定書（1815年）の下で確立した復古主義的な政治体制（ウィーン体制）を変更するような政府の変更を承認しないとするものである。

19世紀末から20世紀初頭にかけて中米で主張されたのが，立憲主義的正統主義である。エクアドル外相のトバールが提唱したので，トバール主義とも呼ば

れる。トバールは，憲法に違反する武力手段によって成立した政府は，人民の自由選挙にもとづく憲法制定議会が立憲的に政府を再組織しない限り，承認されるべきではないとした。頻発する革命やクーデタの発生を防止することを目的としたのであるが，内政不干渉義務に反するとの反発を受け，確立しなかった。

　正統主義は，一定の状況で特定国家がその承認政策としてもちだしたものであり，国際法上の要件とはなっていない。今日では，新政府が領域および住民に対して実効的な支配を確立していれば，新政府の政治的性質は問わず，政府として承認され得るというのが一般的である（事実主義）。

【展開講義　17】　政府承認不要論

　メキシコ外相エストラーダが，1930年に提唱したエストラーダ主義は，新政府の統治体制を問うことなく，実効的な支配を確立していれば，政府承認についての見解を表明せずに，当該新政府との外交関係を維持するというものである。すなわち，国家がいかなる政治的・経済的体制をとるかは自由であるとの前提から，外国に新政府の正統性を判断する権利を認めないのである。政府承認制度を利用して他国が干渉することを嫌って提唱された考え方である。当時，エストラーダ主義が国際社会で定着することはなかったが，70年代以降，政府承認不要論という形式で再び登場するに至った。

　政府承認不要論は，革命新政権に対しては，承認意思の正式決定とその表明を行わず，単に新政府の支配の実効性に応じた関係処理を行うにとどめるべきであるとする考え方である。米国をはじめ70年代以降採用する諸国が増加しているが，英国がこの政策を採用するに至ったのは，以下の理由による。

　英国政府は，1976年にカンボジアで樹立されたポル・ポト政権を承認した。ポル・ポト政権が，極端な人権侵害行為を行う中で，ベトナムに支援されたヘン・サムリン政権が樹立され，ポル・ポト政権はカンボジアにおける実効的支配力を喪失していった。英国政府は，一地方政権にすぎなくなったポル・ポト政権を承認し続けたが，そのことは，同政権の人権侵害を是認しているものとみなされるべきではないと強調していた。しかし，実際には，承認行為がポル・ポト政権の政策に対する同意を与えたものと誤解されがちであること，他方で，ヘン・サムリン政権はベトナム軍に従属した政権であることを理由として，1980年，英国は，以下のように，同政府が承認し得る政府はカンボジアには存在しないと声明する

に至った。

　「……（政府承認の）慣行は，誤解されることがあり，英国の『承認』が相手国政府の政策の『是認』を意味するものと解釈されることもあった。たとえば，新政権による人権侵害，または新政権が政権につくに至った方法に関して，国際社会が正当にも関心を抱く場合，『承認』の発表は，単に中立的で形式的な行為にすぎないと主張するだけでは不十分であった。

　したがって，政府に承認を与えないという多くの国家の採用している政策に従うことに実際的利益があるとの結論に至った。他の多くの国家と同様，英国政府は，憲法上の手続を経ないで非合法的に政権についた政府との関係を，今後は，当該政府自体が当該国家の領土を実効的に支配することができるか否か，また，継続的に支配し続けることができるか否かについての英国の評価に照らして決定していくことになろう。」（1980年4月28日英国外相声明）

　しかし，政府承認不要論は，支配の実効性に応じ，個々の問題ごとに処理していくということであるから，ある問題のときには外交関係が認められ，他の問題のときには承認していないかのように扱われる。したがって，国家関係は不安定にならざるを得ない。民間人の経済交流等にも影響するし，そもそも既存の国家の側に，新政府の能力を認定するにあたって，これまで以上の裁量性を与えることになってしまう。したがって，政府承認不要論は，単に明示的承認を与えないことになっただけであり，黙示的承認を付与する政策への転換を示すものと考えられるべきである。

3.2　政府承認の方式

　国家承認の場合と同様，明示的承認と黙示的承認がある。現在では明示の承認が行われることは少なく，外交関係の継続が一般的な方法である。法律上の承認と事実上の承認の区別についても，国家承認の場合と同様である（→第Ⅱ部第3章2.4参照）。

3.3　政府承認の効果

　政府承認によって，新政府は当該国家を代表するものとみなされ，新政府と承認国との間には一般国際法上の関係が復活する。たとえば，外国人の待遇，政治犯罪人の扱い等がそれである。また，旧政府と承認国との間で締結されていた条約で，混乱状態の中で，事実上，運用停止の状態にあった条約も，目的

の喪失によって消滅したものを除き，原則として復活する。政府の形態が変更しても，それによって国家は変更しないからである。しかし，政治的・経済的・社会的構造の大変動がもたらされた場合であれば，新政府は，事情変更の原則により，条約の終了を主張し得る。もっとも，ソ連が革命直後に本原則を主張したものの，受け入れられることはなかった。また，承認の効果は，原則として新政府が事実上成立したときまで遡及し，その時以降の行為は有効な国家行為とみなされる。

3.4 事実上の政府

革命やクーデタなどにより，非合法的に成立した政府，あるいは，中央政府に対立し，これを転覆することを意図して確立された一定の権力組織を事実上の政府（de facto government）という。これに対して，憲法の規定に従って，合法的に成立し，国際法上，国家を代表する政府のことを，法律上の政府（de jure government）という。法律上の政府については承認は不要である。承認が問題となるのは，事実上の政府で，それが，最終的に法律上の政府として認められることによって，政府承認は完了する。

4　国家承継

◆ 導入対話 ◆

学生：歴史地図をみると，かつて存在した大帝国が消滅して，多くの新しい国家が誕生したり，逆に，小さな国家が隣接する国家と合体したり，呑み込まれて消滅する事例が多く見られます。そこに住んでいた人が大移動させられる例もあったでしょうが，そのまま住み続けて，単に支配者が変更しただけということもあったと思います。そうしたときに，人々の国籍は新たに支配することになった国の国籍に自動的に変更したのでしょうか。

教師：国家の構成員であることを示す国籍が意識されるのは，世界史的に見ればそれほど古いことではありません。したがって，領土割譲に際して住民の国籍選択権が問題になるのも，ごく最近の現象です。最近は，住民に国籍の選択を認める傾向にあります。いずれにせよ，一定領域に関する国際法上の責任が，一国から他国に変更する際には，国際法上の権利義務の移転の有無が問題となります。この問題は，国家承継といい，前の国家を先行国，あとの国家を承継

国といいます。
学生：国家承継では国籍の他にどんな問題が生じますか。
教師：最も大きな問題は条約の承継でしょう。他の条約締結国からすれば，国家が何らかの形で消滅したとしても，できるだけ承継国との間で，すでに締結されていた条約関係を維持したいと思うでしょう。
学生：承継国は，単に承継国であるという理由だけで，先行国の条約上の義務を引き継がなければならないわけですか。
教師：伝統的国際法では，個人の死亡相続の考え方が類推されたので，そうした義務が生ずると解されてきたようですが，今日では，旧植民地から独立した国などの反発が強く，場合ごとに分けて考えられています。
学生：先行国が外国で購入した不動産や，外国に対して負っている債務なども問題になりそうですが。
教師：その通りです。これらの問題についても，円滑に処理するため，最近では条約が作成されていますが，先進国側に過度に不利であるとの理由から，発効の目途は立っていないのが現状です。新たな制度を構築してそれを実効的に運営していくためには，できるだけ多くの国家が同意でき，しかも有用であるような制度を編み出す知恵が必要なわけです。

4.1　国家承継の意義

　一定地域を統治する国家（先行国）が，併合，割譲，分離，分裂等によって変更したとき，それまで当該地域の国際関係について責任を負っていた先行国の権利義務は，新しく統治する国家（承継国）に移転する。これを国家承継という。このとき，先行国の権利義務がどこまで承継されるのかが問題となる。従来は，私法上の相続概念をそのまま国際関係に類推して問題を処理しようとし，承継国は先行国の権利義務を原則としてすべて引き継ぐべきであるという包括承継説が主張されてきた。しかし，国際関係における国家の消長は，個人の死亡の場合と同じではなく，先行国が消滅しないまま領域主権の一部についてだけ承継が行われる例が多い。また，旧植民地（従属地域）が本国から独立して新独立国となる場合に，新独立国は自らの判断で承継の可否を判断することを強く主張してきた。要するに，国際関係と私人関係は本質的に異なるので，類推は適当ではない。今日における国家承継は，関係地域についての国際関係

に責任を有する資格を持つ国家の交代ととらえ、領域主権の移転・配分に関する基準と要件を定めることに主眼をおいている。

国家承継に関する国家実行は一貫性がなく、不明確な点が多かった。一般的には、先行国と承継国との間の承継協定によって、承継原則が定められてきたのであるが、最近、一般条約として、1978年に条約に関する国家承継に関するウィーン条約（1996年発効。以下、条約国家承継条約とする）、1983年に国家の財産・公文書及び債務についての国家承継に関するウィーン条約（未発効。以下、国家財産等国家承継条約とする）が採択された。いずれの条約も、領域変動の形態と承継の対象となる事項ごとに分類して規定している。

なお、1999年に国家承継に関連する自然人の国籍に関する条約草案が国連総会に提出された。草案は、承継に伴って生ずるであろう無国籍の防止、関係領域に常居所を有する者の承継国国籍取得の推定、関係個人の意思の尊重等を規定する。さらにヨーロッパ連合では、2006年に国家承継に伴う無国籍の防止に関するヨーロッパ評議会条約が採択された。

4.2 条約の承継

条約の承継に関して問題となるのは、条約関係の安定性確保の要請であり、この要請を満たすには、承継国は先行国の締結したすべての条約を承継することが望ましい。その一方で、新独立国の民族自決権を考慮すべきだとの要請もある。かくして条約国家承継条約は、両者の要請を混在させた規定となっている。

同条約は、①承継国が承継の日の直前まで従属地域（植民地）であった新独立国の場合、②それ以外の国家の結合および分離（先行国が引き続き存在するか否かを問わない）の場合、③領域の一部の移転の場合に分類して、異なる扱いをしている。

①の場合、先行国の条約は承継国に承継されず、承継国に選択権を付与した（条約国家承継条約16条）。これを clean slate の原則（白紙の原則）という。民族自決権を考慮したものである。②の場合は、continuity の原則（継続性の原則）が適用され、条約上の権利義務は包括的に承継される（同31条、34条）。③の場合、原則として、先行国の条約は、国家承継が関連する領域に関して、国家承継の日から効力を失い、承継国の条約が効力を生ずる（同15条）。両国間に適

用される条約の効力の範囲が，領域の移転とともに自動的に変動するもので，条約境界移動の原則という。

ただし，以下の事項に関わる条約については必ず承継される。①慣習国際法化した条約規定（同5条），②確定された国境（同11条），③通航・運輸・水利権・非武装地帯等であって，外国のいずれかの領域の利益のために，または一群のもしくはすべての国家の利益のために，条約によって確立され，かつ当該領域に付着した利益・権利（同12条1項・2項）。もっとも，外国軍事基地の設置を定めた条約についての承継義務はない（同12条3項）。

4.3　国家財産・公文書・国家債務の承継

国家財産等国家承継条約は，1983年に採択された。本条約は，①領域の一部移転，②新独立国，③国家の結合，④国家領域の分離（先行国が存続する場合），⑤国家の分裂（先行国が消滅する場合）ごとに分類して処理している。

(1) 財　　産

①　国家領域の一部移転の場合，財産の移転は両者の合意によって処理するのが原則である。合意に至らないとき，先行国の所有する不動産で国家承継が関連する領域内に所在するもの，および先行国の所有する動産で，国家承継が関連する領域における先行国の活動に関連するものは承継国に移転する（国家財産等国家承継条約14条2項）。

②　従属地域から独立した国家（新独立国）の場合，先行国の所有する不動産で国家承継が関連する領域内に所在するもの，および動産で，国家承継が関連する領域における先行国の活動に関連するものは承継国に移転する（同条約15条1項(a), (d)）。植民地となる以前において，国家承継が関連する領域に属していた不動産で，従属期間中に承継国の外に所在し，かつ先行国の国家財産となっていたものも承継国に移転する（同(b)）。国家承継が関連する領域に属していた動産で，従属期間中に先行国の国家財産となっていたものも承継国に移転する（同(e)）。また，(b)以外の場合で，その創設について，従属地域が寄与した不動産で国家承継が関連する領域の外に所在する不動産については，創設への寄与の程度に応じて承継国に移転する（同(c)）。先行国が所有する動産のうち，(d)および(e)以外の場合で，その創設について従属地域が寄与した動産については，寄与の程度に応じて承継国に移転する（同(f)）。

③ 国家結合の場合，先行国の国家財産はすべて承継される（完全承継）（同16条）。

④ 国家の分離の場合，別段の合意がない限り，国家承継が関連する領域に所在する不動産，またはその領域についての先行国の活動に関わる動産は，承継国に移転する。それ以外の動産は，衡平な割合で承継国に移転する（同17条）。

⑤ 国家の分裂の場合も，別段の合意がない限り，不動産についてはその所在する領域を有する承継国に移転し，先行国領域の外に所在するものは，衡平の割合で承継国に移転する。動産については，国家承継が関連する諸領域についての先行国の活動に関わるものは当該承継国に移転し，それ以外の動産は，衡平の割合で承継国に移転する（同18条）。

(2) 債　　務

国家債務とは，先行国の財政上の義務であって，国際法に従って，他の国家，国際組織または他のいずれかの国際法主体に対して生ずるものをいう（同33条）。国家領域の一部移転・分離・分裂の場合，先行国の国家債務は，別段の合意がない限り，衡平の割合において承継国に移転する。国家の結合の場合，先行国の国家債務は承継国に移転する（同37条，39条―41条）。新独立国の場合，先行国の債務は，原則として承継されないが，債務の性質に応じて，別段の合意を行うことは問題ない。ただし，こうした合意によって，富と天然資源に対するすべての人民の永久的主権の原則を侵害してはならず，また，その実施は，新独立国の基本的な経済上の均衡を危険に陥れてはならない（同38条）。

本条約は，先進諸国の反発が強く，発効の目途は立っていない。

4.4　政府承継

国家承継は，一定地域の主権の変更に伴う先行国の権利義務の承継に関わる問題であるのに対して，政府承継は，一国内の政府組織や憲法構造に変動があった場合に生ずる，前政府の権利義務の新政府への承継の問題である。国家承継の場合は，第三国が外部から見ても明確に認識できるほど，その地域に対する領域主権の担い手の実体が変動している。政府承継が問題となるときは，国家自体は第三国との関係で同一性を維持しつつ存続している。したがって，前政府がその国を代表して行った法律行為は，原則としてすべて新政府に承継さ

れる。

　一国内で二つの政権が革命・内戦により対立抗争し，それぞれ一定の地域を実効的に支配している間に，対立政権が第三国との関係で行った約束その他の行為は，後に全面的な支配を確立した新政府が原則として承継する。ただし，対立政権の政治的・一身専属的な行為とか，新政府にとって敵対的な目的を持つ行為等については，承継を拒否し得る。

【展開講義　18】　光華寮事件

　二つの政権が存在していても，後に完全に交代するのであれば，条約上の権利義務だけでなく，在外財産を含めて，新政権が前政権の権利義務を承継する。しかし，二つの政権が並存しているなかで，政府承認の切替を行った第三国に所在する財産の帰属について争いがあるとき，当該財産の帰属はいかに決定されるのか。光華寮事件は，こうした問題に関わる事件である。

　光華寮は，京都市内にある建物で，中華民国留学生の居住のために第二次大戦中に日本政府が賃借し，京都大学が管理していた。終戦後，賃貸借は終了し，留学生が自主的に管理していたが，昭和25年に中華民国駐日代表団が本件建物および土地を所有者から買い受け，移転登記は昭和36年に終了した。その後，北京政府支持派の留学生が，中華民国大阪領事館の光華寮に対する管理を阻害したとして，昭和42年，中華民国は寮生に光華寮の明渡しを求める訴えを京都地裁に提起した。

　係争中の昭和47年に，日本政府は中華人民共和国政府を中国の唯一の合法政府として承認した。そこで，この政府承認切替後，中華民国は日本の裁判所で訴訟に携わる能力（訴訟当事者能力）が認められるかどうかという問題と，承認切替の結果，光華寮の所有権は中華民国政府から中華人民共和国政府に移ったかどうかが争われた。

　第一審判決（京都地判昭52・9・16）は，わが国が中華人民共和国政府を中国の唯一合法な政府であると承認したのだから，本件財産の所有権も移転したと判示した。しかし，控訴審判決（大阪高判昭57・4・14），差戻審判決（京都地判昭61・2・4）を経た後の差戻後の控訴審判決（大阪高判昭62・2・26）は，国家の有する在外公有財産を，外交財産もしくは国家権力行使のための財産とそれ以外の財産に分類し，承継されるのは前者のみであるとした。そして，光華寮は前者に該当するものではなく，日本政府による政府承認の切替によって新政府

(中華人民共和国)に承継されるべき財産と認めることはできず,台湾は,右承認の切替にもかかわらず,本件建物に対する所有権を失わないとの判断を示した。

　わが国の行った政府承認の切替による政府承認の遡及効は,無制限に認められるものではなく,台湾当局が,承認を切替えられる前に,第三国で適法に行った本件のような非外交的もしくは非権力的財産に対する所有権取得行為に対して,承認切替の効果は遡及しないと判断したのである。

　ところが,最高裁判決(平成19年3月27日)は,本件において原告として確定されるべき者は,承認の切り替えによって中華人民共和国に国名が変更された中国国家というべきであるとし,これにより,中華民国政府から派遣されていた駐日本国特命全権大使が有していた中国国家のわが国における代表権は消滅したという。提訴後に外交使節の代表権が消滅した場合,訴訟を続けることは,新たな政府が承認された後の外国国家の利益を害するおそれがあるから,代表権消滅の時点で訴訟手続は中断するとした。かくして,本件訴訟手続は,承認切り替え時点(1972年9月29日)で中断すべきであったから,台湾を原告としたこれまでの訴訟手続を違法・無効として4件の下級審判決をすべて取り消し,中華人民共和国に訴訟承継させてから審理をやり直すべきであるとして,京都地裁に差し戻した。差し戻し後,中華人民共和国が原告として訴訟承継した場合,中華人民共和国政府を支持する被告留学生を相手にして立ち退き請求訴訟を継続するとは考えられないので,提訴を取り下げる可能性が高い。

　なお,中華民国(台湾)の訴訟当事者能力が否定されたのは本件についてのみであるのか,一般的に否認されたのかは不明である。いずれの場合であっても問題を孕んでいるのであるが,特に後者だとすれば,台湾を当事者とする紛争をわが国裁判所が処理できないことになり,責任を追及することもできなくなるという不都合が生ずる。

　ところで,最高裁判決は,中華民国の訴訟当事者能力を否定しただけで,中華民国名義になっている光華寮の所有権の帰属を判断していない。当事者能力の否定と所有権の所在は別だから,今後は所有権を巡る新たな訴訟になる。かくして,平成19年4月20日,中華民国(台湾)当局は,訴訟を継続する意向を表明し,京都地裁の差戻し審において利害関係のある第三者として訴訟に加わる独立当事者参加を申し立てた。

【展開講義　19】　ドイツの統一並びに旧ソ連および旧ユーゴスラビアの解体に伴う国家承継

　西ドイツと東ドイツは，1990年に，統一ドイツの再建に関するドイツ連邦共和国とドイツ民主共和国との条約（ドイツ統一条約）を締結して，統一の内容を詳細に定めた。まず，両国の統一は，東ドイツが西ドイツに加入するという形式をとった（ドイツ統一条約1条）。いわば，西ドイツが東ドイツを吸収するという形式を採用したのであり，したがって，国家承継条約が想定したいずれの形式による承継の場合にもあたらない。ドイツ統一条約によれば，西ドイツが締約国となっている国際条約および協定は，境界移動の原則によりその効力を保持し，一部を除いて旧東ドイツ領域に及ぶとされ（同11条），東ドイツの締結していた条約は，信頼維持，関係国の利益および西ドイツの条約上の義務を考慮しつつ，東ドイツの締約相手国と協議して決定される（同12条）とした。東ドイツの国家財産は，すべて西ドイツに移転した。債務についても統一ドイツに帰属するものとされた（同23条）。

　旧ユーゴスラビア（Socialist Federal Republic of Yugoslavia，以下SFRY）の承継問題は，存続していたSFRYから若干の共和国が分離する承継としてではなく，分裂として扱われている。たとえば国連のメンバーシップについて，国連総会で以下のように指摘されている。「ユーゴ連邦共和国（セルビアおよびモンテネグロ，以下FRY）は，国連でSFRYの地位を自動的に承継することはできない。それ故，FRYは新たに国連への加盟申請を行うべきであり，申請なくして総会の活動に参加してはならない」。既に安保理はSFRYが存在を停止していると考えており，上記の総会の認識を共有していた。その後，ボスニア・ヘルツェゴビナ，クロアチア，スロベニア，マケドニアは国連加盟が認められた（1992―93年）。他方，FRYは加盟申請をしなかった。ただし，SFRYの旗とネームプレートは国連本部にそのまま残っていた。国連総会にもSFRYの座席が残っていた。もっとも，そこに座る者はいなかった。国連総会決議A/RES/47/1は，FRYが国連におけるSFRYの地位を承継できないとした一方で，同決議は国連におけるSFRYの地位を終了させることも停止させることもなかったというのが国連事務局の見解だった。

　旧ソ連の解体後の処理について，1991年に独立国家共同体（CIS）が採択したアルマ・マタ宣言は，各共和国が承継国として，旧ソ連の締結した条約上の義務を承継することを保証している（ただし，戦略兵器削減条約（START I）については，すべての共和国が締約国となっているわけではない）。対外債務および

資産については，同年，ロシア，ウクライナ等の6共和国首脳会議でソ連の対外債務・資産の承継に関する条約が締結された。同条約は，ソ連の対外債務と資産を各共和国の国民総生産および人口の比率に応じて分配することを定めている。

5　国家主権

5.1　主権観念の形成と変容

　国家は主権を有するとされるが，その場合の国家主権の意味は，二つの側面から捉えられる。国家内部における意味と，国際関係における意味である。対内的側面からみるときの主権は，統治権を意味する。すなわち，自国の管轄権内にある事項を，他国の干渉を排除して，自由に処理し得る権利を指す。対外的側面から見た国家主権は，独立権を意味する。すなわち，国家は他の何ものにも従属することなしに，対外関係を独自の意思で決定できることを意味する。こうした意味を持つ国家主権は，以下のような歴史的過程を経て形成されてきたものである。

　中世ヨーロッパにおける封主（国王）と封臣（領主）の関係は，いわゆる封建契約によって規律されていた。後者の前者に対する忠誠義務の内容は，この契約によって特定されるのであり，出兵義務でさえ，無条件かつ無制限ではなかった。したがって，封建契約に矛盾がなければ，複数の封主から封土を与えられることは可能であった。すなわち，複数の王を有する領主が存在し得たのである。となれば，今日のような意味での国境や領土といった概念は成立し得ないことになる。複数の王から封を受けた諸侯は，とりわけ辺境地域に多かったので，なおのこと，明確な「国境」を引くことは不可能であった。かくして，中世ヨーロッパの王国には，今日における意味での領土も国境も国民もなく，人々の意識に今日のわれわれが抱く国民意識も存在しなかったのである。

　俗世界における意味での主権観念が登場するのは，近世以降である。大都市で商工業が発達するようになると，通商確保のために盗賊，馬賊，海賊といった匪族を討滅する必要が生じる。このため，商工業者は，国王に献金を行って通商確保を要請し，それに応えるために，国王は，常備軍を整備するように

なった。国王の庇護を受けた都市からの献金が増大するとともに、国王は貴族・僧侶の有する中世からの特権（大権）を否定し得る絶対的な権限を持つようになった。これが近代国家の有する主権の萌芽である。このように生成していった主権が、国内的に最高の君主権力という意味において成立し、それに対応して、外部の権力、とりわけ他の国の支配に服さない独立権を意味するようになったのである。

19世紀後半以降になると、国際社会の組織化が進み、国家の行動に制約が課される現象が現れている。すなわち、徐々にではあるが主権概念は変容を求められる傾向を示すようになっている。20世紀に入って登場する国際連盟は、全会一致が原則であったが、国際連合になると、表決制度に多数決を採用したり、安全保障理事会の決定に拘束力を認めるなど、加盟国の主権は、さらに大きな変容を迫られつつあるといえる。また、第二次大戦後のアジア・アフリカ諸国の独立も、別の側面から主権概念の再検討を迫ると同時に、個々の国際法の内容に変更を加える契機となっている。というのは、自国内の治安すら満足に維持できないような「国家」が、国際法の中の都合のよいところ、たとえば主権を盾にして自らの利益を主張するのみで、主権に付随する責任を果たそうとしないからである。

5.2 主権平等

経済・社会・政治その他の相違を理由として、国家の権利義務に優劣をつけたり差別的扱いを行うのを禁止することを主権平等原則という。国家は条約を締結することによって権利を取得し義務を負うことから、個々の国家が同一の権利義務を有することにはならない。したがって、国際法上、法の内容における平等は存在しない。主権平等原則は、国際法の定立における平等、国際法の適用における平等をその内容とする。

定立における平等は、国際法の定立に平等に参加する機会を与えられ（機会の平等）、自らの合意した国際法についてのみ拘束されるというものである。適用における平等は、国家が平等に国際法の適用を受けることをいう。したがって、国家は、国際法上の権利を平等に主張し、かつその権利を実現し得ると同時に、平等に義務の履行を要求され、かつ強制される。もっとも、自力執行・自力救済を原則とする伝統的国際法の下では、国際法上の権利の実現は、

各国の有する実力に左右されることが多く，適用面での平等が，執行レベルにおいて，必ずしも十分に確保されているわけではない。

　平等原則を形式的に適用すると，先進国と発展途上国との経済格差をさらに拡大してしまうとして，60年代以降になると，途上国に有利な差別的待遇を認め，結果的に諸国の間に実質的な平等をもたらすべきであるという主張が活発に行われてきた（内容の積極的差別化）。第二次大戦後の国際経済体制はブレトン・ウッズ体制と呼ばれ，この体制の基本原則は，一般的最恵国待遇と相互主義であった。これらの基本原則は，まさしく形式的平等を旨とするものであり，第二次大戦後に独立したばかりで経済的競争力の乏しいアジア・アフリカ諸国にとっては極めて不利な体制であった。そこで，途上国は，たとえば，途上国から先進国への輸出に対する関税は低く，逆の場合は高くする片務的・非相互主義的一般特恵関税制度を実施し，南北間の経済格差を是正し，経済面における「実質的平等」を達成すべきであると主張した。こうした主張は，1973年の石油危機以降に発言力を増大させた途上国を中心とした勢力が積極的に展開し，1974年に採択された新国際経済秩序樹立宣言および国家の経済的権利義務憲章等を通じて具体化させていった。国連海洋法条約，環境と発展に関するリオ宣言にも，こうした考え方がもりこまれている。

【展開講義　20】　国際組織と国家主権および主権平等原則

　他の何ものにも従属しないのが国家主権の属性であるとすれば，そうした国家で構成される国際組織の表決制度は，全会一致制によらざるをえない。国際連盟はこうした原則に則った国際組織であり，多数決は手続的・内部組織的事項に関してのみ採用されている（連盟規約5条）。さらに，国際連盟の議決は，総会であれ理事会であれ，手続的・内部組織的事項に関するものを除き，勧告としての性質しか持たなかったので，加盟国の主権を強く制限することにはならなかった。しかし，国際連合は，実質事項についても多数決を採用し，しかも一定の事項については全加盟国を拘束することになっている（国連憲章25条）。加盟国は自己の意思に反してでも，国際連合（安全保障理事会）の決定を受諾し，かつ履行する義務を課せられるのである。すなわち，自己の意思によらない拘束を受けることはないという意味での主権を，失っているかのように見える。もっとも，五大国には拒否権が認められているので主権の制約は一切ない（同27条3項）。それ

以外の加盟国であっても，安全保障理事会の決定に拘束されることについて同意した上で国連加盟国となったわけであるから，自己の意思によらない拘束とは言いきれない。さらに，脱退の自由もあるから，主権を一般的に制限しているとはいえない。それでも，国家の意思にかかわりなく，国家を拘束し得る決定を国際組織が下し得ることを，まがりなりにも制度化した意義は大きい。主権国家にとって，国際社会の組織化による利益が，主権の「制約」によってもたらされる不利益を上回っているものとの推定が可能であろう。

　最近の国際組織は，主権平等原則にも影響を与えている。伝統的には，一国一票が原則であるが，国際連合は特定の国家に特権的地位を認めている。たとえば，安全保障理事会は，15ヵ国から成るが，五大国は常任理事国として常に議席を有する。他の加盟国は，非常任理事国として選出されなければならず，しかも再任は許されない。「参加の平等」が破られているのである。それだけにとどまらず，五大国には前述したように拒否権が認められており，一票に質的な差異が設けられ，平等原則は機能していない。こうした差別は，加盟国が果たし得る実質的機能に即して，組織内における責任と特権のバランスをとった帰結である（機能的平等）。国際通貨基金（IMF）や国際復興開発銀行（IBRD）等の経済分野の国際組織では，加重投票制が採用されている。出資金や割当株式数に応じて投票数に差異を設けているのである。この制度も，国家の実質的地位に着目して，それぞれの組織で加盟国が担う責任・負担に対応した権限をそれぞれの国家に認め，国際組織が，より有効に機能することを意図したものである。小国も，自らが参加する組織が確実に機能し，それによる利益の享受が望まれるときには，あえてこうした不平等に反対しないのが実状である。（→第Ⅱ部第4章6も参照）

6　国家管轄権

6.1　国家管轄権の意義

　国家管轄権とは，国家の一般的な法的権限たる国家主権を具体的側面から捉えた概念であり，国家が制定した国内法を一定範囲の人，財産または事実に対して具体的に適用し執行する国際法上の国家の権能をいう。国家主権は国際法で最も基本的な概念の一つであるが，概念としては漠然としている。それに対して，国家管轄権は，機能的・限定的に観念された主権という意味で使用され

るのが一般的である。

　国家管轄権行使の対象に事項的な限定があるか否かは明確でない。ロチュース号事件判決は各国に広範な自由を認めている。国際法が主に注目してきたのは刑事法分野での国家管轄権の範囲であるが，近年，私人が国境を越えて活発に経済活動を行うようになり，同一の人・財産・事実に対して，以下の 6.3 に述べるような基準を根拠に，複数の国家管轄権が競合して適用される事態が増大し，様々な分野で国際紛争（縄張り争い）が発生するようになった。

　いずれにせよ，国際法の基本的機能は国家の管轄権の及ぶ範囲を限定し，国家の行動に一定の枠を設けることによって，諸国家の平和的な共存を図ることであり，国際紛争の発生を回避するため，国家管轄権の相互の抵触・競合を調整し優劣関係を確定する基準の整備が必要となっている。

6.2　作用上の分類

　管轄権の調整と配分を検討する場合，管轄権の内容を知っておく必要がある。国家管轄権はどのような形式で存在するのか，それぞれがどのような国際法の基準に基づいて設定され行使されているのかについて，その作用の面から分類すると，国家管轄権は，立法（規律），司法，執行の管轄権に分類することができる。

① 立法（規律）管轄権（legislative (prescriptive) jurisdiction）　国家が国内法令を制定して一定の事象と活動の合法性を判断する基準を設定し，適用可能な状況にしておくことのできる権限である。ここでは立法管轄権というが，重要なルールを作る管轄権は，立法機関のみによるものではない。行政機関や裁判所によっても作成される。規律管轄権という用語が使用されるのはそのためである。

② 司法管轄権（judicial (adjudicatory) jurisdiction）　司法機関および行政機関が国内法令を解釈・適用して具体的な事案を審理して法的判断を下す権限をいう。法の適用は司法裁判所のほか，行政的審判機関も行う。

③ 執行管轄権（executive or administrative jurisdiction）　行政機関または司法機関が，逮捕，捜査，強制調査，押収，抑留，判決の強制執行など，物理的な強制措置により国内法を執行する権限をいう。

　②と③の2つを合わせて「強制管轄権」（enforcement jurisdiction）というこ

ともある。なお，①は立法と行政の双方にかかわるものであり，②は行政のほかに司法もかかわり，③は司法のほかに行政も関わるものであって，三権分立に完全に対応するものではない。上記分類は，法の定立・解釈適用・執行という国家の作用に注目した機能的分類である。

6.3 国家管轄権行使の根拠となる原則

国家が立法管轄権を行使するにあたっては，国家と人・財産・事実との間に一定の連関が存在しなければならないとされる。以下の原則がその連関として主張される。

(1) 属地主義（territorial principle）

国家が，実行者の国籍の如何に関係なく，領域内で生じたすべての行為・事実に対して管轄権を及ぼすことができるとする原則である（刑法1条1項）。各国は，領域主権に基づく場所的管轄により，領域内の行為・事実と最も緊密な連関を持つと解して，属地主義を国家管轄権行使の最も基本的な原則として承認している。

属地主義は領域という場所的空間を基礎とした原則であるが，一定の国外行為も対象可能であるとして，他国の国家管轄権との競合が生じている。主観的属地主義および客観的属地主義がそれで，前者は，領域内で開始され領域外で完成した犯罪について，犯罪の開始された国の管轄権の行使を認めるものである（賄賂の供与が国外で実行されているとしても，その共謀や約束が日本国内で行われている場合），後者はその逆で，構成要件の一部が外国に存在する犯罪を国内犯罪とみなして，結果発生国に管轄権を認める（ロチュース号事件）。こうした属地主義の拡張は，他国の刑法で当該犯罪の構成要件として共通に認められるものである限り，国際法上も是認されている。

日本国籍を有する船舶または航空機の内部における犯罪については，外国人の行為であってもわが国の管轄権が及ぶ（旗国主義・登録国主義。刑法1条2項）。船舶を旗国の領土とみなす船舶領土説は今日では否定されている。だからといって，船舶または航空機に対する管轄権行使の根拠としての旗国主義または登録国主義を国籍主義の一種と性格づけるには無理がある。犯罪は，船舶または航空機が行為主体となって行われるのではない。船舶または航空機の内部の人によって行われるのであり，それらの人に対する管轄権行使の説明とし

ては，空間的広がり（領土の延長ではないが）に対する国家の管轄権行使と捉えるべきであろう。とすれば，船舶または航空機に対する管轄権行使の根拠は，属地主義の一種と捉えるべきであろう。

　属地主義の変形として効果理論がある。外国人の国外行為であっても，国内秩序への「効果」を「結果」と同一視し，それを根拠に国家管轄権の適用を認めようとするもので，麻薬・有害商品の輸入，経済法令（独占禁止，輸出管理，証券取引規制など）・税法違反など，客観的属地主義の適用に馴染まない国外行為に適用される。アルコア事件（1945年）において，米国裁判所は，国外で行われた外国企業による制限的取引活動（カルテルなど）が，①米国市場の自由と公正な取引を侵害する「直接的かつ実質的に予見可能な効果」を及ぼし，かつ，②当事者がそれを意図するとき，その活動に対して米国国内法の域外適用が認められるとした。

　米国裁判所が，効果理論に基づいて外国企業に対して文書提出命令や反トラスト法上の懲罰的賠償支払命令を出したことで，わが国や西欧諸国は主権侵害であると抗議した。要件認定が主観的で他国の利害関係を考慮していないこと，原因行為と有害な結果の発生との間に相当因果関係を欠くなど国家管轄権の適用可能性の判断が一方主義的性格を持つためである（6.4(1)を参照）。

(2)　積極的（能動的）属人主義（active personality principle）

　実行地の如何を問わず，実行者の国籍または内国民性を基準に，国家管轄権の適用が認められるとする原則である。国籍主義ともいう。国民の忠誠義務を根拠に，他国領域内に所在する自国民の行為について国籍国が管轄権を及ぼそうとするため，在留国による属地主義の適用の優位の下で一定の制限に服するが，少なくとも，重大犯罪（反逆，殺人，重婚，国家機密漏洩など）に関する限り，在外自国民に対する管轄権の適用は一般的に認められる（刑法3・4条）。

　国家との結びつきは，必ずしも国籍のみが基準となるわけではなく，居所や営業所など，領域国と一定の連結関係があれば，第三国にある外国人の経済活動に対してもこの原則を適用することができる。しかし，自国内に居所・営業所を持たない外国人・外国法人が自国領域外で行う行為であっても，自国との経済活動上の連結関係（例えば，子会社の存在，相当部分の株式の所有による経営支配の事実，自国原産の商品・技術であること等）があれば管轄権の適用が可能

との主張は国際法上根拠がない。

国外犯については、実行地の外国と本国の二つの管轄権が競合し、いずれかが優越するということはない。双方の管轄権行使が可能となる。日本国憲法39条の一事不再理の原則は、同一の犯罪につき、わが国裁判権による二重処罰を禁止するものであって、外国で裁判を受けても日本での再度の裁判は本条に反しない。ただし、刑の執行の軽減または免除を規定する（刑法5条）。

(3) 保護主義（protective principle）

自国の安全と存立その他の特に重要な国家法益を侵害する犯罪について、実行行為者の国籍の如何を問わず、また行為地が国外であっても国内法と管轄権を適用する原則をいう（刑法2条）。適用の対象は、原則として、外国人の国外犯のうち、内乱、外患誘致、通謀利敵または破壊活動など、内国の安全、領土保全または政治的独立を害する「政治的基本秩序を害する罪」、通貨・公印・有価証券・印紙・旅券などの偽造とその行使など「経済的基本秩序を害する罪」に限定されるが、国境地区の犯罪など、具体的な国家法益の保護を目的とする限り、その他の犯罪についても適用が可能である。接続水域における規制もこの一種とされる。

少なくとも上記の犯罪についての管轄権行使は、一般的な国際慣行として確立している。その理由は、①国家の本質的利益保護という保護法益の重要性と、②国外で行われるときは、適用対象犯罪が、行為地法上は犯罪とされず処罰を免れる場合が少なくないためである。

上記以外の犯罪について保護主義に基づく管轄権が認められるかどうか、国際的に統一されていない。わが国の刑法は2条に列記するほか、いくつかの特別法に採用（航空機の強取等の処罰に関する法律5条など）している。犯罪行為を限定せずに、抽象的に国家の安全・領土保全の侵害というように一般的な形でこの原則の適用を認めるときは濫用の可能性がある。

(4) 消極的（受動的）属人主義（passive personality principle）

外国人の国外での犯罪の被害者が、自国民または自国の内国法人であることを根拠に、被害者本国の国内法令と管轄権の適用を認める原則である。従来、属人主義として国家管轄権が認められるのは積極的属人主義であり、消極的属人主義の採用について国際法は消極的であった。この原則に関する初期の判例

にカッティング事件（Cutting case）がある（1886年）。カッティング（米国市民）があるメキシコ人を誹謗中傷する記事をテキサスの新聞に掲載した。たまたまカッティングがメキシコに滞在中，当該メキシコ人に名誉棄損で訴えられ逮捕された。メキシコの裁判所は管轄権行使の根拠として本原則に依拠し，メキシコ法で犯罪とされる罪で有罪判決を下した。メキシコ政府は自国民を被害者とする犯罪が世界中のどこで行われようと管轄権を主張しているとして米国は激しく抗議した。その後，どういうわけか被害者は告発を取り下げ，カッティングは釈放されており，本原則の扱いははっきりしていない。

ロチュース号事件で，トルコは受動的属人主義に基づく刑法規定を援用した。常設国際司法裁判所は原則自体の妥当性について判断を回避したが，ムーア判事はその個別意見で，原則の未確立および属地主義との両立不能性を理由に反対し，トルコ刑法を国際法違反とした。1935年のハーヴァード草案もこの原則を採用していない。

しかし，近年，特定の政府または国籍を理由として，自国民が海外でテロ行為その他の組織的犯罪の被害者となる事態が増大したため（アキレ・ラウロ号事件，ピノチェ事件，ユーニス事件など。ユーニス事件（1988年）で米国の裁判所は，国外で行われた外国航空機の奪取事件であっても，自国民がその人質となったときは，その国民の本国の管轄権行使が認められるとし，重大で世界的に非難されるべき犯罪について受動的属人主義が適用できるとした），これらの犯罪について本原則の適用を支持する国が漸増している（テロリストによる爆弾使用の防止に関する国際条約6条2項。人質行為禁止条約5条1項d号，拷問等禁止条約5条1項c号など）。逮捕状事件でのヒギンズらの共同意見によると，本原則は長らく問題視されてきたが，今日では少なくとも特定のカテゴリーの犯罪について反対する声は比較的少なくなっているとされる。

わが国刑法はTAJIMA号事件をきっかけとして，平成15年に改正された（3条の2）。この改正によって，強制わいせつ，強姦，殺人等の犯罪について，犯罪地国法令におけるその犯罪性の如何を問わず，受動的属人主義が採用されることになった。

【展開講義 21】 TAJIMA 号事件

　2002年4月7日,台湾東方沖の公海上を日本に向けて航行中だったパナマ船籍の石油タンカー TAJIMA 号（東京を本社とする共栄タンカー所有）船内で,フィリピン人船員2名による日本人二等航海士殺害事件が発生した。公海上での外国籍船上での事件であることから,本件で刑事管轄権を有するのは船籍国たるパナマのみであり（フィリピンには,自国民による殺人等の犯罪に関する国外犯規定がない）,パナマ政府からの要請がない限り,わが国当局による被疑者拘禁等の措置はとれなかった。そこで関係当局は,パナマ政府がわが国に対して捜査共助および被疑者拘禁の要請を行うよう措置がとられた。その結果,同船が姫路港に入港後,パナマ政府がわが国政府に国際捜査共助を要請し,5月15日にパナマ政府からの被疑者の仮拘禁請求に基づき,海上保安官が被疑者たるフィリピン人船員2名を拘束した。わが国司法当局の取り調べの結果,2人のフィリピン船員が日本人航海士を殴って殺害し海に投げ込んだと供述した。6月14日,パナマ政府が,外交ルートを通じて被疑者の身柄を引き渡すよう要求した。東京高裁は,8月15日にパナマへの引き渡しを決定,9月6日に被疑者の身柄が引き渡された。その後,2005年5月20日にパナマ裁判所の陪審団がいずれの容疑者も無罪とした。被告人は,わが国司法当局が作成した日本語の供述調書を理解できず,被告人の権利は守られていなかったというのがその理由である。控訴制度はなく,無罪が確定し,二人はフィリピンに帰国している。

　TAJIMA 号は便宜置籍船である（→255頁）。便宜置籍船の船籍国の多くは,安全運航等に関心を持たない。本件のような事件についても積極的に対応しないことが多い。他方で,事件当時,わが国国内法には,公海上の外国籍船内で日本人に危害を加えた外国人に刑罰を科す法律が存在しなかった。戦前には国外犯処罰規定が存在し,国外で日本人を殺害したり傷害を加えた外国人を処罰することが可能であったが,1947年に削除されていた。犯罪が起きた国の裁判制度に委ねるべきだという趣旨である。おりしも国際社会ではテロが頻発し,国外で自国民が被害者となった場合に,国籍国が積極的に管轄権を行使すべきだという動きがみられるようになった。わが国も本件をきっかけにして,2003年7月11日に,外国人の国外犯処罰規定を盛り込んだ改正刑法が成立した（3条の2）。刑法3条の2は,日本国外で,日本人に対して重大な犯罪を行った外国人を処罰できる旨規定する。対象は,殺人,傷害,強盗,誘拐,人身売買,強制わいせつ,逮捕監

禁などに限定している。公海上の犯罪については，旗国主義に基づいて処理されるのが原則であるから，改正によっても，外国船であれば，わが国の港に入らない限り，容疑者の拘束はできない。

なお，1986年の「船舶登録要件に関する国連条約」（未発効）では，外国から傭船した船舶（裸傭船）に自国国旗を掲げることを許し，自国の管轄権を及ぼすことが容認されている（12条）。この規定を国内法に取り込んで実際に運用している国もある。

(5) 普遍（世界）主義（universality principle）

諸国の共通利益を侵害する行為について，実行者の国籍・犯行地を問わず，実行者の身柄を抑留し逮捕したすべての国が国家管轄権を行使して自国の刑法の適用を認めるとする原則である。世界主義ともいう。対象となる犯罪の範囲について，国家実行・学説のいずれも一致はない。慣習国際法上，異論なく認められているのは人類共通の敵とされる海賊のみである。海賊については，いずれの国も立法・執行・司法管轄権が認められる（国連海洋法条約105条）。海賊が普遍的管轄権の対象とされたのは，①海上交通という一般的利益を侵害すること，②如何なる国の管轄に服することも拒否するので，「人類一般の敵」であり，どの国によっても裁かれるべきであるという理由による。

英米法系諸国は普遍主義に消極的である。属地主義の優位を侵し，国際法に違反するというのがその理由である。ただし，これら諸国も，国際社会全体としての共通利益を侵害し各国の刑法上も共通に犯罪とされる行為であって，条約により普遍的管轄権が許容されているものについては例外を許している。

国際社会の共通利益を侵害する重大犯罪を確実に取り締まるため，最近の多数国間条約は，犯罪の構成要件を条約で定め，伝統的な属地主義，積極的・消極的属人主義を併記するほか，これに優位するものとして普遍主義に基づく管轄権の設定を義務づけている。航空機の不法な奪取の防止に関するハーグ条約（1970），民間航空の安全に対する不法行為の防止に関するモントリオール条約（1971），国際的に保護された者に対する犯罪の防止及び処罰に関する条約（1973），人質行為禁止条約（1979），核物質防護条約（1980），拷問禁止条約（1984），海洋航行不法行為防止条約（1988），爆弾テロ防止条約（1997年），テ

ロ資金供与防止条約（1999年）などで規定された犯罪は，既存の犯罪人引渡条約で明記されていなくとも，条約上の引渡犯罪とし，現に容疑者を抑留する国は，引渡請求を行った関係国に身柄を引き渡すか，自国で訴追するかいずれかの義務を負う。そのための裁判権設定が締約国に義務づけられる。わが国刑法4条の2は，こうした普遍主義的管轄権設定義務に対処するための規定である。

　これらの犯罪と海賊行為の扱いには相違がある。まず，海賊について国際法は諸国に処罰義務を課してはいない。処罰権能を付与するのみである。また，海賊に対する普遍主義の基礎は一般国際法（すべての国の管轄権行使が認められる）であるが，多数国間条約で定められた犯罪について，条約上の処罰義務は非締約国に生じない。海賊については，執行管轄権の行使も許容的である。

　第二次大戦後，戦争犯罪，集団殺害罪（ジェノサイド），人道に対する罪が一般国際法上，普遍主義の対象犯罪になったという指摘がある。また，ベルギーは，集団殺害罪，人道に対する罪，重大な戦争犯罪に関して，容疑者が自国に所在すると否とを問わず，捜査・逮捕令状の発付等の刑事手続を開始できる旨の国内法を制定したことがある（【展開講義　22】逮捕令状事件参照）。普遍主義の原則は，主権国家体制を基調とする国際法システムにおいては例外的な制度である。国際犯罪とされることと，それに普遍主義が適用されることとは必ずしも一致しない。普遍主義が認められるためには，罪刑法定主義の原則からも，国際条約で明記されるか，海賊行為のように一切の疑いを容れないほど，慣習国際法上明確に確立していることが必要である。上記の諸犯罪が国家実行上このレベルに達しているとはいえず，普遍主義の適用犯罪として国際法上確立したとはいえない。

【展開講義　22】　逮捕状事件（ICJ判決2002.2.14）

　逮捕状事件（事実関係は，【展開講義　28】参照）は，戦争犯罪と国際人道法の重大な違反などについて普遍主義を適用するベルギー国内法の国際法上の適法性が争われた事件である。

　ベルギーの予審判事が，ベルギー法（ベルギー人道法）に基づいて，コンゴ共和国の外務大臣に逮捕状を発付した。戦争犯罪と人道に対する罪がその根拠だが，問題となった犯罪はベルギーと関連性がないので，ベルギーによる普遍的管轄権

の行使とされる。2000年10月17日，コンゴは，現職外相に対する逮捕状発付の違法性の確認を求めてICJに提訴，逮捕状の破棄を求めた。

　普遍的管轄権の認否については，コンゴが書面段階で請求を放棄し，訴訟当事者のいずれもが判断を求めなかったので判決に言及はない。ただし，個別意見をみると，見解の多様性は明白である。

　まず，ギヨーム裁判所長は，海賊行為以外に普遍主義の適用は認められないとした。コロマ裁判官は，海賊のみならず，戦争犯罪，人道に対する罪，奴隷取引，ジェノサイドにも普遍主義が適用されるとして対極的な意見を示した。その中間に，ヒギンズらの共同意見がある。共同意見によると，国家実行上，本件犯罪について普遍的管轄権が確立したとはいえない。純粋な普遍的管轄権が管轄権の根拠を形成するような判例法も存在しない。もとより，存在しないからといって，そのような管轄権行使が違法であるということではない。国家実行は，普遍的管轄権行使について中立なのである（ギヨームも共同意見も，テロ活動・麻薬密輸・拷問等，国際犯罪に関する多くの条約で，容疑者がその領域内にいる国家の側の管轄権が義務として規定されていたことを認める。しかし，ギヨームはこれを「補完的普遍的管轄権」と命名し，共同意見は領域的管轄権と性格づけており，普遍的管轄権とはしない）。ただし，21世紀初頭の動向は，少なくとも属地性以外の管轄権の採用へと動いている。すなわち，一定の犯罪について普遍的管轄権を認める方向に漸進的展開が見られるという。

　2003年4月，ベルギーは同法を改正し，外国の国家元首・政府の長・外相その他の者は，国際法に従って訴追を免れ，また，公式訪問中に強制管轄権の行使はできないと刑法中に規定した。さらに，訴追は，積極的・消極的属人的管轄権に基づくこととし，普遍的管轄権は，それを義務づける国際法規則が存在するときに限定した。

6.4　国家管轄権の競合の調整

(1)　立法管轄権の競合とその調整

　他国の国内管轄事項への明白な干渉にあたる場合を除き，国際法は特に私法関係の国外行為を対象とする国家の立法管轄権の領域外への適用（域外適用）を必ずしも禁止してこなかった。立法管轄権の競合または抵触が発生するのはこうした事情による。しかし，強制管轄権の競合と抵触は，立法管轄権についての国家の裁量権を前提として生ずるわけだから，立法管轄権の国際法上の規

制も明確化される必要がある。

　公権力の行使に関わる立法管轄権の圏外適用は，第二次大戦後に競争法，輸出管理法，証券取引法，租税法，環境法等の経済分野の法にひろがった。国境を越えて活発に行われる企業活動に対して領域内での規制では不十分となってきたことによる。この分野に関する国内法の域外適用が認められるには，「正当な根拠」があるとき，または当該事案との間に「真正の連関」があるときのみとされる。真正の連関とは，領域内における住所・常居所・資産・法律行為の所在等であり，これらを条件に外国人の国外行為について公法上の立法管轄権を保持する。ただし，効果理論（外国人の国外行為について積極的属人主義・属地主義以外の基準を用いて「真正の連関」を設定し，立法管轄権の対象となし得るとする）に基づき広く立法管轄権の対象とするのは司法管轄権行使とも関連して国際紛争の主要要因になり得る。特に問題となるのは，反トラスト法などの競争法の域外適用である。アルコア事件（1945年）において米国の裁判所は，効果理論に基づき，国外で行われた制限的取引慣行についても，米国市場に影響を及ぼすことを意図し，かつ，実際に効果が生じた場合には，競争法の域外適用を認めた。

　しかし，域外適用の対象となったわが国やEU諸国は，効果理論に基づく文書提出命令等は他国の主権を侵害するものだと抗議した。効果理論は，他国の利害関係を考慮していないとして批判もされた。

　こうした中で，米国裁判所は，効果の程度について基準作成を積み重ね，効果理論の適用を抑制する姿勢を示した。例えば，1976年のティンバーレン製材会社事件判決において，管轄権行使は合理性に基づき自制すべきとの考え方（合理性の原則）を示した。すなわち，効果理論に基づく基準を域外適用するにあたっては，関連する諸要素（相手国の法律または政策との抵触の程度，当事者の国籍・所在地または主たる事業地，相手国の規制の効果の相対的重要性，米国の通商を害しまたは通商に影響を与える意図の明白性，効果の予見可能性）を比較衡量して決定すべきとした（競合する国家利益の比較）。しかし，合理性の原則は，国際法上の原則ではない。国家に自己抑制を求めるものでしかなく，要件の認定も主観的とならざるを得ない。かくして，1984年のレイカー事件判決は国益比較衡量分析の政治性を批判して効果理論を再構成しており，また，1993年のハートフォード火災保険会社事件判決では合理性の原則に言及することなく効

果理論を採用している。

　立法管轄権の域外適用に伴う国際紛争は，関係国の自己抑制や相互の妥協と譲歩による調整だけでなく，最近では個別の条約締結または国際組織による交渉と協議による解決が図られている。立法管轄権の競合と調整に関する国際法上のルールがより明確になり，国内法の域外適用の正当な根拠が明確になり，紛争回避に資するからである。例えば米加独禁協力協定（1976年），日米独禁協力協定（1999年）は競争法に関する条約で，個別事案における国内法の適用・執行にあたり，相手国に影響を与える場合には，通報・協議を通じて相手方政府の重要な利益に配慮し，自国の重要な利益に影響を与える行為に対する執行を相手方政府に要請するといった方法により調整するものである。

(2) 司法管轄権の競合とその調整

　国内犯罪については，実行者の如何を問わず属地主義，自国民・内国法人の国外犯については積極的属人主義の基準を厳格に適用したときのみ司法管轄権の行使が可能となる。外国人の国外行為について司法管轄権を行使して他国に有効に対抗するには，一般に国際法上の特別の許容法規があるか相手国の許可が必要である。いずれにせよ，司法管轄権の行使は無制限に認められるわけではない。

　司法管轄権は現実に自国領域内で行使される限り，これを禁止する一般国際法規はない。若干の国では，他国にいる犯罪容疑者を違法な手段で連行しても，その者が法廷地国に所在する以上はその国の裁判権行使が認められる（アイヒマン事件，パレス・マチェイン事件）。米国連邦最高裁判所は，パレス・マチェイン事件（1992年）で，容疑者が外国から拉致されたからといって裁判は妨げられないとした。裁判所が関与すべきは提起された事件の法廷プロセスのみであり，それ以前の警察・検察当局のとる行動に介入すべきではないというのがその理由である。しかし，英国貴族院はベネット事件（1993年）で対照的な判断を示した。外国から違法に強制連行された容疑者について，英国貴族院は不当な手段による公訴権の行使を否定した。学説は，マチェイン事件の判断を支持しない。第三リステイトメント433節は，容疑者の逮捕・送還が「文明社会の良心に衝撃を与えるような非難されるべき方法」で行われたとき，公訴権の行使はできないとしている。

なお、かつての領事裁判制度のように、領域内で外国の司法管轄権が行使されることはない。例外として、主権免除、外交官に対する裁判権免除、駐留軍隊構成員に対する裁判権行使など、領域国の司法管轄権が制約されることはある。

(3) 執行管轄権の競合とその調整

国際法による執行管轄権の調整は、司法・立法管轄権の競合の場合に比べて明確である。執行管轄権は属地主義に基づいて行使されるものとし、原則として自国領域内に限り認められる。すなわち、逮捕状・召喚令状等の発布、捜査活動、犯罪人の逮捕、税法上の強制調査、文書提出命令の送達と執行などの行為を他国で行うのは国際法違反となる。国家の実力行使の競合を防止するためであり、国家の執行管轄権は特別の合意がない限り、他国の領域内では行使し得ない。犯罪人引渡制度はこうした制度を前提に形成されたものである。

英米法系諸国は、民事訴訟上の令状送達は相手国主権を侵奪しないと主張し、米国は在外自国民に対する召喚令状の送達を通常の行政措置としている。令状送達は国家機関に限らず誰でも行うことができるからというのがその理由である。しかし、大陸法系諸国は、令状送達を裁判所に専属する権能ととらえているので、英米法系諸国の主張は、一般国際法上の対抗力を持つものとは認められない。

外交官や外国駐留軍隊については、派遣国の属人的執行権が領域外にも及び、接受国の属地主義に基づく執行管轄権は排除される。内水停泊中または領海無害通航中の外国船の船内規律事項など国際法上その本国の専属的執行管轄権が留保されている事項については、そもそも沿岸国は執行管轄権を持たず、本国の専属的な執行管轄権が留保されている。

7 不干渉義務

国家は、①他国の国内管轄権に属する事項に対して、②国際法に違反する方法で強制を加え、当該国の意思に反して特定の行為を行わせることはできない。国家が主権を有し、相互に独立していることの当然の帰結であり、これを国家の不干渉義務という。

不干渉義務違反を構成することになるのは，国家の単独かつ自由な決定に委ねられている事項である。これらの事項は，国内問題とか国内管轄事項と呼ばれる。国内問題は，内容的に国際法によって規律されておらず，国家の自由な処理に委ねられている事項をいう。国家は条約を締結することによって，従来は国内問題であった事項でも，任意に非国内問題とすることができるから，何が国内問題に該当するかは，国際法上固定していない。たとえば，19世紀までは，経済，社会，文化的問題や衛生，労働，教育，交通，通信等は，国内問題であったが，これらを対象とする条約の締結により国内問題ではなくなったし，最近は人権問題にまで国際法の規律が及ぶようになっているのであり，明らかに国内問題の範囲は狭くなっている。しかし，国家が主権国家として存続する限り，国家が自由かつ排他的に規律し得る事項たる国内問題が消失することはなく，むしろ，国家に留保された活動分野として重要な意味を持つようになっている。問題は，国内問題かどうかを認定するのはだれかである。今日の国際社会は，この問題を組織的・統一的に行うようにはなっていない。したがって，違法な干渉となるかどうかは，各国が自ら判断せざるを得ないのであり，このことが新たな紛争の原因となりかねない。

　不干渉義務違反となるには，さらに，干渉方法が問題となる。違法な干渉方法とされるのは，武力その他これに類する方法を用いた命令的介入，すなわち強制や威嚇の要素を伴った命令的・強制的介入とされてきた。今日では，武力の行使または武力による威嚇は，国連憲章2条4項の武力不行使原則違反であると同時に不干渉の原則にも反する。軍事行動は，直接的形態をとるものであると間接的な形態をとるものであるとを問わない。間接的な形態の行為（たとえば，他国政府転覆のために，他国内での破壊的な武装活動のために不正規軍を組織すること）であっても他国でなされた行為が「武力による威嚇または武力の行使を伴う」ときには，支援国による武力の行使と同一のものとみなされる。したがって，武力不行使原則に反しない軍事的措置が「純粋な」不干渉義務違反の対象となる。たとえば，一国が他国に強制を加えるため，当該他国の政府の転覆を目的にしている同国の武装集団を支持および援助するために，支金援助等を行うことである。こうした援助は，その政治目的が実現しなくとも不干渉原則の明白な違反を構成する（対ニカラグア軍事的活動事件）。

米州機構憲章は，政治的・経済的圧力も違法な干渉方法に含めている（18条—19条）。国連友好関係原則宣言（1970年）第三原則2段も，国家は他国の主権的権利の行使を自国に従属させ，または他国から何らかの利益を得る目的で他国を強制するために，経済的・政治的その他いかなる形の措置も使用してはならないとし，経済的・政治的強制が違法な干渉を構成する旨を指摘している。しかし，どのような場合に強制的性質を有することになるのかは不明確である。単なる勧告，周旋・仲介の申し出は違法な干渉とはならないし，経済援助の停止や禁輸措置も違法な干渉とはならない（対ニカラグア軍事的活動事件）のであるから，曖昧な規定は国際関係の安定を害しかねない。個々の事例の積み重ねによって，詳細に基準化していくことが必要となる。

【展開講義 23】 人権問題と干渉

人権問題をめぐって先進国と開発途上国との間の紛争が増大してきた。たとえば，国内における民主化運動を弾圧しているとされる国家（開発途上国であることがほとんど）に対して，当該弾圧の是正を求めて経済制裁を行うことは可能かどうか，換言すれば，人権問題を理由として経済的圧力等を関係国に加えることは不干渉義務に反しないかどうかが問題となる。先進国側は，国家は人権を保障する一般国際法上の義務を負うのであるから，人権侵害はこの国際法上の義務に反する，したがって，経済制裁措置は違法な内政干渉にはあたらないとする。これに対して開発途上国側は，人権保護に関して先進国が主張するような国際法上の一般的義務の存在することは認める。しかし，その具体的実現措置については，各国に広い裁量の余地が認められているのであり，義務違反があったからといって直ちに制裁を加える権限が認められることにはならない。そのような制裁は違法な内政干渉を構成すると主張している。

【展開講義 24】 人道的干渉

迫害を受けている一国の国民の生命・財産を保護し，当該政府による迫害を中止させることを目的として，他国が軍事力を行使して介入することをいう。19世紀にトルコ帝国内で行われたキリスト教徒に対する迫害を理由に西欧列強が介入を正当化したときの根拠として利用された観念である。国連憲章2条4項が武力の行使または威嚇を禁止していることから，今日では人道的干渉は認められないという立場と，人権抑圧国家に対して，抑圧された人々を救うため等，一定の要

件の下でならば2条4項の例外として介入が認められるという主張とが対立している。

実行は人道的干渉を認めることに否定的である。強国が弱小国に対して干渉することを正当化するために濫用するかもしれないというのが専らの理由である。とはいえ，軍事介入によって大規模に抑圧されている多くの生命が救われるときは，国際社会が敢えて非難しないこともある。

最近の事例としては，湾岸戦争（1991年）後にクルド人に安全な避難所を確保するために北部イラクに軍事展開をしたケース，1999年にコソボにおいて行われたアルバニア系住民に対する迫害および大量虐殺に対して，NATOが安保理決議に基づくことなしにユーゴスラビアを空爆した事例が挙げられる。前者の際に，飛行禁止区域が設定されたが，英国はこれを人道的必要性のために国際法上正当化されるとした。後者の空爆については，これを国連憲章違反とする安保理決議案は否決された（賛成3－反対12）が，正式に認められたわけでもなく，人道的干渉が制度として認められたかどうかは不明である。

米国は民主主義の回復のために干渉することが国際法上許容されると主張してきたが（パナマ干渉，1989年），そもそも民主主義とは何か不明であるし，これを理由とする干渉は国連憲章上も認められない。人道的干渉という問題の本質は，一方で，国家を運営する能力の欠如している政府が増大し，他方で，自らの価値観を共有する勢力の拡大が生存闘争にあたって不可欠であると考える大国の傲慢さに基づく側面を合わせ有している。「文明の使命」の焼き直しともいえる。

【展開講義 25】 国際社会の組織化と不干渉原則（国際連合と不干渉義務）

国際社会の組織化とともに，国際組織の権限と加盟国の主権との調整が問題となる。すなわち，国際組織が加盟国の国内管轄事項にどこまで介入できるのかという問題である。国際連盟の加盟国は，国交断絶に至るおそれのある紛争で裁判に付さないときは，連盟理事会に付託してその解決を求める義務を負う（連盟規約15条1項）。しかし，当該紛争について，紛争当事国の一方が，国際法上専ら国内管轄事項に属する問題であると主張し，連盟理事会もそのように認定したときには，連盟は介入を抑制しなければならない（同15条8項）。この規定は，米国が要請して挿入されたものである。米国は伝統的に孤立主義的傾向が強く，移民問題等に国際連盟が介入するのではないかとの懸念の声が強かった。そこで国内の反発を極力抑えるためにも，国内管轄事項に対する国際連盟の干渉を認めない旨の規定をおく必要があったのである。国連憲章も，本質上，加盟国の国内管

轄事項に属すると認定される事項について，国際連合には介入する権限がないと規定している（国連憲章2条7項）。

　連盟規約と国連憲章の規定にはいくつかの相違がある。連盟規約は，不干渉義務の規定を，紛争の平和的解決手続を定めた15条の一部として規定し，国際連盟による紛争処理権限の制約原理として規定している。したがって，理事会の権限と加盟国の国内管轄権が対立し，その優劣が争われるのは，国際紛争の審理の場合で，かつ紛争当事国の主張に基づく場合に限定される。国連憲章では，基本原則を規定した2条の中に規定しており，7章の強制措置の場合を除いて，国際連合の活動一般に不干渉義務が適用される。もっとも，国際連合の慣行では，7章が関わる場合には，国連に不干渉義務が課されないということを確認するだけで，それ以外の場合において国際連合の介入を禁止するとは解されていない。

　規定の表現も異なっている。連盟規約は，「国際法上専ラ該当事国ノ管轄ニ属スル事項」としているのに対して，国連憲章は，「本質上いずれかの国の国内管轄権内にある事項」としている。後者は，判断基準として，「国際法上」という限定もなくなり，曖昧さを増しているため，具体的判断基準としては，より不適格なものとなっている。国内問題であるか否かを認定するのはだれかについて，連盟では第一次的には紛争当事国であり，最終的には理事会にあった。しかし，国連憲章には決定機関についての規定が存在しない。したがって，疑わしいときは主権を侵害しないように解釈すべしという解釈原則が適用され，加盟国に認定権が認められることになり，国連の機能は制約されざるを得ない。しかし，国際連合の実行上，国内管轄事項に属するか否かの決定は，国際連合の関係機関に委ねられるものとされてきている。また，民族自決権や非植民地化の問題，基本的人権の重大な侵害等は，国内管轄事項に含まれる事項と解されていたが，国際の平和と安全を危うくするおそれがあること，人権問題は国連憲章や世界人権宣言に規定されていること等を理由として，国際連合の関与は排除されないとする慣行が生成するにいたった。従来であれば国内管轄事項とされ，国際連合の介入が許されなかった事項について，国際連合の関与を正当化する概念として，「国際関心事項」という観念が創出されたのは，こうした背景においてであった。

【展開講義　26】　新たな干渉方法の登場

　科学技術の発達により，軍事的措置以外の方法で，他国の領域主権，領土保全，国家的一体性を侵害する事例が見られるようになった。たとえば，放送衛星によるテレビ番組の送出は，受信国の公序良俗や政治的・文化的一体性を損なうので，

違法な干渉となる可能性があるとし，送出国は，受信対象国に対して，事前の通報や協議を行う義務があるとされる（国連総会決議37／92）。また，人工衛星による地球遠隔探査によって，他国の地表探査を行い，取得したデータとその解析結果を事前の承認等を得ずに利用したり公開したりする行為も被探査国に対する違法な干渉となる可能性があるとされる（国連総会決議41／65）。こうした現象は，高度な科学技術を実用化した活動によってもたらされるもので，これまで違法な干渉方法として唱えられてきた「命令的介入」の要件に変容を迫るものである（第Ⅲ部第8章4.2(2)参照）。

8 主権免除

◆ 導入対話 ◆

X食品(株)：先日，わが国に駐留しているA国軍隊に，食糧を長期にわたって継続して納入する契約を締結したんですが，納入開始直前に，突然，何の理由もなしに一方的に契約を解除されてしまいました。大量の契約だったので，準備のために生じた費用も馬鹿になりません。契約不履行で訴えたいんですけれど。

弁護士：主権免除に関わる問題ですね。

X食品(株)：主権免除というのは何ですか。

弁護士：19世紀のヨーロッパ諸国間における慣行から生まれたもので，私人が，外国政府を被告として，自国の国内裁判所に提訴しても，裁判所はこれを受理しないというものです。

X食品(株)：日本にいる以上，日本の法に従い，問題が生じたら，最終的には日本の裁判所で処理するというのが当然ではないですか。まるで，幕末の不平等条約で外国人を被告とする刑事事件において，外国の領事に裁判権を認めたのと同じじゃないですか。

弁護士：同じではありません。日本国政府も外国の裁判所で同じように免除を主張できますから不平等ではありませんし，私人としての外国人に認められるわけでもありませんから。最近では，本件のようなケースを前提にして，主権免除が認められない場合を拡大させようという傾向にあります。

8.1　意義および沿革

　主権免除とは，国家およびその国有財産に対する訴訟に関して，国家は外国の裁判所の裁判管轄権に服しないという国際慣習法上の原則である。「対等なるものは，対等なるものに対して支配権を持たない」という考え方（主権平等原則から派生）が，この原則の根底にある。友好関係の維持という要請も背後に存在する。他国の裁判所の管轄権に服することを強制されないだけであるから，国家が応訴すること，原告として外国の裁判所において訴訟を提起することは問題ない。主権免除は，国家免除または裁判権免除とも呼ばれる。

　19世紀の慣行によれば，国家は広く外国の裁判権からの免除を享有した。これを絶対免除主義という。当時の国家活動は，極めて限定的で，公的な分野に限られており，通商的・経済的活動はもっぱら私人が行っていたので，免除を認めても私的利益が損なわれることはなかった。例外的に免除が認められなかったのは，法廷地に所在する不動産を目的とする権利関係に関する訴訟等若干の事項についてのみであった。不動産をめぐる紛争は，領土主権に関わるので，国家の統治権に直接的な影響を及ぼしかねないからである。

　ところが，20世紀に入って，国家の活動領域が広がり，国家自体が経済活動に介入するようになった。また，社会主義国が登場し，国家が貿易を独占する体制が出現するに至ったため，国家と外国私人との取引が増大した。そうした中で，絶対免除主義の厳格な適用は，取引の安全，ひいては私人の経済的利益の保護にとって不十分となった。そこで，免除の認められる範囲を制限する考え方，すなわち，制限免除主義を採用した国内法を制定する国家が，西側先進国を中心に増加していった。米国の外国主権免除法（1976年），英国の国家免除法（1978年）等がそれである。欧州国家免除条約（1972年），国家および国家財産の裁判権免除に関する国際連合条約（2004年，未発効。以下，国連裁判権免除条約とする）も，同様の傾向を示している。

　わが国の場合も，二国間の通商条約では相互主義の下で絶対免除主義を制限してきた。たとえば，日ソ通商条約（1957年）附属書4条2項は，日本の領域においてソ連通商部が締結または保証した商事契約上の紛争は，仲裁等の裁判管轄に関する留保がない限り，日本の裁判所の管轄に属するとしている。日米通商航海条約（1953年）18条2項も同様である。なお，わが国は，国連裁判権

免除条約に署名し（2007年），同条約に準じた内容の国内法（外国等に対する我が国の民事裁判権に関する法律）を2009年に制定している。

8.2 制限免除主義

　制限免除主義によれば，国家の行為について主権免除が認められるのは，主権的行為（権力行為）についてのみであり，国家の行為であっても商業行為をはじめとする業務管理的行為（職務行為）に免除は認められない。どのような基準で両者を分類するかについては，行為目的説と行為性質説の対立がある。

　行為目的説は，問題となっている国家活動の目的に着目し，国家の主権的・公的目的を達成するための行為であるかどうかによって免除を認めるか否かを区別する。しかし，国家の活動は多少なりとも公的目的に関わるのであるから，判定に主観的判断が入りやすい。たとえば，国防に関係する行為であれば，国家の公的目的に直接関連する行為となる。外国軍隊への食糧品の納入行為など，私人との通常の契約についても免除が認められ得ることになり，私人に不利な結果をもたらさざるを得ない。

　行為性質説は，行為の客観的性質に着目して，契約等，本来的に私人が行える行為を国家が行った場合には，行為の目的に関係なく，免除を否定するというものである。米国の外国主権免除法は，免除が否定される商業的行為を例示している。たとえば，役務・商品販売，不動産賃借，借入金，現地職員の雇用等がそれである。ただし，軍隊での使用に関連する契約の中には，同じ契約でも，武器弾薬の供給等，通常の私人が行えない内容を含む場合がある。そうした行為についてまで行為性質説が妥当するとはされていない。

　国連裁判権免除条約も免除が認められない場合を具体的に列挙している。たとえば，国家の行為を，商取引，雇用契約，不法行為，知的財産権に関する紛争に分類し，それぞれについて免除が認められない範囲をさらに詳細に規定する。このうち，問題となっている契約や取引が商取引であるかどうか決定する際には，当該契約または取引の性質を基準とするが，当事者が目的を基準とすることに合意した場合，または非商業性を判断するにあたり目的を考慮することが法廷地国の実行である場合には，そのようにすることと明記している（2条2項）。行為目的説を取り込んだものであり，免除の範囲を広く確保したい途上国の意向を反映したものといえる。こうした国内法や条約の現状からは，

仮に制限免除主義が国際法上の原則になりつつあるとはいえても，その具体的内容についてまで一義的に確立しているとはいい難い。

8.3 免除の享有者

主権免除を享有するのは，一般的には国際法上の国家である。未承認国の扱いについては個々の国家の裁判所で異なる扱いがなされている。連邦の構成国，地方公共団体，または海外植民地に対する主権免除の認否についても，各国の扱いは一致していない。それらは国家機関であるとして，当然に国家と同一の免除を認めるとしたり，逆に，中央機関でないとして否定したり，あるいは具体的な機能に着目して扱いを区別したりする国家もある。

とくに争いがあるのは，国家とは別個の国内法人格を有する政府事業体である。たとえば，国立銀行，公社，国有鉄道，専売事業等がこれである。公益活動を行っているので，国家機関に準じて主権免除が認められるとするか否か，制限免除主義の適用の可否との関連で争いのあるところである。国連裁判権免除条約は，国家機関以外についても，その活動内容により免除の許否が決定されるとし，主権的権限の行使としての行為を行う権限を有し，実際にそのような行為を行っているかどうかを判断の要素としている（2条1項b(iii)）。なお，円建債償還等請求控訴事件判決において，裁判所はナウル共和国の金融公社について，主権免除が認められないとした（東京高判平14・3・29）。

8.4 強制執行の免除

裁判権免除の放棄は，強制執行の免除の放棄を意味しないと解するのが一般的である。権利保全のための押収にせよ，判決執行のための差押えにせよ，それらが認められるためには当該国家の新たな同意が必要である。強制執行の措置は，裁判権行使よりも重大だからである。実際に，米国は1952年のテート書簡によって制限免除主義への移行を表明したとき，強制執行については絶対免除主義を継続した。もっとも，最近では，強制執行は裁判権行使に当然含まれるとして，新たな同意は不要であるとの考え方もある。たとえば，1976年の米国外国主権免除法は，外国が行う商業活動については，当該活動に使用される財産に限り，強制執行を認めている。国連裁判権免除条約も，強制執行の免除については新たな同意を必要とすることを原則としながらも，例外的に，相手国の同意なしに差押え等の措置を行い得ることを認めている（19条1項c）。

【展開講義 27】 主権免除に関するわが国裁判所の対応

　主権免除に関するわが国の実行は極めて乏しい。判例では、昭和3年の大審院決定（訴状差戻命令に対する抗告事件）以来、絶対免除主義の立場が維持されてきた。この決定は、わが国における主権免除に関する最初の司法判断であるが、典型的な絶対免除主義の立場を示し、また、国家の免除放棄、訴状送達についても厳格に解している。

　第二次大戦後の判例は、上記昭和3年の決定を踏襲し、基本的に同じ立場をとってきた。在日米軍基地のオープン・メスの労働者解雇に関する労働組合法違反過料事件（青森地決昭31・2・14）や、同じくオープン・メスでの雇用契約存続確認請求事件（東京地判昭32・3・16）などがそれで、外国政府に対して民事裁判権の免除を認めた。ただし、下級審では制限免除主義を採用するものも現れた。横田基地夜間飛行差止等請求事件控訴審（東京高判平10・12・25）での傍論をはじめ、円建債を発行した外国国家機関およびその保証をした外国国家の裁判権免除を否定した事例（東京地判平12・11・30）、制限免除主義が現行法である旨を認めたといえる事例（東京地判平12・10・6）などがそれである。

　横田基地夜間飛行差止等請求事件は在日米軍横田基地において、毎晩行われていた航空機の夜間離発着について、基地周辺住民が米国政府に対して夜間離発着の差止めおよび損害賠償の請求等を行ったものである。最高裁（最二小判平14・4・12）は以下のように述べて裁判権免除を認め、上告を棄却した。

　「……外国国家に対する民事裁判権免除に関しては、いわゆる絶対免除主義が伝統的な国際慣習法であったが、国家の活動範囲の拡大等に伴い、国家の私法的ないし業務管理的な行為についてまで民事裁判権を免除するのは相当でないとの考えが台頭し、免除の範囲を制限しようとする諸外国の国家実行が積み重ねられている。しかし、このような状況下にある今日においても、外国国家の主権的行為については、民事裁判権が免除される旨の国際慣習法の存在を引き続き肯認することができるというべきである。……合衆国軍隊の航空機の横田基地における夜間離発着は、我が国に駐留する合衆国軍隊の公的活動そのものであり、その活動の目的ないし行為の性質上、主権的行為であることは明らかであって、国際慣習法上、民事裁判権が免除されるものであることに疑問の余地はない。」

　最高裁は、「外国国家の主権的行為については、……国際慣習法の存在を引き続き肯認することができる」と述べて、主権的行為という用語を使用している。絶対免除主義を踏襲しているのであれば、この用語を用いる必要はない。判例を

変更する旨，明確に述べられているわけではないが，実質的には絶対免除主義をとる大審院判例を変更して制限免除主義への途を開いたものといえる。ただし，目的説に立つものか性質説に基づいた判断なのかは不明である。また，不法行為との関連についても言及がなされなかった。性質説によれば不法行為は免除の対象とならないものとされ，このことは主権的権限の行使に伴って行われた行為にも適用される。本件請求の原因行為である離発着が不法行為であるかどうかについて言及はなく，不法行為である場合，どう評価するかについては不明である。

　判例が明確に変更されたのは，平成18年の最高裁判決（貸金請求事件，最二小判平18・7・21）である。本件は，私人たる上告人が，外国国家である被上告人に対して金銭の給付を求めたのに対して，被上告人が主権国家として我が国の民事裁判権に服することを免除されると主張して訴えの却下を求めた事例である。原審は，昭和3年の大審院決定を踏襲し，外国国家の主権免除を認めて，本件訴えを却下したが，最高裁は，絶対免除主義の国際慣習法性を否定し，性質説にたった制限免除主義を採用し大審院の判例を変更した。

　「…外国国家の主権を侵害するおそれのない場合にまで外国国家に対する民事裁判権免除を認めることは，外国国家の私法的ないし業務管理的な行為の相手方となった私人に対して，合理的な理由のないまま，司法的救済を一方的に否定するという不公平な結果を招くこととなる。したがって，外国国家は，その私法的ないし業務管理的な行為については，我が国による民事裁判権の行使が当該外国国家の主権を侵害するおそれがあるなど特段の事情がない限り，我が国の民事裁判権から免除されないと解するのが相当である」。

　「…私人との間の書面による契約に含まれた明文の規定により当該契約から生じた紛争について我が国の民事裁判権に服することを約することによって，我が国の民事裁判権に服する旨の意思を明確に表明した場合にも，原則として，当該紛争について我が国の民事裁判権から免除されない…。なぜなら，このような場合には，通常，我が国が当該外国国家に対して民事裁判権を行使したとしても，当該外国国家の主権を侵害するおそれはなく，また，当該外国国家が我が国の民事裁判権からの免除を主張することは，契約当事者間の公平を欠き，信義則に反するというべきであるからである。」

　「…被上告人のこれらの行為は，その性質上，私人でも行うことが可能な商業取引であるから，その目的のいかんにかかわらず，私法的ないし業務管理的な行為に当たるというべきである。そうすると，被上告人は，前記特段の事情のない限り，本件訴訟について我が国の民事裁判権から免除されないことになる」。

【展開講義 28】 ピノチェ事件

　1973年のクーデタにより軍事政権を樹立したチリのピノチェは1974年から1990年まで大統領の職にあり，この間，政治活動を禁止し，殺人，拷問，誘拐，人質行為等を大規模かつ組織的に実施して，軍事政権に反対する勢力の弾圧を行った。死者および行方不明者は3,000人以上で，その国籍はチリのみならず，アルゼンチン，スペイン，英国，米国等であった。スペイン人の犠牲者は70人以上とされる。

　1998年10月16日，スペイン予審判事が国際刑事警察機構を通じて請求した身柄拘束請求に基づいて英国治安裁判所が仮拘禁令状を発付し，病気治療のためロンドンを訪問中だったピノチェは，この令状に基づいて英国警察に逮捕された。容疑は1973年から1983年にかけて発生したチリにおけるスペイン人の殺害，誘拐，拷問に関わったことであった。チリ政府は，ピノチェが外交旅券を保持していることから，逮捕は外交特権の侵害であると抗議した。そこでピノチェは英国高等法院に対して，仮拘禁の違法性についての司法審査と人身保護令状を請求した。

　10月28日，英国高等法院は逮捕が違法であったとし，仮拘禁令状の取消を命じた。ピノチェの元首在任中の行為は刑事・民事上の免責特権があるので裁くことはできないというのがその理由である。11月6日，スペイン政府は，ジェノサイド，殺人，拷問，人質行為およびそれらの共同謀議を根拠として英国にピノチェの引渡しを請求した。英国公訴当局は引渡手続に着手するため，貴族院に上訴した。11月25日の貴族院決定は，仮拘禁を適法とすると同時に免責特権も認めずに引渡手続の進行を認めた。しかし，裁判官の一人がアムネスティ・インターナショナルと関係していたことが明らかになり，公正な審理が行われたとはいえないとして，再審理されることとなった。再審理後の貴族院の決定は1999年3月24日に下された。

　審理の対象となったのは，①告発された犯罪のうち，引渡の対象となる犯罪はどれか。②ピノチェは主権免除を主張できるかであった。

　①で問題となるのは双方可罰性の要件を満たすか否かである。チリで行われた拷問について，スペインは普遍主義を根拠として引渡請求をしたが，英国が拷問禁止条約を批准したのは1988年12月8日なので，チリで行われた拷問について引渡の対象となるのはこの日以降に行われた行為となる。人質行為については法の定める構成要件を満たしていないので否定された。スペイン領域内での殺人，その未遂および共同謀議については，英国内で行われていたら英国法上でも犯罪となるから，属地主義に基づく引渡請求については双方可罰性の要件を満たす。

②について，英国国家免除法20条1項は，在職中の国家元首が任務を遂行するにあたって行った行為について，ウィーン外交関係条約39条2項に定める元外交官と同等の刑事管轄権からの免除を享有するとした上で，拷問行為は元首の任務とはいえないとした。すなわち，拷問禁止条約1条の「公務員」に国家元首は含まれ，免除は認められないと解するのが条約の趣旨に合致するとした。ただし，スペインでの殺人および殺人の共同謀議については免除を否定する合意が諸国間に認められないと判断した。

要するに，1988年12月8日以降にピノチェが関与した拷問に関してのみ犯罪人引渡手続を進めることが許容された。ただし，ピノチェは裁判に耐えられないとして，2000年3月3日に帰国が認められた。

9　対外関係の処理

──◆　導入対話　◆──

学生：外交官は，具体的にどういうことをしているんでしょうか。

教師：国家は外国との関係を円滑に進めるために，外交官を派遣したり接受したりしています。外交官は国家を代表して，本国政府の指示の下で相手国と交渉します。そして条約を締結したり，懸案事項について相互に意見を交換して国家としての意思を相手国に表示する重要な機能を果たしています。逃亡犯罪人の引渡請求を行ったり，外交関係を断絶する旨の意思表示や宣戦布告の通告などは，外交使節を通じて行われます。

学生：領事官というのは何ですか。

教師：領事官というのは，派遣先の国において，自国や自国民の経済的利益を保護したり，自国民の生命・財産の保護を主たる任務とする国家機関です。最近，米国で強盗殺人の罪を犯した二人のドイツ人が米国国内裁判所で死刑の判決を下されて執行されました。ドイツは，当該ドイツ人が，ドイツ領事館の援助を受ける権利のあることを助言されることなしに，審理され，死刑判決を下されたと抗議し，これは領事関係に関するウィーン条約に反するものであるとして，国際司法裁判所に提訴しました（ラグラン事件。2001年6月27日，同裁判所は米国の義務違反を認定）。なお，外交官も領事官も，接受国において，派遣国のために重要な職務を遂行することから，通常の人には認められない待遇が認

められます。これを特権免除といいます。
学生：特別な待遇とは具体的にどういうものでしょうか。
教師：たとえば，外交官は，接受国の刑事裁判権からの免除を享有します。駐車
　　違反をしても，反則金を科せられることはありません。
学生：交通事故を起こしても，処罰されないんですか。
教師：免除を放棄しない限りされません。
学生：被害者に対して損害賠償もしなくていいんですか。
教師：民事裁判とその執行は免除されます。ただし，発生した損害について民事
　　上の賠償責任を免れることはできません。免除を放棄しないのであれば，調停，
　　私的仲裁または和解等によって，公正な解決を得られるよう最善の努力をつく
　　さなければなりません。ある国際組織の職員は，外交官に類似した特権免除が
　　認められていますが，職員による交通事故の多発によって発生する被害を最小
　　限化するために，所在地国との条約で，交通事故については免除を認めないと
　　しています。
学生：特権免除が濫用されると問題ではありませんか。
教師：外交官が特権免除を濫用する例としてよく挙げられるのは，麻薬の密輸に
　　従事するケースです。しかし，特権免除の存在意義も依然として否定されませ
　　ん。特権免除の許容範囲を，時代の要請に合わせて調整していくことが必要で
　　す。

9.1 外交使節制度の沿革

　古代から，国家は国家間の交渉の機関として，相互に外交使節を派遣しあってきた。しかし，古代から中世に至るまでの外交使節は，その時々の必要に応じて一時的に派遣されたものであり，今日においてみられるような，相手国に常駐する使節は認められていなかった。常駐外交使節制度が初めて歴史上に現れるのは，ルネッサンス期のイタリア都市国家間においてであった。この頃，ダンテ，ボッカチオ，マキアヴェッリ，グイッチャルディーニなどが，フィレンツェの外交使節として活躍したのを見出すことができる。こうした常駐外交使節制度がヨーロッパ諸国間で一般化するのは17世紀以降である。この間に，外交使節に関する国際法の規則が国際慣習法として形成されていった。一般的な成文法としては，1815年のウィーン会議で採択された外交使節の席次に関す

る規則と，1818年のエクス・ラ・シャペル会議で採択された弁理公使の席次に関する規則が最初である。両規則は，常駐使節の階級と席次に関して生ずる国家間の紛争を防止するために作成されたものであり，外交特権について規定するものではなかった。外交特権については，もっぱら国際慣習法を成文化した1961年の外交関係に関するウィーン条約（以下，外交約とする）を待たなければならなかった。また，必ずしも外交関係の存在を前提とせず，特定の任務のために派遣される特別使節団については，外交関係に関するウィーン条約に準じた特別使節団に関する条約が1969年に国連総会で採択された。

【展開講義　29】　外務公務員法

わが国の現行外務公務員法は，昭和27年に国家公務員法の特例法として制定された。同法は，外務行政に関する公務に従事する外務公務員の職務と責任の特殊性に基づき，外務公務員の職階制，任免，給与，能率，保障，服務等に関して国家公務員法の特例その他必要な事項を定めるとともに，あわせて名誉総領事および名誉領事ならびに外務省に勤務する外国人の任用について規定する（外務公務員法1条）。

本法において，外務公務員とは，①特命全権大使，②特命全権公使，③特派大使，④政府代表，⑤全権委員，⑥政府代表または全権委員の代理ならびに特派大使，政府代表または全権委員の顧問および随員，⑦外務職員をいう。このうち，⑦の外務職員以外は特別職である。外務公務員の勤務地は世界各国にあり，そこで対外関係事務に従事している。環境の異なる外国で効率的に職務を継続するためには，一定期間の休暇（休暇帰国制度）は不可欠だし，不健康地と指定されるような苛酷な自然環境におかれた公館については，なおのこと特別な休暇制度が不可欠である（同23条）。本法が国家公務員法の特例法として制定されたのは，こうした外交活動の特殊性に対応するためである。

9.2　外交官の任務・種類・階級

外交使節団の任務には以下が挙げられる。①接受国（派遣先の国）において派遣国を代表すること。②接受国において，派遣国とその国民の利益を国際法の認める範囲内で保護すること。③接受国の政府と交渉すること。④政治・軍事・経済・世論の動向など，接受国の事情を合法的方法で収集し，派遣国に報

告すること。その際、スパイ行為等に該当する行為が認められないことはいうまでもない。⑤接受国との友好関係、経済的・文化的関係を促進すること（外交約3条）。

　外交使節には、接受国の同意を得て、その領域に常駐し、二国間の一般的な外交上の任務を遂行する常駐外交使節団と、特定の問題を交渉し、または特定の任務を遂行するために相手国の同意を得て派遣される特別使節団がある。特別使節団には、国家の政治的・行政的事務の遂行を目的として派遣される高級特別使節団と、外国の祝典その他の儀式に国家を代表して派遣される儀礼使節団とがある。最も重要なのは常駐外交使節団であり、国際法の原則は常駐外交使節団を中心に形成されてきた。

　外国に常駐的に派遣され、本国を代表してその国の外交関係の処理にあたる一団の人々を外交使節団という。外交使節団は、以下の人員で構成される。「外交使節」は、外国に派遣される国の代表者で、外交使節団の最高責任者である。外交関係に関するウィーン条約では、「使節団の長」と規定される。「外交官」は、使節団の長および外交職員（参事官、書記官等）の双方を指す。他に、外交官としての身分は持たないが、事務的・技術的業務を遂行する職員（タイピスト、通訳等）、役務職員（運転手、料理人等）も外交使節団を構成する。しかし、メイド等、使節団の構成員の個人的使用人は、外交官でも使節団の職員でもない。

　外交使節の長の階級には、大使、公使、代理公使がある（外交約14条）。大使と公使は派遣先の元首に対して派遣され、信任状（a letter of credence）が自国の元首から接受国の元首に宛てられる。代理公使は外務大臣に対して派遣され、信任状は外務大臣から外務大臣に宛てられる。「代理」公使といっても、外交使節であることにかわりはない。原文も、charge d'affaire であり、大使または外交使節団の長としての公使が病気や不在で任務を遂行できないときに、暫定的に使節団の長として行動する臨時代理大（公）使とは区別される（外交約19条1項）。

　一国に駐在する各国の外交使節とその随員の一団全員をまとめて外交団（corps diplomatique）という。外交団の代表は、外交団長（doyen）と呼ばれる。外交団は、儀礼的な問題について共同して行動する。外交団長には、各国外交

使節の中で最上の階級（通常は大使）の最先任者があたる。

9.3 外交関係の開設と任務の開始

　国家は当然に他国との間で外交関係を開設し，常駐使節を派遣・接受する権利を有し義務を負うものではない。外交関係の開設および使節団の設置は，相互の同意によって行われる（外交約2条）。したがって，新しい国家が他国によって承認されたからといって，当然に両国の間で外交関係が開設されるわけではない。

　外交使節の任務は，接受国の元首（代理公使の場合は外務大臣）が信任状を正式に受理したときに開始される。外交使節の派遣に際して，派遣国は外交使節として派遣すべき個人について，あらかじめ接受国の承諾，すなわち，アグレマンを得なければならない。外交使節の任命自体は派遣国の権能に属し，相手国の同意は不要である。したがって，理論的には派遣国が自由に外交使節を任命し，その後に接受国のアグレマンを求めることになる。しかし，場合によっては接受国側からのアグレマンが得られずに，いったん行われた任命が，取り消されることもあり得る。そうした事態は政治的に望ましくない。そこで，慣行上，派遣国は，外交使節を任命する前に接受国のアグレマンを求めている。

　外交使節の任務は，任期が満了したとき，外交関係が断絶したとき，本国に召還されたとき，派遣国または接受国の政体が変更したとき，派遣国または接受国が消滅したときに終了する。なお，接受国はいつでも理由を示すことなしに，派遣国に対し，外交使節もしくは外交職員をペルソナ・ノン・グラータ（好ましからざる人物）として，また，使節団のその他の職員を受け入れ難い者として，その者を召還するか，使節団における任務を終了するよう要求することができる（外交約9条1項）。

9.4 領事制度の沿革

　領事とは，接受国において派遣国の経済的利益および在留自国民の利益を保護するために任命された国家機関をいう。領事制度の起源は中世まで遡ることができる。今日のような近代主権国家体制が十分成熟していなかった中世における欧州の商業都市においては，商人団体が広い自治権を有し，商人間の紛争を解決するために商事裁判所を設立し，同業者の中から裁判官を選任した。これを領事裁判官（judge consul）といった。十字軍の派遣以降，地中海東部に

移住した商人は，同様の制度の下で領事（consul）を選任し，自国民に対する民事・刑事裁判権だけでなく，自国民の生命・財産の保護もその任務とした。さらには，居住地域を統治している政府と直接交渉する権限も与えられた。その後，こうした制度は，欧州全体にも普及した。

しかし，欧州において，近代国家が成立し，外交使節が派遣国を代表し，接受国が領域主権に基づいて在留外国人に対する裁判権を主張するようになると，上述したような領事制度の意義は低下した。しかし，19世紀に産業革命が進行し，国際的な通商・海運が発展するようになると，自国民の経済活動の保護・司法共助を主たる任務として，近代的機能を果たすようになった。他方，欧州諸国とトルコ・ペルシャ・モロッコ・中国・日本等との間では，領事に領事裁判権が認められ，外交代表としての資格も持たせた。領事裁判制度は，非キリスト教国の法制度に対する不信にもとづいたものであり，その廃止は，たとえば日本が1894年以降，中国が1947年，モロッコが1956年であった。領事の地位および機能については，二国間の通商条約または領事条約によって規律されてきたが，1963年に領事関係に関するウィーン条約（以下，領事約とする）が採択され，1967年に発効した。

9.5　領事の任務・階級・種類

領事は，外交使節と異なり，接受国で派遣国を代表する資格を持たない。したがって，その任務も行政的なものにとどまる。領事の任務としては，①保護任務，②促進任務，③行政機関事務が挙げられる。

①保護任務は，接受国において，国際法が認める範囲内で派遣国とその国民（法人を含む）の利益を保護すること（領事約5条a・e・g－i項），②促進任務は，接受国との通商・経済・文化・科学上の関係の発展促進，接受国の関係情報を派遣国政府に通報すること等であり（同5条b・c項），③行政機関事務は，旅券・渡航文書・査証の発給，派遣国国民の出生・死亡・婚姻届出受理等の身分関係の確認を行うことである。また，派遣国の裁判所のために訴訟書類を送付したり，証拠調べを行うこと（司法共助），派遣国国籍を持つ船舶または登録された航空機とそれらの乗員に対する監督・保護・援助を行うことも含まれる（同5条d・f・j－l項）。

領事機関の長には，総領事，領事，副領事，代理領事の階級がある（同9条

1項)。領事というのは，通常，すべての領事機関の長のことをいうが，とくに上記の二つめの階級の長を指す場合もある。領事機関の長と，領事機関で領事任務を行う資格のある人をあわせて領事官という。領事には，本務領事と名誉領事がある。本務領事は，領事を本職とする領事官で，派遣国から俸給を得ている。職務領事または派遣領事ともいう。名誉領事は，領事を本職とするわけではなく，派遣国からは経費または仕事に対する手数料的性質の報酬を得るだけである。選任領事ともいう。名誉領事は接受国の国民であることが多いが，その場合には任命にあたり，接受国の同意が必要となる。

9.6 領事関係の設定と任務の開始

領事関係の開設は，国家間の相互の同意による。このとき，所在地，種類，領事管轄区域が決定される。領事は派遣国を代表するものではないことから，外交使節の公館が一つであるのに対して，領事館は複数設置できる。また，領事関係は，原則として国家承認・政府承認とは無関係に開設され得る。また，外交関係が断絶しても，領事関係が自動的に消滅するわけでもない。

領事の任務は，派遣国が発行する委任状が，接受国の外務大臣に送付され，接受国から認可状（exequatur）を与えられたときから開始される。外交使節団の長と異なり，事前に接受国のアグレマンを求める必要はないものの，認可状の交付を拒否することはできる。しかも，その理由を示す義務を負わない（同11条，12条）。また，接受国は，領事官についてはペルソナ・ノン・グラータとして，領事機関の他の職員については受け入れ難い者として，その者を召還し，または任務を終了させることを要求できる。その際に，理由を示す義務を負わない（同23条）。

【展開講義 30】 **ラグラン事件**（ICJ 仮保全措置1999.3.3，判決2001.6.27.）
　領事の援助を求める自国民の権利が米国により侵害されたとする事件。ラグラン兄弟はドイツ生まれのドイツ国民。1967年以降米国に在住していたが米国籍は取得していない。1982年，兄弟はアリゾナで強盗殺人事件を起こし，死刑判決が下された。このとき，兄弟は領事の援助を受ける権利（領事関係条約36条1項b号）について告知を受けていない。米国当局からドイツ領事への通報も行われず，1992年になって，兄弟自身が領事に通報した。その後，1999年2月24日に弟の死

刑が執行された。兄の死刑執行が予定されていた同年3月3日の前日に、ドイツは領事関係条約選択議定書を裁判管轄権の根拠としてICJに一方的に提訴し、米国による領事関係条約違反の認定・賠償・原状回復および再発防止を求めた。同時に、ドイツは事態の重要性と緊急性を訴え、口頭手続を経ずにICJが職権で仮保全措置を命令するよう求めた。3月3日、ICJは口頭弁論なしで仮保全措置命令を出した。ドイツは米国連邦最高裁判所に仮保全措置命令の遵守を求めたが、訴えは却下された。ドイツの提訴が遅かったこと、そして国内法上管轄権に制約のあることがその理由であった。同日、死刑が執行された（342頁も参照）。

領事関係条約上、接受国は派遣国国民の逮捕・拘留等の場合に領事機関への通報義務を負う。米国は、ドイツの権利を侵害したことは認めた。しかし、条約は国家の義務を規定したもので、個人はその受益者ではないと主張した。ICJは、36条1項b号の「その者が……有する権利」という文言からすると、「36条1項は個人の権利を創設している」、したがって、領事派遣国国民たるラグラン兄弟の領事との連絡を保障した規定は、ドイツの権利のみならず領事に援助を求める「個人の権利」をも創設したものであり、米国が兄弟に対してこの権利を遅滞なく告げなかったことによる権利侵害は、ドイツのみならず、その国民個人に対する義務違反も構成するとした。2005年3月、米国は領事関係条約選択議定書から脱退した。

9.7 特権免除

外交使節団は、接受国において通常の外国人とは異なる特別な地位が認められている。これを特権免除（外交特権）という。特権免除が認められる根拠については、治外法権説、代表説、機能的必要説等がある。治外法権説は、外交官その他の国家代表が常駐する場所（公館）は本国の領土の延長であって、接受国の支配権の範囲外にあるとするものである。しかし、接受国法令の適用をまったく受けないわけではなく、一定の範囲でその執行が停止されるだけであるから、この根拠は適当ではない。代表説（代表性説、威厳説）によれば、外交官と外交使節団は、接受国において派遣国の威厳・独立・主権を代表するものであるから、接受国は主権免除の場合と同じく、これに広範な特権免除を認めるべき義務を負うとする。比較的最近主張されるようになったのが機能的必要説（機能説）といわれるもので、特権免除は外交任務を独立して効果的に遂

行するための必要性に基づいて認められるべきだとする。特権免除の範囲は，機能的必要説に基づく場合の方が，代表説に基づく場合よりも限定的となる。外交関係条約は，代表説と機能的必要説の双方を考慮して作成されている（前文）。

(1) 外交使節団の特権免除

(a) 公館の不可侵　外交使節団の公館は不可侵であり，接受国による如何なる捜索・支配の対象にもならない。接受国の官吏が公館に立ち入るには，使節団の長の同意が必要である（外交約22条）。火災・伝染病その他の緊急事態が発生したときに，接受国が使節団の長の同意なしに一時的に立ち入ることが認められるか否かについて，見解は一致しない。しかし，麻薬取引，武器の集積・貯蔵など，不可侵権の濫用を明確に示す証拠が存在する場合には，接受国の国内法令尊重義務違反（同41条）として，使節団の長の立会いのもとで，強制立入り調査等の介入が可能とされる。他方で，接受国は，公館の安寧の妨害や威厳の侵害を防止するために，適当な措置をとる責任がある。

(b) 公文書の不可侵　使節団の公文書およびその他の書類は不可侵である（同24条）。使節団の公用通信も接受国によって保護される（同27条）。外交封印袋は，開封も留置もできない（同27条3項）。外交伝書使は，身体の不可侵を享有し，いかなる方法によってもこれを抑留し，または拘禁することができない。

(2) 外交官の特権免除

(a) 不可侵権　外交官の身体は不可侵で，接受国は，外交官を抑留することも拘禁することもできない。接受国は，外交官を相当の敬意をもって待遇し，その身体の自由および尊厳の侵害を防止するために，適当な措置をとる義務がある（同29条）。外交官の個人的住居，書類，通信，財産も不可侵である。

(b) 裁判権からの免除　外交官は，接受国の刑事裁判権から絶対的に免除される（同31条）。刑事事件に関与した外交官について，接受国としてとることのできる措置は，本国への召還の要求，当該外交官に対する直接の退去要求，緊急の場合の一時的身体拘束程度である。もっとも，外交官としての資格が消滅した場合には，訴追し処罰することが可能となる。民事および行政裁判については，接受国領域内にある個人の不動産に関する訴訟，外交官が個人として関係する相続に関する訴訟，外交官が公の任務の範囲外で行う職業活動または

商業活動に関する訴訟の場合を除き，免除を享有する（同31条）。なお，派遣国は，免除を享有する者に対する裁判権からの免除を放棄できる（同32条1項）。特権免除は，個人的利益のために認められるものではないから，享有者が個人の判断で放棄することはできない。また，裁判権からの免除の放棄は，執行についての免除の放棄を当然に含むものではなく，執行についての免除の放棄については，別に放棄を必要とする（同32条4項）。さらに，外交官は，役務，課税，社会保障規程からの免除も享有する（同33条―36条）。

(c) 特権免除の享有者の範囲　外交官の家族，使節団の事務・技術職員およびその家族の構成員，役務職員等も，一定の条件の下で，外交官より狭い範囲ではあるが，一定の特権免除が認められる（同37条）。特権免除が家族にも認められるのは，接受国から，家族に対して何らかの圧迫がもたらされることにより，使節団の任務遂行が阻害されないようにとの配慮に基づく。

(3) 領事機関の特権免除

領事機関も，任務の効果的遂行のために，特権免除が認められる。ただし，外交使節団のそれと異なり，機能的必要説に基づき，任務の機能的遂行に必要な範囲で認められるにとどまり，制限的である（領事約前文）。

(a) 不可侵権　領事機関の公館は不可侵である。ただし，火災その他，迅速な保護措置を必要とする災害の場合は立ち入ることができる（同31条）。公文書およびその他の書類も不可侵である。しかし，領事封印袋が，公用通信，公の書類および専ら公に使用される物品以外のものを含んでいると信ずる十分な理由がある場合には，当該当局の立ち会いの下に，派遣国の委任を受けた代表に開封を要求できる。開封を拒否されたときは発送地へ返送できる（同35条）。

接受国は，相当な敬意をもって領事官を待遇し，領事官の身体，自由または尊厳に対するいかなる侵害も防止するために，すべての適切な措置をとらなければならない（同40条）。ただし，外交官の場合と異なり，重大な犯罪を犯したときは，抑留または裁判に附すために拘禁することができる（同41条）。また，領事の住宅は不可侵ではなく，個人的書類および信書が公館外にあるときも不可侵ではない。

(b) 裁判権等からの免除　領事官および事務技術職員は，「領事任務の遂行に当たって行った行為に関し」てのみ，接受国の裁判権に服しない（同43

条)。民事訴訟における免除の例外は，外交官のそれに比べて多い。なお，租税，関税，社会保障の免除については，外交関係条約と類似した規定がおかれている（48条―51条）。

(c) 特権免除の放棄　派遣国は，領事機関の構成員の特権免除を放棄できる（同45条1項）。ただし，民事・行政裁判権からの免除の放棄は，判決の執行についての免除の放棄を意味しない。したがって，判決の執行については，別に放棄を必要とする（第Ⅱ部第4章3.1(2)も参照）。

【展開講義　31】　外相の特権免除

　政府の長や外相が有するであろう国際法上の特権免除の内容は外交官や領事官と比べて不明瞭である。通常は自ら国外に赴くことはなく，国内において外交問題を処理する立場にあったためである。最近では政府の長や外相も国外に出かけることが増大してきた。ウィーン外交関係条約7条2項はそうした傾向を前提とした規定で，少なくとも政府の長には元首と同等の扱いがなされるべきものとされている。外相については明確さを欠くものの，慣例上は，国家を代表して外国に赴くときは政府の長と同様にみなされてきた。外相の特権免除は逮捕状事件で争点となった。

　ベルギーは，ジュネーブ諸条約（1949年）の重大な違反，ジェノサイド，人道に対する罪について，実行者の国籍も実行された場所も関係なく（普遍主義），ベルギー裁判所の管轄権を認める国内法を制定し，かつ，実行者の公的地位に伴う免除を否定した。

　2000年4月，コンゴ外相イェロディアが，外相就任前の1998年8月にコンゴで行なった演説を対象に，ベルギーは逮捕状を発付した。このときの身分は内閣担当秘書官であり，演説は，ツチ族に対するフツ族の人種的憎悪を煽るもので，ジュネーブ条約の重大な違反，および人道に対する罪にあたるとしたのである。

　コンゴは，現職外相に対する逮捕状の発付が，①不可侵と刑事裁判権免除に関する国際法に違反し，②普遍的管轄権行使が主権平等原則に反するとして，その違法性の確認を求めて2000年10月17日にICJに提訴し，逮捕状の破棄を求めた（②は書面段階で取り下げ）。また，逮捕状が出ているためにイェロディアが外国を訪問できず，その任務を遂行できないとして逮捕状の破棄命令を含む仮保全措置を申請した。その後，イェロディアは，外相から教育相に異動し，2001年4月15日以降は，閣僚職に就いていない。

本件で，ICJ は，以下のように指摘した。外交官や領事官と同様に，国家元首・政府の長・外務大臣のような上級国家公務員が他国において民事および刑事裁判権からの免除を享有することは国際法上確立している。とりわけ，外相はその任務の遂行にあたり，国際交渉，国際会議，条約締結に際して，元首や政府の長と同様に自国を代表して外国訪問することが頻繁に求められる。そのため，在任中は外国において完全な刑事裁判権からの免除と不可侵権を享有する。外相が公的資格でなした行為と私的なそれとを区別したり，外相就任前の行為と在任中の行為を区別して管轄権を行使することはできない。逮捕や司法手続に付される可能性があるだけで，外国訪問など，外相としての任務の遂行を阻害するからである。戦争犯罪と人道に対する罪については，現職外相であっても免除は認められないとベルギーは主張するが，そのような慣習国際法は存在しない。したがって，本件逮捕状の発付または送付は，それ自体で外相が享有していた刑事裁判権の免除と不可侵を否定するので国際法に違反する。ベルギーは逮捕状を取り消し，送付先にこれを通知する義務がある（ただし，免除は不処罰を意味するものでない。免除は手続的な問題であるが，刑事責任は実体法上の問題であるから，外相が自国の裁判所や国際裁判所で訴追される可能性はある）。

【展開講義　32】　外交的庇護

　他国の領域内にある大使館，領事館，軍事基地，軍艦等が，当該領域国の官憲から逃れようとする者に対して与える庇護を，外交的庇護という。かつてヨーロッパ諸国で行われていた慣行であったが，国際慣習法として確立してはいない（庇護事件／ICJ 判決1950.11.20）。今日では慣行や条約を通じて一部のラテン・アメリカ諸国間において行われるのみである。しかも，採用している諸国の慣行も，その適用の態様に一致はみられない。

　国際慣習法として確立しないのは，公館が派遣国の領土ではなく，一定の目的のために利用することが意図されているからである。すなわち，公館は不可侵とされているものの，それは，外交使節団や領事の職務遂行を容易ならしめるために認められたのであり，外交的庇護はそのような職務とは関係ないからである。庇護の付与は，接受国の領域主権を侵害する違法行為となる。もっとも，公館の不可侵は否定されないから，接受国官憲は使節団または領事機関の長の同意がなければ立ち入ることはできない。接受国としては，黙認するか，引渡請求（領事館の場合は外交使節を通じて）を行って引渡を待つか，関係する公館職員をペルソナ・ノン・グラータとして召還させるか，外交関係断絶の危険を冒してまで身

柄の引渡要求・逮捕を強行するか，いずれかを選択することになる。

　今日の国際社会においては，接受国の争乱や内乱の増大に伴い，外国公館が人権その他の人道的理由から，反政府運動の指導者に庇護を与える事例が多い。もっとも，こうした「人道的」庇護は，政治的判断に基づく便宜的措置であることが多く，法的義務に基づいて付与されたものとはいえない。

【展開講義　33】　瀋陽総領事館事件

　2002年5月8日，幼児を含む北朝鮮（朝鮮民主主義人民共和国）出身者の男女計5名が，在瀋陽日本総領事館への入館を試みようとしたところ，女性2名と幼児は総領事館の正面入口付近において警備にあたっていた中国側武装警察（公安省の指揮下にある治安維持部隊で，外国公館の警備も担当）との間でもみ合いとなり，その後総領事館の敷地外に連れ出された。男性2名は総領事館構内に駆け込み査証待合室で座っていたところ，中国側武装警察が日本の同意なくして立ち入り，最終的に5名全員を中国公安部へ連行した。

　事件直後，日本は，中国の武装警官が総領事館側の同意なしに館内に侵入したことは領事関係に関するウィーン条約（以下，単にウィーン条約とする）違反であることを根拠に抗議すると同時に5名の身柄の引渡しを求めた。これに対して中国側は，一連の行動は在外公館の安全を保護するためのものであり，ウィーン条約に違反しないと主張した。また，査証待合室に入って男性2名を連行したことについては，総領事館の警備担当副領事の同意があり，5名を公安部へ連行するにあたっては，外出先から戻った領事に謝意さえ示されたと主張した。日本はいずれの主張も否定した。

　本件の争点の一つは領事機関の公館の不可侵が侵害されたか否かである。これについてウィーン条約31条によれば，領事機関の公館はこの条に定める限度において不可侵とするとして，接受国の当局は，火災等迅速な保護措置を必要とする災害の場合を別にして，領事機関の長もしくはその指名した者または派遣国の外交使節団の長の同意がある場合を除いて，専ら領事機関のために使用されている建物およびその一部またはこれに附属する土地に入ることはできないと規定する。同意の有無については，上述したように双方が真っ向から対立している。不可侵とされる「専ら領事機関の活動のために使用される部分」の解釈については見解が分かれる。領事機関の公館の不可侵は外交使節団の公館と異なり限定的であるとされる。最も狭い解釈によれば，総領事館の建物の中で不可侵権を主張できるのは，領事官らが執務するスペースに限られる。門から少し入った敷地内では不

可侵権は主張できない。「活動」の原文はworkであり，総領事館のオフィス内部で領事館が「活動」しているのは明らかだが，査証発給を希望する不特定多数の一般人が出入りする待合室は領事館が「活動」している場所といえるかどうかは明らかでない。待合室について不可侵権を主張できないならば，建物の外の敷地となるとなおのことworkしている場所とはいえない。少なくとも何歩か敷地に入っただけでは不可侵権を主張できない。中国側は，武装警官が入ったのは査証待合室で，「館内」とはいえないと主張した。これに対し，日本の外務省は①待合室とはいえ，総領事館の活動で使っている，②今回の事例は火災や災害に該当しないとし，中国武装警官の措置はウィーン条約に違反すると反論した。

　第二の争点は接受国の保護義務である。ウィーン条約31条3項に基づき，中国側は適当な措置をとって総領事館の安全を保証する特別の責務がある。身元不明者の総領事館への強行突入は総領事館および館員の安全に危害を及ぼす可能性があった。したがって，武装警察の措置は，純粋に職務遂行上の責任感から出たものであり，ウィーン条約に合致するものであると主張した。瀋陽日本総領事館では，1995年3月，手製の爆弾と拳銃2丁を所持した中国人が盗みを目的として壁を乗り越えようとし，警備の武装警官に取り押さえられた事件があった。この事件で日本総領事館は，武装警官側に謝意を表明したことがある。こうした経緯もあって武装警察が「強硬措置」に出たともいえる。

　第三の争点として公館の庇護権がある。ただし，今回の事件で，在外公館の庇護権について日本が言及した事実はない。公館の庇護権については，【展開講義32】を参照。

10　外国軍隊の地位

　外国領域内に合法的に駐留する軍隊に関して問題となるのは，もっぱらその構成員に対する刑事裁判管轄権についてである。

　一般国際法上，外国軍隊構成員の駐留地域内の行為および公務遂行中の行為について駐留国の裁判権は免除される。駐留地域外で公務とは無関係に行なわれた行為については駐留国の裁判権に服するとされる。ただし，駐留国官憲は，外国軍隊の司令官の同意なしに駐留地域に入り，捜査や逮捕を行うことはできない。もっとも，司令官も容疑者の引渡請求を拒否することはできない。

外国軍隊の駐留を認める場合は，関係国間で条約を締結するのが普通である。わが国には日米安全保障条約に基づいて米軍が駐留しているが，裁判管轄権に関して最初に詳細に規定したのは，1952年の日米安全保障条約第3条に基づく行政協定であった。同協定17条は，属人主義に基づいて，日本国内で米国軍人・軍属およびそれらの家族の犯したすべての犯罪について，米国の排他的刑事裁判管轄権を認めたものであった。こうした規定は，1951年に締結されていた北大西洋条約機構軍地位協定（NATO協定）と比較して，明らかに被駐留国側に不利であったので，1953年には，17条に関する改正議定書を締結し，NATO協定で採用された方式を規定した。すなわち，いずれか一方の国の法令のみが犯罪としている行為については，当該国が刑事裁判管轄権を行使する。双方の国の法令が犯罪とする行為については，裁判管轄権が競合することになるが，その場合，まず，①米国の財産もしくは安全のみに対する犯罪または米軍構成員の身体もしくは財産のみに対する犯罪，さらに，②米軍の公務遂行中の作為または不作為から生ずる犯罪に関しては，米軍当局に第一次裁判権が認められる。③その他の犯罪については，日本に第一次裁判権が認められる。行政協定を引き継いだ1960年の在日米軍の地位協定は，この規定も継承している。

【展開講義　34】 ジラード事件（相馬ケ原事件）（前橋地判昭32・11・19）
　在日米陸軍が演習を実施中，武器の警備についていた米軍兵のジラード被告が，薬きょう拾いをしていた一農婦に空薬きょうを発射して殺害した事件である。米軍当局は，被告の行為を公務遂行中の行為に該当するとし，本来は米国に第一次裁判権が認められるのであるが，これを行使しないとした。これに対して，わが国は，被告の行為を公務遂行中の行為とは認めず，したがって，わが国に第一次の裁判管轄権があると主張した。
　米国が裁判権を行使しない旨通告しているので，日米両国のいずれが裁判管轄権を有するか否かを判断する必要はなくなったものの，判決は，次のように指摘している。「本件が公務に従事している時間中にその場所で発生したものであることはこれを認め得ても，上官の命令による軽機関銃などの警備という公務の遂行とは直接的に何の関係もなく，従って公務遂行の過程に犯された行為でないことは判示認定の事実によっておのずから諒解すべきである。」

11 国家責任

━━━━━━━━━━◆ 導入対話 ◆━━━━━━━━━━

学生：国家責任という用語は，国内法にも存在するようですが。

教師：その通りです。国家が違法に国民の権利を侵害したときに，国内法上負う責任で，わが国では国家賠償法に規定があり，たとえば，国立大学附属病院の医師の医療過誤について，国の賠償責任が認められた例がこれにあたります。国際法でいう国家責任は，もちろんこれとは異なるもので，国家が，国際法上の義務違反に対して，国際法上負う責任のことをいいます。

学生：具体的にはどのような事例がありますか。

教師：伝統的な国家責任法は，国際判例の集積によって形成されてきました。その多くは，在留国が外国人に違法に損害を与えた場合に，本国が外交的保護権を行使して国家責任を追求するというものです。ですから，第二次大戦後に国家責任に関する条約を法典化する作業が国連国際法委員会で始められたときも，当初は，外交的保護に関する問題に限定されていました。

学生：国際法委員会の法典化作業は，その後，どのような経緯をたどっていますか。

教師：外交的保護権の問題に限るという形式はとらず，広く国家が国際関係において負う国際法上の義務の違反・不履行を前提として，その事後救済のための手続を体系化しようとしてきました。1969年の第一次報告以降，こうした方針に基づいた作業が進められています。

学生：国際法委員会の草案では，どのようなときに国家は責任を負うとしているのでしょうか。

教師：国際法上の義務の違反または不履行に該当する作為や不作為があること，そして，そうした作為や不作為の行為者が，公務員の身分を有している等の特別な関係を国家と有していることから，その法的結果が国家自身の作為や不作為とみなされることが必要とされます。

学生：被害が生じても，行為が違法でなければ責任を負わなくてもよいわけですか。

教師：国際法上禁止されていない行為ではあるものの，重大な損失や危険性を伴う行為について，国際法委員会は，国家責任に関する条約とは別個の条約を作成する作業に取り組んでいます。原子力損害，宇宙損害等，高度の危険性を内蔵する活動から生ずる第三者損害については，個別の多数国間条約で国家の責

任を定めてきましたが，その一般条約化を図るものです。とくに，環境問題との関係で，緊急に必要とされる分野になっているといえるでしょう。

11.1 国家責任の法的性質

　国家が国際法に違反する行為を行った場合に，国際法上負うべき責任を国家責任という。近代国家の国内法は，違法行為によって生ずる責任を，民事責任（債務不履行・不法行為）と刑事責任に分類しているが，伝統的国際法における国家責任は，これらのうち民事責任に類するものとして扱われてきた。たとえば，国際法上の国家責任制度の目的は，喪失した被害国自身の利益の回復を第一義的な目的とし，国際社会全体の一般的法益侵害の防止・抑圧を目的とするものではない。というのは，国際社会においては，国際社会の一般的利益なるものの存在が十分に認識されてこなかったからである。国家自身の利益回復のために提起される訴訟の手続も，民事訴訟法に類似するものであり，国家の提訴を待って初めて開始される。国内社会における刑事責任の追求のような公訴手続は国際社会には存在しなかった。

　しかし，国際法委員会が作成した，1996年の国家責任暫定条文草案は，国家の国際犯罪という概念を導入した。いわば刑事責任の追及という要素を国家責任法に導入しようと試みたのである。暫定草案は，国際違法行為を国際犯罪と国際不法行為に分類した。国際犯罪は，国際社会の基本的な利益の保護のために不可欠な義務の重大な違反から生じ，国際社会によって犯罪であると認められる国際違法行為をいうとし，その例として，侵略，武力による植民地支配，奴隷制度，集団殺害，人種隔離政策，大気・海洋の大量汚染等を挙げている（暫定草案19条）。国際不法行為は，国際犯罪以外の通常の国際法違反行為である。ただし，国家の国際犯罪という概念の導入については，そこで前提とされている「国際社会の基本的利益」が，国内社会と同じような意味で成熟していないのではないか，すなわち，国際社会において国内社会におけるような刑事責任の追及を求めるだけの社会的要請は存在しないのではないかとの批判がある。そもそも国際犯罪の認定も，一次的には被害国に委ねられている。

　かくして2001年8月9日に委員会が採択した最終草案は，暫定草案19条を削

除した。国家実行が欠如していること，認定権者が不明であること，法的効果が不明であること等を理由とする対立が解消しなかったためである。「犯罪」という表現は回避され，「一般国際法の強行規範の下で生ずる義務の重大な違反」とその効果についての規定のみがおかれている（最終草案40・41条）。

11.2 国際違法行為の存在（客観的要因）

国家責任は，客観的要因と主体的要因の存在によって発生する。

客観的要因とは，国際法上の義務の違反または不履行に該当するような国家の作為・不作為が存在することである。たとえば，条約の不履行，領域主権の侵害，違法な武力行使，外国人の生命・財産に対する侵害などがこれにあたる。

11.3 行為の国家への帰属（主体的要因）

主体的要因とは，実際の行為者と国家の間に特別の連携関係があり，その行為の法的結果が国家自身の作為・不作為とみなされることをいう。国家機関の行為は，当然に当該国家の行為となる。したがって，国家機関による国際法違反の行為は，国家責任の主体的な要件をみたす。国家機関の権限外の行為および私人の行った行為であっても国家責任が発生することがある。

(1) 国家機関の行為

(a) 行政機関の行為　何が国家機関の行為に該当するかが問題となる。外国からすれば，ある国がいかなる国内制度を有しているかは無関係だから，国家責任の発生に関して国家機関の種類は問わない。中央政府であろうが地方公共団体であろうが，当該国家の行為とみなされる。ただし，地方公共団体の行為が国家機関の行為とみなされるのは，当該地方公共団体が国の権力行使を認められ，その資格で行った行為の場合である。たとえば，税の徴収等，国内法に基づいて，公権力の一部を委任されて行使する場合がこれにあたる。

(b) 立法機関の行為　立法機関が，国際約束に違反して，国内法令を制定して外国人に特別の関税を課したり（作為），国際法上の義務の実施に必要な立法措置をとらない場合（不作為）に，国家責任が問われ得る。他国の法益を直接侵害する内容の法律については，その制定および公布のみで国家責任が発生する。こうした法令を実際に適用するかどうかは責任発生とは無関係である。外国人の生命・財産を害する内容の法律等のように，他国の法益を直接侵害する国内法でない場合はどうか。この場合には，当該国内法の適用によって具体

的な損害が発生することを必要とするか否かで見解が対立している。

(c) 司法機関の行為　　国家責任の発生に関して,「司法権の独立」は抗弁とはならない。外国人に対する国内裁判所への出訴権の否認,外国人であるための裁判手続の不当な遅延または異例なほどの急速な処理,外国人に対する裁判官の偏見が左右した判決,外国人に有利な判決の執行拒否などの司法機関の行為（裁判拒否）は,国家の行為とみなされる。

(2) 国家機関の権限外の行為

国家機関の権限外の行為が,全くの私人としての行為に該当するのであれば,(3)として扱われる。国家機関としての立場で行動しながら,その権限を逸脱したり,命令に従わずに行った行為（ultra vires acts：権限踰越の行為）の場合はどうか。その場合には,権限外の行為か否かの判断は外観上不可能であるから,相手方を保護する必要から,国家行為とみなされる（外観主義）。たとえば,軍隊の構成員が行った行為は,たとえ命令違反の殺害・略奪等であっても,すべて国家機関の行為とみなされる。軍隊構成員が権限外の行為を行った場合に国家の責任を認める実定法上の具体化として挙げられるのは,陸戦の法規慣例に関する条約（1907年）3条,捕虜の待遇に関するジュネーブ条約（1949年）12条1項,文民保護条約（1949年）29条,ジュネーブ諸条約（1977年）第一追加議定書91条等である。

(3) 私人の行為

私人の行為は原則として国家に帰属しない。したがって,通常は国家責任を発生せしめない。しかし,私人が外国人の身体・財産等に侵害行為を行った場合,国家機関がそうした行為の発生を防止したり排除する（主として警察による行政的措置）ために相当な注意を欠いた場合,国家は当該不作為に基づいて責任を負う（防止義務違反）。また,侵害が発生した後に,侵害された権利・利益を救済するための措置（主として裁判所による司法的措置）を怠ったときにも,同様に,国家は当該不作為に基づく責任を負う（救済義務違反）。こうした国家責任の発生は,私人の行為が国家に帰属することによって生じるのではなく,私人の行為を契機としてもたらされた国家機関の不作為によるのである。

私人の行為を契機として国家責任が発生するのは何故か。それは,国家が一定領域に対して領域主権を有するためである。ある国家の領域内において,外

国が，自国または自国民の権利保護のために権力行為を行うことは許されない（第Ⅲ部第6章1.2参照）。そうした保護は，当該領域に主権を有する国家（領域国）に委ねざるを得ない。そうしたことから，国際法は，外国人の生命・財産の保護に関して，上述した防止義務や救済義務のような一定の保護義務を領域国に課している。領域主権に基づく義務から生ずる責任であるから，侵害行為を行った私人の国籍は問題とならない。第三国（C国）からすれば，自国民（C国民）が外国たるA国領域内でB国国民に被害を及ぼしても，C国が国家責任を負うことはない。

　私人が，国家に代わって行動する場合や，事実上国家機関として行動するときは，当該行為は国家の行為とみなされる。たとえば，義勇兵やスパイとして行動するとき，あるいは，動乱や災害等により当局が不在の状況で事実上国家機関として行動するとき等である。

(4) 反乱団体の行為

　革命や内乱などにおいて，反乱団体が行った行為については，原則として国家は責任を負わない。もっとも，私人の行為と同様に，領域国の国家機関が反乱の防止・鎮圧にあたり相当の注意を払わなかったときには，国家責任が生ずることもある。反乱団体が，当該国家の新政府となったときや，領域の一部に新国家を成立させたときには，当該反乱団体の行為は，その行為が行われた時点に遡って新国家（新政府）の行為とみなされる（最終草案10条）。

　私人や反乱団体の行為を契機として国家責任が問題となるときには，国家にどの程度の注意義務が課されるのかが問題となる。一つは，国際標準主義で，国家は一定の国際的な基準に従って外国人に保護を与えるべきであるとする。もう一つは，国内標準主義で，国家は外国人に対して自国民と同等の保護を与えれば十分であるとする。先進諸国は，前者を主張するが，開発途上国などは後者の基準を主張している。

【展開講義　35】　在テヘラン米国大使館占拠事件（ICJ判決1980. 5. 24）

　　1979年1月，イランのパーレビ国王は，国内の反体制運動が激しくなるなかで国外に逃亡した。同年10月，米国が病気治療を理由に国王の入国を認めたため，イランは国王の身柄の引渡しを米国に要求した。米国はこれを拒否した。イラン

と米国の緊張関係が高まるなか，11月4日，デモ集団がテヘランの米国大使館を襲撃し，外交職員を人質として同大使館を占拠した。直後に，2カ所の領事館も占拠した。米国は人質の即時解放等を求めて国際司法裁判所へ提訴した。裁判所は次のように述べた。まず，学生たちが大使館を襲撃したとき，彼らはイランの公務員としての地位を有していなかった。したがって，大使館を襲撃し，その居住者を人質として捕らえることがイランに帰属するものとみなすことはできない。しかし，イランは，外交官を相応な敬意をもって待遇し，かつ，外交官の身体，自由または尊厳に対する侵害を防止するためあらゆる適当な措置をとらなければならない接受国の義務を怠った。合衆国使節団の公館，職員および公文書を保護するためいかなる適当な措置もまったくとらず，この襲撃を阻止するため，または襲撃が完了する前にやめさせるためにいかなる措置もとらなかった。裁判所の認定するところによれば，イラン政府が上記の措置をとることを怠った原因は，単なる不注意または適当な手段の欠如によるものではなかった。それどころか，イランは，米国が前国王を裁判のために引き渡し，その財産をイランに返すまで，大使館の占拠とその居住者を人質として抑留し続けると発表した。この発表は，大使館の占拠とその外交職員および領事機関職員の抑留によって引き起こされた事態の法的性質を根本的に変質させた。イランのこの決定は，大使館の占拠および人質の抑留の継続を国家の行為に変質させた。襲撃して人質行為を継続している学生たちは，今やイランの公務員になったのであり，国家自身がその行為について国際的に責任を負うことになったのである。

11.4　過失責任主義と無過失責任原則

　国家責任の発生要件について長い間通説であったのは，過失責任主義であった。過失責任主義によれば，国家責任が発生するためには，上記の二要件に加えて，独立した第三の要件として国家の側に故意・過失を必要とする。「過失のない者は本質上なにものにも拘束されない」というローマ法の原則に依拠して，国際関係においても，国家は自己の過失なくして損害賠償その他の責任を負わないとしたのである。

　しかし，国家責任における過失責任概念は曖昧で，過失の認定も困難であることから，被害者の保護は十分なされ得ない。こうした理由から，故意・過失を国家責任発生のための独立の要件としない客観責任主義が唱えられるように

なった。客観責任主義によれば，国家責任は，国家に帰属する国際法違反の存在という要件のみで発生する。故意・過失という主観的要素は，国際義務違反という概念に包摂され，国家責任発生の独立した要素とはみなさないのである。国際法委員会の国家責任条文草案は，客観責任主義を採用している（最終草案2条）。実際に，合議制をとる立法機関が，国際法違反の国内法を制定する立法過程において過失があったことを認定することや，司法機関による裁判拒否に関して，裁判官の過失を問題とすることは困難である。司法機関についていえば，手続・判決が一定の国際法的基準を満たしているかどうか，客観的基準に基づいて国家責任の有無を決定するしかない。

　無過失責任原則とは，責任の発生要件として，国際違法行為も過失の存在も必要とせず，原因行為と損害との間に相当因果関係が立証されるだけで国家責任が発生するという考え方である。加害国が損害の発生防止のために，どれだけの予防措置を行っていたかは関係ない。航空機事故，原子力活動，宇宙活動等，高度の科学技術の発展により実用可能となった特定の活動が，第三者に重大な損害を発生させる危険性があることから，そうした損害を有効に救済するため，一定の条約で採用されるようになった原則である。これらの条約で採用されている無過失責任原則は，国家が負う賠償責任への関与の態様に応じて三種類に類型化される。

　第1は，国家の専属責任型と呼ばれる。原因行為の実施主体の如何を問わず，発生した損害賠償責任は，活動の許可・監督を行う国に直接に集中するというものである。宇宙物体により生じた第三者損害について採用されている（宇宙損害賠償責任条約（1972年））。

　第2は，混合責任型と呼ばれる。原子力施設（原子力船運航者責任ブラッセル条約（1962年））や原子力船の事故により生じた第三者損害に関する条約（原子力民事責任ウィーン条約（1963年），核物質海上輸送責任条約（1971年））で採用されている。第一次的には，運用管理者が民事責任を負うが，条約所定の責任限度額のうち，その負担能力を超える損害額については，当該施設や事業を許可した国に引き受け義務を課すものである。

　第3は，民事責任型と呼ばれる。航空機損害（外国航空機の地表上第三者損害ローマ条約（1952年））や海洋における油汚染損害（油汚染損害民事責任ブラッセ

ル条約（1969年））に関する条約で採用されている。事業者等の運用管理者は，無過失・有限の損害賠償責任を負い，その履行を確実にするため責任限度額の範囲内で保険その他の金銭上の保証の設定・維持を義務づけられる。国家は，証明書の発給，裁判権の設定等，こうした民事責任の履行に必要な国内法上の措置をとる義務を負うが，損害賠償責任そのものに直接関与することはない。

【展開講義　36】　危険責任主義

　無過失責任原則を根拠づける理由の一つである。すなわち，国際社会に対して高度な危険を創出するような活動を行う国家，またはそうした活動を行うことを企業に許可した国家は，そこから生ずる第三者に対する損害に関して，無過失の場合であったとしても，また，国際法に違反する行為が存在しなくとも責任を負わなければならないとする考え方である。科学技術の発達によって新たに行われるようになった危険な活動により大規模な損害がもたらされる一方で，被害者が加害者の過失を立証することは困難であるし，また，このような活動が行われる領域を管理する国家の責任を追及するにしても，国家に要求される注意義務の基準が常に明確になっているわけでもない。かくして，国家のみならず，企業が危険な活動を行ったことで第三者に損害が生じたとき，本来であれば当該企業が責任を負うべきであったとしても，莫大な賠償支払能力を企業に期待できないような活動，たとえば原子力発電や宇宙開発に伴う損害賠償の発生については，危険責任主義に基づいて，国家にも責任を求めることが妥当であると判断されたのである。

11.5　違法性阻却事由

原因事実との因果関係からすれば，国際違法行為の責任帰属関係が成立するにも拘らず，例外的にその違法性が排除されて，国家責任が免除されることがある。その事由を違法性阻却事由という。国際法委員会最終草案は，6つの事由を挙げている（20条―25条）。

相手国の責に帰すべき事由として，①相手国の同意がある場合（20条），②自衛（21条，自衛権については第Ⅳ部第11章6参照），③国際違法行為に対する対抗措置（22条）がある（対抗措置については下記11.6参照）。

相手国または国際違法行為を行なう国のいずれの責にも帰せられない一定の

外部的事由として，④不可抗力または予測不能の外部事情（23条），⑤遭難（24条），⑥緊急状態（25条）がある。

①同意の事例には，外国軍隊の駐留の同意，自国船舶の麻薬不正取引に対する外国による臨検の許可などがある。同意は有効かつ明示的であることが必要で，単なる推定的同意は違法性阻却事由として認められない。なお，事後の同意は違法性阻却の問題ではなく，責任追及の放棄となる。

④不可抗力または予測不能の外的状況は，意図的でない（義務違反の了知が事実上不可能な）国家の国際法違反行為を正当化するために援用される事由で，以下の三要件，すなわち，(a)問題の行為が，抗しがたい力または予測できない事態に基づくこと。(b)その事態が国家の制御能力を超えること。(c)その事態が義務の履行を実質的に不可能とすることが必要である。特に，(c)の要件は厳格に解され，義務の履行が単に「より困難または厄介」であるというのではなく，「絶対的かつ実質的に不可能」たることを要する。

国家が制御できない状況または予見し得ない出来事には，自然現象のみならず，人為的事態も含まれる。前者の例として，(i)軍用機が機体損傷や突然の霧の発生により他国領空を侵犯した場合，後者の例として，(ii)領域の一部で反乱が発生して，外国法益の保護履行が不能の場合などがある。そうした中での国家の行為で，義務の履行を実質的に不可能とするときは，当該国家の行為の違法性は阻却される。ただし，不可抗力を援用する国家が，国際義務の履行を不可能とするような外的事態の発生に寄与したとき，または発生する事態の危険を引き起こしたときは，違法性は阻却されない。

⑤国家の行為を行う者が，自己またはその保護に委ねられた者の生命を救うために国際義務に反する行為を行うとき，遭難として当該行為の違法性が阻却される。軍用等，国の航空機が衝突回避のため止むを得ず他国領空を侵犯する場合がこれにあたる。違法行為を行う意図がないとはいえない点で不可抗力と相違する。なお，遭難を援用する国家が事態の発生に寄与したとき，または行為を行うことで，より大きな危難をもたらす可能性があるとき，違法性は阻却されない。

⑥緊急状態は，国家が重大かつ切迫した危険から，自国の基本的利益を保護するためにやむを得ず国際義務違反の行動をとらざるを得ない状況をいう。侵

害を受ける外国は，違法行為を先行させているわけではない点で，自衛および対抗措置と異なる。また，行為を行なう国に，義務違反の認識（意図）がある点で，不可抗力と異なる。条文は，この事由の援用に消極的で，以下の四要件を必要としている。すなわち，①国家の不可欠の利益を擁護するためであること，②当該利益は重大かつ急迫した危険にさらされていること，③対処する行動が唯一の手段であり，他の方法がないこと，④行為が相手国または国際社会全体の不可欠の利益の重大な侵害を構成しないこと（25条）である。行動する国が緊急状態の発生に寄与したときは，緊急状態を援用することができない。

緊急状態は，以前は国家の基本的権利として説かれた「自己保存権」の一部を為すものと解されたが，存否の認定が国家の主観的判断に左右されることから，緊急状態を認めることについて学説上異論がある。また，相手国の違法行為を前提としないので，武力干渉の濫用を是認しかねないとの懸念も指摘されている。国際判例上も十分確定した原則になってはいるとはいえない。

トリー・キャニオン号事件（312頁参照）において，英国は，沿岸沖の公海上での外国船舶の座礁によって生じた重大かつ急迫した油汚染から自国の利益を保護するために公海上の当該船舶を爆撃した。爆撃について，船舶の旗国は抗議していない。国際法委員会は，仮に船舶の所有者が船舶を放棄せずその破壊に反対したとしても，英国の行為は緊急状態を根拠に合法とされたであろうと指摘した。サイガ号事件（国際海洋法裁判所，1999年）では，排他的経済水域への沿岸国ギニアの関税法の適用および船舶の拿捕が，緊急状態を根拠に違法性を阻却できるか否かが争点となった。裁判所は，ギニアの本質的利益が重大かつ切迫した危険にさらされている証拠がないこと，漁船への軽油販売から得られるギニアの税収入の最大化がギニアにとって如何に重大であるにせよ，その利益を保護する唯一の手段が関税法の排他的経済水域への拡大とはいえないことなどを理由として，緊急状態の援用を認めなかった。

なお，違法性阻却事由は，国際法の強行規範の下で生ずる義務に合致しない国家の行為の違法性を阻却することにはならない（26条）。例えば，侵略に該当する軍事的侵入等の同意などがこれにあたる。強行規範は二国間の関係だけを規律するものではなく，その遵守の義務は特定国間の合意により排除されるべきものではないからである。

違法性阻却事由の援用にあたっては，以下の条件ないし制限がある。①事由の立証責任はこれを援用する側の国家にある。②違法性阻却事由が存在しなくなったら履行義務は回復する（27条 a 号）。③違法性阻却事由を援用する側の国家に補償義務が発生する場合がある（27条 b 号）。

11.6 対抗措置とその問題点

対抗措置は，他国の国際法違反に対する反応で，他国の責に帰すべき国際違法行為に対して執られる措置である。報復は他国の違法行為を前提としない点で対抗措置と異なる。被侵害国は，当該国際違法行為に責任を有する国に対して違法行為の中止と賠償の義務の遵守を促すために対抗措置を執ることができ，国家責任条文49—54条の手続的条件に従う限りでその違法性が阻却される（22条）。沿革的には自助の一手段としての復仇に基礎を置く制度であるが，第二次大戦後の国連体制で武力復仇は認められず（友好関係原則宣言Ⅰ原則1，6），対抗措置として再構成されたものである。

対抗措置の目的は，もっぱら関連の国際違法行為の停止や賠償を促すことであり，可能な限り，責任を有する国が関連義務を再履行できるような方法で行われなければならない（49条1項・3項）。

侵害を受けた国以外の国であっても，違反された義務が当該国を含む国の集団に対して侵害国が負う義務であって，かつその集団の集団的利益を保護するために設けられたものであるとき，対抗措置を援用できる（48条1項 a 号，54条）。国際社会全体に対して負う義務の違反については，その直接の被害国のみならず，被害国以外の如何なる国も，違法行為の停止，再発防止の保証，直接の被害者のための賠償義務の履行を請求できる（48条1項 b 号，同2項，54条）。

対抗措置は，次の義務，すなわち，国連憲章上の武力による威嚇または行使を慎む義務，基本的人権保護義務，復仇を禁止する人道的性質の義務，一般国際法上の強行規範に基づくその他の義務に影響を及ぼしてはならない（50条1項）。また，対抗措置を執る国と責任を負う国との間に利用可能なあらゆる紛争解決手続に基づく義務，および外交および領事関係で認められる不可侵を尊重する義務を免れない（50条2項）。1項は，その性質上対抗措置の対象とはできない事項を規定し，2項は，義務の実体的性質に関わる制約ではなく，紛

争解決のための手続維持に関わる義務である。

　対抗措置は，相手国の違法行為によって被る損害と均衡するものでなければならない（51条，ガブチコボ・ナジュマロス計画事件参照）。被害国の執る措置は過大な懲罰的目的を有するものであってはならない。ただし，対抗措置として異種領域の措置を執ることは可能である。例えば，相手国の違反の結果としての条約の終了・運用停止（条約法条約60条）を行うことなどである（ただし，対ニカラグア事件でICJは，他国に対する違法な武器供与に対して，第三国は武力行使を伴う対抗措置をとることはできないとした）。したがって，単純に量的比較による均衡性の判断を許さない特性を内包しており，判断に困難を伴う。

　なお，均衡性の判断のみならず，対抗措置を執る前提である違法行為の存在自体の認定も国家の主観的判断に委ねられる。さらに，対抗措置は自力救済に他ならないから，場合によっては対抗措置によって紛争が悪化する可能性がある。したがって，今後の課題は，如何にして濫用を抑止すべきかということになろう。

【展開講義　37】ガブチコボ・ナジュマロス計画事件（ICJ判決1997. 9. 25）
　本件はダニューブ川に関するハンガリーとスロヴァキア（紛争発生時はチェコスロバキア）の紛争である。1977年に両国は国境を形成するダニューブ川流域に水力発電所とダムを共同で建設することに合意する条約を締結した。しかし，その後，ハンガリーは主として生態系保存を理由として，条約を一方的に終了させた。ハンガリーは，条約不履行を正当化するために緊急状態を援用した。スロヴァキアは対抗措置として川の水を一方的に転流してダムを建設した。交渉で解決できなかった両国はICJに事件を付託した。

　ICJは対抗措置発動の三要件，①相手国の先行違法行為の存在，②被害国による違法行為の中止要請と賠償請求の提起，③侵害との均衡性に言及した後，対抗措置として執られたスロヴァキアによる水資源の一方的管理は，ハンガリーが有する川の天然資源の衡平かつ合理的な配分に対する権利の奪取にあたり，均衡性の要件を充たさず認められないと判断した。他方で，ICJはハンガリーの援用した緊急状態も認めなかった。両国には誠実に交渉する義務を課し，77年条約の目的を達成するために必要なあらゆる手段をとるよう命じた。

11.7　国家責任の解除

　国家責任が発生したとき，責任を負う国家は法益を侵害された国家に対し，①原状回復（同35条），②金銭賠償（同36条），③外形的行為による賠償（同37条）といった方法によって，またはこれらのいずれかを組み合わせて被害国に対して事後的に救済を与えなければならない（同34条）。原状回復は，賠償方法の基本であるが，困難である場合が多く，金銭賠償が一般的である。金銭賠償の範囲は，直接損害だけでなく，原因行為との間に相当因果関係のあるすべての間接損害も含まれる。

　外形的行為による賠償とは，国家の名誉を侵害する行為であったり，領空侵犯の場合のように，非有形的な損害に対して行われる。最終草案37条2項は，違反の自認，遺憾の意の表明，公式の陳謝を例として挙げているが，その他の適当な方式によることも認めている。たとえば，被害国の国旗に対する敬礼，再発防止保証，関係者の処罰，国際違法行為の存在を確認する国際裁判所の宣言的判決，国際組織による非難決議等がそれにあたる。

第4章　国際組織

1　国際組織の意義と類型

───── ◆　導入対話　◆ ─────

学生：国際組織に似た言葉として国際機構や国際機関といったものがありますが，どう違うのでしょう。

教師：international organizations の訳である限り，同じです。国際法のテキストでは，国際組織というのが最も一般的な訳です。機関というのは，事務局等，組織の内部機関を指すのが普通ですが，国際労働機関（ILO）や世界保健機関（WHO）等のように，国際組織と同じ意味で使われていることもあります。とくに，わが国が当事国となった条約の公定訳には多いようです。

学生：世界政府（連邦）と国際組織とは違うものですか。

教師：違います。国際組織は，国家の上位に存在するものではありません。主権国家を前提として，そうした主権国家が意見を交換し，調整する場を提供するのが国際組織の主たる機能であるのに対して，世界政府は，立法，行政，司法にわたる実質的権能を掌握し，個人が，国家の枠を越えて，このような機構の政治的運営に直接参画し，世界法の直接の適用の下に立つというものです。

学生：国家がなくなるのですか。

教師：個々の世界政府構想によって異なりますから，必ずしもそうとはいえません。国家の独自性の程度は，作られるべき世界政府の機構とその下での法秩序に依存します。

学生：いずれにせよ，国家の存在意義が少なくなるわけですから，国家間の戦争もなくなり，平和が維持され，ひいては福祉の向上にも役立ちますね。

教師：そうした想像は可能です。しかし，世界政府のあり方によっては，戦争がなくなること以上に恐ろしいことになるかもしれません。

学生：どういうことですか。

教師：たとえば，かつて田中美知太郎先生は，世界政府は専制政府たらざるを得

ないと指摘されました。世界政府が統一的な管理を志向する以上，この指摘は正当です。「世界政府の決定」の名の下に，個々の人間集団が持つ多元性が無視されかねず，人間存在にとって本質的な何物かを切り捨ててしまうからです。ですから，問題は，個々の民族が持つ独自の文化的価値観をいかに維持しつつ主権国家の持つエネルギーを「社会化」できるかということになります。強力な世界政府を作り，力ずくで国家間の戦争をなくそうとするには，人間のロボトミー化が必要でしょう。田中先生の危惧はそこにあったんじゃないかと思います。

学生：でも，やってみないとわかりませんよね。本当に世界政府が専制たらざるを得ないかどうか。

教師：政治に実験は禁物です。下手をすると多くの生命が意味もなく失われるかもしれませんから。ちょうど，ヨーロッパの統合が，紆余曲折をたどりながら，いわば螺旋形的ともいうべき過程を経ることによって，徐々に進んでいるのが良い例です。急速な統合は各国の離反を招き，たちどころに崩壊を招きかねません。現代に生きるわれわれにとって，国家への帰属意識の方が，「人類」としての意識よりも強いのですから，こうした現実の中から，まず共通の目的を達成するために効率的な国際組織を創造して協力関係を構築していくことが必要です。国際社会の組織化は，一国では効率的に行えない業務を協力して行うことに価値を見出したことから始まりました。19世紀後半のことです。ですから，問題は，組織化をもたらし得る価値を認識し，それを諸国に知らしめ，諸国の同意するような方法で，その価値を実現していくための制度や装置をどれだけ提供できるかということになります。

1.1　国際組織の意義

　国際組織とは，複数の国家が共通に有する目的と理念を実現するために，条約その他の国家間の合意に基づいて設立された国際的な機能的団体をいう。

　国際組織は，国際（inter-national）という名称からも明らかなように，国家間の組織，すなわち，政府間組織を意味する。したがって，国際組織は，国際民間団体（Non-Governmental Organizations, NGO，非政府団体）とは異なる。国際民間団体は，国際組織と同じく，国際的規模で活動するが，国内法に基づき設立された民間レベルの団体が，国外の同種の団体との合意に基づいて設立し

たものである。赤十字連盟，万国議員同盟，国際商業会議所，世界労連などがそれで，最近における増加と抬頭はめざましいものがあり，国連も，経済的・社会的・文化的活動の面で，国際民間団体の存在と機能を考慮に入れ，自らの活動に反映させるために一定の関係をもつこととした（国連憲章71条）。

国際組織は，戦争の防止や国際強力の推進など，一定の機能的目的を達成することを意図して設立される。したがって，領域と国民を基礎に構成される権力的組織団体たる国家が，国際法の禁止しない限り無限定ともいえる機能を遂行し得るのに対して，国際組織の場合は，設立基本文書に掲げられた目的を達成するのに必要な限度で，組織の構成や機関の権限と責任が確定される。

国際組織は，国家間の相反する利益の調和を目的として設立されるものではない。個々の国家では十分遂行できない一定の共通目的を，より有効に達成するために設立される。そのため，構成国家の主権を前提とし，それに規律・制限を加えつつ，団体としての独自の存在と機能を獲得し，維持する。

1.2 国際組織の類型

今日の国際組織は，質的にも量的にも多岐にわたるが，いくつかの観点から分類できる。第1は，活動目的による分類で，設立の目的が，すべての国際協力の分野と国際紛争の解決を含めて包括的かつ総合的な政治的・総合的国際組織（国際連合，米州機構等）と，設立目的が特殊な分野に限定される行政的・専門的国際組織（専門機関等）とがある。第2に，構成国の規模の観点からの分類で，大多数の国を構成国とする一般的国際組織（国連，専門機関等）と，地域的に限定された地域的国際組織（欧州連合，米州機構，北大西洋条約機構等）とに分類される。

2　国際組織の歴史

国際組織が誕生するためには，国際組織を必要とする条件が整わなければならない。まず，国際社会において，組織的活動を可能ならしめるような社会情勢または客観的な状況がなければならない。すなわち，国家間に，生活に密着した経済的・社会的・文化的分野における交流があり，組織的関係を維持するに足る社会的基盤が存在することである。他方，国家の側で，組織を必要とす

るとの主観的認識が存在することも必要である。国際組織は，自然発生的に生じるものではなく，意図的かつ目的的に設けられるものである。組織的関係を不可欠なものとし，自らの主権に対する組織からの規制を受け入れるに足るだけの認識が国家に備わらなければ，国際組織が設立されることはない。

　以上の条件を充足しつつ，国際組織が形成されるのは，国際関係が緊密になり，国際社会における共同生活の必要性が生ずる19世紀後半のことである。近代初期の国際社会においては，一般的・継続的な国際交流はみられなかった。国際関係も君主間の関係にすぎなかった。国際関係の緊密化をヨーロッパにもたらしたのは，18世紀後半から19世紀にかけて生起した市民革命および産業革命であった。両革命は，国境を越えた人と物の移動を活発化させ，ひいては通商・交通関係の緊密化をもたらした。こうした現象は，多数国間で共通の規則を設定し，継続的な処理を行う必要性をもたらしたのである。

　こうして，19世紀後半に至って，郵便，著作権，工業所有権等のような，国際的に展開される経済的社会的生活分野において，国際的なレベルでの統一的・継続的な問題処理が必要とされるようになった。かくして登場したのが，国際電信連合（1865年，後に国際電気通信連合），一般郵便連合（1874年，後に万国郵便連合），国際度量衡連合（1875年），国際工業所有権保護同盟（1883年），国際著作権保護同盟（1886年），国際鉄道輸送連合（1890年）などの国際行政連合（International Administrative Unions）である。これらの行政連合は，条約に基づき国際事務局を設け，定期的に国際会議を開催して，各国の組織的協力を通して特定の問題を処理しようとした。その意味で，単なる外交会議とは異なる。外交会議は，参加国が会議ごとに異なり，定期的に審議することもなく，会議と会議の間を繋ぐ事務局も存在しないからである。しかし，これらの国際行政連合は，機関としては事務局しか持たず，行政連合自体に実質的決定権はないため，独立した組織体としての存在と活動を期待することはできなかった。それでも，20世紀に本格的に活躍することになる国際組織の萌芽的存在であったとはいえる。

　国際行政連合の登場に象徴されるように，国際社会の組織化の萌芽は，社会生活に密着した経済・社会・文化の面に現れた。平和維持に関する国際組織，すなわち政治的国際組織の登場は，権力的・政治的要素が強く反映するために，

遅れざるを得なかった。国際社会において，国際平和の維持を主目的とする最初の国際組織は，1920年に設立された国際連盟であった。第一次大戦中の連合国間における戦時協力を基礎に創設された国際連盟は，世界の大部分の独立国を構成国とし，しかも，未熟とはいえ，初めて集団安全保障体制を制度化したものであった。国際連盟は，実質的な問題について意思決定の権限を有し，独自の機関と手続規則を持つ最初の本格的国際組織でもあった。機関としては，全加盟国からなる総会と少数の加盟国で構成される理事会，そして事務局を有していた。国際連盟は，平和維持を主目的としながら，経済・社会・文化の分野における組織的協力をも目的とした一般的包括的組織でもあった。しかし，米国は設立当初から一貫して加盟国であったことはなく，日本・ドイツは1933年に，イタリアは1937年にそれぞれ脱退したこと，ソ連の加盟は，ドイツ脱退を受けた翌年の1934年以降でしかなかったことなどから，国際組織としての普遍性の面で必ずしも十分とはいえなかった。なお，国際連盟の設立と同時に，真の常設的かつ高度の司法組織として常設国際司法裁判所が成立し，また，労働問題を検討する組織として国際労働機関が発足した（1920年）。

　第二次大戦後になると，国際連盟での経験を生かした新たな組織たる国際連合が誕生した。国際連合は，集団的安全保障体制による平和の維持と，基本的人権の尊重を含む国際協力とを二大目的とする包括的一般的国際組織であり，その機能においても構造においても，かつてないほど強力かつ高度な組織となった。また，国際連合と関連を持ちながら，経済・社会・文化・交通・通信等の国際協力の分野において，機能的目的を達成することを任務とする多くの国際組織が成立した。これらのうち，専門機関はその中心をなす。さらに，地域主義の考え方から，多くの地域的国際組織が成立した。これらの中には，今日の欧州連合のように，従来の国際組織の枠を乗り越えて，統合を目指す超国家的ともいうべき特徴を備えているものもある。

3　国際組織の権利能力

3.1　国際法上の権利能力

　国際組織の権利能力には，国際法上の権利能力と加盟国の国内法上の権利能

力とがある。国際法上の権利能力とは，条約締結権・損害賠償に関する国際請求権・職員の保護権・国際責任・特権免除・出訴権等，国際法上取得した一定の権利義務をいう。

(1) 条約締結権

国際組織が条約締結権を有するか否かは，各国際組織の設立基本条約またはその内部規則の規定によるか，国際組織の任務の効果的遂行に必要であると合理的に推論される（必要な推論）か否かによる。

設立基本条約で明示的に認められている例として挙げられるのは，国連憲章43条・63条・75条・105条3項，欧州共同体条約310条等である。

設立基本条約に明文の規定がない場合であっても，実行上，条約を締結する例は多い。国連の場合でいえば，国際連盟の資産と任務を継承するための諸協定（1949年），国連本部協定（1947年に米国と締結），平和維持活動に関する協定等がある。この場合の根拠は，国際組織の任務の効果的遂行のために必要とされるか否かである。いずれにせよ，国家の条約締結権が，国際法によって禁止されない限り，原則として対象を制限されないのに対して，国際組織の条約締結権は限定的である。また，任務の効果的遂行という基準自体はあいまいであり，条約締結権の範囲についての明確な基準とはなり得ない。

必要な推論に基づいて条約を締結する場合，国際組織の権限を逸脱しているのではないかと争われる場合が当然出てくる。このような場合に，権限逸脱であるか否かを判断するのはだれか。国際司法裁判所が審査権を持つとするには，設立基本条約にその旨の明文の規定がなければならない。別の旨の明文の規定がある場合にはそれに従う。たとえば，欧州連合運営条約218条11項は，「構成国，欧州議会，理事会または委員会は，（連合が締結する）協定が，本条約の規定と両立するかどうかについて，あらかじめ欧州裁判所の意見を求めることができる。欧州裁判所が否定的な意見を与えた協定は」，本条約の改正等，一定の条件の下でのみしか効力を生じないとしている。

(2) 特権免除

国際組織が加盟国から不当な圧力を受けずに，独立して，かつ効果的に任務を遂行し，その目的を実現するためには，組織の財産，本部や支部，職員などに対して加盟国の管轄権（裁判権）が及ばないようにすることが必要である。

すなわち，一定の特権免除を認める必要がある。このことは，国際連盟においてすでに承認されており，国際連盟への構成国の代表者や連盟職員は，連盟の事務に従事する間，外交官と同じ特権および免除を享有し，連盟および連盟会議参列代表者の使用する建物その他の財産も不可侵とされた（国際連盟規約7条4項，5項）。

国連憲章は，加盟国領域における国連の法的能力および特権免除に関する原則を規定し（国連憲章104条，105条），さらに，国際連合の特権および免除に関する条約（以下，特権免除条約）を採択して，より明確かつ具体的に規定している。国連に認められる特権免除は，目的達成と任務遂行に必要な範囲で，すなわち，国連の活動との関連で認められるものであり，機能的に限定される。したがって，特権免除は，外交使節に認められるような一般的かつ広範なものではない。

特権免除条約の対象となるのは，国連自体，国連の諸機関および会議への各国からの代表者（顧問，専門家などを含む），国連職員である。特権免除の内容としては，裁判権の免除，本部所在地・公文書・記録の不可侵，基金・財産・資産等に対する徴発・没収・収容・課税の免除，通信の自由，加盟国の代表者および職員個人に対する特権の付与等がある。

国連に派遣される国家代表には，職務遂行中および任務のための移動期間中，より限定的ではあるが，外交使節に与えられる外交特権に類似した特権免除が認められる（特権免除条約4条）。国連職員も，特権免除を享有する。国連事務総長や次長といった上級職員は，政治的重要性を有するポストであることから，その家族も含めて，外交使節に与えられる特権免除および便益が与えられる。その他の職員には，機能的に限定された範囲で特権免除が認められる（同5条）。したがって，諜報活動や暴行事件等，職務と関係ない行動について特権免除が認められることはない。特権免除は，国際連合のための任務を行う国連職員以外の専門家にも認められる（同6条）。特権免除は，国連のための任務遂行を理由として与えられるのであるから，国籍国または居住国にいる場合でも認められる。なお，特権免除の濫用があったときには，その放棄は義務とされる。濫用がなかったときでも，権限ある国連機関により放棄され得る。放棄は個別的かつ明示的に行われなければならない（同4条14項，5条20項）。

国連本部（ニューヨーク）とヨーロッパ本部（ジュネーブ）については，本条

約だけでは律しきれない面もあるため，国連は，米国およびスイスとの間でそれぞれ協定を締結している（米国との間では国際連合とアメリカ合衆国との間の本部協定）。国連以外の国際組織については，専門機関の特権および免除に関する条約（1947年11月21日国連総会採択）がある。若干の規定を除いて，上述の特権免除条約とほぼ同じ内容である。

なお，国際司法裁判所（ハーグ）については，国際司法裁判所規程が，裁判官の特権免除について一般的に規定している（国際司法裁判所規程19条）ほか，裁判官および職員の特権免除について，裁判所長とオランダ政府との間に交換書簡が存在する（1946年6月）。また，国連第一総会での決議もある。

(3) 損害賠償に関する国際請求権および職員の保護権

国際組織は，その機関の職員に対して，国家の外交的保護権に類似した権限を行使し，組織および職員の損害の賠償に関して国際的請求権を有する。

【展開講義 38】 国際連合の職務中に被った損害に対する賠償事件
(ICJ勧告的意見1949.4.11)

1948年のパレスチナ紛争に際し，休戦監視のために国連から派遣されていた調停官ベルナドッテ伯爵らが現地で殺害された。国連は，事件について責任を問われたイスラエルに対して損害賠償を請求すべきであるとしたが，国連に請求権があるかどうか議論が分かれた。かくして，国連総会は以下の点について国際司法裁判所に意見を求めることとなった。①国連職員が任務遂行中，一定の国家が責任を有する状況で損害を被ったとき，国連は，法律上の政府であれ事実上の政府であれ，責任を有する当該政府に対して，(a)国連自身に生じた損害について，(b)被害者または犠牲者の遺族に生じた損害について賠償を得るために国際請求を行う権能を有するか。②①(b)に関する回答が肯定的であるとき，国連の行動と被害者の本国の有する外交的保護権とはいかに調和されるべきか。

①(a)について裁判所は，国連が，その職員に対して加えられた加害行為によって国連自身が被った損害に関して，責任を有する国家に対して賠償を請求する権能を有することは明らかであると肯定し，(b)については憲章中に明文の規定はないものの，国連はその任務遂行上，必要不可欠な権限が黙示的に与えられているとみなされなければならないとした。そして，国連の保護が当然のように期待されるのでなければ，国連職員が任務を十分に遂行することはできないから，国連

は本件のような場合に請求権をもつと考えられると述べた。なお，イスラエルが国連加盟国でなかった事実は①の結論に影響しない。なんとなれば国際社会は国際法に従って国連という客観的な国際法人格を有する実体を創設する権能を有していたからであると指摘した。

②について，裁判所は次のように述べた。国際組織としての国連が，その職員に加えられた損害について賠償請求を行うとき，その根拠は被害者の国籍ではなく，国連職員としての地位に基づくものである。したがって，被害者の本国が国籍に基づいて外交的保護権を行使しても国連の請求権に影響することはない。

本件における裁判所の推論は，国際労働機関（ILO）や食糧農業機関（FAO）等，他の国際組織にも適用され，国際組織の重要性を増大させてきたことは事実である。

(4) 国際裁判所への出訴権

国際組織が，国際裁判の当事者となることは，一般的には認められない。当該国際組織の設立基本文書に，その旨の明文の規定が必要である。他方で，裁判所から見た場合も，明文の規定がない限り，国際組織に訴訟当事者能力は認められない。国際司法裁判所は，係争事件の当事者能力を国のみにしか認めず，国際組織の訴訟当事者能力を否定している。国際司法裁判所が国際組織に認めるのは，勧告的意見を要請する能力だけである（国連憲章96条）。欧州裁判所は，欧州連合加盟国だけでなく，欧州連合の各機関が訴訟を提起することを認めている（欧州連合運営条約258条，259条，265条）。国際海洋法裁判所も，深海底開発をめぐる紛争について，海底機構の国際訴訟能力を認めている（国連海洋法条約187条）。

(5) 国 際 責 任

国際組織は，国際法上の義務違反に関し国際責任を負う。すなわち，国際組織は，法人格が認められる限度において，その当然の効果として，国際責任の当事者適格が付与される。

3.2 国内法上の権利能力

国際組織は，加盟国の国内で，契約の締結，財産取得・処分，裁判所への出訴等を行う必要から，国内法上の法律行為能力を有する。国連憲章も，国連の法律上の能力を認め（国連憲章104条），国際連合の特権免除条約1条に具体的

に明記している。国際連合以外の国際組織も，国際連合と同様に，国内での訴訟当事者能力が一般的に認められている。

　国際組織がその職員と締結する雇用契約の履行に関する問題については，職員規則，就業規則等，当該国際組織の内部規則が優先的に適用される。ただし，職員が職務を遂行する場所において効力を有する法に従い，職務遂行地で管轄権を有する裁判所に提訴される旨の規定を国際組織が有する場合には，職務遂行地の法に従って処理される。この場合，当該国際組織の就業規則と職務遂行地の法令および判例とが抵触するときは，抵触する限度で当該国際組織の就業規則は効力を有せず，職務遂行地の法令が適用される。

【展開講義　39】　国連大学事件（東京地判昭52・9・21）

　債権者は，債務者である国連大学本部に秘書として採用された。雇用契約では雇用期間は3ヶ月で，期間満了後さらに1年間延長されることになっていた。ところが国連大学は雇用契約を延長しないこととした。債権者は，この更新拒絶が実質的な解雇にあたり，何らかの正当な理由に基づかず，解雇権の濫用ないし更新拒絶権の濫用として無効であり，債権者は依然として国連大学職員としての権利を持つと主張した。

　これに対して，東京地裁は，まず国連大学が国連の機関であり，独立して国際的活動を行う機構として設立され，かつ，わが国との間で締結された本部協定は，国連大学がわが国において権利・義務の主体として活動することを当然の前提としていると考えられるから，国連大学はわが国法上独立した法人格を有し，訴訟上の権利能力を有すると判断した。

　続いて，国連大学にわが国の裁判権が及ぶかどうかについて次のように指摘する。国連や専門機関が国連憲章105条，国連特権免除条約2条2項，専門機関特権免除条約3条4項等によってそれぞれ訴訟手続の免除を享有する旨定められているのに対して国連大学について免除を直接定めた条約はない。しかしながら，国連に免除特権を承認した趣旨は，その目的達成のための国際社会における活動を全からしめるところにあり，そして国連大学は国連の目的を達成するための機関として設立されたものであるから，右国連特権条約の趣旨は，国連自体のみならずかかる国連の機関についても免除特権を享有せしめる意味に解するのが相当であり，わが国が，大学本部協定を，「国連大学が国連の機関として国連憲章及び国連の特権及び免除に関する条約によって与えられる利益並びに国連大学憲章

によって与えられる利益を享受すること」を前提として締結している（協定前文）ことは，右の解釈を裏付けるものということができる。よって国連大学は，わが国法上，免除を明示的に放棄した特定の場合を除き訴訟手続からの免除を享有するものと解する。本件についてわが国の裁判所はこれを審理，裁判することができないから，本件申請は却下を免れない。

　なお，裁判所は以下のように付言する。債務者がわが国の訴訟手続から免除される結果，債権者の本件に関する救済は，国連組織内の異議申立手続ないし行政裁判所の手続，または大学本部協定14条21項に基づく紛争解決手続によるほかはない。ただし，本部協定の手続は未だ定められていない。

4　国際組織の加盟国の地位

4.1　加　　入

　国際連合憲章は，設立当時からの加盟国たる原加盟国（憲章3条）と，設立後に加入した加盟国（同4条）を区別する。憲章3条によれば，原加盟国とは，1945年に連合国間で開催された国際連合の創設に関するサン・フランシスコ会議に参加した国家，または，1942年の連合国宣言に署名した国家で，憲章に署名し，批准したものである。加入は，憲章に掲げる義務を受諾し，国連によってこの義務を履行する能力および意思があると認められるすべての平和愛好国に開放されている。国連加盟国となることの承認は，安全保障理事会の勧告と国連総会の決定が必要である。加入の手続は自動的ではなく，原加盟国のそれよりも複雑な手続を経る必要がある。しかし，いったん加入が認められれば，権利義務に相違はない。

　加入を認めるか否かの問題は，非手続事項であるから，安全保障理事会では，すべての常任理事国の同意が必要である。しかし，戦後直後に激しくなった東西冷戦の影響から，米ソの影響下にある国家の加入については，相互にさまざまな条件を付加して反対しあい，加入承認が得られない状況が続いた。国際連合の発足時から第9回国連総会までに，30ヵ国が加入申請したが，加入が認められたのは9ヵ国のみであった。他の加入申請は，安全保障理事会の勧告が得られなかったために，加入が認められなかったのである。そこで，国連総会は，

加入承認に関する同意を国連憲章4条1項に定められない条件にかからしめることができるか否かについて国際司法裁判所に意見を求めた。

【展開講義　40】　国際連合への加盟承認の条件（ICJ勧告的意見1948.5.28）
　国連憲章4条1項が定める加盟承認の条件は網羅的である。すなわち，申請者が①国家であること，②平和愛好的であること，③国連憲章の義務を受諾すること，④③の義務を履行する能力のあること，⑤③の義務を履行する意思があることであり，これらの条件は必要かつ十分な条件で，これ以外の条件は要求されない。もっとも，こうした条件と合理的かつ誠実に関連づけられる政治的要素を考慮に入れることは禁じられない。たとえば，所定の条件の存在を確かめることができるような事実上の状況に関する裁量的評価を排除することはできないし，申請国の加盟承認が，国連の目的と将来にいかなる影響をもたらすかということについての判断を阻止することもできないからである。
　加盟条件を充たしていることを認める一方で，賛成するか否かを他国の加盟承認も同時に加盟させるという条件に従わせることができるかどうかについても諮問されたが，裁判所はこの条件は国連憲章4条の条件とは全く無関係であり，かりにこの条件が認められれば個々の加盟国が所定の条件の範囲内で自由に判断するのを妨げることになるから認められないとした。
　以上が国際司法裁判所の意見要旨であるが，この意見にもかかわらず，1950年代前半までは加盟申請が円滑に処理されることにはならなかった。逆に，1950年代後半以降は，加盟手続は順調に進み，これらの条件が演ずる役割は縮小していった。1977年以降，加盟申請にあたって拒否権は行使されていない。

4.2　代　表　権

　クーデタや革命あるいは内戦の結果，非合法的な政府の変更が生じたとき，国際組織において，加盟国を代表するのはいずれの政府かが問題となる。これが代表権の問題である。国連憲章は，代表権に関する規定をおいていない。1950年12月14日の国連総会決議396（V）が，国連憲章の目的・原則・実状に照らして総会が審議する旨言及するのみで，具体的な基準は示していない。

【展開講義 41】 中国代表権問題

　国連成立時に中国を代表していたのは，蔣介石を首班とする中華民国政府であった。しかし，内戦の結果，中華民国政府は大陸から台湾に逐われ（以下，国府とする），1949年10月1日には，中華人民共和国政府（以下，北京政府とする）が成立した。ソ連は，北京政府が国連における中国の代表であることを承認するよう要求し，安全保障理事会に北京政府招請決議案を提出した。しかし，圧倒的多数を占める米国陣営の前に，北京政府招請案は否決されてしまった。1950年6月25日に勃発した朝鮮戦争において，北京政府は，「義勇軍」を派遣して「朝鮮国連軍」と戦火を交えた。このため，北京政府は，国連総会決議498（1951年）によって「侵略行為を行っている」と認定され，対中国国際世論は悪化した。

　1951年以降，米国は中国代表権問題の棚上げを提案し，これが毎年採択され，1960年まで代表権問題の審議は行われなかった。しかし，新たに独立した新興諸国が，次々に国連に加盟するようになると，北京政府支持勢力の増大をもたらし，棚上げ案の維持は困難となりつつあった。そこで，米国は，中国代表権問題を重要事項に指定する重要事項指定決議案を出した。重要事項に指定するには，総会で過半数の同意があればよいが，ひとたび重要事項に指定されると，決議の採択には三分の二の多数が必要となる。この米国案は，国府支持国だけでなく，代表権問題を重要と考える国の同意をも得ることができた。おりしも，中ソ対立や文化大革命のため，1960年代を通じてこの決議案が支持され，大きな変化をもたらすことはなかった。

　1970年の国連総会では，北京政府代表権承認・国府代表追放を内容とするアルバニア案が，はじめて過半数を獲得した（賛成51，反対49，棄権25）。重要事項指定決議案がこれに先立って採択されていたので，アルバニア案は否決されたが，このときの得票数は，米国政府をして北京との関係調整の必要性を痛感せしめた。1971年，米国大統領は北京を訪問，それまでの北京排除政策から二つの中国論へと政策を変更した。かくして国連総会には，逆重要事項指定決議案が提出された。この決議案は，国府の代表権否認を重要問題とする案である。すなわち，北京政府の承認はやむを得ないと考え，むしろ国府を守るために，国府を国連から追放するには，三分の二の多数の同意を必要とするというものである。この案は，二つの中国論を前提としたものである。北京政府の代表権は認められなければならないが，だからといって，国府を排除する必要はないのではないかと考える国を取り込もうとした案である。もちろん，二つの中国論を断固として認めない北京

政府は反対した。

　しかし，結果は，55対59で逆重要事項指定決議案は否決されてしまった。そのため，代表権問題は非重要事項となり，アルバニア案も過半数で採択され得ることとなった。こうした情勢の中で投票されたアルバニア案は，賛成76，反対35という結果となり，北京政府支持派への雪崩現象を引き起こした。

【展開講義　42】　カンボジア代表権問題

　1970年から内戦の続いたカンボジアで，民主カンボジア政府（ポル・ポト政権）が樹立されたのは1976年であった。しかし，1979年には，ベトナムの支援の下でカンボジア人民共和国（ヘン・サムリン政権）が成立し，ポル・ポト派は首都から追放された。ポル・ポト派は，シアヌーク派，ソン・サン派とともに民主カンボジア連合政府（三派連合政権）を樹立し，ヘン・サムリン政権との内戦状態は継続した。国連において，カンボジアを代表していたのは，ポル・ポト派であった。そして首都を追放された後も，上記の三派で構成される三派連合政権が，国際連合におけるカンボジアの代表権を維持した。ヘン・サムリン政権は国際連合における代表権を主張したが，国連総会の信任状委員会および総会のいずれもがこれを否認した。ヘン・サムリン政権が，ベトナムの圧倒的な軍事的支援の下に成立し，維持されていること，ひいては国民の真の支持を得ているか否か不明であること等がその理由である。1989年には，ベトナム軍が撤退を表明，1991年12月，上記の三派とヘン・サムリン派の四派から構成される最高国民評議会が設立され，これが国連における代表権を継承し，問題は解決した。

4.3　権利停止

　国際組織の加盟国が義務に違反したときに，当該国際組織は違反国に対して，加盟国としての権利の全て，または一部の行使を停止することがある。これにとどまらず，除名することもある。いずれも制裁または懲罰としての性格を持つ行為であり，主権国家の意思に反して，重大な法的効果を伴う措置を加えることを意味する。このような性質を有する権利停止および除名は，①加盟国の義務違反を未然に防止し，義務の履行を促す機能と，②いったん侵害された国際組織内部の秩序を回復し維持する機能とを合わせ持つ。

（1）　一般的権利停止（国連憲章5条）

安全保障理事会の防止行動または強制行動の対象となった加盟国（憲章40条－42条の対象国）は，安全保障理事会の勧告と総会の決定により，「当事国としての権利および特権の行使を停止」されることがある。停止の対象は，総会その他の会議への出席権・発言権・投票権・被投票権等，加盟国として有する一切の権利である。分担金の支払い等の加盟国としての義務は免除されない。ただし，事務局職員，国際司法裁判所判事，各種委員会によって任命された専門家等，個人的資格に基づく地位にある者の権利は，本国の権利停止によって影響を受けることはない。

　一般的権利停止の手続は，加入手続と同じである。すなわち，安全保障理事会における常任理事国には拒否権が認められる。権利停止の対象となった安全保障理事会理事国も投票権がある。なお，停止された権利・特権の回復は，安全保障理事会のみの判断で可能である。一般的権利停止は，強制行動の対象となった加盟国を対象としていることによる。

(2)　部分的権利停止（国連憲章19条）

　国連の分担金の支払を延滞している加盟国は，延滞額が2年分になったとき，総会での投票権が停止される。投票権停止について，総会の決議は要しない。ただし，止むを得ない事情があると総会が認めるときは，投票権を認めることができる。2011年1月11日の時点で，分担金の支払が遅れている加盟国は，18ヵ国である。

【展開講義　43】　**国際連合のある種の経費事件**（ICJ勧告的意見1962.7.20）

　1956年に中東に派遣された国連緊急軍（UNEF）と，1960年にコンゴに派遣されたコンゴ国連軍（ONUC）の経費の総額は，それぞれ2億1,300万ドル，4億5,000万ドルに上った（軍隊の派遣および物資の援助を行った多くの国家が国連に経費の請求をしていないので，実際の経費はこの金額をはるかに上回る）。経費の負担は国連総会決議によって各加盟国に割り当てられた。この割当に対してソ連とフランスが負担を拒否した。国連総会および安全保障理事会は平和維持活動を合法的に行う権限を有しているのかどうかが争点となった。そこで国連総会は，国連平和維持活動の経費が国連憲章17条2項に規定されている「この機構の経費」にあたるのかどうか，ひいては加盟国に分担義務が生ずるのか否かについて，国際司法裁判所に諮問した。

まず裁判所は17条1項と3項を比較していう。国連憲章起草者は「行政的予算（administrative budget）」と「実行予算（operational budget）」の区別を意識していたのであり，したがって，1項で単に「予算」と言及しているのは「行政的予算」も「実行予算」も含めていることを示している。2項の「経費」についても同様に範囲を限定していない。そもそも国連予算は当初から「行政的予算」に該当しない項目を含んでいたとも指摘した。

次に裁判所は，二つの平和維持活動が，国際社会の平和と安全の維持という国際連合の目的の一つを実現するのに適切な活動であり，総会と安全保障理事会は授権された範囲内で行動したのだから権限を越えていないと認定した。

したがって，二つの活動ともに，その経費は国際連合の経費であり，総会が憲章17条2項に基づいて加盟国に割り当てることができるとした。

国際司法裁判所の肯定的な勧告的意見が出された後も，両国の支払拒否が続いた。そこで，19条の適用問題が発生することとなった。米国は投票権停止の適用を主張したが，事態が紛糾するのをおそれた各国は，特に強い異議がないのであれば19条を適用しないことに同意した。同時に，ソ連およびフランスは分担金について任意に支払を行う旨を約束した。

1992年に必要とされた平和維持活動の経費は30億米ドル近くにも達した。平和維持活動には多額の経費がかかるので，総会が1992年に基金を設けた（Peace-keeping Reserve Fund）。基金の規模は1億5,000万米ドルである。国連事務総長が必要に応じて基金を利用するものとされたが，国連自体にこのような形式で活動する権限があるのかどうかは議論のあるところである。

4.4　除　　名

国際連盟規約は，連盟の約束に違反した連盟国を，連盟理事会の全会一致によって除名することができると規定している（連盟規約16条4項）。除名の対象国が理事国である場合は，当該理事国の投票は除外される。1939年12月に，ソ連がフィンランド侵略を理由に除名されたことがある。

国連憲章は，「憲章に執ように違反した」加盟国を「総会が，安全保障理事会の勧告に基づいて」除名できるとしている（国連憲章6条）。加入や一般的権利停止の場合と同じく，常任理事国の拒否権が認められる。1974年に，人種隔離政策を継続していた南アフリカ共和国を除名する動きがあったが，米国，英国，フランスが拒否権を行使して否決したことがある。国連からの除名の実例

は，今のところ存在しない。

　国連教育科学文化機関（UNESCO）の場合，国際連合から除名された加盟国は，自動的にユネスコの加盟国でなくなる（ユネスコ憲章2条4項）として国際連合との連携関係を強く示している。他方で，経済的な国際組織は国際連合からの独立性が強い。たとえば，国際通貨基金（IMF）は，加盟国が国際通貨基金協定の義務を履行しないときは，国連とは無関係に国際通貨基金からの脱退を要求できる（IMF協定26条2項(c)）とし，国際復興開発銀行（IBRD）は，国際通貨基金の加盟国でなくなったときは，自動的に同銀行の加盟国でなくなるとしている（IBRD協定6条1項）。

4.5 脱　　退

　国際連盟は，2年の予告と全ての義務の履行を条件に，加盟国の脱退を認めていた（連盟規約1条3項）。国際連盟は，その27年に及ぶ活動期間中，日本を含め，17ヵ国の加盟国が脱退し，国際組織としての普遍性を著しく損なった。

　国連憲章は，国際連盟と異なり，脱退についての規定が存在しない。国連憲章について審議したサンフランシスコ会議第一委員会第二専門委員会では，国際組織の普遍性を維持するために，脱退を認めるべきではないという意見と，国家主権を尊重する観点から，脱退は自由に認められるべきであるとの意見が対立した。結局，脱退規定をおくと脱退を助長し，国連を弱体化させかねないとの配慮から，規定しないこととした。ただし，やむを得ない重大な例外的事情があるときに限り，脱退が認められる旨，全体会議において確認された。重大な事情として例示されているのは，①国際の平和および安全の維持についての責任を，国連ではなく，他の加盟国に委ねるのを余儀なくされると感じたとき，②国連に平和を維持する能力がなく，または，平和維持のために，法と正義を犠牲にせざるを得ないことが判明したとき，③加盟国にとって，受諾不能の憲章改正が行われたか，逆に，憲章改正案が正当に採択されたにも拘らず，発効に必要な批准が得られないときである。

　脱退手続は，とくに定められず，連盟のときのような要件もない。したがって，制度上は，国連の方が国際連盟のときよりも自由に脱退できる仕組となっている。もっとも，これまでに国連を脱退した国家はない。1965年に，インドネシアが脱退通告を行ったことがある。紛争相手国のマレーシアが安全保障理

事会非常任理事国に就任したことが理由である。しかし，翌年には再加入手続を経ることもなく，復帰している。国連事務局は，「協力の停止」期間として処理している。

国連教育科学文化機関（ユネスコ）は，2条6項で脱退手続を明記している。加盟国は，事務局長にあてた通告により脱退することができる。加盟国がユネスコに対して負っている財政上の義務の履行は，脱退によって影響されない。1970年代以降，ユネスコは，新情報通信秩序の構築を目指し，先進国が有する圧倒的な情報取得能力を規制しようとした。先進国と開発途上国間における情報の流通量にアンバランスがあるので，開発途上国の有利に制限しようとしたものである。米国と英国は，こうしたユネスコの「政治化」および杜撰な財政管理等を理由として，それぞれ1984年と1985年に脱退したため，ユネスコの財政運営に深刻な影響を及ぼした。なお，英国は1997年，米国は2003年に復帰している。

5　国際組織の機関

国際組織は，組織であるが故に，その内部に，一定の規則に従って活動する常設的機関を有する。そして，目的を具体的に実現するために，各機関に国際組織の意思を決定し得る権能を付与する。今日の国際組織は，複数の内部機関から成っているのが普通であり，一般的には，総会的機関，理事会的機関，事務局という構造を持つが，場合によっては，より専門的・技術的な機関が設けられることもある。総会的機関は，加盟国の全体会議であり，通常の国際組織においては最高の意思決定機関である。ただし，会期は限定されるのが普通である。理事会的機関は，特定の加盟国で構成される。日常的任務を継続的に遂行したり，特定の政策を具体的に執行する機関である。事務局は，意思決定機関ではない。会議の通知，会議文書の配布，補完業務等，技術的・事務的任務を行う。

国際連合は，総会の他に，安全保障理事会，経済社会理事会，信託統治理事会の三理事会と事務局をおいている。他に国際司法裁判所も国連の主要な機関を構成する。

5.1 国連総会

総会は，すべての国連加盟国で構成される（国連憲章9条1項）。総会は，国連憲章の範囲内にある問題もしくは事項または国連の機関の権限および任務に関する問題もしくは事項を討議し，国連加盟国または安全保障理事会に勧告を行うことができる（同10条）。もっとも，安全保障理事会が，いずれかの紛争または事態について任務を遂行している間は，総会は，安全保障理事会が要請しない限り，いかなる勧告も行えない（同12条1項）という制約を受ける。国際の平和と安全の維持については，安全保障理事会が主要な責任（primary responsibility）を負うからである。

総会は，毎年9月の第3火曜日から始まる通常会期を開く。必要がある場合には，特別会期が開かれる。総会において，各加盟国の代表は一個の投票権を有する（同18条1項）。総会の表決は，出席しかつ投票する構成国の過半数によって行われる。しかし，重要事項の議決については，三分の二の多数が必要である。重要事項とは，国際の平和および安全の維持に関する勧告，安全保障理事会等の理事会での理事国選挙，加盟承認，加盟国の権利停止および除名，予算問題等である（同18条2項）。その他の問題でも重要事項に指定することができる。その場合の決定は，過半数によって行われる（同18条3項）。

5.2 国連安全保障理事会

15の国連加盟国で構成される。このうち，米英露仏中の五ヵ国は常任理事国として，常に安全保障理事会において理事国としての地位を有する。残りの10ヵ国は，非常任理事国として，2年の任期で総会によって選挙される。選挙に際しては，国連の目的に対する加盟国の貢献と，衡平な地理的分配に特に妥当な考慮を払うこととされる（同23条）。

安全保障理事会は，国際の平和および安全の維持に関して主要な責任を負う（同24条）。この責任を果たすための安全保障理事会の決定は，加盟国を拘束する（同25条）。安全保障理事会の表決手続は，手続事項と非手続事項とで異なる。手続事項とは，たとえば，安全保障理事会の手続規則の採択・変更，安全保障理事会議長の選出方法，任務の遂行に必要な補助機関の設置等である。これらの手続事項の決定については，9理事国の賛成投票によって行われる。非手続事項については，別段の規定がなければ，すべての常任理事国の同意投票

を含む9理事国の賛成投票が必要となる。すなわち，常任理事国の一国でも反対すれば，9票以上の賛成が得られても，決議は否決される。これが，常任理事国の有する拒否権である。手続事項に該当するか否か決定する際にも，常任理事国の同意投票が必要とされる。したがって，常任理事国は二重に拒否権を有することになる（二重拒否権）。なお，棄権および欠席は，拒否権の行使とはみなされない。

5.3　国連経済社会理事会

総会によって選挙される54の国連加盟国で構成される（同61条）。経済社会理事会は，経済的・社会的・文化的・教育的および保健的国際事項ならびに関係国際事項に関して，研究および報告を行い，または発議し，国連加盟国および関係専門機関に勧告を行う（同62条1項）。経済社会理事会の決定は，出席し，かつ投票する理事国の過半数によって行われる（同67条2項）。

5.4　国連信託統治理事会

国際連盟時代の委任統治制度を引き継ぐことを意図された信託統治制度は，自治または独立に向けて住民の漸進的発達を促進することをその基本目的とした（同76条）。この目的のために設置されたのが，信託統治理事会である。ただし，1994年に，パラオの信託統治が終了したため，信託統治地域はなくなり，理事会の任務も終了した。

5.5　国際司法裁判所

国際司法裁判所は，国連の主要な司法機関である（同92条）。詳細は，第Ⅲ部10章4を参照。

5.6　国連事務局

(1)　国際公務員制度の成立

事務局は，総会，理事会といった意思決定機関の下で，組織全体の行政的職務を遂行し，組織の恒常的な活動を支える機関であり，いずれの国際組織にも例外なく存在する。今日では，国連や専門機関の事務局を中心として，多数の国際的な職員（国際公務員）が存在する。それらの職員を包括的に対象とする国際公務員制度ともいうべき，一定の身分関係と規律が形成されつつある段階にある。このような国際公務員は，すべての事務局において全く同じ条件の下に置かれているわけではないが（たとえば，特権免除の相違），基本的にはほと

んど変わらない。以下では，国連事務局の職員を中心に記述する。

国際公務員制度の端緒となったのは，国際連盟規約6条1項である。連盟の職員は，連盟が直接任用し，給与は連盟予算から拠出され，事務総長と理事会に対してのみ責任を負うこととされた。こうした制度が，後の国際組織の模範となったのは明らかである。国連憲章では，15章に規定され，現在では約15,000人の職員が採用されている。

国連職員の採用にあたり，基準とされるのは，個人的資質，地理的基準，および国連分担金の割合である。個人的資質は，職員の雇用および勤務条件の決定に当たって最も考慮されるべきことで，最高水準の能率・能力・誠実を確保することが要請される。職員をなるべく広い地理的基礎に基づいて採用することも重要とされるが，これは国際組織としての普遍性を確保する必要からである（国連憲章101条3項）。

職員は，国家代表としてではなく，個人的資格で採用される。したがって，母国その他の外部の権威から独立して行動することを要求され，国連に対してのみ責任を負う（同100条）。加盟国は，自国民たる国連職員に対していかなる影響力も行使してはならない。職員には，その責任の国際性・独立性を担保するために，外交官に類似した一定の特権および免除が付与される。たとえば，職員は，職務に関連して行った行為に関して，いずれの国家の裁判管轄権にも服さない。加盟国からの不当な圧力にさらされ，職務の効率的遂行に支障をきたさないためである。1952年に米国でマッカーシズムの嵐が吹き荒れる中で，非米活動審査が米国籍の国連職員にも及んだ。国連職員が協力を拒否したため，米国政府が国連事務総長に圧力を加え，結局，国連職員は解任された。かくして，1953年8月21日，国連行政裁判所が設置された。この裁判所は，国連事務局職員の雇用契約，任用条件に関する訴訟を扱う機関であり，職員が不当な処分を受けた場合に，司法的手段で救済することを目的としている。

(2) 事 務 総 長

国連事務総長は，安全保障理事会の勧告に基づいて，総会が任命する。この問題についての安全保障理事会における討議は非公開で，表決は非手続的事項として扱われる。安全保障理事会による候補者の勧告を受けて，総会が単純多数決で任命する。任期は5年である。

事務総長の職務は、大きく二つに分類される。一つは、日常的行政業務の遂行である。事務総長は、国連事務局という行政機関の長として、事務局を統率する。この職務は他の国際組織の事務局の責任者と同じである。たとえば、①国連主催の国際会議の円滑な開催、そのための資料・情報の作成および配布、②国連の各機関の要請に応えて行われる研究調査、文書・決議等の作成にあたり行われる助言、③専門機関を含む国連諸機関内の連絡および機能の調整、④国連事業および年次報告の総会への提出、⑤事務局職員の任免、⑥年次予算の作成および国連基金の管理等である。

国連事務総長のもう一つの職務は、政治的任務の遂行である。政治的任務については第Ⅳ部第10章2. 2(4)を参照。

【展開講義 44】 専門機関

政府間の協定によって設けられる各種の専門的な国際組織で、国連と一定の連携関係（連携協定）を持つものを専門機関（specialized agencies）と称する（同57条）。専門機関は、経済的・社会的・文化的・教育的および保健的分野等、非政治的分野における国際協力の促進を任務とする国際組織である。専門機関は、以下のように、16存在する。

経済的協力分野：国際復興開発銀行（IBRD）、国際通貨基金（IMF）、国際金融公社（IFC）、国際開発協会（IDA）、国際連合食糧農業機関（FAO）、国際農業開発基金（IFAD）、国連工業開発機関（UNIDO）

社会的協力分野：国際労働機関（ILO）、世界保健機関（WHO）

文化的・科学的協力分野：国際連合教育科学文化機関（UNESCO）、世界気象機関（WMO）、世界知的所有権機関（WIPO）

交通・通信分野：国際民間航空機関（ICAO）、国際海事機関（IMO）、万国郵便連合（UPU）、国際電気通信連合（ITU）

この他、1948年に専門機関として創設された国際難民機関（IRO）は、既に任務を終了し、1952年に解散したが、その任務は縮小した形で、国連難民高等弁務官事務所（UNHCR）に引き継がれた。また、国際貿易機関（ITO）は、IMFおよびIBRDとともに、戦後の国際経済の運営において中核的役割を果たす専門機関として準備されたが、不成立に終わり、その目的の一部を継承した関税および貿易に関する一般協定（GATT）が作成された。GATTは、国際貿易機関に代わって国際社会における貿易体制を規律してきたが、当初構想されていたような

国際組織とはいえず、明確な手続と機関を有する組織化が望まれていた。かくして、1995年に成立した世界貿易機関（WTO）が、GATT を引き継いで、貿易の自由化と促進のために大きな役割を演ずることとなった。その他、原子力の平和的利用の確保を目的として、1957年に成立した国際原子力機関（IAEA）は、正式には専門機関の地位を有しないが、実質的には専門機関とほとんど変わらない。

専門機関は、国連による行政的予算の検査を受け（同17条3項）、協議と勧告を通して、その政策および活動の調整を受ける（同58条、62条、63条2項）。前述の連携協定は、国連と専門機関の関係を、さらに具体的かつ明確に確定する。連携協定は、経済社会理事会と専門機関の間で締結され、国連総会の承認を要する（同63条1項）。これらの連携協定の内容は、専門機関ごとに異なる。IMF や IBRD 等の経済的専門機関の場合は、国際組織としての独自性が強く、国連との関係も比較的対等かつ独立したものであるが、ILO や UNESCO 等は、国連に対して従属的な関係にある。

6　国際組織の表決手続

6.1　表決手続

表決の方法には、全会一致制による場合と多数決制による場合がある。多数決制には、単純多数決、特別多数決、特定多数決がある。

全会一致制は、国際社会における伝統的意思決定方法である。国家は、自己の意思に反していかなる義務も課せられることはないという国家主権の本質と結び付いた方法であり、主権国家の集合体としての国際組織の側面を直接反映したものである。国際社会の組織化がそれほど進展していない時期には、もっぱらこの方法が採用される。全会一致制は、弱小国家でも安心して国際組織に参加できるし、採択された決議は、多数決制の下で採択された決議よりも重みがあり、より強力な執行力を持つと考えられるのに対し、一国でも反対すると決議が採択されないことから、国際組織の目的遂行が円滑に行われ難いという欠点がある。

多数決制を最初に採用した一般的国際組織は、国連である。単純多数決は、投票の過半数の賛成により決議が成立する場合（国連憲章18条1項、67条、89

条）をいい，特別多数決は，過半数を越える割合の多数を要件とする（同18条2項，108条，ILO憲章19条，WIPO条約6条3項d―f号，ICAO条約93条）。特定多数決は，賛成した加盟国の数，または票数の絶対数を設定するもの（国連憲章27条2項，欧州共同体条約205条）である。

単純多数決は，国際組織の迅速な運営を促進するのに適しており，特別多数決は，少数派の利益を保護するのに適している。総じて，十分な同意が必要とされる重要問題ほど，より多くの加盟国の同意を必要とする方法がとられている。

6.2 コンセンサス方式

決議を採択するにあたり，非公式の協議によって合意の形成を目指し，会合に参加しているいずれの国家も，提案されている議案に正式に反対を表明しなければ，当該決議が採択されたとみなす方式をいう（なお，WTOの紛争解決了解6条1項にあるように，反対のコンセンサスがない限り，議案が採択される方式を逆コンセンサス方式という）。コンセンサス方式は，地域的国際組織や経済分野の専門機関では既に採用されていたが，国連でも，アジア・アフリカ諸国の加盟により価値観が多様化し，決議に必要な多数を得られる国家グループがなくなったことから，1960年代以降，頻繁に採用されるようになった。最近の国連総会では7割以上の決議がコンセンサス方式によって採択されている。

この方式の重要な特質は，表決を回避することと，決議が正式に採択される前段階において，緊密な協議と交渉が行われることにある。緊密な協議と交渉によって，対立する勢力の双方に受け入れられる妥協点が模索される。論争的な問題について表決で決着をつけるのは，勝敗を決めることになり，加盟国間に深刻な対決や亀裂をもたらしかねない。そうした事態の回避のために有用なのがこの方式である。

具体的には，議長が中心となり，地域グループ，各構成国等から意見を徴して，事実上の合意を得るよう努力し，正式の会議では，議長によるコンセンサスの声明で決議を採択する。

コンセンサス方式は全会一致制と異なる。全会一致制は，一国でも反対すれば議案が不成立に終わる。他方，コンセンサス方式も，一国でも反対がある限り，議案が成立することはないが，だからといって不成立となるわけでもない。

当該議案は，成立でも不成立でもない状態に留め置かれる。また，前述したように，加盟国間に無用な摩擦が生じるのを回避できる。他方で，短所としては，決議に至るまでに時間がかかり，決議内容も妥協の産物であることから，曖昧になりがちであるといったことが挙げられる。

6.3 表決権

(1) 加重投票制

何らかの基準により，加盟国に異なる票数を割り当てる制度を加重投票制という。国家は国際法上平等であるという主権平等の原則からすれば，一国一票が当然の帰結となる（国連憲章18条1項）。しかし，国際組織の実効的運営のためには，出資金や責任負担能力，あるいは利害関係等を基準として，投票数に差異を設けることが不可欠な場合もある。加重投票制は，こうした考え方に基づいて導入された制度である。

国際通貨基金（IMF）や国際復興開発銀行（IBRD）は，出資額や割当株式数に応じて投票数が加重されている。また，国際商品協定に基づく国際砂糖理事会，国際小麦理事会等は，輸出入の実績を基準として投票数が割り当てられている。また，欧州連合の閣僚理事会が特定多数決で決議を行う場合も各国の投票数は異なっている（欧州連合運営条約238条）。

(2) 拒否権

拒否権は，「我は禁ずる」というラテン語 veto の翻訳である。国連安全保障理事会の常任理事国は，非手続事項について拒否権を有する。その対象は広く，濫用されると国際組織の運営に支障をきたすことになる。そこで，国際連合では，拒否権の濫用を阻止するための工夫がなされてきた。

まず第1に，棄権・欠席は拒否権の効果を認めないとしている。国連憲章を厳格に判断すれば，安全保障理事会決議の採択には，五大国の積極的同意が必要である。五大国の一致によって国際社会の平和と安全を維持していくというのが，国際連合の基本的理念だからである。しかし，慣行上，棄権も欠席も拒否権の行使とならないとされている。朝鮮戦争勃発時の安全保障理事会決議は，ソ連欠席の中で採択されたものであった。ソ連は，当該安全保障理事会決議の効力を争ったが，覆すことにはならなかった。

第2に，憲章には手続事項の定義は存在しないが，手続事項を広く解釈して，

拒否権の行使を制限しようとしている。

　第3は，憲章を改正して拒否権を消滅させるというものである。これは，上記の第1および第2の解釈および運用上の企てに限界があることを前提とした考え方である。しかし，これには反対も強く，実現可能とはいえない。

7　国際組織の決議の効力

　国際組織の決議がいかなる効力を有するかは，設立基本文書に依拠する。

　国連総会決議は，これまでの約60年間で10,000以上も出されているが，法的拘束力はなく，勧告としての効力しか持たない。国連憲章を審議した1945年のサン・フランシスコ会議では，総会に，加盟国を拘束する規則を作成する権限を付与する提案が出されたが否決されている。

　ただし，内部事項に関する決議については別で，決議が国際組織自体に向けられているのであれば，国家主権との関係は問題とならないから，加盟国を拘束する。たとえば，組織としての活動に不可欠な，会議の召集，手続規則の採択，予算承認，各種理事国の選出，議長選挙，補助機関の設置などは，決議に拘束力がないと組織自体の活動に支障をきたす。その他に，加入承認，権利停止，除名等，組織に関する決議等も加盟国を拘束する。

　内部事項に関する決議以外であっても，加盟国を拘束する国際組織の決議が存在する。この場合には，国家主権との関係が問題となる。たとえば，国連安全保障理事会の決定は，加盟国を拘束するとされる（国連憲章25条）。そこで，決定の範囲が問題となる。範囲については争いがあるが，主として強制措置に関わる決定とされる（同24条，39条，41条，42条，48条）。主権を維持する国家に対して，国際組織が有するこうした権能は，第二次大戦後に見られる新しい現象である。国家は，拘束力を有する決議を支持しなかったとしても，成立した安全保障理事会決議に従わなければならず，自己の意思に反して行動を制約される。その意味において，国家が有する主権は制約を受ける。もっとも，国家は，国際組織に加盟するにあたり，拘束されることについて事前の同意を与えているのであり，また，拘束を嫌うのであれば脱退することも可能である。こうした現象は，現段階における国際社会の組織化状況を象徴的に示すもので

ある。

　国際社会のこうした組織化状況の中にあって，国家は自己の行動が制約されるにも拘らず，国際組織に留まっているといった現象が頻繁に見られるのが現代国際社会の大きな特徴である。自己の行動の制約という不利益以上の利益を，国際組織に留まることの中に見出しているのである。かくして，国際組織法の主たる問題は，国家主権と国際組織の権能が如何なる均衡の上に成立しているかを確認することにあるといえる。

　なお，国際民間航空機関や世界保健機関などの専門機関は，すべての加盟国を拘束する専門的・技術的規則を多数決で採択する場合がある。国際民間航空機関の場合は，民間航空の安全等に関して理事会が採択する国際標準（国際民間航空条約37条），世界保健機関の場合は，総会が採択する保健規則（世界保健機関憲章21条）がそれである。ただし，従うことのできない加盟国は，その旨を通告して，当該規則の適用を免れることができる（適用除外）。従来であれば，規則が成立したからといって，積極的な同意なくして拘束されることはないというのが原則であったが，ここでは，成立した規則は当然に加盟国を拘束することになり，反対する国のみが適用除外を通告するという形式になっており，例外が逆転している。規則の統一性を確保することが強く要請されていることから生じた現象であり，国際組織のあり方に見られる大きな変化の一つといえる。

第5章 個　　　人

1　国籍の得喪

───────◆　導入対話　◆───────
大関：引退したら，親方になって自分の部屋を持ちたいッス。
タニマチ：大関は，モンゴル人だから，親方にはなれないですよ。
大関：エッ。
タニマチ：何年か前に，相撲協会がそう決めたんです。年寄株を取得できるのは日本人に限るって。
大関：どうしたらいいんっスカ。
タニマチ：帰化するしかないですね。法務大臣にお願いするんです。日本人になりたいって。帰化が必ず認められるとは限らないけれど，申請しないと始まりません（国籍法4条）。
大関：そおっスカ。じゃ，早速，親方に相談するっス。ごっつぁんです。
タニマチ：帰化が認められるためには，モンゴル国籍を離脱しなければなりません（国籍法5条1項5号）。
大関：……。

1.1　国籍の機能

　国籍とは，個人を国家と結び付ける法的な絆であり，国家の構成員であることを示す資格を意味する。換言すれば，国民とそうでない者との区別を識別するための指標ともいえる。何故国民とそうでない者とを区別するのかといえば，近代になって区別が必要となったからである。すなわち，近代国際社会は，基本的には主権国家からなっている。この近代国家の存立理由には種々のものが考えられるが，重要な機能の一つに国民の福利を効果的に増進するということ

がある。日本は豊かだからといって，だれかれ構わず自国民として扱い，利益を与えるよう要求されても対応することはできない。また，ある人が他国において何らかの不利益を受け，その不利益について当該他国が何の手当もしない場合には，その人に国籍を付与した国（国籍国）が保護に乗り出すという制度が国際法上存在する（外交的保護権）。このときにも国籍の有無が問題となる。他方，国際秩序を維持するため，国家が，自国と一種の忠誠関係を通じて結びつく国民を有効に管理するためにも必要とされる。刑法3条の規定は，こうした考え方を前提としている。

国籍の機能の中で典型的なのは，自国領域に居住する権利があることである。外国へ行って帰国する権利も当然認められる。逆に，国籍を持たない人は，在留している国の許可がなければ居住はできないし，そもそも入国すらできない。

1.2 国籍の付与基準

(1) 出生による付与

国籍の付与基準について，国際法は，統一した規則を有さない。国家の国内問題として，国家が自由に決定できる。したがって，各国は，それぞれの事情に応じた国内法で国籍を付与している。その結果，場合によっては国籍を二つ以上持つ人（重国籍者）や，全く持たない人（無国籍者）も発生することになる（国籍の抵触）。

国籍が付与される態様としては，出生によって国籍を付与する場合と，後天的に自己の意思によっていずれかの国籍を取得する帰化とがある。出生によって国籍を付与する方法としては，血統主義と出生地主義がある。血統主義とは，どこで生まれようと親と同じ国籍を付与するというもので，出生地主義は，親の国籍とは関係なく，生まれた場所の国籍を付与するというものである。

いずれの立場をとるかは国家の自由であり，それぞれの国の人口政策に依存する。たとえば，米国や南米諸国は主として出生地主義を，フランスは，血統主義に加えて人口充実のため広く出生地主義を採用している。イスラム諸国の立場は，概ね父系優先血統主義である。

わが国の国籍法は，昭和59年に改正するまで，父系優先血統主義を採用していた。これは，父が日本人である場合においてのみ日本国籍を認め，母が日本人でも父が外国籍（または無国籍）の場合には日本国籍を付与しないというも

のである。重国籍者の発生防止を意図した考え方に基づいている。重国籍者の発生は、外交的保護権の行使や兵役の義務について不都合を生じさせ、国際紛争をもたらしかねないからである。しかし、父系優先血統主義は、重国籍者の発生防止には有用かもしれないものの、無国籍者の発生を阻止できない。さらに、昭和54年に女子差別撤廃条約を批准するにあたり、国籍法が同条約違反となる可能性が生じた。そこで、昭和59年に改正され、原則として父母両系血統主義を採用し、出生地主義を補完的に採用している。重国籍者の発生防止よりも無国籍者防止に重点をおいた改正といえる。

【展開講義　45】　非嫡出子の国籍取得制限

　昭和59年の改正によって規定された国籍法3条1項は、婚姻関係にない日本人と外国人との間に生まれた非嫡出子が日本国籍を取得するには、出生後に日本人たる父または母から認知されるだけではなく、父母の婚姻も必要としていた。すなわち、父母の婚姻により嫡出子の身分を取得したか否かによって日本国籍を取得できるか否かの区別が生じていた。

　しかし、平成20年6月4日の最高裁判決は、「日本国民である父と日本国民でない母との間に出生した後に父から認知された子について、父母の婚姻により嫡出子たる身分を取得した（準正のあった）場合に限り日本国籍の取得を認めていることによって、認知されたにとどまる子と準正のあった子の間に日本国籍の取得に関する区別を生じさせていることは、憲法第14条に違反する」不合理な差別的取り扱いであるとの違憲判決を下した（最大判平20・6・4）。その理由として最高裁は、昭和59年の時点と異なり、非嫡出子の増加、国際結婚の増加に伴う家族生活の実態の多様化、諸外国の動向等を挙げた。かくして、最高裁は、父母の婚姻を要件とする部分を除外することによって合憲的・合理的解釈が可能であるとして、原告に日本国籍取得を認めた。

　判決を受けて、国籍法3条は改正され（平成20年12月）、父母の婚姻が国籍取得要件から削除され、父母が婚姻していない子でも、出生後に日本国籍を持つ父または母に認知されていること、および20歳未満であること等を条件として届け出による日本国籍取得が可能となった（平成21年1月1日施行）。

　違憲判決については、以下のような批判がある。第一に、昭和59年からの我が国の家族の在り方の変化は、法律を違憲とするほどの変化といえるか。第二に、

最高裁が国籍法3条1項を読み替えて国籍を付与したことは司法権による立法ではないか等である。

また、改正国籍法に対しては、市町村役場への届けに必要な書類が、認知した父または母の戸籍、国籍を取得しようとする者の出生証明書などのみであり（国籍法施行規則1条5項）、窓口では書類を受理するだけで虚偽申請を阻止できないという手続的な問題が指摘されている。また、仮に偽装認知が発覚しても、1年以下の懲役か20万円以下の罰金のみで抑止力は期待できない。このような場合の国籍剥奪規定もない。偽装認知によって、外国人母の特別在留が認められやすくなり、永住資格も得やすくなると想定され、既に、ブローカーが外国人夫婦と日本人との仲介を行って摘発されたこともある。だからといって、手続を厳格にし、例えばDNA鑑定を導入すべしとの主張に対しては、わが国国籍法上の血統主義が生物学上の親子関係ではなく法律上のそれを指すこと、婚姻中に妻が懐胎した子を夫の子と推定している民法772条との整合性も損なうといった批判がある。

【展開講義 46】 アンデレ事件

国籍法は、補足的に出生地主義を採用している。この規定をめぐっては、アンデレ事件がある。この事件は、東南アジア出身とみられる女性が長野県小諸市の病院で男児を出産後失踪し、子供を引き取った養親が、国を相手に日本国籍を請求した事件である。第一審（東京地判平5・2・26）では、原告（男児）が国籍法2条3号の「父母がともにしれないとき」にあたるとして、原告の請求を認容した。第二審（東京高判平6・1・26）では、逆に原告が敗訴した。高裁は、自己に日本国籍があると主張する者が、国籍取得の根拠となる要件の存在を立証する必要があるとし、原告が、「父母がともに知れないこと」を窺わせる事実を立証しても、国が、一応父または母と認められる者が存在することを窺わせる事実を立証したときは、「父母がともに知れない」ことについての証明はなされていないというべきであるとした。高裁の判断によれば、母は外国人出入国記録およびフィリピン共和国旅券発行記録に記載されたセシリア・ロゼテと同一人物である蓋然性が高く、「父母がともに知れない」ことが証明されたとはいい難いというものであった。しかし、最高裁は、二審判決を破棄した。最高裁によれば、国籍法2条3号にいう「父母がともに知れないとき」とは、父および母のいずれもが「特定されない」ときをいい、ある者が父または母である可能性が高くとも、それだけでは不十分であり、父または母を特定するに至らないときは、「知れな

いとき」にあたるとし，原告に日本国籍を認める判断を示した。

|||||||||||||||||||||||||||||||||||||||||||||||||||||||||||||||||||||||||||||||||||||||||||||||||||||||||||||||||||||||||||||||||||||

(2) 帰　　化

　帰化は，自己の意思によっていずれかの国の国籍を後天的に取得することをいう。帰化の条件についても国際法上統一された規定はなく，各国が自由に決定できる。

　わが国の国籍法によれば，帰化には普通帰化と特別帰化がある。普通帰化は，正規の条件を充たした上で認められる帰化であり（国籍法5条1項），特別帰化は，それらの条件のうち，一部またはすべてが免除される帰化である。後者には，簡易帰化（同5条2項，6条―8条）と大帰化（同9条）とがある。簡易帰化は日本人の配偶者たる外国人などのように，日本と何らかの特別な関係にある外国人に対し，帰化条件を緩和または一部免除するもので，大帰化は日本に特別な功労のある外国人に対して全ての条件を免除するものである。いずれの帰化にせよ，法務大臣の許可を必要とし，しかも法務大臣の自由裁量行為であり，裁量権の濫用がある場合を除き，違法性の問題は生じない。なお，難民については，難民の定住化促進のため，帰化条件のうち独立生計要件が除外された。

2　旅券・査証

───────── ◆　導入対話　◆ ─────────

旅行代理店：かつて，日本が貧しい頃は，汗水たらして獲得した外貨の流出を防ぐために，外貨の持ち出しに厳しい制約を課していました。1970年代前半頃までかなり厳しい制限が続いていたと思います。外国へ気楽に旅行できるようになったのは，つい最近のことです。

大学職員：外国へ行くためにはまず旅券（パスポート）を取得しなければなりませんが，どうしてですか。

代理店：旅券というのは，簡単にいえば身分証明書です。国家は外国人を入国させる義務はないのですが，身元がはっきりしていて帰国する意思があれば，期限を限って滞在することを認めています。身元がはっきりしない外国人は入国させたくないのです。

大学職員：外国へ行くためには，他にも必要な公文書があるのですか。

> 代理店：査証（ビザ）を必要とする国があります。査証は，これから行こうとする国の大使館や領事館に申請して発給してもらう文書です。相手国にとって有害な外国人を排除するための一次審査のようなもので，これがなければ渡航先で追い返されます。査証があったとしても，上陸を拒否される場合があります。たとえば，伝染病にかかっているとか，麻薬等の所持で処罰を受けたことのある外国人等がそうです。乗せてきた航空会社が責任をもって送り帰すことになっています。
>
> 大学職員：昨年，米国のニューヨークに学生の引率で行ってきたんですけど，査証の発給なんて必要なかったようですが。
>
> 代理店：大学生に引率なんてあるんですか……。それはともかく，観光目的の短期滞在については，相互に査証を免除する条約を締結しています。米国との間にも締結されているので，査証は不要だったわけです。とはいえ，欧米であれアジア諸国であれ，自国の安寧秩序を守るために，出入国については，極めて厳しく対処しているのが実状です。たとえば，片道の航空券しか所持していないと入国を拒否されるかもしれません。当代理店にて，ぜひ往復切符をお求め下さい。

　外国人の入国および在留を許可するかどうかは国家の自由裁量事項とされ，その時々の経済・労働・治安事情や国民生活全般を考慮して独自に決定できる。わが国の最高裁判所も，マクリーン事件（昭53）において，「慣習国際法上，国家は外国人を受け入れる義務を負うものではなく，特別の条約がない限り，外国人を受け入れるかどうか，またはこれを受け入れる場合に如何なる条件を付するかを，当該国家が自由に決定できるとされている……。」と述べている。

　わが国の出入国管理は，出入国管理及び難民認定法（以下，入管法）によって規律されている。同法は，本邦に入国し，または本邦から出国するすべての人の出入国の公正な管理を図るとともに，難民の認定手続を整備することを目的とする。入管法によれば，外国人がわが国に入国するにあたっては，①有効な旅券の保持，②滞在目的に合致した査証の受給，③入管法に定められた在留資格を有し，④同じく入管法5条に規定する上陸拒否事由に該当しないことが必要とされる。

　①旅券（パスポート）は，所持人の国籍および人物を証明し，発給国に帰国

できることを約束すると同時に，渡航先国に対して，入国および滞在について便宜と保護を与えるよう依頼する旅券発給国の公式の文書である。無国籍者および未承認国の個人でわが国への入国を希望する者は，わが国領事官が渡航証明書を発給する。②査証（ビザ）は，渡航先の国の領事官が発給する。旅券が真正かつ有効であり，入国目的から見て，渡航先国への入国に問題はないと一応判断する文書である。有害な外国人を排除することを目的とする。渡航先国から査証を取得したからといって，入国を当然許可されるとは限らない。査証は，上陸を保証するものではなく，上陸許可の前提たる要件の一つにすぎないからである。最近では，観光目的の短期滞在については，相互に査証を免除する条約を締結しているのが普通である。③在留資格とは，外国人がわが国に在留する間，一定の活動を行うことができる資格，または外国人が一定の身分もしくは地位に基づいてわが国に在留することができる入管法上の資格をいう（入管法別表一）。④上陸拒否事由には，たとえば，伝染病患者，精神障害者，麻薬犯受刑者，刑事犯受刑者たることが挙げられる。

　①②③④の要件を満たさない者は，わが国から退去を強制される。わが国に合法的に入国し，在留する者であっても，入管法24条4号に規定する事由に該当する外国人は，本邦からの退去を強制される。ただし，当該外国人が，(i)永住許可を受けているとき，(ii)かつて日本国民として本邦に本籍を有したことがあるとき，(iii)その他法務大臣が特別に在留を許可すべき事情があると認めるときには，法務大臣はその者の在留を特別に許可することができる。これを在留特別許可という（入管法50条）。

　外国人が出国するのは自由である。ただし，在留国の国内法上の義務を履行することが必要である。外国人の出国が禁止されるのは，死刑・無期もしくは3年以上の懲役もしくは禁固にあたる罪で訴追されているとき，またはこれらの罪を侵している疑いで逮捕状が発せられているとき，刑の執行中であるとき，租税納付・公序良俗・公衆衛生等の確保に必要なとき等である。また，外国人の意思に反して出国が強制される場合がある。犯罪人引渡がそれにあたる。

3 外 国 人

3.1 外国人の基本的地位

　外国に入国する個人は，当該国における外国人としてその国の排他的統治権に服する。一般国際法上，外国人は，納税等，居住する国の国民と同様の義務を負担する。火災や水害等の緊急事態に対処するために，外国人を強制的に参加させることも可能である。ただし，国家との特殊な忠誠関係を前提とする兵役の義務は課せられない。生活に必要な財貨の購入のための契約の締結等，日常生活を営むのに必要な限度で，外国人にも権利能力および行為能力は認められる。ただし，国政への参加や公職就任の権利等の政治上の権利を認める必要はない。

　以上は，一般国際法上の原則であるが，国家は，通常は二国間で通商航海条約を締結して，相互に相手国民の入国と在留および相手国領域における経済活動等を認めあっている。たとえば，日米間には，日米友好通商航海条約（1953年）が締結されており，両国国民が，身体・財産の保護を受け，商業目的またはその他の目的で入国し，事業活動を行うことや，居住する自由を相互に認めている。その際，内国民待遇と最恵国待遇の二つの方法が用いられている。前者は，相手国国民に自国民と同様の待遇を保証し，後者は，現在および将来にわたり，第三国の国民に与える待遇のうち，最も有利なものと同様の待遇を相手国国民に保証することをいう。日米友好通商航海条約にも内国民待遇および最恵国待遇の方法が採用されており，定義も規定されている（22条1項・2項）。

　わが国に90日以上滞在する外国人は，外国人登録法に基づいて，登録の申請を行わなければならない（60日以内に申請を行わなければならない場合もある。外国人登録法3条）。外国人登録法は，わが国に在留する外国人の居住関係および身分関係を把握して，在留外国人の管理のために必要とされる正確な資料・情報を提供することを目的としている。2009年12月31日現在における外国人登録数は，2,186,121人（日本国民の1.74％）で前年よりわずかに減少している。しかし，中国人は増加し続けており全体の31.1％を占めるに至った。第2位の韓国・朝鮮人は26.5％と実数でも逓減は止まらない。以下，ブラジル人が12.2％，フィリピン人が9.7％，ペルー人が2.6％，米国人が2.4％と続いている。

【展開講義 47】 マクリーン事件（最大判昭53・10・4）
　米国人であるマクリーンは，日本在留中に日本の出入国管理法案やベトナム戦争に反対し，集会やデモに参加していた。1970年5月1日，法務大臣に在留期間の更新を申請したところ，出国準備期間（120日）の更新しか許可せず，これ以降の更新を認めなかった。そこで同人は，在留期間更新不許可処分の取消を求めて提訴に及んだ。最高裁は以下のように判示した。「憲法上，外国人は，わが国に入国する自由を保障されているものではないことはもちろん，所論のように，在留の権利ないし引続き在留することを要求しうる権利を保障されているものでないと解すべきである。法務大臣は，在留期間の更新の許否を決するにあたっては，外国人に対する出入国の管理および在留の規制の目的である国内の治安と善良の風俗の維持，保健・衛生の確保，労働市場の安定などの国益の保持の見地に立って，申請者の申請事由の当否のみならず，当該外国人の在留中の一切の行状，国内の政治・経済・社会等の諸事情，国際情勢，外交関係，国際礼譲など諸般の事情を斟酌し，時宜に応じた適切な判断をしなければならないのであるが，このような判断は，事柄の性質上，出入国管理行政の責任を負う法務大臣の裁量に任せるのでなければとうてい適切な結果を期待することができない。……（したがって）『在留期間の更新を適当と認めるに足りる相当の理由』があるかどうかの判断における法務大臣の裁量権の範囲が広汎なものとされるのは当然のことであって，所論のように上陸許否事由又は退去強制事由に準ずる事由に該当しない限り更新申請を不許可にすることは許されないと解すべきものではない。」

3.2 定住外国人の地位

(1) 定住外国人

　入国を認められた外国人は，通常一定の期間を経過した後に出国しなければならない。しかし，長期にわたって外国に在留する者もいる。国籍を有しないにも拘らず，無期限に居住する資格を有する者を永住者という。わが国には一般の永住者と，特別永住者が存在する。前者は，入管法22条2項および22条の2第4項に規定する永住者で，後者に該当するのは，旧植民地人で，戦後に永住権を取得し，そのまま定住する者である。在日韓国人は，1965年の日韓法的地位協定に基づいて永住を許可され，出入国管理特別法が適用される。さらに，

1991年の日韓両国政府の覚書により，永住の許可と退去強制の適用および再入国許可の要件等が緩和された。こうしたいわゆる定住外国人（一般・特別永住者など）は80万人以上にも上り，その子孫を含め，日本社会との結びつきは国籍国よりも強いのが実態である。定住外国人の存在を前にして，最近では外国人を分類し，定住外国人を，他の外国人，たとえば単なる観光で来日する外国人，留学や仕事で一時的に在留する外国人と区別して特別な地位を認め，通常の外国人であれば当然認められない権利であっても，定住外国人には，その生活の実態にあわせて一定の権利が認められるべきではないかとの主張が行われるようになった。とりわけ大きな問題は，参政権と公務員就任権である。

(2) 選 挙 権

国際人権B規約25条は，すべての市民が参政権を有すると規定する。他の規定がすべての者と規定しているのに対して，ここでは市民となっており，市民という言葉の意味が問題となる。通常，市民とは，特定の政治的共同体（国家）の構成員をいい，当該共同体（国家）に忠誠義務を誓うと同時に，その政治に参加する資格を有する者をいう。したがって，ここで言及されている参政権を有する市民とは，その参政権を行使する対象たる国の国籍を持つ者をいう。他方で，25条は，その権利主体を国民としてはいないとし，また，国防等の国の独立性に密接に関連する問題をも対象とする国政への参加についてはともかく，外国人の地方自治体への参政権を否定する理由はないとして，ここでの市民は，必ずしも国籍を有することを前提としているわけではないという見解もある。

いずれにせよ，同規約は，国家に対して外国人の参政権を認めるよう義務づけてはいない。外国人に参政権を認めるかどうかは，国家の裁量に委ねられていると解せられる。さらにいえば，①日本の地方公共団体は，警察，国からの多くの機関委任事務など，治安・機密に関わる問題に関わる業務を抱えている。②本国と在留国の利益が反する場合，「住民」としての地位を優越させるとは限らない。また，③定住外国人は外国籍を持つのであるから，いざとなったら帰る国がある。④韓国が地方選挙で一定の定住外国人に地方参政権を付与した場合，日本も相互主義に基づいて在日韓国人に付与すべきだとする意見があるが，この見解は採用できない。相互主義とは，たとえば，自国が外国人に一定

の利益を与えるについて，当該外国人の本国が自国民に同様の権利を付与することを条件とすることをいうのであり，韓国が一方的に外国人に利益を付与したからといって，外国人の本国に同様の措置をとるよう要求できる根拠とはなしえないからである。なお，在日韓国・朝鮮人数は40万人以上であるのに対し，在韓定住日本人は要件が厳格であることから，300人程度でしかない。そうした事情を斟酌すれば，安易に参政権が認められるべきではない。

　一定の在留を前提に，外国人に参政権を付与している国家もある。スウェーデン，デンマーク，ノルウェー等の北欧の地方議会がそれである。しかし，これら諸国の措置は，移住労働者を確保する必要性からもたらされたものである。逆にドイツでは，州レベルにおいて外国人に選挙権を付与することはドイツ基本法20条1項・2項，28条1項に規定する民主主義の原理に反し違憲とされている。

(3)　公務員就任権

　外国人に対する公務員就任権に関する憲法上の規定は存在しない。国家公務員については，人事院規則8-18において，日本国籍を有しない者は，採用試験を受けることができないとしている。

　地方公務員法に国籍条項はない。しかし，1973年5月28日自治省公務員第一課長回答によると，「公務員の当然の法理に照らして，地方公務員の職のうち公権力の行使または地方公共団体の意思の形成への参画に携わる者については，日本国籍を有しない者を任用することはできない」とした。他方で，公権力の行使または公の意思の形成に参画しない地方公務員については，日本国籍を有しない者も任用し得ることになる。実際に，現業・専門職については，多くの地方公共団体で，それぞれの判断と実情に応じて任用が行われている。

　最近は，地方公務員の採用にあたり，国籍条項を撤廃する傾向がみられる。たとえば，1996年5月に川崎市人事委員会は，消防職を除く全職種で，日本国籍を受験資格としてきた国籍条項を撤廃することを正式に決定した。政令指定都市では初めてのことであった。ただし，日本国籍を持たない人が公権力の行使または公の意思形成に参画することは認められない。認めた理由は，①公権力の行使・公の意思形成に参画する職員数は少数であるから人事管理の運用に支障はない，②地方公務員は地域に密着した職務が主なので国籍にとらわれる

必要性は大きくない等であった。公権力の行使にあたる職務とされたのは，庁内約3,500の職務のうち約180であり，税金徴収員や食品衛生監視員などが典型例である。また，昇進については専門スタッフの課長級まで外国人の登用が可能とされた。自治省（当時）は川崎市の措置に反対した。とりわけ，任用の範囲を限定することにより将来の昇任や転任に支障を生ずるほか，その能力開発，士気にも悪影響を与えるというのが理由であった。

3.3 外交的保護

◆ 導入対話 ◆

依頼人：わが国に長期滞在を続けているA国人の知人が，B国へ行き，再びわが国へ戻ったところ，わが国では非合法とされる活動をB国で行った疑いがあるとして拘禁されました。そんなことは事実無根なんです。私と観光してたんですから。どうしたらよいでしょうか。

弁護士：あなたの知人はA国人ですから，とりあえず，A国の大使館か最寄りの領事館に問い合わせるべきです。

依頼人：話してみたのですが，忙しいといってとりあってくれません。

弁護士：それが事実なら信じられないことです。外交官にせよ，領事官にせよ，自国や自国民の利益を確保するのが重要な仕事の一つなのですから。

依頼人：A国の領事官は，わが国当局から，身柄の拘禁について通知を受けていたようですが，会うことさえしていないようです。

弁護士：分かりました。早速どうにかしてみましょう。でも信じられないですねぇ。自分の国の国民を救済しない領事官なんて……。あなたの知人は本当にA国人なんですか……？

(1) 法 的 性 質

個人が自分の国を離れて外国の領域内にあるときは，原則として，在留国の排他的管轄権の下に置かれる。しかし，在留国で違法な損害を被り，しかも在留国の国内法上の手続で十分に救済を受けられなかったときは，一定の条件の下で，本国が当該自国民を外交手続の下で保護する権利を持つ。これを外交的保護権という。

外交的保護権は，国家の権利とされる。したがって，被害を受けた個人が，自国政府に対して保護を請求する権利はない。国家は，何時如何なる時に外交的保護権を行使するかを自由に決定できる。その時々の相手国との政治状況等を考慮して，外交的保護権を行使しないこともある。国家が外交的保護権を行使した場合には，国民に対して，被害に相当する金額の補償を行っているのが普通であるが，だからといって，それが義務であるとの意識の下で行われているわけではない。外交的保護権は，個々の国家が有する権能を調整するための制度であり，そもそも人権保護を目的とした制度ではない。したがって，個人の保護という観点からは不十分な制度といわざるを得ない。

(2) 外交的保護権行使の要件

　外交的保護権行使によって保護されるのは自国の国籍を有する者のみである。その場合，①被害者個人の国籍は，侵害を受けたときから本国が外交的保護権を行使するときまで継続していることが必要である（国籍継続の原則）。個人が，自己の利益を確保するために，より強大な国家に国籍を変更して大国の力に依存し，ひいては依存された大国が，自らの政治的立場を有利にするべく当該個人の被害を利用することを防止し，個人の紛争が容易に国際紛争に転化することを防ごうとするのがこの原則の趣旨である。また，②国籍は，「真正かつ実効的」であることが必要である（実効的国籍の原則）。被害者個人と外交的保護権を行使する国との間には，密接なつながりが存在しなければならない。国籍の付与条件については，国家が自由に国内法で規定できる（国内管轄事項）。しかし，帰化が国内法上有効であったとしても，「真正かつ実効的」なつながりを欠く国籍であったときは，より密接な結びつきを持つ国に対して国際法上の国家の権利である外交的保護権の行使が認められることにはならない。

　最後に，③外交的保護権行使にあたっては，被害者個人が，被害を被った外国において，利用可能な国内法上の救済手段をすべて利用しつくしていることが必要とされる（国内的救済の原則）。すなわち，救済手段をすべて利用しつくし，それでも救済が十分に得られないときに初めて外交的保護権が行使されることになる。これも現地で解決できることは現地で解決し，安易に国家間の紛争に転化させるべきではないという要請に基づく原則といえる。

　したがって，下級審判決が下された場合には，救済が不十分だからといって

それだけで本国が外交的保護権を行使することはできない。上訴が可能な限り，上訴の必要性がある。もちろん例外もある。裁判官に明らかな偏見があり，「裁判の拒否」が認められる場合，下級審における事実認定について問題としたいにもかかわらず，上級審では事実について審理を行わない裁判制度を持つ国の場合等がそれで，これらの場合には上訴しても意味がないので，国内救済手段は利用しつくしたものとみなされる。

【展開講義 48】 ノッテボーム事件（ICJ判決1955. 4. 6）

グアテマラで事業を行っていたドイツ人ノッテボームは，第二次大戦開始直後にリヒテンシュタインに帰化した。同国に帰化するにあたって，同国国内法上の居住要件を充たしてはいなかったが，帰化税の支払により，特例として帰化が認められた。ノッテボームは帰化後もグアテマラに居住し，事業を継続していたが，ドイツと交戦状態に入ったグアテマラは，ノッテボームを敵国民とみなして逮捕し米軍当局に身柄を引き渡した。戦後，グアテマラはノッテボームの財産を没収した。ノッテボームの要請を受けたリヒテンシュタイン政府は，グアテマラに対し，ノッテボームの財産の返還と損害の賠償を求めて国際司法裁判所に提訴した。

裁判所は，リヒテンシュタインの請求を認めなかった。外交的保護権を主張するためには，国家と国民との間の結びつきに「真正な連関」が必要であり，これがなければ，国籍付与の効果を相手国に主張できないからであるとした。ただし，裁判所は，すでに帰化によりドイツ国籍を喪失していたノッテボームのリヒテンシュタイン国籍を否認したわけではない。国籍付与は国内管轄事項だから，リヒテンシュタインによる国籍付与行為は否定できない。しかし長期にわたり継続し，今後も継続するであろう居住の事実により，密接な結合関係を持つグアテマラに対して，リヒテンシュタインは国際法上の外交的保護権を行使できないとしたのである。

こうした裁判所の判断には，批判がないわけではない。ノッテボームの場合，リヒテンシュタインへの帰化によって既にドイツ国籍を喪失しているので，国籍国たるリヒテンシュタインの保護を受けられなければ，どこの国の保護も受けられないことになってしまうというのがその一つである。しかし，前述したように，外交的保護権は，個人の保護のための制度ではない。どのような状況に置かれた個人であっても救済しようと意図された制度ではない。ノッテボームは，私的財産の保全のために中立国国籍を取得しようとしたわけであるが，そうした個人ま

で救済することを，この制度は予定していない。

4　逃亡犯罪人引渡

◆　導入対話　◆

入国審査官：旅券の有効期間，とっくに過ぎてますよ。在留資格外活動もしてるし。

外国人：ワタシ，セージハンザイニンデース。ホンゴクニ，オクリカエサナイデクダサーイ。ホゴシテクダサーイ。

入国審査官：政治犯罪人っていったって，証拠はあるんですか。

外国人：ハアイ，ワタシノソコク，イップタサイセイ（一夫多妻制）デース。デモ，ワタシ，イップイップセイ（一夫一婦制）ヲシュチョウシマシタ。

入国審査官：それで政治犯罪人ですか。そりゃ無理でしょう。

外国人：デモ，ワタシ，チョウナイカイチョウニニラマレマシタ。

入国審査官：町内会長。やけに日本的ですねえ。

外国人：アナタニ，ワカリヤスイヨーニ，イイマシタ。イチゾクノ，シュチョウデス。ワタシノクニ，チョウナイカイチョウニ，ニラマレルト，イキテイケマセーン。

入国審査官：その主張は，日本に来てから行ったものですよね。

外国人：ソンナコトハ，カンケーナーイ。ワタシ。ミノキケン，カンジマース。

入国審査官：あなたの国から引渡しの請求はきてないし，本国で起訴されてるわけでもないし，逮捕状が出てるわけでもないんですよね。それでは政治犯罪人とはならないですよ。

外国人：アナタ，アタマ，カタイデスネー。ワタシノクニ，ソンナノカンケーアリマセーン。ホンゴクニ，ソーカンサレタラ，リンチニアッテ，ワタシ，オシマイデース。コクサイホーノキジュン，アテニナリマセーン。ワタシノセーメーガ，アブナイカドーカ，ソレガモンダイデース。ソージャアリマセーンカ。

入国審査官：でも，証拠がないとなあ……。それに，あなた，一夫一婦制を主張した後で，一度帰国してますよね。そのときは，身の危険を感じてないんでしょう。

外国人：オネガイデース，セージハン，ダメナラ，ナンミンデモ，オーケーヨ。

> ワタシ，ニホンデ，オカネ，カセーデ，ソーキンシナイト，イチゾクコマリマース。ケーザイテキ，キョーフ，アリマース。

4.1　逃亡犯罪人の引渡手続

(1)　わが国の引渡手続

　他国において，その国の国内法に違反したか，または有罪判決を受けた者が自国内に在留する場合に，訴追または処罰のために当該外国からその者の引渡請求が行われることがある。このとき，当該個人を請求国に引き渡すことを，逃亡犯罪人の引渡という。

　一般国際法上，被請求国はこうした引渡請求に応じる義務はない。請求に応じるか否かは被請求国の自由である。しかし，条約が締結される場合は別である。わが国は，米国および韓国との間で条約を締結して，一定の場合に逃亡犯罪人の引渡を相互に義務づけている（1978年の日米犯罪人引渡条約，2002年の日韓犯罪人引渡条約）。多数国間条約で引渡を義務づける場合もある（1960年の欧州犯罪人引渡条約）。

　国内法を制定している場合は，その規定に従って引渡が行われる。わが国の引渡手続は，逃亡犯罪人引渡法によって行われる。請求国から外務大臣に対して引渡請求が行われたとき，当該請求にかかる外国人の行為が，同法2条に規定するような引渡制限事由に該当するときは，引渡に応じてはならない。引渡条約がない国からの引渡請求の場合は，将来におけるわが国からの引渡請求に応じる旨の保証がない限り引き渡す必要はない（相互主義）。要件を満たすとき，外務大臣は，法務大臣へ引渡請求書を送付する（逃亡犯罪人引渡法3条）。法務大臣は，一定の場合を除き，東京高検検事長に対し，逃亡犯罪人を引き渡すことができるかどうかについて，東京高等裁判所に審査の請求を行うよう命ずる（同4条）。東京高裁は，①審査の請求が不適法な場合は，これを却下する決定を，②引き渡すことができない場合に該当するときは，その旨の決定を，③引き渡すことができる場合は，その旨の決定を行う（同10条）。東京高裁の③の決定に基づいて，法務大臣は，逃亡犯罪人の引渡を指示する（同14条—17条，19条—21条）。

なお，条約や国内法に基づかなくとも，国際礼譲に基づいて引き渡すことがある。国際礼譲とは，儀礼，便宜，好意等に基づいて，国際社会において一般に遵守されている慣例のことである。一種の社会的規範ではあるが，国際法とは異なり法的義務を構成しない。したがって，これに反しても国際違法行為を行ったことにはならない。国家元首や代表者が来訪したとき行われる礼砲（元首21発，首相19発，大使・大将17発），軍艦に対する礼砲などがこれにあたる。犯罪の国際化と犯罪人の国外逃亡の増加に伴い，国際協力が不可欠となってきたため，国際礼譲による引渡も多々みられる。

(2) 要　件

引渡の対象となる犯罪は，請求国と被請求国の双方において一定程度以上の刑罰の対象となる重大な犯罪であることが必要である（双方可罰性の原則）（同2条3号・4号）。また，請求国は，引渡の対象となった犯罪のみを処罰の対象とし，これ以外の事由に基づいて処罰してはならない（特定性の原則）。政治犯罪人は，引渡の対象外である（政治犯不引渡の原則）（同2条1号）。自国民である場合も引き渡されない（自国民不引渡の原則）（同2条9号）。自国民不引渡の原則は，ヨーロッパ大陸法系諸国の原則である。この原則の背景には，外国の法制度や裁判を信用しないという考え方がある。英米法諸国は，犯罪の管轄権は犯罪地にありと考えるので，自国民であっても引き渡す。回復されるべき法秩序は犯罪地のものであるというのがその理由である。日米逃亡犯罪人引渡条約は，被請求国の自国民引渡を義務づけてはいない。しかし，裁量によって引渡を行うことは認めており（同条約5条），実際上，引渡は行われている。

4.2 政治犯罪人不引渡の原則

(1) 原則の意義

政治犯罪を犯した逃亡犯罪人（政治犯罪人）は，引渡の請求があっても犯罪人引渡の対象とはならない。これを政治犯罪人不引渡の原則という。条約や国内法に規定されることが多く，日米逃亡犯罪人引渡条約4条1項1号や，わが国逃亡犯罪人引渡法2条1項などに規定されている。

歴史的に見ると，普通犯罪を犯して逃亡してきた犯罪人を引き渡す慣行は，18世紀以前のヨーロッパではほとんどなかった。むしろ，君主制国家の間では，君主に対する反逆という意味での政治犯罪人の引渡が普通であった。産業革命

後の交通手段の発達は、犯罪人の逃亡を容易にしたため、普通犯罪人の引渡しが次第に一般的になっていった。

これとは逆に、フランス革命を契機に、政治犯罪人は引き渡さないという実行が次第に増大していった。革命以降、個人の政治的信条の自由を尊重する風潮が一般的となったことが背景にあるが、それと同時に、革命後の政情不安定なこの時期に、逃亡政治犯罪人を引き渡すことによって現政権を支持することになる行為を行うと、その政権崩壊後の新たな政権との関係で自国に不利益をもたらす危険性があった。無政府主義者は、すべての政府にとって敵であることから、こうした配慮は不要であり、本原則の対象外となる。

(2) 政治犯罪人

政治犯罪とは、特定の国家の政治形態の変更を目的とする犯罪である。政治犯罪は、純粋の政治犯罪と相対的政治犯罪に分類される。前者は、もっぱら特定国の政治的秩序の転覆を目指す行為であり、反逆の企図、革命・クーデタの陰謀、禁止された政治結社の結成など、直接の人的・物的損害を伴わない行為で、それ自体が犯罪とされている行為をいう。後者は、政治的秩序の侵害に関連して、道義的または社会的に非難されるべき普通犯罪を伴う行為をいう。たとえば、君主制を打倒するために君主を殺害する行為や、君主制打倒を目的として放火・殺人を行う場合がこれにあたる。

純粋の政治犯罪人については、不引渡の原則が確立しているとされるが、相対的政治犯罪人については、諸国の解釈は一致していない。犯罪人引渡条約や国内法で、一定の相対的政治犯罪については不引渡の原則を適用しないことを認めているものもある。一般的には、犯罪の動機となった政治性が、普通犯罪のもたらす社会的危険性を遥かに凌いで法的に評価される場合に限り、不引渡とすべきであるとの考え方が有力である。

最近では、著しく人道にもとる場合や国際関係に重大な影響を及ぼすとみられる場合は、引渡の対象とする条約が多く締結されている。たとえば、集団殺害罪の防止及び処罰に関する条約（1948年）（7条）、アパルトヘイト罪の鎮圧及び処罰に関する条約（1973年）（11条）は、それぞれ集団殺害およびアパルトヘイトを、犯罪人引渡に関しては政治犯罪とはみなさないとしている。他に、航空機の不法な奪取の防止に関する条約（1970年）（8条1項）、民間航空の安

全に対する不法な行為の防止に関する条約（1971年）（8条1項）は，それぞれの1条に規定する航空機犯罪を，現行の引渡条約における引渡犯罪とみなすとしているし，国際的に保護される者に対する犯罪の防止及び処罰に関する条約（1977年）（8条），人質をとる行為に関する条約（1979年）（10条）も，それぞれに規定する犯罪を，犯罪人引渡条約における引渡犯罪とみなすとしている。

【展開講義　49】　尹秀吉事件

　尹秀吉は大韓民国人であり，1951年にわが国に密入国し，その後不法滞在を続けていた。この間，大韓民国「国家保安法」等に違反するような反政府運動を行っていた。ただし，大韓民国政府から尹秀吉の引渡請求が行われたことはない。その後，1962年にわが国の外国人登録令違反と認定され，送還先を大韓民国とする退去強制令書の発布処分を受けた。尹秀吉は，日本国内における反政府運動のために，本国に送還されれば政治犯罪人として処罰されるとし，東京地裁に退去強制令書発布処分の取消を求めて提訴した。

　第一審（東京地判昭44・1・25）は，純粋の政治犯罪につき，しかも手続的要件として，本国から政治犯罪処罰のための引渡請求があるか，あるいは政治犯罪につき有罪判決を受けるか，起訴されるか，逮捕状がでているか，少なくも客観的にこれらと同視すべき程度に処罰の確実性があると認められる事情がある等本国における処罰が客観的に確実である場合に限り，政治犯罪人不引渡しの原則は国際慣習法上確立していると指摘し，尹秀吉は純粋の政治犯罪人で，本国における処罰が客観的に明らかであると認定した。

　しかし，控訴審（東京高判昭47・4・19）は，政治犯罪人不引渡しの原則は人道上の要請にとどまっており，未だ法的な義務の要請にまで高まっていないとした。さらに，そもそも不引渡しの対象となるべき政治犯罪は，単に将来本国で処罰を受けるおそれがあるとか，犯罪人として，引渡請求を受けたり逮捕状が発布されたりするおそれがあるというだけでは，また主観的に本人がこれらの容疑を受けることの恐怖や嫌悪をもっているというだけでは要件を満たさないのであり，尹秀吉を本国に送還してもその政治活動について処罰の可能性が客観的に明らかとはいえないとして，退去強制処分取消請求を棄却した。最高裁（最二判昭51・1・26）も控訴審の判断を支持した。

4.3 政治犯罪以外の不引渡事由

　死刑制度を維持している国への引渡が，被請求国の締結している人権条約に合致していないとき（死刑を制約しているとき），被請求国による引渡は当該人権条約違反となるか。死刑制度のある国への引渡拒否を争点としたのがゼーリンク事件である。

　西ドイツ（事件当時）国籍を有していたゼーリンクは，死刑制度を維持する米国ヴァージニア州で殺人を犯した。英国逃亡中に別件で逮捕されたところ，英米逃亡犯罪人引渡条約に基づき，米国が死刑廃止国たる英国に引き渡しを請求した。同じく死刑廃止国である西ドイツも，英国との逃亡犯罪人引渡条約に基づき引渡を請求した。本件殺人事件について英国は刑事裁判管轄権を持たない。米国は属地主義，西独は属人主義に基づいて刑事裁判管轄権を有する。ゼーリンクは米国において死刑の可能性ある罪で起訴されたため，死刑を制約していたヨーロッパ人権条約上の英国の義務が争点となった。

　英米逃亡犯罪人引渡条約によると，被請求国で死刑が適用されない犯罪については，請求国が死刑を執行しないという保証を与えない場合，引渡を拒否できる。米国は，英国の死刑不適用の希望を裁判官に伝える旨のヴァージニア州郡検事の証明書を英国に通知した。そこで，英国内相は米国への引き渡し命令に署名した。ただし，ヨーロッパ人権委員会およびヨーロッパ人権裁判所の仮保全措置の指示により，米国への引渡は執行されなかった。

　ヨーロッパ人権裁判所（判決1989.7.7）によれば，ヨーロッパ人権条約3条（拷問または非人道的なもしくは品位を傷つけられる取り扱いもしくは刑罰の禁止）は死刑を禁止する趣旨ではない（死刑は第6選択議定書（1983年）で廃止されたが，英国について本議定書が発効したのは1999年）ので，引渡自体は違法ではない。しかし，被疑者が引き渡され，死刑が宣告されたとき，「死の順番待ち」の危険が存在した。「死の順番待ち」とは，死刑宣告から執行まで平均6年から8年間，厳しい拘禁条件の下で死の恐怖に耐えなければならないことを意味した。被告の犯行時の年齢の若さと精神状態をも考慮すると，このような長期にわたる「死の順番待ち」は3条違反となると裁判所は認定した。なお，死刑の罪で起訴されないという旨の米国政府の確実な保証を得たのちに，ゼーリンクは米国へ引き渡された。

5 難　民

5.1 沿　革

　難民の保護が国際社会の注目を集めるようになったのは，1917年のロシア革命後に60万人以上もの大量の難民が発生したロシア難民問題以降である。その後，スペイン内戦中のスペイン難民，ナチス・ドイツから逃れるユダヤ人難民が発生し，国際連盟も，これらの難民救済のために，ナンセン通行証の発給（1922年），ユダヤ難民の発生に伴う特別高等弁務官の任命（1933年）を行って難民救済にあたった。第二次大戦後になっても難民の発生は続いた。大戦直後はもっぱら東欧からの難民が継続的に発生したため，1947年に国際避難民機関（IRO）が非常設的専門機関として国連総会決議によって設立された。国際避難民機関は，1947年7月から活動を始め，1952年1月末までに，199万人の難民を再定住させて，1952年3月に解散した。この間の1949年12月には，国際避難民機関の解消後の難民保護のための機関として，国連総会決議によって国連難民高等弁務官事務所（UNHCR）の設置が決定された。同事務所は，国連総会の補助機関として，1951年1月から活動を始めた。

　こうした歴史的経験を基礎にして，難民の保護と問題の解決のための国際協力をいっそう効果的に行うため，1951年に難民の地位に関する条約（以下，難民条約）が採択された。難民の受け入れは，難民流出国に対する敵対的要素を付随することから，時として，難民流出国（とくにソ連・東欧）との関係で摩擦を生じさせかねなかった。本条約の締結により，難民受入国の庇護権の性質と内容が確定すると同時に，難民流出国は受入国の庇護を流出国に対する非友好的行為とみなさないこととなったため，流出国との関係で安全弁としての役割を果たすことになった。こうした国際社会における難民保護に対する努力とは関係なく，最近でも難民は大量に発生し続けており，UNHCRの管轄下にいる難民の数は，1,000万人以上に上り，国内避難民は2,700万人以上とされる。

5.2 定　義

　難民条約上，難民としての地位が認められるには，以下の要件を充足する必要がある（難民条約1条A(2)）。

　まず，第1に，人種，宗教，国籍もしくは特定の社会集団に属すること，ま

たは政治的意見を理由として迫害を受けるおそれがあるという十分に理由のある恐怖を有することを要する。難民条約は，迫害の理由を特定した。そして，単に自国の政治体制に不満があって国外に出た者，経済的困窮により流出した「経済難民」，自然災害や戦争によって流出した「流民」は，国際的保護を必要とするかもしれないが，難民条約上の難民とはしていない。「迫害」は，一般的には，通常，人において受認し得ない苦痛をもたらす攻撃ないし圧迫であって，生命・身体の自由または抑圧およびその他の人権の重大な侵害をいう。これらの侵害は，国家機関によるものに限られず，私人による行為も含まれる。「恐怖」は主観的観念たらざるを得ないところであるが，その判断は各締約国に委ねられる。第2に，国籍国（無国籍者の場合は常居所を有していた国）の外にいることを要し，第3に，その国籍国（無国籍者の場合は常居所を有していた国）の保護を受けることができないもの，またはそのような恐怖を有するために，その国籍国の保護を受けることを望まないものであることを要件とした。ただし，平和に対する罪，重大な非政治的犯罪，国連憲章違反の行為を行った難民については，本条約は適用されず，保護の対象とはならない（同1条F）。

【展開講義 50】 条約難民・棄民・流民

　難民条約の定義に合致した者を，条約難民という。自然災害・戦乱・生活苦から逃れてくる流民（事実上の難民）や，もっぱら経済的利益の追求のみを目的として非合法的に国外に脱出する経済難民（偽装難民）は，これに含まれない。ただし，流民については保護が必要であるとし，最近では国連難民高等弁務官事務所が救援活動の対象としている。広義の難民（good offices refugees, or mandatory refugees）は，条約難民の定義が厳格すぎるので考案された概念である。国連難民高等弁務官事務所は，内戦・内乱・外国軍による占領・飢餓などの理由で人命の安全・身体の自由が危殆に瀕している大量難民を広義の難民として救済し，その保護について各国の協力を求めている。たとえばインドシナ難民がこれに該当する。1969年のアフリカ難民の特殊問題に関するアフリカ統一機構条約では，難民条約の難民の他に広義の難民が保護の対象として認められている。各国も広義の難民に対処するため，難民性の立証責任の緩和，一国から流出する集団的な難民に対する難民認定基準の工夫など，難民概念の適用を柔軟化するための手直しをしてきた。たとえば，フランスや北欧諸国などは難民条約を

批准したうえで，さらに国内立法上，国の権限で人道的理由から広義の難民を保護し得ることが認められている。それでも，民族・宗教的対立を原因とする内戦の場合，あるいは統治構造の欠陥に起因する独裁や貧困が極端化する際に発生する大量の難民については十分に対応できていないのが現状である。

5.3 受入れ国の義務

締約国は，以下のような義務を課される。

(1) 締約国は，許可なく当該締約国領域に入国し，または許可なく当該締約国領域内にいる難民に対し，不法に入国し，または不法にいることを理由として刑罰を科してはならない。ただし，当該難民が遅滞なく当局に出頭し，かつ，不法に入国し，または不法にいることの相当な理由を示すことが条件となっている（難民条約31条）。

(2) 締約国は，合法的にその領域内にいる難民を追放してはならない。ただし，国の安全または公の秩序を理由とする場合は除かれる（同32条）。

(3) 締約国は，生命または自由が脅威にさらされるおそれのある領域の国境へ，難民を追放し，または送還してはならない（ノン・ルフールマン原則）。ただし，受入れ国の安全にとって危険な者であったり，重大な犯罪者で受入れ国にとって危険な者は，この原則の利益を享受することができない（同33条）。

5.4 わが国の難民認定手続

わが国の出入国管理及び難民認定法で採用している難民概念は，難民条約と同じである（同法2条3の2）。難民申請を行う者は，難民に該当することを裏づける資料や写真とともに，入国審査官に申し出る必要がある。その後，難民調査官が面接調査を行い，法務大臣が総合的に検討して難民認定を行う。認定を行う場合は，難民認定通知書が交付される。認定しない場合には，法務大臣に対して異議申立を行い，これに基づいて裁決が下される。裁決に不服がある場合は，難民認定不許可処分の取消を求める訴訟を提起できる。

平成17年の改正で，それまで認定の申請期間を入国後60日以内に制限していた所謂60日ルールが撤廃された。また，これまで，難民認定審査中の来日外国人は不法滞在者として扱われ収容の可能性もあったが，①日本上陸後6ヶ月以内に認定申請している，②逃亡のおそれがないなどの要件を満たしていれば，

仮滞在の資格が付与され，法的地位が安定することになった。

　わが国の難民認定制度は，認定基準が厳格すぎ，そのために認定件数が少ないのではないかとの批判があった。2004年の難民認定申請は209人で認定されたのは6人だった。2009年の難民認定申請は1,388人でかなり増加しているが，このうち難民と認定されたのは30人である。なお，このとき難民と認定しなかったが人道的理由から特に在留を認めた者は501人で過去最高となっている。難民認定者の国籍は，8ヶ国にわたり，主な国籍は，ミャンマー18人，イランおよびアフガニスタンがそれぞれ3人となっている。また，特に在留を認めた者の国籍は19ヶ国にわたり，うちミャンマーが478人で全体の約90パーセントを占めている。

5.5 難民審査参与員制度

　より公正・中立な手続で難民の適切な庇護を図るため，平成17年5月に施行された改正入管難民法によって難民審査参与員制度（以下，参与員制度という）が設けられた。従来，難民審査を行う難民調査官は入国審査官から指名され，認定を行うのも不認定への異議申出の裁決を行うのも法務大臣であったため，法務省とは独立の機関による審査が必要であると批判されてきた。参与員制度は，難民審査の異議申し立て審査手続に第三者を関与させることで手続の公正性・中立性・透明性を高めることを目的とする。

　一次審査で難民と認められなかった人が難民不認定処分に異議を申し立てた場合，これまでは法務大臣が単独で異議の採否について判断してきたが，難民審査参与員（以下，参与員という。）の意見を聴くよう義務づけられることとなった。参与員は，人格が高潔であって，異議申し立てに関して公正な判断をすることができ，かつ，法律または国際情勢に関する学識経験を有する者のうちから法務大臣が任命し（出入国管理及び難民認定法61条の2の10），非常勤国家公務員として，法務大臣の諮問機関として機能する。任期は2年。参与員は3人1組で1班を構成し，班単位で異議申立人（難民主張者）等に直接審尋する権限が付与された（東京入国管理局に12班，大阪入国管理局に1班）。最終的に参与員は意見書を作成する。意見書に法的拘束力はないが，法務大臣は参与員の提出した意見を尊重して，異議申立てに対する決定を行うこととなる。過去に法務大臣が難民審査参与員の意見（意見が分かれたものについては多数意見）と

異なる処理をした例はない。

　参与員の氏名は公表されているが，参与員が自由に意見交換をして心証を形成することができる環境を確保するため，いずれの案件をいずれの参与員が担当したかについては一切公表してない。各班の構成員についても公表していない。

6　人権の国際的保護

──────── ◆　導入対話　◆ ────────

正義と良心：世界には不当に人権を侵害されている人がたくさんいます。こうした不幸な人々を救うためには，国際社会全体が目を光らせて監視しなければなりません。

天邪鬼：人権人権っていうけど，そもそも普遍的に保護すべき人権なんてものがあるのかい。人間集団がそれぞれ独自の文化を構築して，固有の規範意識を歴史的に形成してきて，それで丸く治まっているんだったらそれで良いじゃないか。治まる御世こそ最高の世の中じゃないか。なのに，国際的な単一の価値基準で統一するなんて，それこそ，「文化帝国主義」じゃないか。

正義と良心：すぐにそういって，逃げる人がいます。悲惨な状態に置かれた人の痛みがわからない人でなしとしかいえません。内戦状態が続く中で，食べるものもなく死んで行く子供たちのことを少しは考えたらどうですか。

天邪鬼：内戦で死んでいくのは，その連中の勝手じゃないか。そもそも，集団としての統治能力（governability 被統治能力を含む）が自分たちにないのだから仕方がないだろう。殺し合いをするのであれば，勝手にやらせりゃいいんだ。そのうち飽きて止めるだろ。そんなことを理由に，無理矢理，われわれの気に入らない価値を押しつけられるのはまっぴらだ。

正義と良心：人類愛というのは普遍的なものなんですよ。分からないかなぁ。私なんか，電光石火に分かっちゃうんだけどなぁ。

天邪鬼：普遍的というわりには，人権関係の条約には結構多くの留保や解釈宣言が附されているじゃないか。

正義と良心：それでも，条約が全くないよりはましでしょう。人類の明るい未来への一歩なんですよ。

天邪鬼：何が「人類」だ。何が「進歩」だ。条件が矢鱈ついて実体のなくなった

> 条約をいくら作ったって意味なんかあるもんか。できないことを決めておいて，一部の「良心」愛好家だけで自己満足してるだけじゃないか。悪しき「法万能主義」そのものだ。国際法に対する信頼感を損ねることになって，かえって，害になるだけだ。
>
> 正義と良心：だまれ，この人でなし。

6.1 第二次大戦以前

　人権の国際的保護の萌芽は19世紀初頭に見られる。1815年のウィーン宣言は，奴隷制の廃止および奴隷売買の禁止を，同年のウィーン会議最終議定書は，露・墺・普統治下のポーランド人保護を規定しており，これらが国際的な規制の端緒といえよう。奴隷制については，1890年の奴隷禁止条約（ブラッセル条約）や，1926年の奴隷禁止条約（ジュネーブ条約），1953年の同改正条約，1956年の同補足条約等によって継続的に国際法の規律の対象となっている。少数民族保護については，第一次大戦後に，少数民族保護条約が締結され，条約の実施については，国際連盟が保障することとされた。また，国際労働機関（ILO）が設立され，多くのILO条約が締結された。ただし，少数民族保護については，第一次大戦の敗戦国領土から新たに独立した東欧新独立国におけるそれが対象となっただけであり，また，ILO条約が対象とするのは，当該国際組織の性質上当然のことであるが，労働問題に限定された。しかも，労働問題がことさら国際的規律の対象になったのは，苛酷な労働条件の緩和という人道的要請もあったが，それよりはむしろ，労働条件の相違による国際競争力の格差の発生を不公正であると考える先進資本主義国の後進資本主義国への圧力によるためという側面の方が強い。

6.2 国連における人権の国際的保護

(1) 国連憲章

　国連は，その基本目的の一つに人権の保障を掲げ，そのための国際協力を達成すべきことを規定する（国連憲章1条3，13条1項b，55条，56条等）。とりわけ，56条は，加盟国が，55条の目的（人権の尊重と遵守を含む）を達成するために，国連と協力して行動することを義務づけている。しかし，規定の仕方は一般的であり，人権の具体的内容が不明確であることから，これのみをもって国

連加盟国に対して直接に具体的な人権尊重の法的義務を課したものとはいえない（米国カリフォルニア州最高裁のフジイ事件での判決）。

(2) 世界人権宣言

国連憲章の人権尊重原則を具体化すべく，国際的に保障されるべき人権内容を明示したのは，1948年の世界人権宣言である。この宣言は，すべての人民と国が達成すべき共通の基準を示し，その後の国際人権保障の発展に大きな影響を与えた。ただし，国連総会決議として採択されたものであり，宣言自体が直接的に加盟国を法的に拘束するものではない。

(3) 国際人権規約

法的拘束力を有する普遍的な国際人権条約の成立は，1966年に採択された経済的，社会的及び文化的権利に関する国際規約（A規約），市民的及び政治的権利に関する国際規約（B規約），市民的及び政治的権利に関する国際規約の選択議定書（B規約選択議定書）が最初である。いずれも1976年に発効している。なお，1989年には，死刑廃止を目的としたB規約第二選択議定書（死刑廃止条約）が採択され，1991年に発効している。わが国については，A規約とB規約について，1979年に効力を発生させているが，B規約選択議定書および第二選択議定書には加入していない。

両規約はそれぞれ異なる性質の人権を規定しているため，国家の義務の性質と履行確保手段のあり方に相違を示している。A規約は，労働権，団結権，社会保障，健康，教育，文化等，社会権的基本権を規定する条約であり，締約国に対して，立法措置その他の適当な方法により，その完全な実現を目指しつつも，方法としては漸進的に達成することを求めている（A規約2条1項）。それに対して，B規約は，身体の自由と安全，思想・良心の自由，表現・集会・結社の自由等，自由権的基本権を規定しているが，これらの権利については漸進的実現ではなく，権利を実現するために必要な国内法上の立法措置をとることにより，即時に実現するよう義務を課している（B規約2条2項）。

規定された権利の履行確保について，当初のA規約は，国家報告制度を置くのみであった。この制度は，締約国が，A規約に規定された権利に関して国内でとった措置を報告し，その報告を経済社会理事会の下部機関たる社会権規約委員会が審査するというものである（A規約16条以下）。ただし，委員会は個々

の国家の条約違反を認定する機能は有さず，一般的性質の意見を述べ，勧告を行うことができるだけである。B規約は，A規約と同様に国家報告制度を規定する（B規約40条）が，それだけでなく国家通報制度も導入した（同41条）。国家通報制度の下で，締約国は，他の締約国のB規約違反を規約人権委員会に通報し得る。委員会は通報を受理し，審議し，仲介によって友好的解決を図るよう努力し，必要な場合には注意を喚起する（同41条）。41条に基づく措置では関係締約国の満足するように解決されない場合には，特別調停委員会を設置して，この委員会が，あっ旋を行う（同42条）。同委員会は，報告書も作成する。B規約選択議定書は，個人通報制度を規定しており，国内的救済手続を尽くしていることを条件に，被害者個人が規約人権委員会に通報することを認めている。そして，規約人権委員会は，関係国の注意を喚起することができる（議定書4条）。注意を喚起された締約国は，6ヵ月以内に救済措置を示す説明書を規約人権委員会に提出する。規約人権委員会はこれを検討し，関係締約国と個人に意見を送付し，事態の改善を図る。ただし，B規約のいずれの通報制度についても，締約国がこれを受諾していることが必要である。わが国はいずれも受諾していないので適用がない。また，規約人権委員会は裁判所ではない。したがって当事者を拘束する判決を下すわけではない。すなわち，報告書に法的拘束力はない。なお，個人通報制度については，2008年に採択された社会権規約選択議定書により，A規約についても導入されることになった（ただし，議定書は未発効）。

(4) 国連人権理事会 United Nations Human Rights Council

従来の人権委員会（経済社会理事会の機能委員会として1946年に設立）に替えて，国連総会の下部機関として2006年に国連総会決議によって設立された。

理事会は47ヶ国で構成され，総会の絶対多数決により選出される。その地域的配分は，アジア13，アフリカ13，ラテンアメリカ8，東欧6，西欧7である。任期は3年で再選は1回まで可能である。また，総会の3分の2の多数により，重大な人権侵害を行った国の理事国資格を停止することができる。

新たな制度として，すべての加盟国の人権状況を定期的に，かつ，平等性・客観性・透明性をもって，建設的で非政治的な方法により検討するメカニズムが設けられた。これは人権委員会が審議の対象を恣意的に選択していたとの批

判に応えるものである。さらに，18人の専門家から成る人権理事会諮問委員会も設置された（アフリカ5，アジア5，東欧，ラ米，西欧その他3）。人権理事会に，適切な専門家の意見を提供することが目的であり，人権委員会の下部組織だった従来の人権小委員会を人権理事会の下部組織としてスリム化し，人権理事会への助言機能を明確にした。委員の任期は3年，再選は1回までで，個人の資格で任務を遂行する。諮問委員会は助言機能のみ有し，決議や決定の採択をしない。

6.3 地域的人権保障条約

(1) 欧州人権条約

欧州諸国は，1950年に人権及び基本的自由の保護のための条約（欧州人権条約）を締結した。本条約は，もともと市民的および政治的権利を対象としていたが，その後，社会権にまで対象を広げている。本条約に基づいて，欧州人権委員会および欧州人権裁判所が設置された。

従来の欧州人権条約の下では，欧州人権委員会が，締約国や個人からの通報の受理の決定および友好的解決のための手続を行い，友好的解決が不調に終わったときにのみ，欧州人権裁判所に付託された。裁判所に付託しない場合には，閣僚委員会が条約違反の有無を決定することとなっていた。しかし，1998年に発効した第11議定書により，実施措置は一元化された。すなわち，すべての申し立ては，欧州人権裁判所に対して行われることとなった。裁判所に一元化されたので，閣僚委員会は上記の機能を有さなくなり，判決の履行監視を行うのみとなった。

(2) 米州人権条約

米州諸国も自由権を中心にした人権に関する米州条約（米州人権条約）を締結し（1969年），米州人権委員会および米州人権裁判所を設立した。1988年には，未発効ではあるが，経済的・社会的および文化的権利における米州人権条約の追加議定書を採択し，1990年には，死刑廃止のための米州人権条約議定書を採択した（1992年発効）。

欧州人権裁判所にしても，米州人権裁判所にしても，人権侵害の被害者個人に対して判決を下すという形式を採用することで個人に救済を与える。ただし，米州人権裁判所については，個人が直接原告となることは認められていない。

被害者個人は，米州の人権委員会に申し立てを行うことができるのみである。米州人権裁判所への提訴は，米州人権委員会が行う。

他に，アフリカ諸国の間にも，人及び人民の権利に関するアフリカ憲章（バンジュール憲章）が1981年に採択されている。同憲章は，国連経済社会理事会決議1503手続に類似した個人通報手続を規定している。

7 個人の国際犯罪

国際犯罪と呼ばれる概念は，その規制に対する国際法の関与の仕方に応じて，以下の三種類に分類できる。すなわち，①外国性をもつ犯罪，②諸国の共通利益を害する犯罪，③国際法違反の犯罪である。

①は，犯人の国籍・行為地等の犯罪の要素が，複数の国に関係する場合の犯罪である。外国人の国外犯，自国民の国外犯などがこれにあたる。実質的な構成要件は内国刑法により定められ，実体は，取締にあたる特定国の国内法上の犯罪にすぎない。その捜査・訴追・処罰の手続の面で，国際司法協力等，国際法の関与が必要とされることがあるだけである。

②は，諸国に共通する法益，人類全体に共通する法益に対する侵害を構成する行為であるが，国家が，国際法に直接に準拠して個人の刑事責任を追求するのではなく，国際法上の義務を受容して制定した内国刑法の規定の介在をまって個人の刑事責任を問う犯罪である。国際法は，せいぜい犯罪の定義を詳細に定めるだけであって，実質的な構成要件の決定は，内国刑法に委ねられている。海賊行為のほか，航空機内で行われた犯罪その他ある種の行為に関する条約（1963年），航空機の不法な奪取の防止に関する条約（1970年），民間航空の安全に対する不法な行為の防止に関する条約（1971年），人質をとる行為に関する条約（1979年），麻薬及び向精神薬の不正取引の防止に関する国際連合条約（1988年）等の対象とする犯罪がこれにあたる。

③は，個人の刑事責任が内国刑法の規定を介することなく，直接に国際法に基づいて成立し，国際社会の名において，国際裁判所が直接裁く犯罪である。重大な戦争犯罪（平和に対する罪，人道に対する罪，通常の戦争犯罪），集団殺害罪等がこれである。③の国際犯罪が成立するためには三要件を充足する必要が

ある。(i)犯罪の構成要件と個人の刑事責任が，国際慣習法または条約によって明確かつ詳細に定められており，国際法に直接準拠していること，(ii)国際刑事裁判所を設立して，犯罪の訴追と処罰をその専属的な管轄とすること，(iii)国際法違反の犯罪を定めた関係条約が，国際社会の大多数の国によって受諾されていること，である。しかし，(ii)については，一般的な管轄権を有する国際刑事裁判所は2002年まで未成立だったので，かわりに特定国の国内裁判所の管轄に委ねざるを得なかったし，実際に，関係条約では，そのように定めている（ジェノサイド条約6条）。なお，国連安全保障理事会は，旧ユーゴスラビアの内戦に伴う非人道的行為に関して，個人の刑事責任を追及するために特別の国際刑事裁判所を設立した（1993年）。ルワンダ内戦に関しても，同様の国際刑事裁判所を設立した（1994年）。

【展開講義 51】 国際刑事裁判所

広義では，国際法違反を犯した者を訴追・処罰するために国際法に基づいて設置される裁判所をいう。第二次大戦後に日独の戦争指導者を対象として設けられたニュルンベルク国際軍事裁判所および極東国際軍事裁判所もこれに該当する。ニュルンベルク裁判終了後，国際法委員会はニュルンベルク原則を具体化した（1950年）。①国際法上の犯罪を行った者は個人として刑事責任を負い処罰される。②国際法が犯罪とする行為を行った者は，国内法が刑罰を科していないからといって国際法上の刑事責任を免れることはない。③国際犯罪を行った者が，国家元首として，または責任ある地位にある公務員として行動したからといって国際法上の責任を免れることはない。④政府または上官の命令に従ったからといって国際法上の責任を免れることはない。ただし，道徳基準の選択（moral choice）が事実上可能であった場合に限る。⑤国際法上の犯罪について責任を追及された者は，公正な裁判を受ける権利が保障される。⑥平和に対する罪，戦争犯罪，人道に対する罪は国際法上の犯罪として処罰し得る。⑦⑥の犯罪の共犯も国際法上の犯罪である，がそれである。ニュルンベルク原則は，その後のジェノサイド条約，戦争犯罪及び人道に対する罪に対する時効不適用条約（1968），アパルトヘイト条約（1973）に取り入れられた。

その後，1993年には旧ユーゴスラビア国際刑事裁判所，翌年にはルワンダで同種の裁判所が設立されたが，いずれも民族間紛争において行なわれた集団殺害な

どの「国際人道法の重大な違反」について責任を有する個人を訴追するために，国連安保理が国連憲章7章に基づく強制措置として設置した臨時の裁判所である。国内裁判所も管轄権を有するとされたが，管轄権が競合する時はいずれの国際刑事裁判所も国内裁判所に優越するものとされた（優越性の原則）。

個人の国際犯罪を裁く常設的な国際刑事裁判所の設立は，国連の当初からの課題の一つであり，国連国際法委員会では，人類の平和と安全に対する罪に関する法典草案の中で，国際刑事裁判所規程の検討がなされていたが，裁判所の管轄権の中核となる侵略の定義の作業が進捗しない中で，規程の検討も1954年にいったん中断された。しかし，1982年から審議が再開され，1994年に国際刑事裁判所規程草案が国連総会に提出された。1996年には，国連総会が国際刑事裁判所を常設機関として設置することを承認し，1998年，ローマで外交会議が開催され，同会議において国際刑事裁判所規程が採択され，2002年7月に発効した。ただし，米国，中国，イスラエルなどは採択に反対した。

国際刑事裁判所は普遍的管轄権を有しない。国際刑事裁判所規程の当事国となった国家のみが裁判所の管轄権を受諾したものとみなされる（12条）。さらに，裁判所の管轄権の行使が認められるのは，①犯罪行為が行われた国（12条2項(a)），②船舶・航空機内の行為についてはその登録国，③被疑者の国籍国（12条2項(b)）のいずれかが締約国（または管轄権受諾宣言を行なう非締約国）であることが前提条件となる。管轄権行使の対象となる個人について地理的または国籍による限定はない（25条1項）。

たとえば，非締約国の軍人が規程の締約国内で国際刑事裁判所が対象とする犯罪を行った場合，同裁判所は12条2項(a)に基づいて当該犯罪について管轄権を行使できる。また，非締約国であっても，12条3項に基づく宣言を行うことで，非締約国軍人が関与する事件であっても，自国で生じた事件であれば裁判所の管轄権が認められる。管轄権を行使できないのは，犯罪行為が規程の非締約国内で行われ，かつ被疑者が締約国国民でない場合である。ただし，国連憲章7章の下で強制措置として行動する安保理が犯罪の事態を検察官に付託する場合は，非締約国内の犯罪であっても管轄権行使が可能となる。つまり，この場合は犯罪行為地国または被疑者の国籍国の同意は不要である（13条b）。同意を不要とする制度であるから起草過程で激しく争われた点である。妥協の産物として124条が規定され，締約国は規程の効力発生後7年間，戦争犯罪について自国兵士の訴追を阻止できることとされた。

本条約が対象とするのは，集団殺害（ジェノサイド），人道に対する罪，戦争

犯罪，侵略の罪である。紛争において放置できない個人の非人道的行為を国際社会全体にとって深刻な犯罪として処罰するという観点から規定されている。ただし，侵略の罪については，その定義が加盟国会議で明確にされてから適用されるとしているので，裁判所が実際に取り扱う犯罪は，前三者となる。なお，規程発効前の行為は対象外であり（11条），国際テロ行為など，上記以外の犯罪は国際刑事裁判所の管轄権の対象とならない。これらの犯罪の処罰については従来通り国内裁判所に委ねられる。

　裁判所はオランダのハーグに置かれ，任期9年の18人の裁判官で構成される。裁判所には予審部と控訴審部が併設され，独立部局の検事局が設置される。検察官の捜査または訴追は加盟国または安保理の要請に基づいて行われるだけでなく，検察官が職権で捜査を開始することもできる（13-15条）。職権で捜査を開始することは国内法では当然であるが，国際刑事裁判では捜査に政治的動機が絡む可能性があると懸念され，客観性確保のため予審部の許可を得ることが職権捜査の条件とされた（15条3項）。なお，捜査段階では安保理が決議によって捜査または訴追を12ヶ月間停止することが可能とされた（16条）。国際刑事裁判所の独立性に影響しないとはいえない規定である。最高刑は，終身刑または30年以下の禁錮刑である。死刑は存在しない。刑は犯罪実行地国または国籍国で執行される。

　裁判所の創設にあたっては，一方では，できるだけ多くの国を参加させようという普遍性の要請と，他方では，できるだけ権限の強い独立した裁判所を設立しなければ機能しないとの要請が対立した。最終的には，妥協の産物としての性格が強い裁判所となっている。たとえば，安全保障理事会の影響が強いこと，国際政治からの独立性も不十分であることなどが指摘できる。さらに，本裁判所は，補完性の原則に基づいて事件を受理することとなっている（前文および1条）。すなわち，裁判所が事件を受理できるのは，国が捜査もしくは訴追を行う意思が全くないか不可能な場合等に限定されるのである（17条1・3項，20条3項）。補完性の原則に基づいて運営されるため，国内裁判で同一の行為が裁かれても国によって異なる刑罰が下される可能性もある。

第Ⅲ部

地的管轄権の配分

　国家が国力維持のために「領域の支配」を行うという発想は，資源の直接的確保という側面が関わらない限り，魅力を失いました。一定の領土を排他的に支配し，植民地化することは，必ずしも利益をもたらさなくなったからです。こうした方法に代わって，今後，「市場の支配」を巡って，ますます激しい闘争が展開されることになるでしょう。その一方で，従来不可能であった資源開発が，技術の進歩で可能となるに従って，海洋や宇宙空間の管理をめぐる争いは激しさを増すことになるでしょう。開発に絡んで，環境維持の要請もますます大きな問題となります。国際法が対処すべき問題は，科学・技術等の進歩・精緻化に連動して，その対象と複雑さを増しつつあります。

第6章　国家領域および国際的地域

1　領域主権——領土・領水・領空——

───────── ◆ 導入対話 ◆ ─────────

学生：前に，国家の三要素について言及がありましたが，そのうちの国家領域というのは具体的に何を指しているのでしょうか。

教師：国家領域は陸地だけでなく，その周囲に海が存在すれば，一定の幅の海もその国のものとなります。また，その上空も，国家領域となります。したがって，国家領域は立体的な構造を持つわけです。

学生：上空に及ぶということは，宇宙の果てまで際限なくその下位に位置する国家のものとなるということですか。

教師：上限はあります。他国の人工衛星が自国上空の地球の軌道上を飛んでいても，下位の国に害悪をもたらしているわけでない限り，文句をいう国はありません。それはこのことを示しています。ただ，その上限については，今のところ，はっきり定まっていません。いずれにせよ，国家は自国領域に対して領域主権を有しています。個々の国家は，領域主権を根拠にして，秩序を維持し，そこに住む住民の生命・財産を守り，文化的一体性を確保するのです。

1.1　領域主権の意義

今日の国際社会において最も基本的な行為主体である国家は，領域・人民・政府を基本的要素として存在する。このうち，国家領域は，国家の支配・管轄が及ぶ地理的範囲であり，領土を中心に，その周囲にある領水（→第Ⅲ部第7章2参照）のほか，立体的にその地下及び上空にある領空からなる。国家領域以外の地域は，いずれの国家の領有にも属さない。

国際法上，国家はその領域に対して，支配・使用・収益・処分を含む広範な

権能を行使することができる。この権利を領域主権といい，領土権，領土主権ともいう。

　領土は，国家の領域主権が最も典型的に及ぶところであり，河川，運河，湖沼を含む。ただし，国際河川および国際運河（→第Ⅲ部第6章2参照）は，通常の領土とは異なる法制度の下におかれる。領水は，内水と領海に分かれる（→第Ⅲ部第7章2参照）。

　領域主権の性質については，大きく分類すると二つの学説の対立がある。一つは，国家が領域を任意に使用・収益・処分する権利，すなわち，領域を客体として処分し得る権利（dominium）としてとらえる。これは，領域主権を国内私法上の所有権に類似するものとしてとらえるもので，他国との関係において，領域主権の排他性を一般的・対世的に確保し，自由に交換・売買・譲渡の対象として処分し得る側面を説明するのに適している。他方は，国家領域を国家の統治が行われる空間，あるいは国家の権限が及ぶ場所的範囲とみて，領域主権は，こうした空間または場所的範囲に存在するすべての人または物に対して行使される国家の統治権（imperium）または国際法上の権限ととらえるものである。後者の考え方は，人または物に対する支配の側面を説明するのに有用である。しかし，領域に対する国家の権能の実体は，上記のいずれか一方の説だけでは十分に説明しきれない。かくして，領域主権は，上記の二つの説の性質を合わせ持っているものと考えるのが妥当である。

1.2　領域主権の機能

　国家は，国際法上特別の制限がない限り，その領域主権に基づき，他国の主権・管轄権の介入を排除して，領域内の全ての人または物を自由に規律し使用することができる。その当然のコロラリーとして，国家は，国際法が許容する場合を除いて，他国の領域において許可なく公権力を行使することはできない。何故こうした権利が認められるのかといえば，一定の地域に住む人々が，自らの生活を守るために，そこにおいて一定の秩序を維持する必要があるからである。国家の存在意義の一つは，その国民の福利を増大させることであり，自らの生活を守るためには，外国の軍隊や警察あるいは外国人が，勝手な行動をとらないよう確保することが不可欠だからである。

【展開講義 52】 アイヒマン事件・金大中事件

　1960年5月，ブエノスアイレスにおいて，イスラエル官憲がアイヒマンを拉致し，数日後，航空機でイスラエルに強制的に連れ去った。元ドイツ親衛隊の中佐だったアイヒマンは，第二次大戦中に600万人以上のユダヤ人を大量虐殺した責任者で，戦後，アルゼンチンに逃亡していたのである。イスラエルに強制連行されたアイヒマンは，1950年に同国で制定されていたナチ協力者処罰法の下で，ユダヤ人に対する集団殺害罪および人道に対する罪等を理由に起訴された。翌月，国連安全保障理事会は，イスラエルの行為が国連加盟国たるアルゼンチンの主権を侵害するものであり，国際的な摩擦を引き起こし，国際の平和と安全を害しかねないとした決議を採択した。そして，イスラエルに対して，国連憲章と国際法に従った適切な賠償を行うよう要請した（安保理決議138（1960））。

　イスラエルは安全保障理事会が本件を扱う権限を争ったが，結局上記の決議に従うことを認め，アルゼンチンとともに，同年8月に共同宣言を作成した。同宣言で，イスラエルはアルゼンチンの基本的権利を侵害したことを認め，両国間の更なる友好関係の推進を明記して紛争を終結させた。なお，1961年にイスラエルで行われた裁判において，アイヒマンは，自らの行為を上官の命令に従った行為にすぎないと主張したが，認められず，死刑判決を受けた。そして，1962年5月31日に絞首刑に処せられた。

　1973年8月に，わが国滞在中の韓国人政治家で，1971年の韓国大統領選挙における野党側候補者であった金大中が拉致され，行方不明となった。5日後，金大中は，ソウルの自宅付近で釈放されたが，その後，韓国情報部（KCIA）部長を筆頭に，駐日大使館公使や参事官クラスを責任者とするグループの行為であることが判明した。したがって，韓国公権力がわが国の領域内で行使されたことになり，明らかに日本の主権を侵害するものであった。わが国政府は，当初は「韓国政府機関が事件に関与していたことを事実として認めざるを得ない」（1973年9月5日）との見解を示した。しかし，韓国政府が否定すると，「今回の事件が主権侵害となるかどうか，現在直ちに断を下せない」（1973年9月7日）と見解を変更している。その後，日韓両国は，事件に関与した駐日韓国大使館一等書記官の免職，事件の被害者たる金大中の自由回復の確認（事実は軟禁状態）を条件として，事件を「政治的」に解決させた。

1.3　領域権原の取得

◆　**導入対話**　◆

学生：領土・国境紛争の原因にはどのようなものがありますか。

教師：いろいろ考えられます。国境線がはっきりしていなかったために生ずる紛争，新しく資源が発見されたために，古い資料を持ち出して領有を突然主張する国が登場して生ずる紛争，河川を国境線にしていたときに，河川の位置に変更が生じて発生する紛争，戦争終了時における領土の帰属が不明確であったために生ずる紛争等です。

学生：なかには，武力が行使される場合もありますが，どうして平和的に解決されないのでしょう。

教師：人類の歴史は縄張り争いの歴史だといった人がいます。小難しくいえば，管轄権の有無をめぐる争いということです。領土は，国家の本質的要素であり，富の源泉ともなるので，死活的利益が絡みます。また，国家にとって，文化的一体性の源泉となる土地が紛争の対象となれば，譲歩の余地はなくなりやすくなります。国民にとっては，先祖代々の土地という意識が働いて特別の愛着が付与されるからです。

学生：感情的になりやすいということですか。とすれば，国際法の機能する余地もなくなってしまうと思うのですが。

教師：縄張り争いを解決するための基準を設定するのが法で，国際法も国家関係における縄張り争いを解決する基準を設定しています。

　一定の地域に対して領域主権を有効に行使するための原因または根拠となり得る事実を領域権原という。換言すれば，一定の領域を自国のものと主張できる根拠のことである。関連事実ともよばれ，先占，征服，割譲，添付といった態様がある。

　先占は，いずれの国家にも属さない土地（無主地）を，他の国家に先駆けて自国の領土とすることをいう。17世紀までは，無主地を発見しただけで領域権原となるという考え方があったが，18世紀末になると，発見は未成熟で暫定的な権原にすぎず，他国の先占に優越し得ないとされるようになった（パルマス島事件）。

　先占が有効となるためには，国家が無主地を領有する意思を示すとともに，

実効的な占有を行っている必要がある。実効的占有たるためには，関係地域の土地使用または定住を伴う物理的支配権の行使・確立が必要である。しかし，物理的支配の程度については，一律の基準が設定されているわけではない。人口過疎地域，無人島等については，資源開発免許の発行，軍艦からの領有宣言・監視等の国家行為で十分とされる。実効的占有の要件は，欧州諸国の植民地獲得競争のルールとなり，アジア・アフリカ地域の未承認国を無主地とみなすことによって，植民地獲得競争の正統性の根拠となった。今日では，無主地の概念に修正が加えられ，社会的・政治的組織を有する原住民が居住し，彼らの間に有権的代表者が存在したのであれば無主地ではなかったとされるが，この修正もまた，多分に西欧諸国の現代的要請によるものといえる。

　征服は，戦勝国がその一方的な意思の表明によって戦敗国を併合し，そこに領域主権を設定することをいう。第二次大戦後にドイツを占領した連合国は，ドイツ併合の意思を否定したため，ドイツは征服されたとみなされなかった。20世紀初頭に至るまで，征服は重要な領域権原の一つとして認められたが，今日では，武力行使が一般的に否定されたため，有効な領域権原とはみなされない。

　割譲は，当事国間の意思表示により，国家領域の一部を他国に譲渡することをいう。全領域を譲渡する場合は合併となる。日清戦争後の台湾，日露戦争後の南樺太が割譲の例である。割譲に際して，住民の意思を聴取することもあるが，割譲の成立要件ではない。住民の国籍も，原則として譲受国の国籍に変更する。もっとも，最近は国籍選択制度を設ける例が多くみられる。

　添付は，新しい土地の形成によって領土が拡大することをいう。自然的原因（河床の移動，海岸土砂の堆積等）と人為的原因（海洋の埋立）による場合がある。

　先占の対象となる無主地は地球上に存在せず，武力による征服は今日では違法化されているので，両者を議論するのは意味がないといわれるかもしれない。しかし，領土・国境紛争は，過去数世紀にも遡る事実または条約の解釈を争点とする場合が多く，権原があったのかどうかは，その当時有効であった国際法によって決定される。そうしたことから，これらの権原は，今日においても紛争解決のために一定の役割を演じている。

【展開講義 53】 日本の領土紛争

わが国は，北方領土，尖閣諸島，竹島の帰属をめぐる領土紛争をかかえている。いずれも第二次大戦後に具現化した紛争である。

(1) 北方領土

北方領土問題は，北海道の北東沖合に位置する歯舞群島，色丹島，国後島，択捉島の帰属をめぐる日露間の争いをいう。第二次大戦中の1943年，米英中はカイロ宣言を発した。同宣言は，戦後処理において，領土拡大を求めない旨を明記していた1941年の連合国共同宣言を受けついだものである（領土不拡大宣言）。ところが米英ソによる1945年のヤルタ協定では，ソ連の対日参戦を条件として，ソ連への樺太の返還と千島列島の引渡しを規定した。千島列島は，日本が平和的に領有してきたものであるし，その南部諸島は他のいずれの国家も領有した事実がないから，ソ連への引渡しは，明らかに領土不拡大原則に反するものであった。

1951年の日本と連合国との講和条約で，わが国は千島と樺太南部および近接諸島に対するすべての権利を放棄した（2条c号）。ただし，米ソは冷戦のさなかにあったため，最終帰属先をソ連と明記するにはいたらなかった。これに不満なソ連は，結局，この講和条約に署名しなかった。そのため，日ソ間において，1955年から講和条約締結のための交渉が開始された。交渉における最大の争点は領土問題であった。

領土問題の処理は，ヤルタ協定等の一連の条約により解決済みであると主張するソ連との間で難航した。しかし，とりあえず日ソ両国間の戦争状態を終了させ，両国間で国交を回復させるために，1956年に日ソ共同宣言が署名された。講和条約ではなく，共同宣言の形式にしたのは，領土問題が未解決であることを示している。戦争の後で行われる領土処理は，講和条約によるというのが国際法の原則だからである。同宣言により，両国間の講和条約締結後に，ソ連は歯舞諸島および色丹島を日本に引き渡すことに同意した（日ソ共同宣言9条）。ただし，国後，択捉については言及されなかった。

今日における北方領土問題の主たる争点は以下の通りである。まず，千島列島の最終帰属先についてである。ロシアは，ヤルタ協定およびポツダム宣言で帰属先は確定していると主張し，これに対してわが国は，戦敗国の領土処分の問題は，すべての戦勝国との間の問題であるから，ロシアが勝手に処分することはできないとしている。他方で，米国は，最終帰属先は未定であり，連合国間で決定されるべきであるから，日露間で処理されるべきではないと牽制している。

わが国が講和条約で放棄した千島の範囲も問題となる。係争地域の内，歯舞諸島および色丹島は北海道の一部であり，放棄した千島には含まれない。このことは日ソ共同宣言にもあるように，国際法的には決着がついている。日露間の争いは，放棄した千島の範囲，とりわけ，国後，択捉両島（いわゆる南千島）が，放棄した千島に含まれるかどうかである。わが国が根拠とするのは，いわゆる固有の領土論である。1855年の日露和親条約，1875年の樺太・千島交換条約などからも明らかなように，両島が日本以外のいずれかの国の領有下におかれた歴史的事実はない。したがって，サンフランシスコ講和条約で放棄した千島には含まれるはずがないというものである。1955年に，わが国が米国に問い合わせた質問に対して，米国は「千島列島についてはなんらの定義もなされなかった。千島列島の意味に関する全ての紛争は，同講和条約22条に定めるところに従って，国際司法裁判所に付託することができる」との回答を示した。1961年の米国国務省報告は，「両島は常に日本の領土の一部であり，正当に日本の主権下にあるものと認められるべきである」との見解を表明している。

(2) 尖閣諸島

沖縄県八重山諸島の北方約150km，台湾の北東約190km，中国から東シナ海に延びる大陸棚東部に位置する無人の5つの小島と3つの岩礁からなる。総面積は約6.3km^{2}ほどの無人の小島群である。諸島は，1896年の勅令13号により，日本の領土に編入され，行政上は沖縄の石垣市に属するものとされ，以後75年ほどの間，平穏かつ継続的に日本の領有下に置かれ，争われたことはない。

ところが，1968年に，国連アジア極東経済委員会が，諸島の周辺大陸棚の海底地質調査を行ったところ，大量の石油・天然ガスの埋蔵が確認された。この報告後の1969年に，台湾が当該海底資源について主権的権利を行使する旨を表明し，翌年には，米国の石油会社に石油探査を許可した。中国も，1971年に正式に領有権を主張する旨を発表し，日本との間で紛争が具体化した。日中間では，尖閣諸島の帰属について，いったんは棚上げすることで同意が成立した。しかし，1992年2月に制定された中国の領海法は，尖閣諸島を中国領と明記したため，日本はこれに抗議した。これに対して，中国は，尖閣列島問題の棚上げ方式の維持をあらためて確認している。いずれにせよ，紛争自体の最終決着はついていない。

(3) 竹島

竹島（韓国側の呼称は独島）は，島根県隠岐諸島の北西約157km，鬱陵島の東南東約92kmに位置する無人島であり，東西2つの小島と数十の岩礁からなっている。総面積は約0.23km^{2}ほどで，樹木はほとんど育たず，人の常住には適さな

い。わが国は1905年に竹島を島根県の所管に編入し，それ以降，実効的な支配を継続してきた。

　紛争は，1952年に，李承晩韓国大統領が「海洋主権宣言」を発し，竹島を含む水域を自国の漁業管轄区域とし（李承晩ライン），これに対して日本が抗議したことに始まる。1954年，韓国は，灯台・無線施設・国標等を設置，かつ警備隊を常駐させるなど，実力をもって同島を占領し，領有権を主張したので，日本は国際司法裁判所に事件を付託するよう韓国に提案した。しかし，韓国はこれを拒否した。1965年の日韓基本条約締結に際して取り交わされた紛争解決に関する交換公文で，外交交渉によって解決されない紛争は，調停によって解決されるべきことが合意された。しかし，韓国は，竹島の帰属はすでに確定しており，日韓間に竹島をめぐる紛争は存在しないとしている。現在においても，竹島には，韓国官憲が常駐し，日本は抗議を継続している。

2　国際河川・国際運河

2.1　国際河川

　複数の国家の国境を形成していたり，複数の国家を貫流している河川のうち，その利用が条約によって国際化されているものを国際河川という。河川は本来は内水として領土と同じ法的地位を有するから，通常は，国家の排他的管轄下にある。したがって，外国船舶は，沿河国の許可なくして当該河川を航行することはできない。しかし，19世紀になって欧州における通商活動が活発化すると，他国の河川を開放し，航行の自由を条約で保障するよう強く要請されるようになった。ライン，ダニューブ，モーゼル，オーデルなどがそれである。1921年のバルセロナ条約は，国際水路として重要なすべての河川を国際化しようと試みたが，国際化を重視しすぎたため，ほとんど機能していない。他方で，国際河川の管理のために，個々の条約で設けられた国際河川委員会がそれぞれの国際河川を管理している。

　最近では，航行以外の目的のための利用に関心が増大している。たとえば，水力発電・灌漑・工業用水あるいは上水道利用等である。とりわけ，中東では飲料水をめぐる紛争が懸念されるし，米国のコロラド河では，米国内の流域6州の利用により，下流のメキシコ住民が生活難に追い込まれるといった事態も

現出している。また，先進諸国では，下水や廃液による汚染防止問題が緊急の課題となっている。航行以外の河川利用は，船舶の航行の場合と異なり，国際河川の流域全体にわたって汚染その他の環境に対する有害かつ危険な影響を与える。そこで，地下水や支流も含めた流域全体を一つの単位としてとらえることが，国際法協会によって1966年に採択されたヘルシンキ規則をはじめとする条約や宣言で広く唱えられている。

　国際法の観点からとくに重要となるのは，国家は自己の望む方法で国際河川の流域を利用できるのか，それとも他の沿河国の利益を保護するための一定の法規範が存在しているのかどうかである。まず，①国家は，自国領域内に存在する河川の水を自由に利用し得るという理論がある。米国司法長官ハーモンが，1895年に主張したこの理論はハーモン理論と呼ばれる。他方，②国家は他国の領域内での流量・水質等を少しでも変えてしまう方法で自国内を流れる河川部分を利用してはならないという主張もある。これを，絶対的領土保全理論という。いずれも極端な考え方であり，国際法として確立してはいない。前述のヘルシンキ規則は，すべての流域国に合理的で衡平な水利権を認めるとともに，各流域国が自国内を流れる河川部分を利用するにあたって，水質・気象等の関係要因を考慮し，水量・水流の変更および汚染等によって，他国に損害を与えないよう義務づけることを提案している。

　なお，現行国際法上，河川の利用・開発は，領域主権に服し，他の沿河国に対しては，単に計画の事前通報・協議等の調整義務を負うのみであり，利用について他国の同意は不要とされる（ラヌー湖事件）。情報交換または事前協議については，国連人間環境会議勧告51，国連総会決議3281（XXIX），ラプラタ河条約等に規定されている（第Ⅲ部第9章2.3参照）。こうした中で，1997年に国連総会は，衡平で合理的な利用と参加の原則を含む国際水路の非航行的利用の法に関する条約を採択した。

2.2　国際運河

　運河は，人工的に建設された内陸の水路である。したがって，内水であるから，国家が排他的に自由な統治を行い，外国船舶の航行を認める義務はない。しかし，公海と公海を結ぶ運河については，国際交通の要路であることから，条約による国際的規制の下におかれ，外国船舶の自由通航が保障されることが

ある。そうした水路を国際運河という。スエズ運河，パナマ運河が代表例である。

　スエズ運河は，地中海と紅海を結ぶ運河であり，1869年に開通した。トルコ国内法による通航の自由の保障では不十分と考えた諸国は，1888年にスエズ運河の自由通航に関する条約（コンスタンチノープル条約）を締結し，戦時・平時を問わず，すべての商船・軍艦に通航の自由が認められる旨を規定した。通航の自由を確保するために，運河地帯は中立化され，領域国が交戦国であっても運河の自由通航は妨げられない。ただし，第一次大戦後に，運河地帯の防衛のための駐兵権を確保した英国は，第二次大戦中，敵国軍艦の通航を認めなかった。1956年にエジプトはスエズ運河を国有化し，株主の本国たる英仏との間に紛争を惹起した。その後，エジプトはコンスタンチノープル条約の尊重を表明し，事態は収拾されたが，度重なる中東戦争において，運河はたびたび封鎖された。イスラエルに対して自由通航が認められたのは，両国の間で平和条約が締結された後の，1979年以降である。

　パナマ運河の開通は1914年であるが，1901年の英米間のパナマ運河に関する条約（ヘイ・ポンスフォート条約）によって，すべての国のすべての船舶に対する航行の自由と運河地帯の中立化が規定された。また，1903年に締結された米国とパナマ間のヘイ・ヴァリラ条約により，米国は運河地帯の使用・占有・支配の権利を永久に認められた。しかし，第二次大戦後，パナマの反発が強まり，1977年にパナマ運河条約およびパナマ運河の永久中立と運営に関する条約が締結され，1979年に発効した。パナマ運河条約により，米国のパナマ運河地帯に対する永久的権利は廃止された。運河地帯の秩序維持は，1999年まで米国が継続して維持し，それ以降の運河地帯の管理責任はパナマが負うことになった。パナマ運河の永久中立と運営に関する条約は，パナマ運河が国際水路であり，平時・戦時を問わず，すべての船舶に開放され，永久に中立化されることを宣言している。1901年条約は，英米二国間のものであり，第三国の加入を認めない閉鎖条約であったため，運河の自由通航と中立化の保障は弱くならざるを得なかった。たとえば，英米両国は合意によって運河を封鎖することが可能であったし，米国が交戦国となった場合，敵国船舶の通航拒否や米国による要塞構築も許容された。事実，米国は第二次大戦中，敵国軍艦の運河通航を妨げ

ている。パナマ運河の永久中立と運営に関する条約は，開放条約であり，第三国が加入することによって，自由通航と中立化の保障がより強固なものとなっている。

3 南　極

　南極大陸に対しては，20世紀に入って，英国をはじめとする諸国が，発見，国家の許可を得た探検，捕鯨活動，本土との地理的・生態的・経済的な接続性と一体性等を根拠として，現実に占有した海岸地域の両端と南極点を結ぶ扇型の部分全体に対して領有権を主張するようになった。これをセクター理論という。この理論は，南極の厳しい気候のため，先占の法理の適用が困難であるとして，先占がなくともセクター内の島・陸地については，すべて当然に主張国の領有が認められるという考え方である。

　第二次大戦後，南極の領有権をめぐって，領有を主張する国（クレイマント）と，自らは領有を主張せず，他国の主張も否定する非領有主張国（ノン・クレイマント）の対立が顕在化した。そればかりか，領有主張地域が重複するクレイマント相互間に，現実の紛争が発生するに至った。こうした状況の中で，1957年から58年にかけて実施された地球観測年での成果を背景として，1959年にワシントンで署名されたのが，南極条約である。

　南極条約が適用される地域（南極地域）は，南緯60度以南であり，すべての氷棚を含む（南極条約6条）。ただし，同地域内の公海部分については，公海に関する国際法上の権利の行使が害されることではない。南極地域に適用される主な原則として，以下が挙げられる。

　①軍事的利用の禁止（同1条）。この原則は，査察制度によって担保される（同7条）。査察を行う監視員は，次段落で述べる南極協議国会議構成国が，自国民の中から指名する。監視員は，南極地域のすべての地域に，いつでも出入りすることができる。さらに，協議国会議構成国は，全ての地域の空中監視をいつでも行うことができる（同7条）。②領土主権・請求権の凍結（同4条1項）。凍結とは，これまでクレイマントによって主張されてきた南極地域に対する領有権または請求権を，承認も否定もせず，領有権の主張を棚上げすることを意味する。凍結によって，平和利用と国際協力を促進することとした。南

極地域に派遣される各国監視員・科学要員・随伴職員は，自国の裁判権のみに服する（同8条1項）。③科学的調査に関する国際協力（同2条，3条）。④核爆発・放射性廃棄物の処分の禁止（同5条2項）。

　南極地域に関する共通の利害関係事項を協議し，条約の原則および目的を助長する措置を立案し，審議し，政府に勧告するための機関として設置されたのが，協議国会議である（同9条）。協議国会議は国際組織ではなく，国際会議でしかない。南極条約は，一般的な行政権限を有する機関を創設せず，事務局さえ持たない。国際組織の創設は，国際管理化を招きかねないというクレイマントの懸念を反映した結果である。協議国会議を構成するのは，南極条約原加盟国と，その後加入した国で，実質的な科学的研究活動を行っている国である。南極についての直接的知識なしに意思決定への参加を認めるべきではないという理由から，構成国は限定されている。1998年以降27ヵ国で構成されている。会議は2年ごとに開催されていたが，1991年以降，ほぼ毎年開催されている。

【展開講義　54】　南極資源の開発と保存

　協議国会議は，南緯60度以南の南極動植物相を保護し，その生態系を保全するための合意措置を採択し（1964年），各国が許可を与える場合を除き，その殺傷・捕獲・採取を禁止した。しかし，この措置は，南緯60度以南の公海には適用されず，ペンギン・アザラシ等の海上捕獲を禁止できなかった。そこで，南極条約締約国は，1972年に南極アザラシ保存条約を締結し，南緯60度以南でのアザラシの海上捕獲を禁止した。さらに，1980年には，南極海洋生物資源保存条約を締結した。同条約の適用範囲は，南極条約よりも広く，南極生態系の北限を示す南極収束線までを対象とし，そこに生息するオキアミその他の生物資源について，国際委員会が科学的根拠に基づく保存規制措置を定め，旗国主義に基づく規制により資源の有効利用を確保することとした。国際委員会は，国際組織としての体裁を整え，事務局も設置された。ただし，これらの条約の適用については，クレイマント各国の南極領有主張を害しない旨，常に明文で確認されている。

　鉱物資源については，1969年以降，南極大陸周辺における石油と天然ガスの開発が注目されるようになった。鉱物資源開発は，南極条約の対象外であったが，協議国会議は，1988年に南極鉱物資源活動規制条約を採択した。しかし，環境保護に対する配慮が不十分であるとして発効していない。そのため，1991年に，環境保護に関する南極条約議定書を採択し，同議定書発効（1998年）後の50年間，

科学的調査以外の南極における鉱物資源開発活動を禁止することとした。

　南極条約の対象事項は限定的であったが，その後の種々の条約締結により，南極における潜在的活動のほとんどすべてがカバーされるに至っている。南極条約体制は，領有権等の根本的な法的問題を抱えながらも，緩い国家間の協力体制から組織的構造をもった体制へと変容しつつあるといえる。

【展開講義　55】　南極と日本

　「わが国が平和条約2条によりまして放棄いたしましたのは，平和条約発効当時におきましてわが国が有しておりました南極地域に対する権利，権原あるいは利益についての請求権を捨てたということでございまして，この規定があるからといって，その後，平和条約発効後にわが国が，あるいはわが国の国民の活動等によりまして，あるいはその他の理由によって，南極地域に何らかのわが国の権利，権原あるいは利益が発生する，それに対して場合によっては請求権を持つということまで，つまり平和条約から未来に向かってわが国の立場を放棄したというふうには考えておらないわけでございます。」（昭和53年4月5日衆議院外務委員会における政府答弁）

第7章　海　洋　法

1　海洋法の歴史的展開過程

　海洋における秩序づけが具体化していくのは，中世後期以降のヨーロッパにおいてである。15世紀後半に大航海時代を迎えたヨーロッパ諸国のうち，まずポルトガルとスペインが海外植民地獲得のために世界を二分割して海洋の領有を主張した（1493年のトルデシラス条約）。これに反発したのが新興国たるオランダ・英国であった。1609年に，オランダ人たるグロティウスは，こうした国際情勢の中で『自由海論』を著した。グロティウスは，自然法の観点から海洋を，いずれの国家も領有し得ないものとし，オランダの海洋政策を積極的に支持したわけである。

　他方，英国のセルデンは，『閉鎖海論』（1635年）を著し，海洋に対する領有権を主張し，海洋論争を展開させた。もっとも，セルデンの主張は，近海漁業独占のための領有主張であり，海洋一般に対する領有権を主張するものではない。いずれにせよ，海洋論争は，海域区分に関する近代海洋法の成立をうながす重要な契機となった。

　その後の海洋法は，もっぱら国際慣習法として展開していった。18世紀には，広い自由な公海と，狭い領海という二元論的な構造が確立した。法典化が進むのは，19世紀後半以降であり，まず，戦時海上法規の分野から始まった。その後，1930年には，国際連盟の主催で，ハーグ国際法典編纂会議が開催されたが，その時，領海に関する一般条約作成の試みがなされた。しかし，領海の幅についての一致が得られず，失敗に終わっている。

　第二次大戦後，米国大統領トルーマンの宣言に始まる海洋に対する管轄権の一方的拡大の動きによって，海洋法秩序が混乱し，紛争が頻発した。そこで，1958年に，第一次国連海洋法会議が開催され，こうした混乱に対処すること

なった。この会議では、領海及び接続水域に関する条約、公海に関する条約、大陸棚に関する条約、漁業及び公海の生物資源の保存に関する条約が締結された。しかし、領海の幅についてはここでも合意できなかった。領海の幅に関する国際法規則を作成するため、1960年に第二次国連海洋法会議が開催されたが、わずかの差でふたたび成案を得るには至らなかった。

その後、先進諸国の技術革新が進み、海洋資源の開発がますます積極的に行われるとともに、新たに独立したアジア・アフリカ諸国、そしてラテンアメリカ諸国等、開発途上の国の中には、天然資源を確保するために、200カイリ領海を主張する国も出現した。1958年に締結された諸条約は資源の自由開発が基本的理念であり、先進国に有利だったからである。そうした状況の中で、第三次国連海洋法会議が開催された。同会議での主たる争点の一つは、上述の歴史的展開過程からも明らかなように、資源問題に関連するものであった。ただし、他にも、領海の幅、それに付随して問題となる海峡通航制度、さらに、海洋環境保全や紛争の強制的解決制度等、処理すべき事項は多岐にわたっていた。同会議は、1982年に国連海洋法条約を採択した。

2　領　　海

◆　導入対話　◆

学生：領海という制度の存在理由は何でしょうか。
教師：沿革的には、安全保障上の理由と漁業資源の確保にあるといえます。
学生：安全保障上の理由というと、外国からの攻撃に対処するためということですか。
教師：そうです。一定の幅の領海を設定して、その中では沿岸国に危険をもたらす行為を禁ずるわけです。ですから、近世ヨーロッパでは、着弾距離説といって、沿岸から砲弾の到達する距離までをその国の領海とすべきだという考え方も提示されていました。当時の着弾距離がほぼ3カイリだったこともあり、その後、着弾距離が延びたのにも拘わらず、比較的多くの国家が領海3カイリを採用してきました。

2.1 領　　水

　領水は，内水と領海とからなる。内水は，湾・港・内海のことであり，国家の完全な領域主権が及ぶ。原則として，外国の船舶は沿岸国の同意なしに無断で内水に入ることは許されない。内水としての湾は，沿岸が同一国に属することなど一定の要件を充たす必要がある。湾口の長さについては一定しなかったが，領海及び接続水域に関する条約（1958年）で24カイリ以下と規定された（国連海洋法条約も同じ）。この規定の要件は充たさないものの，長期にわたり沿岸国が自国の湾であることを主張して主権を行使し，他国もそれを認めてきた海域を歴史的湾といい，内水として扱われる（国連海洋法条約10条6項）。内海は，二つ以上の入り口によって外洋から閉ざされた水域で沿岸国が同一のものをいう。条約上の規定はないが，各入口に湾の規則が適用され内水となることがある。テキサダ号事件で大阪高裁（昭51・11・19）は，湾口24カイリ規則の慣習国際法性を否定したが，瀬戸内海が歴史的に（継続的な支配の事実と第三国からの異議の欠如により）わが国の内水であることを認めた。昭和52年に制定された領海法は瀬戸内海を内水と明記した。

　領海は，沿岸の領海基線から12カイリ（1カイリ＝1852メートル）までの範囲で認められる帯状の海域であり（国連海洋法条約3条），国家の領域主権が及ぶ点では内水と同じだが，外国船舶に無害通航権を認めなければならず，領域主権の排他性は機能的に制限される。

　領海の幅について一致を見るまでには長時間を要した。合意が容易でなかったのは，一方では海軍国および海運国が狭い領海を主張する一方で，自国の安全保障の確保および沿岸沖資源の独占を目指す沿岸国の利害の対立のためであった。12カイリで決着した背景には，沿岸国の資源確保に有利な排他的経済水域という新たな制度の導入があった（第Ⅲ部第7章5.2参照）。なお，わが国は，普仏戦争に際して中立維持を表明した明治3年（1870）の太政官布告492号以来，領海3カイリを維持してきたが，国際社会の大勢に抗しきれず，昭和52年（1977）に制定した領海法で領海12カイリに踏み切っている。

░░░

【展開講義　56】　領海および接続水域に関する法律

　わが国は，1977（昭和52）年5月2日に成立した領海法で，領海の幅を12カイ

リとするに至った。領海拡張の理由は，沿岸漁業保護のためとされた。

なお，宗谷，津軽，対馬東と西の水道，大隅の五海峡は特定海域とされ，当分の間，領海法の例外として従来通り3カイリとした。

これらの海域の領海が3カイリとされたのは，非核三原則（【展開講義 59】参照）の存在が理由とされる。領海12カイリを認めると，これらの海域は国際海峡として通過通航権（→本章3参照）が認められなければならず，通過通航権が認められると，核武装した軍艦および軍用機の通過も認めなければならない。となれば，上述したわが国の非核三原則と抵触する事態を招く。しかも，非核三原則の立場を国際海峡に適用して，該当する外国の航空機および船舶を排除することは国際法上認められない。かくして，公海部分を残し，非核三原則との抵触を防ぐために，領海の幅を3カイリにとどめたと考えられる。ただし政府は，こうした考え方を認めていない。すなわち，特定海域の領海を3カイリのまま凍結したのは，新しい国際海峡制度が国際慣習法として確立していないので，その確立をみるまで現状を維持するにすぎないというのが政府の答弁である。なお，対馬海峡東水道は，25カイリの幅があるので，3カイリにする必要がないはずであるが，この海峡については，残った公海部分の幅の狭さが航行に差し支えるということが根拠となっている。

領海法は，1996年6月に，「領海及び接続水域に関する法律」と改められ，基線，追跡権，接続水域（→【展開講義 60】参照）の設定などについて新たな規定がおかれた。

2.2 基　　線

　領海の幅を測定する基準として海岸に接して引かれる線を基線という。基線の内側は内水となる。基線には，通常基線と直線基線とがある。通常基線は，現実の海岸線が，比較的に直線状で単純な場合に採用される。沿岸国が公認する大縮尺海図に記載されている海岸の低潮線が基線となる。直線基線は，ノルウェー漁業事件で認められて以来，一般的に承認されるようになった方式である。沿岸の最も外側にある低潮線上の適当な点（島，岩礁その他の隆起のそれを含む）を本土の実質的な外縁とみなし，これらを結んだ直線を基線としたものである。直線基線は，海岸線が激しく曲折していたり，海岸沿いに一連の島が点在している場合に採用される。

ただし，内水部分が広くなるわけであるので，一定の要件を充足しないと直線基線を引くことはできない。たとえば，海岸の一般的な方向から著しく離れて引いてはならない，直線基線となる線の内側の水域は内水として扱われるのに値するほどに陸地と密接な関連を有しなければならない等である。

なお，他国の領海との境界画定は，歴史的権原等の特別な事情がある場合をのぞき，別段の合意がない限り，関係国の基線上の最も近い点から等距離にある中間線を超えて引くことはできない（国際海洋法条約5条）。

【展開講義 57】 韓国漁船拿捕事件

日韓両国は昭和40年に日韓漁業協定を締結しており，相互に12カイリの排他的漁業水域を設定していた。漁業水域を設定するにあたり直線基線を採用する場合には協議を要する旨規定されていた。

平成9年6月，韓国漁船テドン号は島根県浜田市沖18.9カイリ地点において操業したため外国人漁業の規制に関する法律違反を理由として拿捕され起訴された。テドン号が操業していた水域は，日韓漁業協定で規定されていたわが国の排他的管轄権が及ぶ漁業水域の外側であった。しかし，わが国は平成8年に制定した領海及び接続水域に関する法律（新領海法）で領海の幅を測定する基線に直線基線を採用しており，テドン号の操業地点は直線基線の採用により新たに日本の領海となった水域であった。被告人の主張は，日韓漁業協定に基づき，本件水域はわが国の取締りおよび裁判管轄権が及ばないというものであった。

第一審は，本件水域が新領海法の施行によって日本の取締りおよび裁判管轄権が及ぶこととなり，外国人漁業規制法3条によってわが国の国籍を有しない者が漁業を行うことのできない水域となったとしても，憲法98条2項によって条約や確立した国際法規は，その成立の時間的前後を問わず，常に法律に優先する効力を有するとした。そして，日韓漁業協定の締結時点でいずれの国の領海でもなかった海域について，その後に領海が拡大したからといって，漁業協定の効力が変更することはないから，本件海域は，日韓漁業協定でいう漁業水域の外側であるとして漁業協定を優先的に適用して本件公訴を棄却した（松江地浜田支判平9・8・15）。

広島高裁によれば，公海のみを対象とした取極めであって，領海を規制対象としたものではないのであるから，同協定4条1項が日本の領海における主権の行使を制限する規定であるとの解釈は，これを容れる余地はないとし，さらに，同

協定が締結された当時，領海の幅に関する国際的な合意がいまだ成立していなかったことに照らすと，同協定が将来における領海拡大を制約する趣旨を有していたとも解釈できないとした。また，漁業水域を設定した後に領海がこれよりも拡大した場合には，その領海拡大が国際法上の基準にのっとり適法になされたものである限りは，漁業水域は領海の中に取り込まれ，存在意義を失って消滅するとし，同協定1条1項ただし書きの直線基線を採用する際の協議義務についても漁業水域の拡大手順を規定したものであって，領海の拡大につき制約を定めたものではないと述べて，原判決を破棄して松江地裁に差し戻した（広島高松江支部判平10・9・11）。なお，最高裁は平成11年に上告を棄却した。なお，本件を通じて，わが国の設定した直線基線が国際法に合致しているかどうかについての検討はなされていない。ちなみに，非公式ではあるが，米国国務省は本件で問題となった直線基線が国際法上の要件を満たしていないとしている。

2.3 無害通航権

　無害通航権は，外国の船舶が，沿岸国の平和・秩序または安全を害さない限り，沿岸国に妨害されることなく沿岸国の領海を通航できる権利をいう。本来は，領海に対して，沿岸国の主権が及ぶわけであるから，外国人が領海に自由に入ることは許されないはずである。沿岸国の安全確保という視点からすれば，通航を自由に認めるわけにはいかない。他方で，外国船舶に領海通航を認めることによって，自国船舶の他国領海通航も認められるから，国際交通の利益全体を増進することになる。そこで，無害であることを条件として，他国船舶の通航を認める無害通航権という制度が編み出されたわけである。この制度が確立したのは19世紀においてである。

　無害通航たる「通航」であるためには，①それが継続的かつ迅速に行われること，②不可抗力もしくは遭難により必要とされる場合，または危険もしくは遭難に陥った人，船舶もしくは航空機に援助を与えるために必要とされる場合など，特別の場合を除き，停船，投錨を行わないこと（同18条2項），③潜水船は海面上を国旗を掲げて航行すること（同20条）が必要である。

　「無害」性の認定基準として代表的なものとしては，船種基準説と行為基準説がある。船種基準説は，船舶の種類・装備・積み荷または仕向地などを基準とするものであり，その意図または具体的な行為・態様の如何にかかわりなく，

内在的要素を重視したものである。行為基準説は，通航中に船舶の上で行われる明白な行為または通航の具体的な態様などの外形的な要素を重視するものである。第二次大戦以前の実行は，船種基準説による規制が多かった。沿革的にいえば，無害通航権は，商業的航行のために認められた権利だからである。この考え方によれば，軍艦は当然に有害であるとの推定が働くことになる。戦後は行為基準説によるべきであるとの立場が示されている。国連海洋法条約においては，いずれの立場を採用したのか明確ではない。19条2項は，無害といえない場合を具体的に列挙しているので条約は行為基準説を採用しているかに見えるが，19条1項はいずれとも解される余地があるからである。

　沿岸国の権利義務について，国連海洋法条約は次のように規定している。沿岸国は，まず，領海を通航する外国船舶を規制するための法令制定権を有する（同21条）。また，衝突の防止など，航行の安全上必要な場合，航路帯を指定するか分離通航方式を設定することができる（同22条）。さらに，無害でない通航を防止するために必要な措置を執ることができる（同25条）。執ることができるとされる必要な措置とは何か。原則として，沿岸国は無害でない行為の中止，対象船舶の領海外への退去を要請できる。物理的強制措置をとれるかどうかについては明確ではない。しかし，緊急かつ重大な場合には許されるものと考えられている。1989年の米ソ共同声明では，当該船舶に通報し，釈明または行為の修正を行う機会が与えられるべきであるとした。また，軍事演習を含めて，自国の安全の保護のため不可欠な場合は，領海内の特定水域において，外国船舶に差別を設けることなく無害通航を一時的に停止することができる（同25条3項）。他方，沿岸国は，無害通航を妨害してはならない義務を負い，さらに，領海内における航行上の危険を公表する義務も負う（同24条）。

【展開講義　58】　軍艦の無害通航権

　軍艦に無害通航権が認められるかどうかについては，国家実行の一致がなく対立したままである。前述したように，船種基準説によれば認められない。行為基準説からすれば，認められ得る場合が存在することになる。1958年の領海及び接続水域に関する条約も，国連海洋法条約にも明文の規定はない。軍艦の領海通過には事前の許可が必要である旨主張する国が存在したからである。

　許可制を採用するものとすれば，一般的禁止が前提されるから，無害通航の権

利は存在しないことになる。事前許可制または通告制を適用する旨宣言している国として，ベルギー，ブルガリア，コロンビア，エジプト，ノルウェー，ポーランド，中国，韓国，ルーマニア等がある。現行国際法上の解釈として許可制に反対する旨を宣言する国は，日本，米国，ドイツ，英国等である。旧ソ連は，1989年9月の米ソ共同宣言附属書において，従来の立場を修正し，沿岸国の事前許可は不要とする見解をとるに至っている。

【展開講義 59】 非核三原則

事前許可制を採用しない立場のわが国としても，非核三原則を表明している関係上，核積載艦については領海の通航を認めるわけにはいかない。そこで，核積載艦については，事実上，事前許可制を採用し，無害通航を拒否できる旨，国会答弁で明らかにしている。たとえば，1968年に，領海および接続水域に関する条約に加入するにあたり行われた答弁で政府は，「国際海峡をのぞき，領海では，その通航について，事前許可制度を考慮し，ポラリス型潜水艦その他の核兵器常備艦の航行は，無害通航とは考えず，原則として許可しない権利を留保する」との答弁を国会において行っている。わが国は，沿岸国として，通航の無害性を厳格に解釈する権利を有し，無害でないと立証されれば，有害行為が存在しなくとも通航を否認する場合があり得ることを示すものである。もっとも，原則的に軍艦一般の通航を事前許可制にしたり，禁止する立場をとるものではない。ただし，これは国会での答弁にすぎず，当該条約に対する留保としての表明ではない。したがって，この国会での答弁内容をどの程度他国に主張し得るかは不明である。

【展開講義 60】 接続水域

密輸入を取締り伝染病の侵入を阻止するなど，沿岸国の領域内，とりわけ住民の生活範囲である「領土上」の法益を保護するために，沿岸国が領海の外側の公海に一定範囲の水域を設け，必要な管轄権を行使し得る水域を接続水域という。外国船舶の行為によって，沿岸国の法益が侵害されたか，または侵害のおそれがある場合に，公海上であるにもかかわらず，沿岸国に特定の権限を行使することを許容し，沿岸国の利益を守ることを認めるのがこの制度の趣旨である。

沿革的には，1736年に英国が密輸取締のために徘徊法を制定し，距岸5カイリまでの水域で関税法を適用する旨宣言したのを嚆矢とする。その後，1922年，米国は禁酒法を制定，同法を実効あらしめるため，沿岸から1時間行程（12カイリ）内のすべての船舶に対して，臨検・捜索の権利を有する旨規定した。これに

対して多くの諸国から，領海を実質的に拡張するものであるとして非難を受けたため，1924年以降，英国・日本・ドイツとの間でそれぞれ酒類密輸取締条約（Liquor Treaties）を締結，接続水域設定を認め，事態を収拾するに至った。これらの条約は，沿岸から1時間航程以内の水域（12カイリ）で，酒類密輸の嫌疑ある条約相手国船舶の臨検・拿捕の権限を認めた。しかし，国際社会全体からみれば，接続水域の設定目的，沿岸国の権限・範囲等について慣行の一致はなく，国際慣習法は確立しなかった。1930年に開催されたハーグ法典化会議においても，意見の一致は得られていない。しかし，第二次大戦後になると，船舶がますます高速化し，それに伴い接続水域の必要性が増大していった。かくして1958年に締結された領海及び接続水域に関する条約で，初めて一般条約として成文化した（24条）。このときは，領海の幅を広げようとする主張に抗して，そうした動きを阻止すべく，いわば取引材料として，合意が形成されたものである。

　国連海洋法条約によると，接続水域は，(a)沿岸国の自国領域内または領海内における，①通関上②財政上③出入国管理上④衛生上の国内法令違反を防止し，(b)これらの違反を処罰するために必要な規制を行うことができる（国連海洋法条約33条1項）水域とされる。冒頭に指摘したように，接続水域の設定は，「領土上の」法益を保護するため，①〜④の事項に限定して設けられるべきものである。そのため，水域自体の法益を保護するために認められる漁業水域とは異なる。接続水域内における法令違反に対する強制措置の可否については，1958年以降対立がある。後述する接続水域からの継続追跡権との関係からすれば，肯定的に解される。

　なお，領海及び接続水域に関する条約では12カイリとされたが，国連海洋法条約では領海が12カイリとなったこともあり，24カイリまでの範囲で設定できることとされた。わが国については，1977年に制定された領海法を改正した1996年の領海及び接続水域に関する法律が，接続水域の設定および権限について規定している（4条）。

【展開講義　61】　群島水域

　フィリピン，インドネシア，フィジー，パプア・ニューギニア，モーリシャスなど，全体が一または二以上の群島（多数の島が相互に近接して存在）から構成される国家で，それらが固有の地理的，経済的，政治的単位を形成するほどに密接に関連しあっている国家を群島国家といい，こうした国の沿岸に引かれる一定の群島基線で囲まれた水域を群島水域という。第三次国連海洋会議において，

フィジー代表が公式に提唱し，国連海洋法条約で規定された制度である。

群島国家は，群島の最も外側の島および常に水面上にある礁の最も外側の諸点を結ぶ直線の群島基線を引くことができる。ただし，群島基線の内側に主要な島が存在すること，基線の内側の水域の面積と陸地（環礁を含む）の面積との割合が，1対1から9対1の間となることが必要とされる。群島基線は，群島の全般的な輪郭から著しく離れて引いてはならない（国連海洋法条約47条）。領海は群島基線を基準にその外側に測定される。

群島水域は群島国家の主権の下に置かれるが，従来国際航路として使用されてきたことが重視され，内水とは異なる特別な法的地位を有するものとされている。たとえば，群島国家は，他国との既存の協定，隣接国の伝統的漁業権，他国の既設の海底電線を尊重し（同51条），外国船舶の無害通航権を保障する義務を負う（同52条1項）。また，群島航路帯および上空における航空路を指定した場合には，外国の船舶および航空機は国際海峡における通過通航権に類似した群島航路帯通航権が認められる。群島航路帯または航空路を指定しない場合には，通常，国際航行に使用される航路において，この権利を行使できる（同53条）。なお，群島国は，自国の安全の保護のため不可欠である場合には，群島水域内の特定水域において，外国船舶の無害通航を一時的に停止することができる（同52条2項）。

2.4 沿岸国裁判管轄権

領海を通航中の外国船舶に対して，沿岸国が裁判管轄権を行使できるか否かについては，19世紀以降対立があった。沿岸国裁判管轄権を一般的に認めようとする英国主義と，一定の場合にのみ限定しようとするフランス主義の対立である。領海及び接続水域に関する条約および国連海洋法条約は，海上航行の便宜を重視し，船舶に関する事件が沿岸国に重大な侵害を与えない限り，沿岸国は裁判管轄権を行使し得ないとした。

領海通航中の外国船舶に対する沿岸国の刑事裁判権が行使できるのは，船内の犯罪の結果が沿岸国に及ぶ場合，または船長もしくは旗国の外交官もしくは領事官の要請があった場合等に限定される（同27条1項）。

民事裁判権についても沿岸国の権限は制限的であり，領海通航中に生じた債務または責任に関する場合を除いて，外国船舶を停止させ，またはその航路を変更させてはならない（同28条1項）。

ただし，外国船舶が内水を出て領海を通航している場合には，上述の制限に関わりなく沿岸国がその国の法令に従って刑事および民事の裁判権を行使することができる（同27条2項，28条3項）。なお，外国軍艦および非商業用政府船舶は，沿岸国裁判権から免除される（同32条）。これらの艦船が，沿岸国の国内法令に従わないときは，領海からの退去を要求することしかできない（同30条）。

3 国際海峡

◆ 導入対話 ◆

学生：いろいろな概念が出てきて混乱しそうです。

教師：同じ海ではありますが，権利義務関係が異なるので，海域ごとに区切って説明しています。いうまでもなく，こうした海域の区分は，人為的な制度にすぎませんから，何を目的とした制度なのか，どういう利害関係が絡み合いながら形成されてきたものかを意識して整理すればよいでしょう。

学生：整理すればいいでしょうといわれても，……。

教師：ここでは特定の海域ごとに説明してますが，通航権の問題とか資源の問題というような角度から捉えるといいでしょう。国際海峡は領海の一部で，もっぱら通航権が問題になります。

学生：資源の問題については……。

教師：もっぱら大陸棚，経済水域，深海底です。後は海洋環境の維持という視点から海洋法を捉えることも可能です。海洋環境の維持については，第9章3で検討する予定です。

通常の領海における無害通航権については，沿岸国の安全にとって不可欠な場合，一時的かつ無差別であることを条件として，外国船舶の通航を一律に停止することができる。しかし，領海及び接続水域に関する条約16条4項は，「公海の一部分と公海の他の部分又は外国の領海との間」に存在する領海部分たる海峡のうち，「国際航行に使用される」海峡においては，外国船舶の通航を「停止してはならない」（停止されざる無害通航権，または強化された無害通航権と称する）と規定する。また，軍艦が外国領海で無害通航権を有するか否か

について争いがあるのに対して、国際海峡においては、軍艦にも無害通航権が認められる（コルフ海峡事件）。国際海峡においては、通商上および他国の安全保障上の利益への配慮がより強く認められ、結果として、沿岸国管轄権は、通常の領海におけるそれに比べて制限的となっている。

ただし、両者の相違は「停止されない」ことのみであり、たとえば、外国航空機に上空飛行の自由は認められない。潜水艦も浮上して国旗を掲揚して通航する義務がある。

第三次国連海洋法会議において、国際海峡は、最大の争点の一つであった。国際海峡は、軍事戦略上も通商上も重要だからである。会議の結果成立した国連海洋法条約は、領海の幅を最大12カイリまで保障している。そのため、①116の海峡が新たに領海化することになり、国際交通に不可欠な海峡において、従来であれば存在していたはずの自由通航可能な海域が消滅してしまうことになった。領海及び接続水域に関する条約上の規定でいえば、「停止されざる無害通航」が許されるのみとなり、上空飛行が許されず、潜水艦は浮上して国旗を掲げる義務に服することになる。また、②国際海峡で認められていたのは、停止されざる「無害」通航権であるから、無害たることは依然として必要であり、その認定は海峡沿岸国の主観的判断に依存する。したがって、とりわけ軍事大国にとっては、こうした事態を招く領海12カイリ化は受け入れ難いものであった。また、船舶の大型化、危険物輸送の増大といった趨勢の中で、海峡沿岸国としては、通航条件を厳格化していく傾向が見られた。そのため、国際海峡の通航に、これまで以上の制約が生じることが予想され、海運国に対しても打撃となることが予想された。

かくして、海峡沿岸国と軍事大国および海運国との利害を調整するための制度として、停止されざる無害通航権よりも強く通航を保障する通過通航権が導入されることとなった。

通過通航権とは、国際海峡を継続的かつ迅速に通過する航行および上空飛行をいう。この権利が認められる海峡は、公海または排他的経済水域の一部分と公海または排他的経済水域の他の部分との間にある国際航行に使用されている海峡である（同38条1項）。従来の停止されざる無害通航権と異なり、航空機（軍用機を含む）の上空飛行が許される。潜水艦の浮上義務について明示の規定

はないが，潜水航行が潜水艦の通常の通過形態であれば，浮上義務はない（同39条1項）。総じて，軍事大国の主張が入れられた制度となっている。無害性が通航の直接の基準とされないことも，大きな相違である。

　通過通航権を行使する外国の船舶および航空機は，海峡の通航またはその上空の飛行を遅滞なく行い，武力による威嚇または武力の行使を慎み，不可抗力や避難の場合を除き，通常の通過形態に付随しない活動を慎まなければならない（同39条1項）。また，海峡沿岸国が，国際規則に適合した航路帯を指定し，分離通航方式を設定したときは，それに従うことが義務づけられる。

　さらに，海峡沿岸国は，通航，汚染防止等について国内法令を制定し適用することができる。ただし，これらの規準は，無害通航の場合と異なり，国際規則の規準に基づかなければならず，沿岸国の主観性は制限される。また，通過通航を停止することはできず，法令違反の船舶・航空機を直接規制することも退去要請することもできない。沿岸国には危険を公示する義務も課されている。

　なお，①公海または排他的経済水域と外国の領海とをむすぶ海峡，②沿岸国の島と本土によって形成され，島の海側にも航行上および水路上の特性において同様に便利な公海または排他的経済水域の航路が存在する海峡については，従来通りの強化された無害通航権しか保障されない（同38条1項）。

　特定の海狭について定める条約が通航を全面的または部分的に規制しているときは，当該条約の法制度が適用される（同35条(c)）。たとえば，ボスフォラスおよびダーダネルス両海峡に関するモントルー条約（1936年）がこれにあたる。

【展開講義　62】　ソ連原潜の日本領海通航事件

　1980年8月21日，沖縄本島東方海上において，ソ連の原子力潜水艦が火災事故を起こした。22日に曳航作業を開始したため，日本国政府は，ソ連当局に対して，放射能汚染の危険性について回答を求めるとともに，日本の非核三原則に基づき，核兵器の領海内への持ち込みを認めない旨の申入れを行った。翌23日，駐日ソ連大使館は，該原潜の放射能汚染の危険はないとし，航路短縮のため，与論島と沖永良部島との間を通過する旨をわが国に通告した。これに対して，外務省は，ソ連側の回答が不十分であるとし，同原潜の領海内通過を拒否した。しかし，原潜は，午後3時すぎに日本の領海に入り，6時ころ公海上に出た。この間，わが国は，同原潜に対して，領海からの退去を要請した。夕方になって，ソ連大使館は，

放射能汚染の危険性がないことと核兵器の積載がないことを通告してきたが，日本国政府は，回答が領海通過後であるとして，ソ連政府に抗議した。

この事件では，①原潜の通路となった与論島と沖永良部島の間は国際海峡か。この問いに対する回答が否定的である場合，②放射能汚染および核兵器搭載が，無害通航の判断基準となるか。③不可抗力による航路短縮のための緊急入域は認められるか等が問題となる。

①については，もしも国際海峡であるとすれば，事前の許可を通航の条件となし得ないから，日本は通航を拒否できない。国際海峡でなければ，通常の領海における軍艦の通航と同じ扱いとなるが，日本は，軍艦の通航について，事前の許可・通告を条件とする旨の立法措置をとっていない。②放射能汚染については，汚染が意図的で重大な場合，通航の無害性は否定される（国連海洋法条約19条2項h号）。しかし，日本の調査では，汚染の事実が認定されなかった。また，核兵器搭載が無害通航の判断基準になるかどうかについては，【展開講義　58】でも指摘したように，非核三原則の周知性からいって，消極的に解さざるを得ない。③不可抗力による航路短縮が認められるか否かについて，海洋法条約は明示規定をおいていない。しかし，18条2項は，領海内における避難を間接的に認めたものと解される。全体としては，領海通航を拒否することは困難な事例ということになろう。

4　公　　　海

◆　導入対話　◆

学生：公海は自由だからという理由で，何をしてもいいのでしょうか。

教師：そうではありません。他国も同じように自由に使用できるわけですから，当然，そうした国の使用についても配慮する必要があります。条約を締結して，一定の行為を禁止することもありますから，そうした条約の締約国の国民は，行動の自由を制約されます。

学生：たとえば，どういうことがあるのでしょうか。

教師：1963年に，米国，英国，ソ連は部分的核実験禁止条約を締結しました。その時から，公海上での核実験の自由は制約されました。捕鯨についていえば，日本は，商業捕鯨を制限する合意に同意しているので，国際捕鯨委員会の設定

した割り当てを守っています。

学生：ノルウェーは，捕鯨を続けていますが。

教師：国際捕鯨委員会の構成員ではないので，規制に服さなくていいからです。日本の場合は，たとえば，海洋生物の保護に神経質な米国が，米国の周辺海域における日本漁業を禁止する措置に出かねないので，そうした措置の発動をおそれて捕鯨を犠牲にしているともいえます。旧ソ連は，海洋資源を米国周辺海域に依存する必要がないこともあり，委員会の割り当てを無視して捕鯨を続けていました。いずれにせよ，海洋資源の保存だけでなく，海洋環境保護の必要のためにも，今後ますます公海の自由が制限されていくものと予想されます。

4.1　公海自由の原則

いずれの国の領海，内水，群島国の群島水域，排他的経済水域にも含まれない海域を公海という。公海は自由とされるが（公海自由の原則），その内容は消極的側面と積極的側面の二つの側面がある。第1に，消極的側面として，公海は万民共有物としてすべての国民に開放されているので，いかなる国も公海のいずれかの部分をその主権下におくことも，そこで属地的管轄権を行使することもできない（領有の禁止，国連海洋法条約89条）。第2に，積極的側面として，公海がいずれの国の主権の下にも置かれないことから，沿岸国であれ内陸国であれ，すべての国は他国の干渉を受けずに公海を自由に使用することができる（使用の自由）。国連海洋法条約87条は，自由な使用の例として，航行・上空飛行・海底電線およびパイプラインの敷設・漁獲の自由などを例示的に示している。条約上の特別の規制がない限り，軍事演習や兵器の実験も禁止されない。ただし，公海の使用に際しては，他国の利益に妥当な考慮を払う義務がある（同87条2項）。合理的考慮とは，事前通報・協議，危険水域の設定・公示，損失補償などを行うことである。合理的考慮を払わないと，権利の濫用として国際法に違反する行為を行ったことになり得る。

【展開講義　63】　第五福竜丸事件

1954年3月1日，米国は当時米国の信託統治下にあった太平洋中西部のマーシャル諸島ビキニ環礁で水爆実験を行った。米国はそれまでに三回にわたって事

前に危険水域を設定していた。しかし，静岡県焼津港所属の第五福竜丸が被災した実験の際には正式の通告は行われていなかった。第五福竜丸は，設定された危険水域の外側19カイリ付近でマグロ漁をしていたときに被災し，乗組員23名が直接降灰にさらされた。乗組員の一人は帰国直後に原子病のため死亡した。このとき被爆したのは第五福竜丸だけでなく，日本漁船だけでも548隻に上った。これらの漁船が捕獲したマグロ（100カウント以上の放射能を含む）はすべて廃棄された。また，危険水域設定による航路の迂回および漁場変更，放射能汚染によるマグロ価格の暴落等で生じたマグロ業者の損害は莫大な額に上った。

翌年，日米両国は「ビキニ被災事件の補償問題に関する日米交換公文」を取り交わし，米国が200万ドルを日本政府に支払うことでこの事件を終結させた。ただし，米国側のこの支払は，損害賠償としてではなく見舞金（ex gratia）の名目で支払われた。すなわち，核実験自体は国際法上なんら違法性のある行為として行われたわけではないという前提で支払われたのである。漁業関係者は太平洋における核実験の中止を求めたが，日本政府は，公海上の核実験は軍事演習が認められるのと同じ様に公海使用の自由の一部として認められるとした。200万ドルは，日本政府を通じて被災者に支払われたが，同政府が，生き残った乗組員に対して，被爆したことを認めた上での措置をとったことはない。

第一に，当時，水爆実験が違法であったかどうかが国際法上問題となるが，これを違法とすることはできない。第二に，公海の使用の自由と抵触するのではないかが問題となる。公海の使用にあたっては他国の利益に合理的な考慮を払う必要があるが（公海に関する条約2条），漁業等，周辺海域が長期にわたって使用できなくなる可能性のある核実験を行うことが，たとえ危険水域の事前警告を行っていたとしても，公海使用の自由の下に許される行為であったかどうかは議論の分かれるところである。第三に，危険水域設定の法的性質が問題となる。危険区域を設定しさえすれば，危険水域外に生じた損失について責任を負わなくともよいのかどうかである。かりにそうだとすれば，広大な危険水域を設定しさえすれば責任を負う必要性はなくなる。法はそのような制度のあり方を許容しているといえるかが問題となる。

4.2 旗国主義

公海自由の原則により，公海上においてはいずれの国も領域主権に基づいて管轄権を行使することができない。したがって，公海の不適正または違法な使

用があったとしても，国際法上の根拠なくして他国の船舶による使用について介入したり妨害したりすることはできない。それでは公海秩序はいかに維持されるかというと，旗国主義を通じて維持される。旗国とは船舶の所属する国家をいい，旗国主義とは，公海上にある船舶に関しては，旗国の法令が適用され，その船舶に関係する事件は，旗国の行政機関または裁判所のみで審理されることをいう。

【展開講義 64】 便宜置籍船

　公海秩序は旗国主義によって維持されることから，いずれの船舶も特定の国の国籍を有し，その国の管轄に服さなければならない（国連海洋法条約92条）。国籍付与の条件は，条約上特別の制限がない限り，各国がそれぞれ定めることができる（同91条）。標準的条件として，船舶製造地，船舶所有者，乗組員がある。船舶は，船籍を示すいずれかの国の国旗を掲げずに航行することはできない。旗国と船舶との間には，真正な関係が存在しなければならない（同条）。ただし，真正な関係とは何かについては各国の国内法で決定する。

　そこで，船舶所有者は，課税負担，賃金，労働条件，社会保障，安全基準などで有利となる国の国籍を求めようとする。パナマ・ホンジュラス・リベリアといった国の国内法は，国籍付与の条件が緩い。こうした国の船籍を持ち，旗国と船舶所有者・乗組員の国籍が相違する等，両者の間に真正な関係が欠如している船舶を便宜置籍船（flag of convenience）という。

　便宜置籍船は，海運の過当競争を助長するだけでなく，旗国の管理・規制が不十分なために海上事故や汚染問題を引き起こすことが多い。国連貿易開発会議（UNCTAD）は，1986年に船舶の登録要件に関する国連条約（未発効）を作成し，真正な関係の内容を基準化しようとした。たとえば，締約国は，国内措置を講じて，一定の割合の船員を旗国の国民とすること，船舶所有についても，一定の割合で，自国または自国民の参加を義務づけること等である。こうした国内措置を講じて，運航の管理体制を実質的に強化することを義務づけたわけである。わが国の船舶法は，日本国民またはわが国法人の所有する船舶であることを国籍付与の条件としている。なお，わが国の商船会社が運航する船舶のうち，日本籍船舶は5％まで低下している（平成16年時点でわが国商船会社が運航している船舶は約1900隻）。外国籍船舶の7割はパナマ籍である。課税負担の問題が大きいためだが，海賊の被害にあっても旗国に迅速な対応を期待できないという問題も

発生している。また，最近では，マグロ資源の保存管理のために地域的漁業管理機関が規制を行っているのだが（例えば，「みなみまぐろ保存委員会（CCSBT）」，「中西部太平洋まぐろ類委員会（WCPFC）」など），各地域漁業管理機関がマグロ資源の保存管理のために定めた規制を逃れるため，地域漁業管理機関の非締約国等に船籍を移して無秩序な操業を行う便宜置籍船の存在も問題となっている。便宜置籍漁船による無秩序な操業はIUU（Illegal（違法），Unreported（無報告），Unregulated（無規制））漁業と呼ばれる。輸入業者は公海上で便宜置籍マグロ漁船から安価でマグロを購入する。そこで地域委員会は，IUU漁業を行っている漁船からマグロを購入しないよう輸入業者に要請したり，便宜置籍船の船籍国からの輸入制限措置を要請している。

【展開講義　65】　公海上での船舶の衝突と刑事裁判権

　1926年8月2日，フランス船ロチュース号とトルコ船ボスクルト号が，公海上で衝突した。翌3日，ロチュース号がコンスタンチノープル港に入港すると，トルコ警察は事故を調査し，ロチュース号の当直航海士とトルコ船船長を逮捕した。フランスは，当直航海士の逮捕に抗議し，事件は常設国際司法裁判所（PCIJ）に付託された。公海上の船舶衝突事件においては，加害船の旗国（フランス）にしか刑事裁判権が認められないという規則が国際慣習法上確立しているかどうかが争点であった。常設国際司法裁判所は，それまでの国家実行において，加害船の旗国以外の国による刑事裁判権行使に対して，抗議がなかったことを理由として，加害船の旗国だけに刑事裁判権を認めるという法的確信の存在は立証できないとして，同規則の国際慣習法性を否認した。すなわち，犯罪の結果の発生した船舶の所属国がそれを自国領土内で行われたものとして違反者を訴追することを禁止した国際法はないから，加害船舶も被害船舶もともに犯罪の行われた場所として，双方の旗国に競合的裁判管轄権を認めたのである。

　この判決は，批判された。加害船の旗国以外の国が船舶を拿捕・抑留・捜査し，船長や乗組員を逮捕し得ることになり，海上交通に不安を与えかねないという理由からである。1952年の衝突事故等の刑事裁判権に関するブラッセル条約は，刑事上の責任が問われるときは，その加害船の旗国または乗組員の本国のみが裁判権を有するとし，常設国際司法裁判所の判決を修正した。1958年の公海に関する条約，1982年の国連海洋法条約のいずれも，ブラッセル条約を踏襲した。

4.3 追跡権

　公海秩序は旗国主義に基づいて維持されるので，外国船舶に対して管轄権を行使することはできない。しかし，外国船舶が沿岸国の法令に違反して逃亡したときは，国内法令の履行を確保するために必要な規制を行うために，沿岸国が当該外国船舶を公海上に追跡し，拿捕・引致することができる。旗国主義の例外たるこの沿岸国の権利を追跡権という。19世紀後半に入ってから，船舶の速度が増大したことなどの事情から，沿岸国の法益を保護するために認められた権利であり，20世紀初頭にかけて国際慣習法化していった。ただし，公海自由の原則との関係から，以下のような一定の要件を満たす必要がある（国連海洋法条約111条）。

　追跡が行えるのは，外国船舶が沿岸国の法令に違反したと沿岸国の権限ある当局が信ずるに足りる十分な理由があるときである。追跡は，外国船舶が追跡国の内水，群島水域，領海または接続水域にある時に開始されなければならず，中断してはならない。中断しない限り，領海または接続水域の外において引き続き追跡することができる。中断した場合，追跡は再開できない。ただし，他の船舶または航空機が引き継ぐことは可能である。追跡権は国家の権利であり，原追跡船の固有の権利ではないからである。

　もっとも，引き継ぎは，追跡船の機関故障，低速船から高速船への引き継ぎ，拿捕のための航空機から船舶への引き継ぎ等，追跡手段の性質上，やむを得ない場合に限られる。

　母船が領海等の追跡開始可能水域外にあっても，そのボートが当該水域内にあれば，母船も同一水域内にあるものと擬制して母船に対する追跡権が生ずる。

　追跡は，軍艦，軍用機，権限を与えられた政府船舶・航空機によってのみ行うことができ，視覚的または聴覚的停船信号を外国船舶が視認できるか，または聞くことができる距離から発した後に開始される。無線電信または電話の使用は，追跡権の濫用を招く危険性が高いので，開始を正当化し得ない。

　停船確保のために，追跡船に許される実力行使はどこまでかが問題となる。沿岸警備船が停船命令に従わない被追跡船を撃沈させたアイム・アローン号事件（1935年）において，英米合同委員会は，米国警備船の行動を必要かつ合理的な限度を越えた実力行使とし，当該警備船による意図的な撃沈を違法と判断

した。レッド・クルセイダー号事件（1962年）においても，無警告な実弾攻撃が無用な人命への危険をもたらしたとして追跡船の行動を正当化しなかった。ただし，発砲を含め，実力行使が全く認められないとしているわけではなく，追跡の実効性を確保するために相当な行動は許される。

追跡権は，追跡船が被追跡船を見失ったとき，被追跡船舶がその旗国または第三国の領海に入ったときに消滅する。

追跡権を行使できる対象事項は，国内法令違反であるが，排他的経済水域または大陸棚における行為については，国連海洋法条約に従い，その排他的経済水域または大陸棚に適用される沿岸国の法令の違反がある場合に認められる（111条2項）。接続水域からの追跡については，接続水域の設定目的たる通関・財政・出入国管理・衛生に関する国内法違反についてのみ認められる。

平成13年12月18日，米軍から不審船（後に北朝鮮の工作船と断定）に関する情報がわが国に提供されたのを受け，海上自衛隊と海上保安庁の航空機が空から不審船を追尾したところ，不審船は中華人民共和国に向けて逃走を始めた。追尾した海上保安庁の巡視船は，12月22日，不審船がわが国排他的経済水域で，排他的経済水域における漁業等に関する主権的権利の行使等に関する法律第5条第1項の規定に違反する無許可漁業等を行っている疑いがあったとの理由で立ち入り検査を実施しようとした。しかし，不審船は停船命令に従わず，巡視船は漁業法違反（立入検査忌避）容疑で強制捜査を行うために，威嚇射撃を行ったが不審船はこれも無視した。それどころか，不審船は巡視船に対して機関砲・対戦車ロケット弾等で反撃し，激しい銃撃戦が繰り広げられた。深夜になって不審船は自爆して沈没した。

沈没地点は中国の排他的経済水域内であったが，中国の同意を得て，海上保安庁は沈没した不審船を引き上げた。捜査の結果，この船は1998年に南西諸島沖の東シナ海で我が国の反社会的集団に覚せい剤を売り渡した船であることが明らかになった。わが国の一連の措置に対して，漁業法違反という名目での捜査や船体射撃を違法とする指摘があったが，国連海洋法条約に違反するものではない。

4.4　海上犯罪の取締

公海秩序を維持するために，各国は外国船舶に対して一定の警察権を行使し

得る場合がある。旗国主義の例外として国際慣習法または条約上認められるものであり，海上犯罪等の監視，一定の犯罪容疑船に対する臨検，捜索，拿捕，引致を含む強制措置がその内容である。

　警察権行使の態様は対象となる行為によって異なる。また，明らかに根拠なくして警察権が行使されたときは，国家責任が生じ，根拠のないことが証明されたときは，警察権行使の対象となった船舶に賠償請求権が生ずる。なお，軍艦・非商業目的の政府船舶は完全な免除を享有するため警察権の行使の対象にはならない（国連海洋法条約95条，96条）。

【展開講義 66】 臨　　検

　国連海洋法条約は，外国の船舶であっても，それが海賊行為，奴隷取引，無許可放送を行っていたり，無国籍船，国旗乱用船である場合に臨検を認めている。国連海洋法条約に規定する臨検は，戦時国際法上の臨検と若干異なる意味を持つ用語として使用されている。すなわち，上記の取締事由が存在する疑いがある外国船舶に対して軍艦（軍用航空機または正当な権限を有する政府船舶もしくは航空機の場合も同じ）の士官が乗船し，船舶書類を検査し，文書を検閲した後もなお疑いがあるときは，船舶内の検査を行うことをいう。臨検を行うには，上記の事由が存在するであろうと考えるに足りる十分な根拠が必要である。疑いに根拠のないことが証明され，かつ，臨検を受けた外国船舶が疑いを正当とするいかなる行為も行っていなかった場合には，当該外国船舶は，被った損失または損害に対する補償を受けることができる（国連海洋法条約110条1項―3項）。

(1)　海 賊 行 為

　海賊行為とは，①私有の船舶（航空機）の乗組員または乗客が，②私的目的のために，③公海上またはいずれの国の管轄権にも服さない場所（無主地，南極）にある，④他の船舶（航空機）またはその中にある人または財産に対して行う不法な暴力・抑留・略奪行為をいう。この行為には，私的怨恨による暴力行為も含まれる。

　乗組員が反乱を起こして支配している軍艦または政府船舶もしくは航空機が行う行為は，私有の船舶または航空機が行う行為とみなされる（同102条）。「私的目的のために」という要件は，個人が私的利益の追求のために行う場合

に限られず，実力行使や強制措置を行う国際法上の正当な権限なくして海上往来の一般的な安全を侵害する場合も含まれる。したがって，内乱の際に交戦団体等が行う場合には，国家行為の一部を行う権限が国際法上認められているかどうかによって扱いが異なる。認められている場合には私的目的の行為とはいえず，海賊行為にはならない。また，同一船舶（航空機）内の行為は海賊行為から除外される。この場合には，旗国主義の原則が妥当し，旗国管轄権の行使の対象とされてきた（ただし，【展開講義　67】アキレ・ラウロ号事件参照）。

　海賊行為は「人類共通の敵」として広く外国軍艦による取り締まりが認められてきた。国連海洋法条約も，臨検だけでなく，拿捕した国に刑事裁判管轄権を認めている（同105条，110条）。海賊は，無差別に海上交通の安全を害し，いずれかの特定の国の管理または管轄権に服することを拒否するからである。

　ソマリア沖やアデン湾において海賊行為が多発するなか，国連は安保理決議1816（2008年）等により各国に軍艦の派遣要請を行った。同海域での海賊行為はわが国の海上輸送にとっても大きな脅威であり（ソマリア沖を航行する日本関連船舶は年間約2,000隻で，日欧貿易航路の大動脈），自衛隊に海上警備行動を発令し，海上保安官が乗艦する護衛艦およびP-3C2機を現地に頻繁に派遣し，日本籍船および日本事業者運航の外国船の護衛を行った。

　わが国は公海上での海賊行為を取り締まる国内法がなかったので，平成21年6月19日，海賊行為の処罰及び海賊行為への対処に関する法律（以下，海賊対処法とする）を成立させた。同法により，保護される船舶等の国籍を問わず対処することが可能となり，船舶航行の安全を確保すると同時に，国連海洋法条約の趣旨に鑑み，最大限に可能な範囲で海賊行為を抑止するために協力するため，公海等における海賊行為の処罰および海賊行為への適切かつ効果的な対処に必要な事項を定め，海上における公共の安全と秩序の維持を図ることが可能となった。

　本法で海賊行為とは，軍艦および政府船舶等を除く船舶の乗組員または乗船者が，私的目的で公海（排他的経済水域を含む）またはわが国領海もしくは内水で行う，①船舶強取・運航支配，②船舶内での財物強取等，③船舶内にある者を略取すること，④人質の強要，⑤①から④の目的で，(i)船舶侵入・損壊を行うこと，(ii)他の船舶へ接近したり進行を妨げたりすること等，(iii)凶器を準備

して船舶を航行させる行為を行うことをいう。保護の対象はわが国船舶のみでなく，あらゆる国の船舶も含まれる。

　海賊行為を行ったものは，その危険性や悪質性に応じて刑罰が科される。最も重い刑罰は無期懲役である。

　海賊行為に対処するのは主として海上保安庁であり，特別の必要がある場合，自衛隊も海賊対処行動を実施する。海上保安官または海上保安官補は，警職法7条の規定により武器を使用するほか，他の船舶への著しい接近行動を行う海賊行為を制止するために，合理的に必要と判断される限度において武器を使用できる。

　防衛大臣は，海賊行為に対処するため特別の必要がある場合に，内閣総理大臣の承認を得て，海賊対処行動を命ずることができる。この場合，自衛隊法82条は適用しない。承認を受けようとするときは，海賊対処行動の必要性・海上区域・部隊の規模および構成並びに装備および期間等を掲載した対処要項を内閣総理大臣に提出する。なお，緊急の場合は行動の概要を通知すれば足りる。内閣総理大臣は承認をしたときはその旨と対処要項を，海賊対処行動が終了したときは，その結果について国会に報告を行わなければならない。なお，海賊対処行動を行うために，自衛隊法も改正された（82条の2，93条の2の追加等）。

【展開講義　67】　アキレ・ラウロ号事件

　1985年10月7日，イタリア船籍の客船アキレ・ラウロ号は，乗客を装って乗船していた4名のPLF（パレスチナ解放戦線）の武装集団によって，エジプト沖の公海上で乗っ取られた。乗っ取り犯は，乗組員と乗客を人質とし，イスラエルで抑留中のパレスチナ人50名の釈放を要求したが，この要求が受け入れられなかったので乗客の中のユダヤ系米国人1名を公海上で殺害した。その後，乗っ取り犯は寄港地のエジプト政府と交渉し，10月9日，安全に出国できることを条件に，同政府に投降し人質を解放した。10月10日，乗っ取り犯を乗せてチュニスへ向かっていたエジプト民間機は，地中海の公海上で米軍戦闘機の迎撃を受け，イタリアのシチリア島にあるNATO軍基地に強制着陸させられた。米国は米伊犯罪人引渡条約を根拠として4名の引渡しをイタリア政府に要求したが，イタリア政府は公海上の自国船舶において行われた犯罪であることを理由にこれを拒否し，自国裁判所でテロリストとして訴追し処罰した。

この事件を契機に，海洋航行の安全に対する不法な行為の防止に関する条約（SUA条約）が，国際海事機関（International Maritime Organization（IMO）は，海上の安全を守り，海運の発展や船舶による貿易に関する情報交換の場を提供することを目的とする国連の専門機関の一つ）主催の外交会議で採択された（1988年）。同条約は，領海外を航行中の船舶内での人に対する暴力行為，暴力または威嚇手段を用いて船舶を奪取したり管理する行為，船舶の破壊等，海洋航行の安全に対する違法行為を犯罪とし，犯人または容疑者が刑事手続を免れることのないよう，旗国，犯行地国，犯人の国籍国に裁判権を設定させ，同時に，犯人所在地国が他の裁判権設定国に身柄を引き渡さないときは，自国で裁判することを義務づけたものである。1992年に発効した（我が国については1998年発効）。

　2001年9月の米国同時多発テロ事件後，SUA条約の改正作業が行われた。同条約がテロ行為者の処罰を目的としたのに対して，改正議定書は，海上航行における国際テロ行為の防止を重視し，海上における船舶等を使用した不法行為ならびに大量破壊兵器等の拡散行為の防止を主眼としている。かくして，船舶を使用した不法行為および大陸棚固定プラットフォームを起点とした不法行為等ならびに大量破壊兵器の輸送行為等を新たな規制対象とし，それらの不法行為を防止・抑止するために，犯罪の嫌疑のある船舶に対して旗国以外の締約国が乗船し検査することを可能とする議定書（船舶等を使用した不法行為ならびに大量破壊兵器等の拡散行為の防止に資する改正のための議定書）が2005年に採択された。

　テロの原因については別個の検討が必要であろうが，改正議定書は，とりあえずテロ対策における国際協調の必要性を反映したものといえる。テロ行為の未然防止のための枠組構築は，安全確保のための予防原則の具体化ともいえよう。

(2) 奴隷輸送

　奴隷輸送が国際法の規律の対象となったのはそれほど古いことではない。通常の商取引と考えられ，国際法に反する行為とはされていなかったためである。奴隷輸送が取締の対象となるのは19世紀以降である。国連海洋法条約は，自国の旗を掲げることを認めた船舶による奴隷の輸送を防止しおよび処罰するため，ならびに奴隷の運送のために自国の旗が不法に使用されることを防止するため，締約国に実効的な措置をとることを義務づけ（国連海洋法条約99条），外国船舶が公海上で奴隷取引に従事していると疑うに足る十分な根拠があるときは，臨

検を行うことを認めた（同110条1項b号）。ただし，裁判権は，旗国または奴隷取引の実行者の本国に留保される。

(3) 無許可放送

免許がないにもかかわらず，放送番組を送信することで，海賊放送ともいう。国連海洋法条約が対象とするのは，領海外に係留・設置された船舶または施設から送信され，一般公衆による受信を意図した商業放送である。1958年の公海に関する条約では取締を認める規定は存在しなかった。しかし，放送の影響を受ける国が増大する過程で，取締の要求が強まっていた。旗国主義の下では，無国籍船，自国船または自国民に対する場合を除き，沿岸国が国内法に基づき執行管轄権を公海上に及ぼすことはできなかったからである。影響の大きかったヨーロッパでは，1965年に，領海外の放送局から発信される放送の防止のためのヨーロッパ条約が締結された。しかし，旗国主義の原則は維持され，臨検の権利も認められていなかった。

国連海洋法条約109条は，海賊放送を行っている外国船舶に対して臨検を行うことを認めただけでなく，海賊放送によって影響を受けた特定の国家に，拿捕・押収のみでなく，自国の裁判所に訴追することも認めている。

(4) 無国籍船および国旗乱用船

無国籍船に対する臨検は，国連海洋法条約によって初めて採用された（110条1項d号）。麻薬取引等の違法行為に携わる船舶が増加したためである。ただし，拿捕および自国裁判所における処罰が可能かどうかは見解が分かれている。

公海上で軍艦と接した船舶で，軍艦と同一国籍を有するにもかかわらず，外国の国旗を掲げ，または国旗の掲示を拒否した場合も，臨検を行うことができる（同110条1項e号）。

(5) 麻薬または向精神薬の不正取引

国連海洋法条約は，麻薬または向精神薬の不正取引を行っていると信ずるに足りる合理的な理由があっても，他国による臨検を認めていない。同条約は，諸国の一般的協力義務を定めるだけである（同108条）。そこで，1988年，麻薬及び向精神薬の不正取引の防止に関する国際連合条約が採択され（1990年発効），許可方式の臨検を導入した。これは，他国の船舶が，麻薬または向精神薬の不

正取引に従事しているとの合理的根拠を軍艦が持つときに，その旨を当該船舶の旗国に通報し，臨検・拿捕の許可を要請するというものである。許可を与えるか否かの判断は，旗国の裁量に委ねられる。国連海洋法条約が，公海上における麻薬または向精神薬の不正取引について，臨検すら認めない理由はいくつか考えられる。一つは，公海自由の原則を維持するため，事実上，特定の国家のみにしか行使できない海上警察権の行使の乱用の可能性を極力制限したいという願望を多くの国が有したであろうことである。しかし，それだけでは臨検が認められる他の場合と比べて均衡を逸している。麻薬または向精神薬の不正取引の存在を否定されたくないと考えている国家の存在が，こうした規定をもたらしているともいえよう。いずれにせよ，1988年の上記国連条約の発効によっても，不正取引に対する十分な対応ができているとはいえない。

5　海洋資源の開発

◆　導入対話　◆

学生：『人類の共同遺産』という概念がありますが，アリとキリギリスのようですね。

教師：えっ？

学生：一生懸命汗水たらして技術開発に励んだ結果，深海底の資源開発が可能となっても，それは全『人類』のものだから，差し出せって言うんでしょう。アリが可哀相です。

教師：もともとは『アリとセミ』といいます。南ヨーロッパ発祥の話で，セミが生息しない北方に伝播するうちに，キリギリスになったんですね。北フランスにはセミがいませんから。関係ないですね，こんな話は。開発途上国がキリギリスだとは一概にはいえないことで，一生懸命「離陸」しようとしているんだけど，構造上できなくなっているとか，教育環境の整備に相当時間がかかるので，それまでは生産性も低く抑えられざるを得ないとか，いろいろ考えられます。

学生：だからといって，あまりにも一方的に利益を吐き出せといわれたら，だれでも面白くないですよね。それに，最近はやたらと『人類』という言葉が目について，実は少しばかり辟易気味です。

教師：人類皆兄弟，助け合うのは当然じゃないの？

> 学生：でも，結局，深海底について規定した国連海洋法条約第11部は，先進国側の反対が強くて問題となり，1994年の実施協定に差し替えられたといっていいんじゃないですか。
> 教師：要は，利害関係と力関係のバランスということですか。

5.1 大 陸 棚
(1) 沿　　革

　第二次大戦中の石油資源に対する需要の激増と，開発技術の進歩により，諸国は，石油・石炭・天然ガスなど大量の鉱物資源が埋蔵される大陸棚（全世界埋蔵量の40％以上が存在）の開発に注目するようになった。大陸棚に対して最初に沿岸国の権利が主張されたのは，米国トルーマン大統領の宣言によってであった。1945年9月，同大統領は，公海の海底であっても，米国沿岸に接続する大陸棚の天然資源（石油，天然ガス）に対して，同国が管轄権を有する旨の宣言を発した（大陸棚に対するトルーマン宣言）。その後，1958年の大陸棚に関する条約（大陸棚条約）によって，一定の範囲までの大陸棚に対する権利が沿岸国に認められ，1969年の北海大陸棚事件において，こうした権利は国際慣習法化されている旨，確認されるに至っている。

(2) 定　　義

　1958年の大陸棚条約によれば，国際法上の大陸棚は，沿岸に隣接しているが領海の外にある海底区域の海床および地下であって，上部水域の水深が200mまでのもの，またはその限度を超える場合には上部水域の水深が海底区域の天然資源の開発を可能とするところまでのものをいう。島の大陸棚についても同様に規定された。当時は，水深200mを超える大陸棚開発は不可能とされたので，開発可能性が基準として採用されても特に大きな問題が生じたわけではなかった。しかし，その後の開発技術は急速に進み，開発途上国側からすれば，先進国による資源独占の懸念を生じさせ，新たな基準が要請されることになった。

　かくして，1982年の国連海洋法条約では，大陸棚の範囲を，沿岸国の領海を越える海面下の区域の海底およびその下であって，その領土の自然の延長をたどって大陸縁辺部の外縁に至るまでのものとし，大陸縁辺部の外縁が領海基線

から200カイリまで延びていない場合には，当該基線から200カイリの距離までを当該沿岸国の大陸棚とした（国連海洋法条約76条1項）。すなわち，最低200カイリまでの海底およびその地下を，沿岸国は一律に自国の大陸棚として扱うことができるとしたのである。他方で，大陸縁辺部がどこまでも続く場合に，すべて沿岸国が大陸棚として権利を行使できるかというとそうではない。条約は，大陸棚の外側の限界線として，領海基線から350カイリまたは2,500m等深線から100カイリ以遠までのいずれかを超えてはならないとして，最大幅の制限を設定した（同76条5項）。

(3) 主権的権利

沿岸国は，大陸棚を探査しおよびその天然資源を開発するため，大陸棚に対して主権的権利を行使することができる（同77条1項）。

資源開発等の特定事項について沿岸国が持つ主権的権利は，領域主権とは異なる権利である。領域主権を有するということは，領域主権が行使される区域内の全ての人・船舶・航空機を，排他的（自国のみで自由に）かつ一般的に（国際法が禁止すること以外は何でも）支配し，自国の立法・司法・行政に服せしめ得ることをいう。他方で，ここでいう主権的権利とは，天然資源等の開発・探査のための活動についてのみ，条約による制約がない限り，区域内のすべての国の人・船舶・航空機を排他的に支配し，自国の立法・司法・行政に服せしめ得る権利である。すなわち，沿岸国の主権的権利は，資源開発に関する一定事項についてのみ認められるのであり，それ以外の事項については，公海の規定が適用され，他の国の権利が認められる。たとえば，上部水域における航行・上空飛行の自由が認められ，海底電線・海底パイプラインの敷設については，公海に準じた利用の自由が認められている（同78条，79条）。また，船舶の衝突，海賊の臨検等の扱いは公海上と同じである。

何故，沿岸国は大陸棚に対してこうした権利を有するとされたのか。北海大陸棚事件判決において，国際司法裁判所は，大陸棚は沿岸国領域の公海海中への自然の延長を構成しているという地理的事実によって，沿岸国の陸地領域に対する主権が大陸棚に対して拡張されるとし，この権利は国家に固有のものであり，その行使のためには特別の手続も法律行為も必要ないとした。国連海洋法条約は，この自然延長論を原則として採用している。すなわち，大陸棚は，

既に沿岸国の支配が及んでいる領土部分の延長ないし陸続きとみなし得るという事実のゆえに，当然かつ原初的に沿岸国の支配が及ぶとするのである。こうした固有で原初的な権利の性質の故に，沿岸国は，大陸棚の支配を行うにあたり，実効的なもしくは名目上の先占または明示の宣言に依存しないことになる（同77条3項）。後述する排他的経済水域と異なり，大陸棚の資源開発について，沿岸国に最大持続生産量維持のための管理・保存義務はなく，また，内陸国や地理的不利国に対する資源利用上の特別扱いも存在しない。なお，200カイリを超える沿岸国の大陸棚における非生物資源の開発利益については，国際海底機構に一定の金銭を支払うか，または現物拠出をすることになっており，沿岸国は独占し得ない。それらは発展途上国の利益と必要を考慮して各締約国に衡平に配分されるべきものとされる（同82条）。

(4) 境界画定の原則

沿岸国の主権的権利が認められる大陸棚が，他国にも認められる大陸棚と重なるときは，大陸棚の境界を画定する必要が生ずる。

境界画定の形態としては，相互に向かい合う場合と隣接する場合が考えられる。大陸棚条約によれば，境界は，関係国の合意で決定し，合意がない場合は，当該地域の特別な事情により別段の扱いがなされない限り，隣接国間では等距離基準により，相対する沿岸を有する国の間では中間線により定めるとする（大陸棚条約6条）。

ただし，国際司法裁判所は，北海大陸棚事件において，等距離線による境界線画定方式を義務的とする国際慣習法は確立していないと判示した。むしろ，境界は，衡平原則に従い，かつ各国の領土の海中へ向かっての自然延長たる大陸棚部分をできるだけ沿岸国に残すように，関連ある事情を考慮に入れて，関係国間の合意によって画定すべきであるとした。ここで関連ある事情とは，衡平原則の実質を構成する諸要因のことであり，個々の事例ごとに異なるものであるが，たとえば，地質学的な構造，海岸の地理学的形状（一般的方向に沿って測られる海岸線の長さ，海岸の一般的形状，著しい湾入等），島の存在，鉱床の一元性，帰属する大陸棚の範囲と海岸線の長さの合理的な比率などをいう。国際司法裁判所は，北海大陸棚事件以降の同種の事件で，合意のないときは衡平原則に基づく判断を示し，大陸棚の境界画定に等距離原則を採用してこなかっ

た。第三次国連海洋法会議では，等距離原則派と衡平原則派が対立したが，等距離原則を採用しなかった。ただし，衡平原則の採用も明示せず，衡平な解決を達成するため国際司法裁判所規程38条に規定する国際法に基づき合意によって行われなければならないとした（国連海洋法条約83条1項）。合意が得られないときは，国連海洋法条約第15部の紛争解決手続に付されるものとした（同83条2項）。ただし，一定の紛争については，拘束力を有する決定を伴う義務的手続の適用を除外し，調停に付すことが認められる（同298条1項a号）。境界画定に際して指標となり得る特別の基準を定めず，今後の具体的な国家実行を通じて，国際法が既存の画定基準を確認するかまたは新しい特別の基準を発展させるかを定めることになる。

【展開講義 68】 大陸棚の限界画定

　大陸縁辺部が200カイリを超えて延びている場合，沿岸国は76条に規定された一定の海底地形上および地質構造上の要件を満たした範囲まで主権的権利を行使することができる。そのためには，国連海洋法条約76条8項に基づいて設置された大陸棚の限界に関する委員会（21名の委員で構成）に対し，同条約の効力が生じた日から遅くとも10年以内（わが国の場合，2009年5月まで）に，沿岸国の大陸棚の限界が領海基線から200カイリを超えて延びることを証明する科学的・技術的資料と共に限界の詳細を同委員会に提出し，委員会の審査と勧告を受ける必要がある（国連海洋法条約附属書Ⅱ）。委員会の勧告に基づく大陸棚の限界は最終的なものであり，拘束力を有する。わが国は，海上保安庁海洋情報部による精密な海底地形調査および膨大な地殻構造探査を経て，平成20年11月，200海里を超える大陸棚を設置するための情報を大陸棚限界委員会に提出した。申請は小委員会（7名）で審査されることになっている。審査で認められれば，新たにわが国の主権的権利が及ぶことになる大陸棚の面積は65万 km^2（日本列島の1.7倍）で，金・銀のほか，マンガン団塊やコバルトなど膨大な海洋資源が存在するとされ，その価値は数十兆円分という。

【展開講義 69】 沖の鳥島──島の制度

　国連海洋法条約121条は島の制度について規定している。島とは，自然に形成された陸地であり高潮時においても水面上にあるものをいう（1項）。島であれば，領海，接続水域，排他的経済水域，大陸棚を有することができる（2項）。

ただし，島であっても人間の居住または独自の経済的生活を維持できない岩であれば，排他的経済水域または大陸棚は有しない（3項）。

　沖ノ鳥島は東京の南南東約1,740km（父島から900km），北緯20度25分（香港，台湾より南，ハワイ島北部と同緯度），東経136度04分に位置するわが国最南端の無人島で，北回帰線よりも南にあるわが国唯一の島である。島はサンゴ礁でできた環礁で，満潮時に四畳半と一畳ほどの広さである北小島と東小島から成る。東京都に属している。

　かつて水没の危機が指摘され，海上保安庁が調査を行ったところ，海面上に顔を出すのは70cmほどであった。浸食・水没を防ぐため，わが国は1987年以降コンクリート護岸などの工事を行い，二島をチタン製のフタで覆い，周囲をコンクリートとテトラポットで守っている。

　わが国は同島の周囲約40万km^{2}の排他的経済水域を主張しているが，中国は沖ノ鳥島を島と認めず，単なる岩であるとしてわが国の排他的経済水域の主張を否定している。中国は，海洋調査活動を活発化させ，無断で周辺海域に出没している。わが国はこうした活動について抗議してきたが，中国側は無視している。

　人間の居住要件と独自の経済的生活の維持という121条3項の要件を充たすべく，東京都は，周辺海域で漁業活動を奨励，また，発電施設の建設構想もある。わが国政府も，同島周辺の波高などを観測するレーダーや灯台の設置を検討している。

【展開講義　70】　定着性の種族

　採捕に適した段階において海底もしくはその下で静止してており，または絶えず海底もしくはその下に接触していなければ動くことのできない生物を定着性の種族という（同77条4項）。たとえば，サンゴ，蛤，ホタテ，海草，海綿などがこれにあたる。大陸棚の上部水域にまで管轄権を拡大しようとする沿岸国が存在したため，それを拒否してできるだけ沿岸国管轄権の拡大を阻止したいと考える諸国との間の妥協の産物として編み出された概念である。定着性の種族は大陸棚資源とされ，排他的経済水域（後述5.2参照）内であっても，資源保存・最適利用といった排他的経済水域制度は適用されないことになる。問題は，何が定着性の種族に該当するか具体的範囲が不明確なことである。上述した海草等は，海底に常時接触しているのでこれに含まれる。カレイ・ヒラメといった底魚は泳いでいる魚であるから含まれない。解釈上の争いが生じるのは，これらの中間的な生息形態を有する生物，たとえばエビやカニといった甲殻類についてであった。

フランスは，1965年に大陸棚条約を批准するにあたり，甲殻類は，大陸棚の天然資源ではなく公海の生物資源である旨の解釈宣言を行い，ブラジルとの間に紛争を招来している。日本も，タラバガニやズワイガニをめぐって米国および旧ソ連との間で大陸棚資源に該当するか否か争ったことがある。

5.2 排他的経済水域

(1) 定　　義

領海を越えて，これに接続する区域で，領海を測定する基線から200カイリまでの水域を排他的経済水域（Exclusive Economic Zone, EEZ or EZ）という。排他的経済水域の設定は，大陸棚と異なり，沿岸国が立法措置などを通して宣言する必要がある。

沿岸国は，排他的経済水域の上部水域，海底およびその地下におけるすべての生物・非生物資源を含む経済資源の探査・開発・保存・管理ならびに海水・潮流・風からのエネルギー生産のような，この水域の経済的開発・探査のためのその他の活動について主権的権利を認められる。さらに海洋科学調査・海洋環境の保護・保全に対する管轄権等も有する。

(2) 沿　　革

伝統的国際法の下では，沿岸国は，領海に対する主権に基づき，領海に限って排他的に漁業権を主張できるのみであり，領海の外側の公海における漁業は自由とされた。しかし，20世紀になると，乱獲のため，漁業資源が枯渇するおそれが生じたために，沿岸国は資源保存のために，領海を拡張したり，公海への管轄権を拡大する主張を繰り返し行うようになった。

こうした背景の下で，米国大統領トルーマンは，1945年，米国に隣接する公海漁業資源の保存について管轄権と管理権を有する旨宣言した。この宣言は，保存水域に関するトルーマン宣言と称し，米国沿岸に接続する公海における大規模漁業に対処するため，保存水域設定の必要性を主張するとともに，漁業資源枯渇のおそれがあるため，関係当事国との合意による保存水域設定を宣言するものであった。

その後，領海200カイリを宣言する諸国も現れ，海洋秩序が混乱した。そこで，1958年，第一回国連海洋法会議を開催，多数国間条約として，漁業及び公

海の生物資源の保存に関する条約を採択した。この条約によって，沿岸国は沖合漁業に対して特別な利害関係を有することが承認された。しかし，保存措置を行うためには，関係国すべての速やかな合意が前提とされ，こうした合意に至るのは利害の対立のために容易ではなかった。合意に参加しない第三国に対して規制が及ぶこともなかった。また，保存措置について合意が成立しても，漁獲量・漁期・漁具制限等の規制は，合意によって設置される国際漁業委員会の勧告に基づくものでしかなく，しかも規制の実施自体も漁船の本国（旗国）によるのがせいぜいであった。こうした制度のあり方に不満を持つ諸国，とりわけ発展途上国を中心とする多くの沿岸国は，沖合の漁業資源を排他的に確保すべく，まず，沿岸から12カイリ，その後，200カイリまでにわたる公海部分を一方的に沿岸国の排他的漁業水域として設定するようになった。日本，英国，ロシアなどの伝統的遠洋漁業国，内陸国，非常に短い海岸線しか持たない国は，こうした情勢に対して，一部の沿岸国を利するのみであるとして批判的であった。

　しかし，その後，資源ナショナリズムの高まりを背景に，中南米およびアフリカ諸国が漁業管轄権以外の事項をも含む排他的経済水域を要求するようになった。こうした状況の中で開催された第三次国連海洋法会議では，多くの発展途上国の要求を前にして，先進国も譲歩せざるを得なくなった。かくして国連海洋法条約は，領海の幅を12カイリに抑える条件として排他的経済水域制度を成文化することになったのである。

　こうした国際情勢の推移の中で，日本も，1977年5月2日に漁業水域に関する暫定措置法により漁業水域を設定し，1996年6月14日には排他的経済水域及び大陸棚に関する法律により排他的経済水域を設定し，当該海域における資源の探査・開発等について規定した。同時に，排他的経済水域における漁業等に関する主権的権利の行使等に関する法律および海洋生物資源の保存及び管理に関する法律も制定した。前者は，海洋生物資源の適切な保存および管理を図るため，排他的経済水域における漁業等に関する主権的権利の行使等に必要な措置を定め，後者は，排他的経済水域における海洋生物資源について，その保存および管理のための計画を策定し，漁獲量の管理のための措置を講ずることを規定するものである。

なお，日韓の領土間の距離は，400カイリに満たないので，両国の排他的経済水域の境界は，両国領土の中間に引かれる。両国間で争われている竹島の帰属は，境界画定に大きく影響する。

(3) 主権的権利

ここでいう主権的権利とは，大陸棚におけるのと同様に，天然資源等の開発・探査のための活動についてのみ，条約による制約がない限り，区域内のすべての国の人・船舶・航空機を排他的に支配し，自国の立法・司法・行政に服せしめ得る権利である。すなわち，沿岸国の主権的権利は，資源開発等についてのみ認められ，非資源・非経済的事項については，公海の規定が制限的に適用され，他の国の権利が認められる。たとえば，航行・上空飛行の自由が認められ，海底電線・海底パイプラインの敷設については，公海に準じた利用の自由が認められている（国連海洋法条約58条1項。ただし，上部水域および上空について，大陸棚のそれに関して認められる規定（同78条）は存在しない）。また，船舶の衝突，海賊の臨検等の扱いは公海と同じである。かくして排他的経済水域は，領海とも公海とも異なる特別な法制度に服する水域とされる（同55条，86条）。また，大陸棚と異なり，国内立法等の措置により明示的に設定することが必要とされるのは，この水域に対する沿岸国の主権的権利が，沿岸国にとって固有で原初的な権利としての性質を持たないからである。

(4) 生物資源の扱い

沿岸国は，排他的経済水域における漁業について，領海に準じた権利を有する。しかし，領海における権利と全く同じではない。国連海洋法条約によれば，沿岸国は，排他的経済水域内の生物資源の最大持続生産量（資源の再生力を減少せしめない範囲での最大生産量 Maximum Sustainable Yield, MSY）を維持することを目的として，保存・管理措置をとった上で，排他的経済水域内における生物資源（定着種族を除く）の漁獲可能量を単独で決定することが認められている。漁獲が可能な生物資源のうちで，自国の漁獲能力を超える分については，余剰分漁獲として，協定その他の取極を通じて，他の国の漁獲が認められている（同61条—63条）。その際，内陸国と地理的不利国に対しては，資源利用上の特別な扱いを行うよう要請されている（同69条，70条）。この点は，大陸棚と相違するところである。大陸棚の資源については，沿岸国の固有の権利が及

ぶので，沿岸国による開発の有無を問わず，他国の資源開発は認められないからである。もっとも，余剰分の漁獲を他国に認めるにあたっても，その決定は沿岸国の裁量と運用に任されており，沿岸国は自国の長期的権益を重視して決定することができる。この決定に関する紛争は，国連海洋法条約附属書の強制解決手続の対象からも除外されている（同297条3項）。かくして，余剰分漁獲の配分については，米国のように，貿易摩擦問題に絡めて，外交上の武器として利用する例もみられる。

【展開講義　71】　高度回遊性の種・遡河性資源・降河性の種

　沿岸国は排他的経済水域内の生物資源の探査・開発・保存・管理に関する法令の遵守を確保するため，水域内の外国船舶に対して必要な措置（乗船・検査・拿捕・司法上の措置を含む）をとることができる（同73条）。

　排他的経済水域を越えて生息・回遊する漁業資源（ストラドリング魚種）については，保存のために関係国との協力が必要となる。排他的経済水域内の漁業資源が枯渇しないよう確保するための措置が必要となるからである。国連海洋法条約63条2項は沿岸国と漁獲国とが資源保存に必要な措置をとるために合意するよう努めると規定しているが，関連規定も含めて保存管理義務は抽象的であった。こうした魚種として，高度回遊性魚種，遡河性資源，降河性の種などがある。

　高度回遊性魚種は，マグロ，カツオ等，海洋を広範囲にわたって回遊する魚種をいう。高度回遊性魚種の保存管理は，沿岸国のみの措置では不十分であるので，沿岸国および漁獲国等の回遊水域関係国が排他的経済水域の内外を問わず，当該魚種の保存の確保と最適利用の促進のため協力するものとされる（同64条1項）。

　遡河性の種は，サケ・マス等，産卵のために海から川へ遡ってくる魚種をいう。遡河性の種の産卵河川を持つ沿岸国を母川国という。国連海洋法条約は，遡河性の種について母川国に第一義的な利益・責任を認めた（母川国主義）（同66条1項）。その漁獲は，原則として排他的経済水域の内側においてのみ可能とし，母川国が漁獲・規制措置を定めることとした（同66条2項）。ただし，母川国以外の国に経済的混乱がもたらされる場合には，関係国の協議によって定めた漁獲条件によって排他的経済水域の外側での漁獲が認められる（同66条3項）。わが国も，排他的経済水域における漁業等に関する主権的権利の行使等に関する法律（平成8年）で，基本的にはこうした立場をとりつつも，伝統的漁業実績の尊重を主張している。なお，ロシアが日露漁業交渉で，公海上の漁獲量にまで厳しい

条件を出してくるのは，母川国主義による。

　降河性の種は，ウナギ等，海で産卵し，産卵期以外の大部分は川に生息する魚種をいう。この種の魚種については，生息期間の大部分を占める水域の所在する沿岸国が，その管理等について責任を持つ（同67条1項）。

　より具体的に漁業資源の保存管理を実施するため，1992年に国連環境開発会議で採択されたアジェンダ21は，ストラドリング魚種および高度回遊性魚種の有効な保存管理措置の実効性ある適用を国連海洋法条約に基づいて確保することを勧告した。これに基づいて，1993年にストラドリング魚種会議が開催され，1995年にストラドリング魚種および高度回遊性魚種の保存および管理に関する1982年12月10日の海洋法に関する国際連合条約の規定の実施のための協定が採択された。

　同協定は，ストラドリング魚種および高度回遊性魚種の保存管理の必要性を強調し，特に予防的アプローチを採用して，各国が一定の漁獲基準量を設定してこれを超えないよう求めた。また，地域的機関による保存管理も強調され，最適利用を促進するため，そのような機関を通じて長期的な持続可能性を確保する措置をとるよう規定している。協定に問題がないわけではないが，このような制度化を通じて，公海漁業は「自由」から「管理」の対象へ変容しつつあるといえる。

5.3　深海底

(1) 沿革

　大陸棚の外側の海底とその地下を深海底という。すなわち，国家の管轄権の及ばない公海の海底区域とその地下である。深海底が注目を集めるようになったのは，1960年代中頃以降のことで，深海底に，マンガン，銅，コバルト，ニッケル等を含むマンガン団塊が豊富に存在する可能性が明らかになったことによる。かつては公海の海底およびその地下としての法的地位を有するものとされたため，深海底は無主地か万民共有物かで議論があった。ただし，いずれであったとしても，開発は自由であるから，高度の技術を有する先進国が，独占的に開発し，事実上分割してしまう可能性があった。

　こうした状況の中で，発展途上国から，深海底とその鉱物資源を人類の共同遺産とし，国際管理化すべきだとの考えが提唱された（1967年）。

　1970年には，深海底を律する原則宣言（深海底原則宣言）が国連総会決議として採択された（総会決議2749）。この宣言が，その後の深海底制度を構築する

上で基礎となる文書となった。国連海洋法条約第11部は，この宣言の延長上にある。同条約によれば，①いずれの国も深海底およびその資源について，主権または主権的権利を主張しまたは行使してはならず，いずれの国または自然人もしくは法人も，深海底またはその資源を専有してはならない（同137条）（主権専有の禁止）。②深海底とその鉱物資源は人類の共同遺産とされ（同136条），国際的規律の下に置かれる。深海底の活動から生じる経済的利益の分配のために，国際海底機構が設立される（同157条1項）。したがって，海底についていえば，公海自由の原則は全面的に否定されたことになる（人類の利益の原則）。③深海底は専ら平和的目的のために利用される（同141条，143条）（平和利用の原則）。

(2) 開発方式

深海底の開発方式については，国際機関による直接開発を主張する途上国側と，国家または私企業の自由競争によるべきとする先進国側で意見が対立した。この対立はとりあえず，パラレル方式（並行方式）を採用することにより妥協が成立した。パラレル方式とは，国際海底機構の下部機関で直接開発を担当する事業体と，国際海底機構と契約し，その許可の下で開発を行う締約国またはその私企業とを対等な地位に置き，並行して資源開発を行うとするものである。資源開発を行おうとする締約国またはその私企業は，国際海底機構に対して，同等の商業的価値を有すると見込まれる二つの鉱区を申請する。このうちの一つについては，事業体の留保鉱区とされ，国際海底機構が事業体を通じて，または途上国と提携して開発にあたる。申請者は，残りの鉱区について開発の権利を取得する（バイキング方式）。

(3) 実施協定

以上が，国連海洋法条約第11部および附属書で予定された深海底の資源開発方法であるが，先進国側に不満の残る内容であった。

第11部に対する不満から，結果的に，米・英・独は国連海洋法条約に署名しなかったし，日・仏は，署名こそしたものの批准はしなかった。不満は，たとえば，組織運営上の問題から市場経済原理に反するとされるさまざまな制約にまでわたる。前者としては，国際海底機構自体の規模の過大さ，理事会の構成および意思決定方式等が挙げられる。後者に関しては，公開市場において入手できない技術を，国際海底機構と契約した締約国またはその私企業が，同機構

の下部機関である事業体に無償で移転しなければならない義務，各種手数料の支払義務，陸上生産国保護のための生産賦課金の支払義務等が挙げられる。要するに，第11部は，深海底資源開発活動から得られる利益を「人類」が平等に分配し，人類の共同遺産としての深海底の開発制度を具体的に実現せんとしたものであり，結果的に途上国側に過度に有利に傾いた制度を構築しようとしたのである。ここに先進国側の不満の理由があったわけである。

国連海洋法条約は，60番目の批准書または加入書が寄託された日の後，12ヵ月で効力を生ずる（同308条）。1993年11月に批准国は60ヵ国に達し，翌年11月に発効することになった。しかし，先進国の参加もないまま発効すると，深海底の開発に混乱を招くことになるのは必至だし，そもそも国際海底機構の実効的運用についても，財政面などの理由から困難となることが予想され，途上国側も危機感を抱いていた。そこで，第11部についての妥協点を見いだすため，1990年から国連事務総長のイニシャチブで非公式協議が開催され，1994年7月28日に，1982年12月10日の海洋法に関する国際連合条約第11部の規定の実施に関する協定（国連海洋法条約第11部実施協定）が，国連総会決議の附属協定という形式で採択された。実施協定および第11部の規定は，単一の文書として一括して解釈され適用される。両者の規定に抵触があるときは，実施協定が優先する（実施協定2条1項）。

実施協定は，先進国が主張した経済的合理性を強く反映したものであり，主な修正箇所は以下の通りである。①国際海底機構の小規模化。深海底の本格的商業開発は，2010年まで行われないとの見込みを前提として，機構の任務を限定し，締約国の経費負担を軽減した。②理事会の意思決定方式の変更。条約では多数決方式によるものとされていたが，原則として，コンセンサス方式によって行われるべきものとなった（附属書3節2項）。コンセンサスに達しない場合は多数決による。理事会は利害関係別に四つの区分（chamber）から構成されるが，いずれの区分においても，当該区分を構成する理事国の過半数による反対がないことを条件とする（同3節5項）。③事業体への強制的技術移転義務の廃止（同5節）。開発に関する技術移転は，公開市場において行われるべきであるとした。④生産制限の廃止。たとえば，ニッケル等，一定の一次産品を生産する途上国や陸上生産国への配慮を撤廃し，自由競争原理への引戻しを

図り，健全な商業上の原則に従って取引されるべきことが規定された（同6節）。なお，日本は1996年6月20日に批准書を寄託し，同年7月28日に発効しているが米国は当事国ではない。

6　国連海洋法条約の紛争解決手続

国連海洋法条約15部は，同条約の解釈または適用に関する紛争解決手続を規定する。第1節は総則規定，第2節は拘束力を有する決定を伴う義務的手続，第3節は第2節の手続が適用されない紛争の手続である。

国連海洋法条約の締約国は，この条約の解釈・適用に関する締約国間の紛争を，まずは憲章33条1項に定める平和的解決手段で解決しなければならない（279条）。15部の手続が適用されるのは，紛争当事者が選択する平和的手段で解決が得られず，かつ，紛争当事者間の合意が他の手続を排除しないときのみである（281条）。紛争が発生した場合，速やかに意見交換が行われ（283条1項），調停手続への付託要請が可能である（284条1項・2項）。調停手続は強制管轄権を持たず（任意調停），その報告は拘束力がない。

こうした手続で解決できないとき，一定の紛争を除き，強制的かつ拘束力ある解決手続への付託義務が生ずる（第2節286条以下）。付託は一方的に行うことができる。付託可能な裁判所は，①国際海洋法裁判所，②国際司法裁判所，③附属書Ⅶに基づいて組織される仲裁裁判所，④附属書Ⅷに基づいて組織され，漁業・海洋環境・海洋科学調査・航行に関する問題を扱う特別仲裁裁判所で，締約国はいずれの裁判所で処理するかを書面による宣言で選択しておくことができる（複数選択可）（287条1項）。紛争当事者が同一の裁判所を受け入れている場合には，紛争当事者が別段の合意をしない限り，当該裁判所が管轄権を行使する（同4項）。当事者が同一の手続を受け入れていない場合，紛争当事者が別段の合意をしない限り，附属書Ⅶの仲裁裁判所が管轄権を行使する（同5項）。わが国は，同条のもとでの裁判所の選択宣言を行なっていないので，わが国が関わる国連海洋法条約上の紛争は，原則として附属書Ⅶの仲裁裁判所が管轄権をもつこととなる。なお，上述の国際海洋法裁判所は，海洋法に関する紛争が，当事国間で平和的に解決できない場合の解決手段の一つとして利用さ

れるための裁判所であり，国連海洋法条約によって設置された。裁判官は21名で，任期は9年とされ，ハンブルクに置かれている。深海底活動に関する紛争については，原則として，国際海洋法裁判所の海底紛争裁判部に付託される（287条2項）。

　第3節は，第2節に定める手続が適用されない例外的な紛争の解決手続を規定する。例えば，漁獲に係る紛争は第2節の手続が適用されるが，排他的経済水域における生物資源に関する沿岸国の主権的権利（漁獲可能量・漁業能力および他の国に対する余剰分決定の裁量権等を含む）に係る紛争は2節の手続による解決が義務づけられない（297条3項）。また，締約国の宣言により，一定の紛争を除外できる（298条2・3項）。

　一定の紛争は除かれるものの，国連海洋法条約は，同条約の解釈・適用をめぐる紛争が生じた場合に，拘束力を有する決定を伴う義務的手続に当事国が一方的に訴えることを可能とする手続を整備しており，真に包括的な義務的管轄権の制度を創設するものではないものの，国際司法裁判所の義務的管轄権受諾宣言とは質的に異なる側面を有している。

【展開講義　72】　みなみまぐろ事件（国際海洋法裁判所命令1999.8.27，国連海洋法条約仲裁裁判所判決2000.8.4）

　1993年，日本・オーストラリア（豪）・ニュージーランド（NZ）の三国は，南太平洋におけるみなみまぐろの乱獲防止のため，みなみまぐろ保存条約を締結した。同条約に基づいて，みなみまぐろ保存委員会を設置し，毎年の総漁獲量（TAC）と国別割当量を全会一致で決定することとしたが，資源が回復傾向にあると判断したわが国と他の二国との対立のため，1998年分以降，資源量の評価について合意できない状況に至った。

　わが国は資源の状況を正確に把握するため，調査漁獲計画（EFP）の実施を提案したが，他の二国は拒否した。その間，同地域における非締約国（台湾・韓国など）のみなみまぐろ漁獲量は増大していた。そこでわが国は，1998年夏に1,400tを目途に単独で試験的にEFPを実施した。

　みなみまぐろ保存条約16条は紛争解決条項で，同条約の解釈または実施に関する紛争を平和的手段によって解決するために協議する義務を定め（1項），協議によって解決できなかった場合には，「すべての紛争当事国の合意を得て」，国際

司法裁判所または仲裁に付託すべきこととし，付託に合意できなかったときでも，1項の平和的手段により紛争を解決するため引き続き努力する責任を免れないとした（2項）。

わが国のEFPについて，他の二国は，条約16条に基づく協議を要請したが，EFPの規模と実施方法等について合意に至ることはできなかった。そして，わが国は1999年にもEFPを実施した。

1999年7月，豪州とNZは，わが国の一方的EFPが国連海洋法条約の漁業に関する協力義務（64条，116—119条）に反するとして同条約附属書Ⅶの仲裁裁判に提訴する（286条，287条3項）とともに，290条5項に基づいて，国際海洋法裁判所に仮保全措置を要請し，①最後に合意された国別割当量の遵守，②EFPの即時停止，③予防原則の遵守を求めた。

わが国は，国際海洋法裁判所に仮保全措置を命じる権限はないと主張したが，同裁判所は一応の管轄権の存在を認め，仮保全措置を命じた（1999年8月27日）。わが国は国連海洋法条約287条の手続選択宣言を行っていない。したがって，本件については，附属書Ⅶによって組織される仲裁裁判所が管轄権を有する可能性があった。仲裁裁判所の設立には裁判官の選任等，一定の時間が必要となる。そこで，終局裁判を行うまでの間，紛争当事者のそれぞれの権利を保全し，または海洋環境に対して生ずる重大な害を防止するため認められる仮保全措置（290条1項）を，常設の国際海洋法裁判所で定めることができると規定されている（290条5項）。これが仮保全措置の根拠とされた。

仲裁裁判所は，2000年5月に設置され，わが国は管轄権および受理可能性を争う先決的抗弁を申立てた。とりわけ，国連海洋法条約15部に定める義務的手続に訴えるための要件を充たしていないとの理由で管轄権を否定した。仲裁裁判所は，国連海洋法条約281条1項に規定する同条約15部第2節の義務的手続に付するための要件を充たしていないとして自らの管轄権を否定し，国際海洋法裁判所の仮保全措置命令を取り消した（2000年8月4日）。

判決によれば，15部の手続が適用されるのは，紛争当事者が選択する平和的手段で解決が得られず，かつ，紛争当事者間の合意が他の手続を排除しないときのみである（281条）。みなみまぐろ条約16条によれば，第1項で平和的手続によって紛争を解決するため当事国間で協議を行なう旨を定め，第2項で協議により解決されない紛争は「すべての紛争当事国の同意を得て」国際司法裁判所または仲裁裁判に付託する旨を定めている。そして，紛争当事国の合意ができなかったときは，1項に定める協議を尽くすよう規定する。こうした手続を全体としてみれ

ば，紛争当事国の同意なくして強制手続への付託は認めないという当事国の意思が確認できるので，国連海洋法条約15部の手続は排除されるとした。

　判決後，三ヶ国は，国別割当量の枠外で上限1500トンの漁獲を伴う科学調査計画策定に合意（2000年）し，韓国（2001年）台湾（2002年）も条約に加入した。2003年第10回委員会で，TAC 14,030トンと各国国別割当量（日本6,065ｔ）を全会一致で決定した。

第8章　国際航空・宇宙法

1　領空主権

―――――――――◆　導入対話　◆―――――――――

学生：空に関する国際法があるとは思いませんでした。

教師：空に対する国際法的規制が行われるようになったのは，航空機の発達が大きな契機となっています。科学技術の発達が国際法の形成と発展をもたらすもう一つの例です。

学生：航空機が初めて飛ぶのは1903年ですから，国際法の展開はその後になりますか。

教師：19世紀には，気球が飛んでいますが，本格的な国際法的規制は20世紀以降といってよいでしょう。

学生：公海上空が自由だからといっても，航空機が勝手気侭に飛ぶのであれば，危険ですね。船と違ってスピードもあるし。

教師：海との相違を意識するのは重要です。海に限らず，どのような法制度も比較しつつ検討すれば，制度の意義も問題点もより鮮明になるはずです。指摘した点は，その通りで，国際民間航空機関が，そうした危険に対処するために，勝手気侭に飛ぶことを規制しています。自由を享受する上で不可欠な制約です。

―――――――――――――――――――――――――

1.1　空の区分

　空は，物理的には一体をなしているが，法的には三つに区分される。第1は，領空であり，領土・領水から成る国家領域の上空部分をいう。第2は，公空であり，国家領域以外の地表部分，すなわち，公海，排他的経済水域，南極大陸の上空である。第3は，領空と公空から成る空間よりも高い部分で，宇宙空間（大気圏外）と呼ばれる。

領空には，領域国の領空主権が及ぶ（→本章1.3）。すなわち，領域国の完全かつ排他的な主権が及ぶ。たとえ民間航空機であっても，外国の領空を許可なく飛行することはできない。領海における無害通航権にあたる権利は，航空機には認められない。他方，宇宙空間と天体には，いずれの国の領域権能の設定も行使も認められない。国家の管轄外にある地域であり，国家の領空主権の適用は排除される。

1.2 領空の範囲

領空も，領土や領海と同様に，国家の排他的主権が及ぶことから，他国の権利を侵害しないように境界を画定する必要がある。

横の広がりの範囲について，すなわち他国の領空または国際公空との関係について規定する条約は存在しない。一般的には，地球の中心を頂点として，領土・領海の境界線と結んで地表上に垂直に延ばした線が，横の境界線となる。後述するように，領空侵犯に対してとられた強制措置の合法性は，もっぱら領空侵犯機の位置をめぐる争いが中心となる。しかし，この種の事例の事実認定は極めて困難な作業といわざるを得ない。

領空主権のおよぶ高さについては，ローマ法上の原則である「地の主は空の主」が妥当するとされ，領空は無限とする主張がなされたこともある。しかし，この考え方は，実効的支配が不可能な空間を対象としているので，非現実的であった。20世紀中頃までに主張された考え方としては，「大気の存在するところまで」とか「航空機の飛行できる空間」などが存在した。しかし，現代の科学的資料では，前者の基準によって，限界を正確に把握することはできないし，後者は相対的な定義とならざるを得ない。この問題は今日に至っても未解決であり，なかには，実際上の問題が生じていないことから，境界画定時期尚早論，あるいは本質的不要論なども存在する。境界を定めるべきだと積極的に主張する立場からの最近の有力な見解としては，人工衛星の近地点（地表から80—160キロ）とする最低軌道理論，航空機としての活動か宇宙物体としての活動か，といった活動の態様と目的，すなわち機能的な基準で確定すべきだという見解がある。

1.3 領空主権

領空に対して領域国はいかなる権利を有するかについて，当初は，民間航空

の利益を促進するために，公海なみの自由が主張されたこともある。しかし，第一次大戦において，航空機が強力な武器として使用される可能性が示されたことから，諸国は交戦国であるか中立国であるかを問わず，自国の安全を確保するため，他国機の自国領空飛行を禁止した。こうした経験を経た大戦後，各国は，自国の軍事的安全を確保するため，さらには，競争の厳しい商業飛行において，自国航空業を守るため，自国領空に対する完全かつ排他的な領空主権を認める方向で国際法を形成していった。1919年に締結された国際航空条約（パリ条約）1条は，これを確認するものである。すなわち，同条約は，「締約国は，各国がその領域上の空間において，完全かつ排他的な主権を有することを承認する」（1条）とした。2条は，海洋法に準じた無害航空の自由の許与について規定しているものの，3条および15条で，除外の可能性について規定しており，さらに，1929年の改正によって，無害航空の自由の原則は完全に否認された。1926年のイベロ＝アメリカ航空条約（マドリッド条約），1928年のパン・アメリカン商業航空条約（ハバナ条約）においても，パリ条約と同様の領空主権の原則が規定された。

　こうした傾向は，学説としても国家実行としても支持され，領空主権は国際慣習法上の原則として確立していった。第二次大戦中の1944年に締結された国際民間航空条約（シカゴ条約）も，パリ条約と同様，領土および領海上空に対する国家の完全かつ排他的主権を認めている（シカゴ条約1条，2条）。外国の航空機には，無害航空の自由は認められず，被飛行国の許可・同意を事前に得ない限り，当該国の上空飛行も着陸もできない。国家は，その領空主権に基づいて，外国の航空機が自国の領空を飛行したり着陸するのを許可するか禁止するかを自由に決定できるのである。しかし，こうした領空主権原則を厳格に適用すると，国際航空業務の円滑な促進には有害となる。そこで各国は，別途，二国間または多数国間で条約または協定を締結して，空の自由を確保している（→本章2.3航空業務）。

　出入国や運航・航行に関する領域国の国内法令は，領域に入るすべての締約国の航空機に適用される（同11条）。それらの航空機は，領域国の法令に従い，税関その他の検査を受けるために，指定された空港に着陸しなければならない。出国のときも，指定された税関空港から出発しなければならない。

1.4 領空侵犯

　国家は領空について完全かつ排他的な領空主権を有するから，航空機が外国の領空に入った場合は，飛行する国の管轄に服さなければならない。航空機が許可なく外国の領空に入る行為は，領空侵犯となり，国際法上，違法な行為を行ったことになる。領域国は，領空侵犯機に対して，侵犯によって生じ得る法益侵害と比例する限度内で必要な措置を取り得る。たとえば，自国軍用機による警告，威嚇射撃，強制着陸などである。ただし，これらの一連の対応措置について定まった規則は存在せず，基本的には領域国の決定に委ねられている。また，飛行目的や航空機の種類によっても扱いが異なる。

　軍用機については，特別協定が締結されるのが普通である（日米地位協定5条）。許可を得て外国領域に着陸した軍用機は，軍隊や軍艦と同様の特権免除を享有する。許可なく外国領空を侵犯した軍用機について，領域国は，自衛権行使の下で，これを撃墜することも可能である。偵察・空中撮影行為を行っていた外国軍用機については，スパイ行為として撃墜し，乗員を処罰することができる。侵入機の本国も，領空侵犯を前提とした軍用機の撃墜に抗議したり，領域国刑法の適用の適法性を争ったことはない（U2型機事件）。ただし，これらの事件では，撃墜されたときの航空機の位置，外国領空に入った理由，警告の有無等の事実関係の認識の不一致が紛争の原因となるのが普通である。

　民間機に対して武力行使を行えるかどうかは微妙である。確立している国際法によれば，領空侵犯機は，領域国の着陸・退去・航路変更の命令に従うことを要する。無線通信の不備な場合が多いのであるが，その場合には，邀撃機が翼を振る，航空灯を点滅させる等の行為で侵犯機に領空侵犯の事実を知らせる必要がある。進路妨害は最後の手段とされ，武力行使は差し控えるべきものとされている（シカゴ条約第2付属書附則A）。武器による抵抗もせずに退去しつつある民間航空機の撃墜は過剰な対抗措置となる。しかし，領域国の指示に従わずに領域内に留まったり，退去要請にもかかわらず，不審な飛行を続ける航空機については明確でない。1983年の大韓航空機撃墜事件を契機として，民間航空機に対する武器の不使用を義務づける規定が採択されている（国際民間航空条約3条の2）。わが国の自衛隊法によれば，航空自衛隊が，防衛庁長官の命令により，領空侵犯機に対して一定の措置を執る任務を与えられている。

遭難・事故による領空侵犯の場合は免責され，領域国には援助義務および救援・調査の実施義務が生ずる（同25条）。1946年，米国空軍の非武装輸送機がユーゴ上空で撃墜され，5人が死亡した。米国は，輸送機が悪天候のために航路を逸脱したと主張したが，ユーゴは撃墜空域周辺に悪天候は存在しなかったとしてこれを否定，しかも着陸命令の信号も無視したと主張した。ユーゴは，5人の家族に対して「人道上の感情から」補償金を支払っている。しかし，事実関係について自己の見解を変えることはなかった。

【展開講義 73】 防空識別圏

　防空識別圏とは，海洋を有している国が，自国の安全のために領空に接してその外側に設けた空域（Air Defence Identification Zone, ADIZ）で，防空確認区域または接続空域とも呼ばれる。

　ここを通過する航空機には，あらかじめ飛行計画の提出と位置報告を要求し，違反した航空機は，処罰することを国内法で規定していることが多い。1950年代に米国が設定したのを最初に一般化していったが，その地理的範囲，規制対象となる航空機の種類・目的，違反機の処罰方法等，各国の規制内容は必ずしも同一ではない。わが国も設定しており，航空自衛隊の緊急発進（スクランブル）の対象となる。

　防衛識別圏は，公海上空にまで国家管轄権を拡大するもので，その法的評価には，賛否両論がみられる。しかし，軍用機による進路妨害や着陸要求等，実力行使を伴う場合には，上空飛行の自由を侵害し，国際法違反となる。

【展開講義 74】 大韓航空機撃墜事件

　1983年9月1日，乗員乗客269名を乗せた大韓航空機007便が，サハリン南西沖でソ連空軍機によって撃墜された。ソ連領空を許可なく飛行したことによる。同機がソ連領空を侵犯したのは事実である。しかし，韓国は，同機が航法上の誤りからソ連領空を侵犯したにすぎず，しかも，ソ連空軍は適切な事前措置もとらずに撃墜したので明らかに国際法に反すると主張した。

　ソ連はこれらのいずれも否定し，さらに，同機がスパイ活動に従事していた旨を主張し，意見は対立したままだった。問題は，領空侵犯機が，領域国の指示に従わず，明らかに警告も無視して飛行を続けるときに，領域国は，安全上の理由

から，これに威嚇射撃以上の措置をとるかどうかということになろう。民間航空機を装うことも考えられるので，民間航空機に対する武力の行使（武器の使用）は違法であるという指摘はこういう場合には機能しない。事件後のシカゴ条約の改正規定（3条の2）は，民間航空機に対する武器の使用を禁ずるものであるが，上記の問題を解決したことにはならない。

2　航空機の地位

2.1　国　　籍

　航空機は，登録を受けた国の国籍を有するが，複数の国の登録は認められない（シカゴ条約17条，18条）。すなわち，航空機はいずれかひとつの国籍のみを有し，国籍国の監督・取締り・外交的保護等を受ける。航空機の登録・変更は，各国の法令に従って行われる（同19条）。国籍決定には登録国主義を採用しているので，所有者または運航者の国籍は問われない。しかし，実際上，多くの国の国内法は，自国民によって所有されていない航空機には登録の権利を認めていない。わが国の航空法も，日本国籍を有しない人・外国または外国の公共団体・外国法人などの所有する航空機は日本で登録できない旨を規定している（航空法4条）。登録は，航空機登録令および航空機登録規則によって定められる航空機登録原簿になされ，登録を受けたときに日本国籍を取得する（同3条の2）。航空機が，公の空域にあるときは，登録国の管轄権に服する。航空機内の個人は，その国籍の如何を問わず，航空機の登録国の管轄に服する。ただし，海賊行為を行う航空機については，登録国以外の国が管轄権を行使し得る（国連海洋法条約101条以下）。

　航空機の国籍について，人や船舶と同様に，国籍国との間に真正結合関係が存在しなければならないかどうかについては，見解が対立している。シカゴ条約は，国内法上有効に登録された航空機の国籍は，国際法上も有効なものとみなしていると解されるから，真正な結合関係は不要だとする考え方と，真正な結合関係がないとシカゴ条約の諸規定が十分遵守されないことや，実質的な所有権と有効なコントロールの必要性が，多くの二国間条約に規定されていることなどから，これを要するとする考え方の対立である。いずれにしても，国際

航空に従事する航空機は，その国籍を明らかにするため，登録証明書・耐空証明書・乗組員免状・航空日誌など必要な書類を携行しなければならない（シカゴ条約29条）。

2.2 航空機の種類

シカゴ条約は，航空機を国の航空機と民間航空機に分類し，同条約は，後者についてのみ適用される（シカゴ条約3条(a)）。軍・税関および警察の業務に用いられる航空機は国の航空機である（同条(b)）。国の航空機と民間航空機はどのように区別されるかというと，その所有権の帰属によるのではなく，用途によって決められる。国のために使用されるか民間のためであるか，である。たとえば，民間の航空会社が所有する航空機であっても，国の元首や外交使節がチャーターして特別飛行を行う場合は，当該航空機は国の航空機となる。他方，国が民間企業を経営したり参加したりする場合は，国の所有する航空機であっても民間航空機として扱われる。

2.3 航空業務

第一次大戦後，定期民間航空輸送が開始され，航空機の利用範囲は飛躍的に拡大し，国際的な規制の必要性も認識された。かくして，1919年，パリ会議において，民間航空のための国際的統一公法であり，かつ今日の国際航空法の礎石となった国際航空条約（パリ条約）が採択された。パリ条約は，民間航空のための最初の多数国間条約であり，前述したように領空主権を確立するとともに，航空機の国籍および登録，安全性など，今日の航空法の重要な原則を規定した。その後，1926年には，スペインと中南米諸国との間で，イベロ・アメリカン航空条約（マドリッド条約）が締結され，パリ条約に参加しなかった米国は，ラテンアメリカ諸国とともに，1928年にパン・アメリカン商業航空条約（ハバナ条約）を締結した。これらの条約は，いずれも地域的に限定された条約ではあるが，パリ条約を模範としており，今日の国際航空法制の基礎を築いたものといえる。他方で，国際航空が発達するにつれて，運送人の権利義務・賠償責任・救援救助など，私法的規定の必要も生じた。そのために締結されたのが，国際航空運送についてのある規則の統一に関する条約（ワルソー条約（1929年）），ローマ条約（1933年），ブラッセル条約（1938年）である。

パリ条約は，当初，領空主権を前提としながらも，できるだけ空の自由を認

めることを趣旨としていた。しかし，国際商業航空の発達にともない，保護政策がとられるようになり，被飛行国が商業航空路線設定の許可の権利を有すべきだとの主張が強まり，パリ条約は，1929年の修正によって，国際的な定期航空路創設と利用のためには，被飛行国の特別の合意を必要とすると規定した。

このような空の自由の制限をめぐって，これを肯定する国と否定する国との対立が強まり，他方で，第二次大戦における航空機制作技術の飛躍的な発達によって，大戦後の航空機時代が予想される状況の下で，第二次大戦中の1944年11月，米国は連合国と中立国の52ヵ国をシカゴに招請し，民間航空に関する国際会議を開催した。シカゴ会議の主たる議題は，空の自由，商業航空権の確立，国際民間航空条約の締結，国際民間航空機関（ICAO）の設立であった。

この会議において採択された国際民間航空条約（シカゴ条約）の目的は，国際民間航空業務の安全と整然とした発達を確保し，機会均等主義のもとに，国際民間航空業務の健全かつ経済的な運営を行うことにある（同前文）。大多数の国家が締約国となっている（わが国は，1953年10月8日加入）。同条約は，パリ条約以来の基本原則，たとえば，領空主権に関する国際慣習法を再確認するとともに（同1条），航空機の法的地位等，国際民間航空に関する諸制度を設けており，今日における国際民間航空制度において，もっとも基本的かつ重要な条約となっている。同条約が対象とするのは民間航空機のみであるが，国際航空制度の一般法・基本法としての性格を有しており，締約国は，条約と両立しない取極を結ぶことができない（同82条，83条）。

しかし，シカゴ条約においても，高い技術水準と巨大な経済力を背景として，無制限かつ完全な空の自由を主張する米国と，空の自由を認めることは，航空運輸に関してアメリカの支配に服すことを意味すると懸念し，これに対抗すべく制限主義を主張する英国の対立は解消できなかった。不定期航空に関して，シカゴ条約は，事前の許可なしに他国の領空を飛行・通過する権利を与えるほか，運輸以外の目的での着陸も認めている。もっとも，①領域国の着陸要求には従わなければならない。②許可なくして領域国の指定する飛行コースを外れてはいけない。③領域国を無着陸で飛行するか，着陸するにしても運輸目的以外に限られるといった制限に服する必要はある。もっぱら航空安全上の観点および軍事上の観点からの制約である。他方，商業的定期国際航空業務について

は，自由化が行われず，領域国の特別の許可および条件に従わなければならない。すなわち，許可なくしてその上空を通過することも乗り入れることもできない（同6条）。国際航空の大部分は定期航空であるから，制限主義に有利な制度といえる。この他に，シカゴ条約が定める制限としては，外国航空機のカボタージュ（国内輸送）の禁止（同7条），軍事・公共の安全のための上空飛行の制限・禁止（同9条，35条）等がある。

　定期航空業務については，シカゴ条約の補足協定ともいうべき二つの協定が締結された。国際航空業務通過協定と，国際航空運送協定である。いずれも定期商業航空権の確立を意図し，空の自由の原則を規定したもので，前者は，①他国の領域を無着陸で横断飛行する特権（上空通過の自由），②他国の領域内に運輸以外の目的で着陸する特権（テクニカル・ランディングの自由）を認めるもので，二つの自由協定とも称せられる。後者は，これらの自由にくわえて，③自国内で積み込んだ旅客・郵便・貨物を外国でおろす特権，④他国領域内で，自国向けの旅客・郵便・貨物を積み込む特権，⑤第三国領域に向かうか，または第三国領域からの旅客・郵便・貨物を他国において積み込み，またはおろす特権（第三国間輸送の自由）を加えたもので，五つの自由協定ともいわれる。①と②は，単なる通過権の承認であり，国際定期航空運送にとって重要なのは，③以下の自由である。

　しかし，③以下の自由を認めることは，空の開放につながり，競争力のない航空企業にとっては非常に不利となる。そのため，二つの自由協定には比較的多くの国が締約国となっているものの，五つの自由協定については，多くの国が消極的である。かくして，今日において，国際的な定期航空業務を行うためには，相手国との二国間協定を締結せざるを得ない。シカゴ会議は，それを予測して，最終議定書で二国間航空協定の標準方式を採択している。この標準方式の不備を補い，空の自由を主張する米国と，より保護主義的立場をとる英国との妥協の産物として1946年に締結されたのが，バーミューダ協定である。この条約は，その後の多くの二国間協定の雛形になった（バーミューダ方式）。これらの二国間協定で重要となるのは，提供輸送力（便数）・運賃決定の方法・運営路線である。1946年のバーミューダ協定は，価格および輸送力に関して，より有用かつ経済的な業務を利用者に提供する新しい協定にとってかわられた

(1977年)。1946年協定をバーミューダⅠ，新協定をバーミューダⅡという。

なお，シカゴ条約は，国際航空および運送の発展・安全増進・効率性の向上・航空企業運営の機会均等の確保・経済的浪費の防止等に関する原則および技術を発展させ助長するために，国際民間航空機関（ICAO, International Civil Aviation Organization）を設立した（シカゴ条約43条，44条）。

国際民間航空機関は，国連の専門機関の一つで，総会，理事会，航空委員会，事務局の各機関のほか，航空運送，法律，財政などの各種委員会を設置している。国際民間航空機関の活動は，技術，経済，法律の三部門に分かれており，多くの条約を作成してきた。とりわけ，航空安全の確保のために，諸規則の標準化・統一に努め，統一的適用を要求する国際標準など，三種類の基準細目を作成し，その実現を図ってきた。

なお，政府間の国際組織である国際民間航空機関とは別に，国際航空運送協会（International Air Transport Association, IATA）がある。同協会は，国際民間航空機関の加盟国に属する航空運送業者が組織した民間の国際団体であり，運送券の規格・発行手続および運賃とサービス内容の統一化を図り，過度の競争を防止するための国際協力を行っている。

【展開講義 75】 路線権・以遠権

路線権とは，航空協定で特定される運営路線を使用する権利をいう。路線権の問題は，運営路線の起点および中間地点をどこにとるか，その路線を往路および復路の双方の航空業務に使用できるかなどである。

以遠権は，特定路線上にある相手国の地点を経由して，それを越える第三国の地点との間を運航する権利をいう。たとえば，わが国と米国との関係でいえば，日本から見て，東京＝ニューヨーク＝パリという路線を運航する場合，ニューヨークを起点としてパリに向かう旅客や貨物を運送する権利をいう。以遠権の特定方法は二種類ある。一つは，以遠地点を具体的に全部特定する方法である（日英航空協定）。他方は，以遠地点を特定しない方法である（日米航空協定のアメリカ側路線）。もっとも，以遠権が認められたとしても，条約相手国との関係のみであって，実際に以遠地点に乗り入れて業務を行うには，その地点の国の許可または航空協定が必要となる。

以遠権の存在理由としては，かつての航空機の航続距離が短く，給油のために

寄港せざるを得なかったことや，航空会社の存在しない国家が多く存在し，経済的効率性のために必要とされたこと等があげられる。したがって，航空機の航続距離が増え，発展途上国にも航空会社が存在するようになった今日では，以遠権の意義はそれほど大きくはない。米国が以遠権を既得権として主張するのは，いうまでもなく自国の航空企業にとって有利だからである。かつてのような以遠権の存在意義が希薄になったとしても，この権利を存続させるのであれば，少なくとも相互主義に基づいて行使されなければならないであろう。

【展開講義　76】　日米航空協定

　わが国は，1952年に，日米航空協定を締結し，その後，他の多くの国との間でも二国間航空協定を締結してきた。ただし，日米航空協定は，対日平和条約13条に基づいて締結されたこと，占領中の影響を強く受けていること等のため，路線権，以遠権等の権益及び協定の運用が極めて不平等なものとなっていた。そのため，航空権益の不均衡を是正すべく，1976年以降，日米航空協議が断続的に行われてきた。しかし，米国は既得権の維持について強硬であり，また，追加権益の交渉には極めて厳格な相互主義を求めてきた。そのため，不平等状態が解消することはなかった。しかし，貨物分野については，1996年4月に日米航空関係の平等化をほぼ実質的に達成するに至った。旅客分野については，わが国が，日米航空企業双方にとっての機会の平等化と機会拡大を提案したのに対し，米国側は，先発企業の既得権の不可侵の確認を要求し，この問題が解決されるまでは，日本企業の権益拡大は認めないとの立場を主張したため，対立は解消していない。

　1998年3月，日米航空協定が拡大均衡する形で合意された。路線や便数を無制限に設定できるインカンバント・キャリアが日米3社ずつの同数となり，後発企業にも大幅な増枠を認めたものであるが，日米間の輸送力に大きな格差があることから，実質的には既存の不均衡を是正することなく拡大均衡を許容したものであり，米国が各国との二国間航空交渉で主張してきたオープン・スカイ（航空の完全自由化）政策を導入したのに近い結果をもたらすものとなった。つまり，米国に有利な内容だったといえる。さらに，完全自由化を目指す協定を締結するための交渉を再開することも合意された。オープン・スカイ協定を結ぶと，特定の路線について独占・寡占が進み，かえって自由競争を阻害するというのが現実であり，競争力のない航空会社が排除されるから，日米航空交渉において，わが国が容易に譲歩することはありえない。

3 航空犯罪

　航空機で行われた犯罪について問題となるのは，いずれの国の刑事裁判管轄権が及ぶかについてである。航空機の登録国は，国外にある自国の航空機内にいるすべての人に自国の管轄権を及ぼすことができる。これには外国人も含まれる（日本の刑法1条2項）。しかし，外国領空を飛行中かまたは外国領域内に駐機中に航空機内で生じた犯罪については，登録国以外の管轄権も競合することになる。たとえば，航空機の登録国以外に，犯罪実行時に飛行中だった領域国（被飛行国主義），犯罪実行後の最初の着陸国（着陸地主義），犯罪実行前の最後の離陸国（離陸地主義），犯罪実行者の本国（国籍主義），被害者の本国（受動的属人主義）などが管轄権を有する国として主張されてきた。しかも，この点について，確立した国際法は存在しなかった。航空犯罪が多様化し，増大する中で，犯罪を確実に処罰するとともに，これらの管轄権の問題を解決すべく，いくつかの条約が締結されてきた。

3.1 機上犯罪

　1963年に締結された航空機内で行われた犯罪その他のある種の行為に関する条約（東京条約）は，航空機が飛行中，または公海もしくはいずれの国の領域にも属さない場所にあるときに航空機内で犯罪が行われたときの問題を処理するために締結されたものである。シカゴ条約によれば，航空機内の犯罪（機上犯罪）については，登録国に裁判管轄権が認められるにすぎなかった。すなわち，船舶内の犯罪と同様に，機内犯罪も自国領域内で実行された犯罪とみなしたのである。東京条約は，登録国主義を原則としつつ，若干の例外も認めた。たとえば，機上犯罪が，自国領域に影響する国，犯人または被害者が自国民である国，安全を害される国，自国の航空安全に関する法令を侵害される国も，刑事裁判管轄権を行使し得る（同4条）とした。

　ただし，東京条約は，単に機上犯罪が行われたときに，機長の権限や旅客・貨物の扱いなど，事後措置についての国際協力を定めただけであった。すなわち，航空機の管理を機長に回復・保持させるために一切の適当な措置をとることを締約国に義務づけるのみで（同11条），被疑者を起訴・処罰することが主たる目的ではなかった。被疑者を処罰するか否かの決定は，締約国の国内法に

委ねられ，条約上の義務とはしていない。たとえば，航空機のハイジャック行為を犯罪と規定したわけではないので，行為者の起訴・処罰については不十分であった。

3.2 航空機の不法奪取

飛行中の航空機を不法に奪取する行為を犯罪とし，その構成要件を厳しく定め，犯人がどこへ逃げても処罰できるような体制を構築するため，各締約国に重罰を科すよう義務づけた（2条）のが，1970年に締結された航空機の不法な奪取の防止に関する条約（ハーグ条約）である。本条約によれば，いずれの締約国も，①犯罪行為が当該締約国において登録された航空機内で行われた場合（登録国），②機内で犯罪行為の行われた航空機が容疑者を乗せたまま当該締約国の領域内に着陸した場合（着陸国），③犯罪行為が，当該締約国内に主たる営業所を有する賃借人，または当該締約国に住所を有する賃借人の賃貸した航空機内で行われた場合（賃借人の本国）は，容疑者を処罰するために，自国の裁判権を設定するために必要な措置を執らなければならない（ハーグ条約4条1項）。犯罪行為の容疑者が領域内に所在する締約国も，①②③のいずれかの締約国に容疑者を引き渡さない場合には，当該犯罪行為につき自国の裁判権を設定するために必要な措置を執らなければならない（同4条2項）。さらに，犯罪行為の容疑者が領域内で発見された締約国は，当該容疑者を引き渡さないときは，例外なしに，訴追のために自国の権限のある当局に事件を付託する義務を負う（同7条）。現に身柄を抑留している国は，抑留の事実を根拠にして優越的な裁判権行使が認められるのであり，普遍主義的な管轄権行使の一種といえる。わが国も本条約の締約国であり，これに呼応する国内法として，航空機の強取等の処罰に関する法律を制定している。

3.3 民間航空の安全に対する不法行為

ハーグ条約は，航空機の外部からの破壊または爆破行為を処罰の対象としていない。すなわち，駐機中の航空機襲撃事件を前提としていなかった。そこで，ゲリラ等による航空機の地上爆破といった新型の航空機犯罪を対象とし，これらの行為を防止し，容疑者を処罰するための条約として，民間航空の安全に対する不法な行為の防止に関する条約（モントリオール条約）が1971年に締結された。

本条約が処罰の対象とする行為は，①飛行中の航空機を破壊する行為，②業務中（飛行準備開始時から着陸後24時間を経過する時まで）の航空機を飛行不能にする行為もしくは飛行中の航空機の安全を損なうおそれのある損害を与える行為，③①②のための装置を機内に置く行為，④航空施設を破壊・損傷し，その運営を妨害する行為，⑤虚偽の通報により，飛行中の航空機の安全を害する行為である（モントリオール条約1条）。これらの行為は，ハーグ条約が定める不法奪取とは別に，独立した犯罪として重罰に処することが締約国に義務づけられる。裁判管轄権の行使については，ハーグ条約と同旨の規定がおかれている（同5条，7条）。また，ハーグ条約と同様，締約国であるわが国は，国内法として航空の危険を生じさせる行為等の処罰に関する法律を制定している。

なお，1988年には，モントリオール条約を補完するものとして，モントリオール議定書が締結された。議定書は，国際空港での人に対する重大な傷害・殺害，業務中でない航空機・施設の破壊・損傷をモントリオール条約の適用対象犯罪に追加した。

【展開講義 77】 政治犯不引渡の原則との関係

ハイジャック行為が，政治犯罪の一環として行われた場合，政治犯罪人不引渡原則が適用されるのか。これに関する事例として，張振海事件がある。張振海は，1989（平成元）年12月16日，北京発上海経由ニューヨーク行きの中国国際航空公司CA981便（乗客乗員133名）に乗客として搭乗し，飛行中の同機内で，同機を爆破して破壊する気勢を示して機長らを脅迫し畏怖させ，同機を燃料不足により墜落しかねない危険な状態に陥れ，福岡空港に着陸させるまでの間，同機の運行を支配した。

同年12月23日，北京市公安局から張に対して逮捕状が発せられ，その後，中華人民共和国（以下「中国」という）から日本国に対し，同人は日本国内に逃亡した逃亡犯罪人であるとして仮拘禁の請求があり，同月31日，同人は逃亡犯罪人引渡法25条1項による仮拘禁許可状により仮拘禁され，東京拘置所に拘束された。1990（平成2）年2月22日，中国から日本国に対し，引渡しの請求があり，同月23日，東京高等検察庁検察官から東京高等裁判所に対し，逃亡犯罪人引渡法8条により，本件審査請求がなされた。

東京高裁は，以下のような判断を示した。

「中国からの脱出目的が，天安門事件に関与したことによる政治的な迫害を受けるのを回避する点にあったとすれば，その限りで犯行の動機にある程度政治的な事情が関係しているということはできる。……（しかし，）犯行の動機に政治的事情が関係していれば直ちに全体として政治犯罪になるとは考え難いだけでなく，そのすべてを政治犯罪と認めることは，政治犯罪について犯罪人不引渡しを定める規定の趣旨に照らし，きわめて疑問というべきである。……その点は，次に述べる目的と手段との均衡等の点と合わせて考慮するほかないであろう。ところが，本件ハイジャック行為によって生じた侵害行為の深刻さと，本人がこれによって最終的に目指した目的とを対比した場合，その間に必要な均衡が保たれていないことが本件ではきわめて明白であり，この点は本件ハイジャックとの関係で最も重視しなければならない……。」「……ハイジャックの場合，武器携帯，機内における暴力行使の恐怖もさることながら，それ以上に重要なのは航空機全体の危険である。」

　「一般的に考えると，中国の現在の政治体制を嫌い，その政治的圧力を免れるために国外脱出を図ろうとすることは，脱出に際して……とられた手段が目的との間で相当性を保っていると認められるときは……逃亡犯罪人引渡法上保護される場合がないとはいえないであろう。しかし，脱出手段として民間航空機をハイジャックするというような，多数の者に対するきわめて危険性が高く重大な犯罪行為にでるときは，両者間の均衡が余りに失われ過ぎる点からみて，政治犯罪としての保護を受け難くなるのはやむを得ないというべきである。」「以上に述べた諸点を総合して考えると……本件ハイジャック行為に，逃亡犯罪人引渡法上，一般人乗客・乗務員が受けた被害より以上に保護されるべき利益があるとは考えられない。本件の事実関係を前提とし，良識にしたがって総合的に判断すると，本件は，政治的性質が普通犯罪的性質をはるかにしのぎ，そのために逃亡犯罪人引渡法上保護を要する犯罪であるとは認められない。」

4　宇宙法の形成とその基本構造

――――――――――◆　導入対話　◆――――――――――

学生：宇宙ですか。国際法とどういう関係がありますか。
教師：いろいろあります。宇宙空間は実用化の時代に入っています。たとえば，

> 人工衛星は，通信に利用されたり，気象情報を得たり，漁船が魚の位置を確認するのに利用されています。こうした人工衛星の自由な打ち上げは，宇宙空間の専有を条約で禁止している結果です。
> 学生：そういえば，車につけているナビシステムも人工衛星を利用していますね。
> 教師：米軍の兵士は Global Positioning System（全地球測位システム）を身に付けています。砂漠の戦争であれば，自分の位置を確認するのに，とくに必要となるわけです。
> 学生：21世紀には，ますます宇宙開発が進むと思いますが，どんな問題があるでしょうか。
> 教師：情報に関係する問題についていえば，人工衛星を使って勝手に他国の情報を得て利用するのは，内政干渉にあたるのではないかといった問題があります。また，大量の人工衛星の残骸がごみとなって，地球周回軌道に放っておかれているのですが，有人の人工衛星をはじめ，他の現役の人工衛星にとって極めて危険です。だれが，どのような形で処理する義務を負うか等，対処すべき問題は結構多いのです。宇宙ステーションの建設計画も進んでいますが，複数国家の共同作業ということから，たとえば犯罪が行われたときに，どこの国に裁判管轄権があるのかという問題が出てきます。また，多くの実験が行われるのですが，そこでの発明等はどう処理されるのか，つまり，特許の問題はどうなるのか等も問題となります。

4.1 宇宙の法的地位

宇宙開発が始まるのは，1957年にソ連がスプートニク1号を大気圏外に打ち上げてからである。翌年，アメリカがエクスプローラー1号を打ち上げ，米ソ両国の間で宇宙開発競争が展開された。1969年には，アメリカのアポロ計画の下で，人類が月に到達し，今日では，宇宙ステーションの建設計画も，着々と進められている。こうした状況の中で，宇宙に関する国際法も徐々に整備されてきた。

宇宙に関する最初の多数国間条約は，1967年に締結された宇宙条約である。宇宙空間の法的地位について，宇宙条約は，(1)領有権設定の禁止，(2)宇宙空間の探査と利用の自由，(3)平和利用を三原則として定めた。

(1) 国家は，宇宙空間と天体のいずれの部分に対しても領域権原の取得が禁

止され，主権の主張，継続的な使用・占有等の手段により，排他的な領域主権を設定することができない（宇宙条約2条）。この原則は，宇宙空間と天体を無主地とみなすことを禁止して，先占に基づく領域主権の設定を認めない旨を明らかにしたものである。したがって，静止軌道の一定固定地点に衛星を打ち上げて長期にわたり配置するような宇宙活動を行い，結果として宇宙空間の継続的な使用・占有があったとしても，また，月その他の天体上に機器設備等を設定したとしても，その事実をもって領域主権の主張をすることは許されない。

なお，宇宙条約によれば，この原則は，国家またはその許可を得た私人による所有権または優先使用権の取得には適用されない。すなわち，宇宙空間の利用もしくは開発に必要な事業活動の実施，または，恒久的な設備の所有権の取得等により，宇宙空間と天体の一部を継続的に占有し，事実上独占的に使用しても，属地的な管轄権の行使を伴わない限り，この原則に当然に違反したことにはならない。しかし，月協定（1979年）は，月およびその天然資源を人類の共同遺産とし，領有権の設定にとどまらず，天体の表面，地下または埋蔵されている天然資源を所有権の対象とすることも禁止し，また，設備等が天体に配備されても，天体それ自体に対する所有権の設定は認められないとした（月協定11条2項・3項）。このように，月協定が，天体について宇宙空間よりも厳しい制限を課したのは，天体に到達できる宇宙活動国が限定され，特定の国のみが利益を独占してしまうのではないかと懸念されたこと，そして，天体が陸地に準じて固定したものであり，支配の対象とされやすいこと等の理由による。いずれにせよ，本原則は，宇宙空間の探査と利用の自由平等を保障する前提としての機能を果たすことになる。

(2) 宇宙条約によれば，宇宙空間および天体の探査と利用の自由は，無差別・平等の基礎にたち，すべての国の権利として保障される（宇宙条約1条）。宇宙空間は，すべての国の利益のために，「全人類の活動分野」として確保されるのであり，したがって，いずれの国も，他国の許可を得ることも，妨害を受けることもなく，宇宙活動を行う権利を有する。また，いずれの国も，他国が打ち上げた宇宙物体に対して，宇宙空間の利用を妨害したり否認するような方法で管轄権その他の実力措置を及ぼすことが禁止される。宇宙物体を打ち上げ，これを登録した国は，その物体と乗員が宇宙空間にいる間は，排他的な管

轄権と管理権を有する（同8条）。宇宙空間の利用の自由は，公海における旗国主義と同様の管轄権行使によって担保されることを意味する。

(3) 宇宙条約は，平和利用について，宇宙空間と天体とを区別して規制している。軍事的効果の相違に基づく措置である。

宇宙空間については，地球を周回する軌道に核兵器その他の大量破壊兵器を運ぶ宇宙物体を乗せたり，他のいかなる方法によっても，これらの兵器を宇宙空間に配置することを禁止するにとどまる（同4条）。したがって，核弾頭を持たない通常兵器の配置・使用・実験，軍事演習等の軍事目的のための利用は，国連憲章2条4項に反しない限り禁止されない。宇宙空間の平和利用に関しては，宇宙活動が始まった当初から，非侵略的利用か非軍事的利用とするかで米ソの激しい対立が存在した。前者であれば自衛権行使が留保され，後者であれば，軍事目的の使用が一切禁止される。結局，軍事衛星の打ち上げという既成事実，軍事科学技術の進捗状況等についての現実の前で，宇宙空間に関する限り，限定された平和利用の確保にとどまったのである。なお，偵察・観測・情報収集等のための軍事衛星については，国連憲章2条4項の解釈との関係で，その適法性の判断に決着はついていない。

天体については，軍事利用が包括的に禁止される。したがって，宇宙空間と異なり，平和利用の原則が徹底している。すなわち，天体では，核兵器その他の大量破壊兵器の設置が禁止されるだけでなく（同4条1項），軍事基地や軍事施設の設置，あらゆる兵器の実験および軍事演習も禁止される。例外は，科学的研究その他の平和目的のために軍の要員を使用したり，天体の平和的探査に必要な一切の軍の装備・施設を使用することが許容されるだけである（同4条2項）。月協定では，この他に，天体上での武力の行使・威嚇その他の敵対的行為が禁止された。さらに，核兵器の配置を禁止する範囲が拡大され，禁止の対象に天体を回る軌道または天体に到達する飛行軌道が加えられ（月協定3条2項・3項），平和利用が徹底されている。こうした天体の平和利用を確保するため，相互主義を条件として，天体上の基地・施設・宇宙飛行機等は，他の当事国に対して開放されるとの原則が規定されている（宇宙条約12条）。事実上の検証・査察制度を認めたものである。さらに月協定では，平和利用等の義務に違反すると考える締約国は，当該天体活動国に協議を要請し得る。協議不調

の場合には，当事国の選択する平和的紛争解決手続に付託することができる（月協定15条2項・3項）。

4.2 宇宙の開発・利用の方式

従来の宇宙開発は，宇宙空間および天体の科学的調査，実験，関連情報の取得にとどまっていたが，科学技術の進歩により，最近では宇宙物体を打ち上げて，地球上の通信・放送・気象観測・航行観測・資源探査等の実用目的に用いて，在来の地上業務を補充・拡充する活動が行われるようになった。さらに，宇宙空間の特性を利用した実験や新たな製品開発も具体化しつつある。こうした宇宙活動の展開に伴い，新たな国際法上の規制が必要とされるようになり，各種の国際立法が行われてきた。

(1) 静 止 軌 道

静止軌道は，地上から35,800kmにある赤道面上の軌道で，地球の自転と同じ速度で地球を周回する。地球と衛星は同じ角度で同じ方向に回転するから，地上からみると衛星が上空の一点に静止してみえる。通信，放送，気象衛星，常時監視用軍事衛星等は，静止軌道に打ち上げるのが効率的で，しかも，緯度75度以上の極地方は別として，三個の衛星で全世界をカバーすることができる。

静止軌道は，地球からみて特定される空間に位置するので，無限に存在するわけではない。そこで，赤道軌道直下国（ブラジル，コロンビア，エクアドル，インドネシア，コンゴ，ケニア，ザイール，ウガンダ）は，1976年にボゴダ宣言を採択し，静止軌道のうち，自国領域の上空にある部分に対して，領土との連接一体性を根拠に，衛星打ち上げに際して赤道直下国の同意が必要であるとの主張を行った。静止軌道は，有限な天然資源であるから，赤道直下国の永久的主権行使の対象となることもその根拠とした。しかし，こうした主張は，宇宙空間に対する領域権原設定の禁止の原則に違反するし，宇宙空間利用の自由・平等原則にも反する。赤道直下国以外の大多数の発展途上国も，こうした主張が自らの利益に結びつかないことから消極的である。

(2) 情 報 流 通

直接放送衛星による番組の送出や地球探査衛星による情報の取得・流通は，対象となった国の国内体制や国家間関係に直接影響を及ぼすことになる。直接放送衛星による番組の送出は，受信国の規制権能を減殺し，受信国にとって好

ましくない番組も流入してしまう。受信国は，情報に関わる国家の一体性の維持のため，自国民に対して最も適切と考えられる情報を提供する権利を持っていると主張し，放送衛星による一方的な外国向けの放送は，国家主権を侵害する違法な行為とする。これに対して西側先進国は，番組発出は宇宙空間利用の自由に当然内在するだけでなく，国際人権規約19条2項に規定されるように，国境に関係なく，情報が自由に流通することこそが，人権の国際的保障に適合すると主張している。こうした対立の中で，1972年に採択されたユネスコ宣言は，受信国に有利な内容となっている。たとえば，情報自由の原則に言及しつつ，同時に放送衛星による外国向け放送については，受信国の事前の同意が必要であることも併記しており，また，受信国は，自国が望まない番組についてジャミング等の対抗措置をとる権利がある旨を明記した。1982年の国連総会決議（37／92）も，全体としては受信国の主権を重視したものとなっている。国際的な直接放送衛星業務を設定しようとする場合には，受信予定国に遅滞なく通報・協議し，協定・取極の事前締結を義務づけているし，発信国は，自国の管轄に服する私人が行った番組発出について国家責任を負うこととされたからである。多くの西側先進諸国は事前同意原則を疑問とし，反対または棄権した。

　地球探査衛星は，地球環境や天然資源を遠隔探査する衛星のことである。問題は，地球探査衛星によって取得された外国のデータとその解析情報を利用・配布するにあたり，被探査国の権益擁護を理由として情報流通の自由に制限が加えられるか否かである。国連総会は，基本的には宇宙活動自由の原則が適用されること，すなわち，国家は，被探査国の事前同意も通報の義務もなしに探査活動を無制限に行う自由を有することを認める。しかし同時に，天然資源に対する恒久主権原則を尊重し，開発途上国の特別の必要性を考慮することと，関係国間における協議義務も定めた（【展開講義　26】も参照）。

(3) 資源開発

　月その他の天体の天然資源の利用・開発が技術的に可能となりつつある状況の中で，開発途上国は，深海底の天然資源について主張したのと同様に，人類の共同遺産概念の適用をこれらの天然資源に対しても主張するようになった。こうした主張を受けて，月協定（1979年）は，月と地球以外の太陽系内のすべての天体が，人類の共同遺産であると宣言した。しかし，この概念が，具体的

にどのような内容を有するものかは明らかでない。月協定の締約国は，天体の天然資源の開発が実行可能となったときは，開発を律する国際制度を設立することを約束した（月協定11条5項）。設立される国際制度の主要な目的は，天体の天然資源の①秩序あるかつ安全な開発，②合理的な管理，③利用の機会の増大，④得られる利益の衡平な分配である（同11条7項）。具体的な開発方法は，月協定の再検討会議において行われることとされている（同18条）。

【展開講義　78】　宇宙基地協定
　1984年，米国大統領はその一般教書演説において，常時有人の宇宙基地を10年以内に開発し軌道に乗せるよう航空宇宙局（NASA）に指示した。同時に，米国の友好国および同盟国に対して，同基地の開発および利用に参加し，当該開発および利用の利益を共有するよう招請した。この結果，日本，米国，欧州宇宙機関加盟国，カナダ間で締結されたのが，常時有人の民生用宇宙基地の詳細設計，開発運用及び利用における協力に関する協定（1988年）である。この協定は，前文および27カ条と附属書（参加主体が提供する宇宙基地の要素を明示）からなっている。米航空宇宙局は，本協定の実施のために，他の国との間で個別に詳細な了解覚書を作成している。日米間にも，平和的目的のために，宇宙基地の詳細設計，開発，運用および利用を行うための日本国政府と米航空宇宙局との間の協力の基礎を提供することを目的とした詳細な了解覚書が作成された（1989年）。これらの協定および覚書は，宇宙ステーション計画「フリーダム」を念頭に置いたものである。
　ソ連邦崩壊後の1993年に，ロシアに対して参加が呼びかけられ，交渉の結果，民生用国際宇宙基地のための協力に関する協定（宇宙基地協定）が，日本，米国，欧州宇宙機関加盟国，カナダ，ロシアの間で締結された（1998年）。長期間にわたる宇宙滞在の経験と実績を有するロシアの参加は，宇宙基地計画にとって大きな利益となると考えられたこと，およびソ連邦崩壊後のミサイル軍事技術の第三国移転を防止する必要があったことが参加呼びかけの理由である。本協定は，88年協定を踏襲するもので，個別の了解覚書を含めて，内容はほぼ同じである。

4.3　宇宙活動に関する国家の義務

(1)　国家への責任集中

宇宙条約は，宇宙空間と天体において行われる活動について，宇宙活動国が

直接に国際的責任を負うこととした。すなわち，宇宙活動を実際に行う主体が政府機関の場合はもちろんのこと，その国の特殊法人や私企業等，非政府団体であっても，すべて国家自身の宇宙活動とみなし，国家が直接に責任を負う（国家への責任集中の原則）（宇宙条約6条1文前段）。従来の国家責任論では，私人（私企業）の行為について国家が責任を負うのは，当該私人（私企業）の行為によってもたらされた損害の発生について，国家が相当の注意を欠いていた場合のみである（第Ⅱ部第3章11参照）。国家への責任集中原則が採用されたのは，宇宙活動を，国家またはその授権を得た者に限定しようとする主張と，私企業にも開放しようとする主張とが対立したためで，同原則は，いわば両主張の妥協の産物として考案されたわけである。

また，宇宙活動国は，当該国の非政府団体が宇宙活動を行う際して，それらの活動が，関係規定に適合するよう事前に確保する責任を負う（同6条1文後段）。私人が宇宙条約を遵守するように，国家として保証することを規定したものである（保証責任）。

さらに，私企業その他の非政府団体が行う宇宙活動については，それについて人的管轄権を有する国家の許可と継続的監督を要する（同条2文）。

(2) 損害賠償責任

宇宙条約は，国家への責任集中原則により，賠償責任を国家に一元化させた（同7条）。この基本原則を具体化・詳細化したのが，宇宙損害責任条約（1971年）である。同条約は，宇宙物体により引き起こされる損害について，その責任主体・責任原則・損害の算定基準・請求手続等を整備し，被害者に対する十分かつ衡平な賠償が迅速に得られるよう，実体法および手続法の規定を整備したものである。同条約は，国が負うべき責任を二つに分類している。

一つは，宇宙物体が地球表面または飛行中の航空機等第三者に与えた損害についてであり，打ち上げ国は無過失・無限の責任を負う（宇宙損害責任条約2条）。免責事由の援用も厳しく制限され，武力行使・内乱・自然災害等の不可抗力も認められない。被害者の側に故意または重大な過失による作為・不作為があった場合において，過失相殺が認められるだけである（同6条）。宇宙活動を行わない国に配慮して，危険責任主義を採用したものである。

もう一つは，地表以外，すなわち宇宙空間において引き起こされた損害につ

いてである。この損害について，打ち上げ国は過失責任を負う。というのは，ここでの損害は，宇宙活動を行う能力のある国家間で引き起こされるものであり，非宇宙活動国に対する配慮は不要だからである。

なお，条約適用の対象として認められる損害は，宇宙物体が与えた人身損害と財産損害の有形損害であって，防止措置に要した費用は含まれない。また，電波の混信や精神的損害等の無形損害については明確に定まっていない。

(3) 救助返還

宇宙条約によれば，締約国は，宇宙飛行士を宇宙空間への人類の使節とみなし，事故・遭難または他の締約国の領域もしくは公海における緊急着陸の場合には，その宇宙飛行士にすべての可能な援助を与え，これを宇宙物体の登録国に安全かつ迅速に送還する義務を負う（宇宙条約5条）。また，締約国は，宇宙物体とその構成部分に対する登録国の所有権が，地球に帰還後も変更しないことを承認し，それらが登録国の領域外で発見されたときは，登録国に返還しなければならない（同8条2文・3文）。宇宙救助返還協定（1967年）は，こうした義務をさらに詳細に規定する協定である。

同協定によれば，宇宙船の乗員について，事故・遭難・緊急もしくは意図しない着陸があった場合，その情報もしくは事実を知った締約国は，直ちに打ち上げ機関および国連事務総長に通報する（宇宙救助返還協定1条）。宇宙船の乗員が自国領域内にあるときは，乗員の救助のためにすべての可能な措置をとる（同2条）。公海その他いずれの国の管轄下にもない地域での着陸については，可能な限り，迅速な捜査救助活動に援助を与える（同3条）。宇宙物体についても，事故を知った締約国は，同様の通報義務を負い，回収・引渡等の義務を負う（同5条）。

(4) 協議義務

宇宙条約は，締約国が宇宙活動を行うに際しては，協力および相互援助の原則に従うこと，かつ，他の締約国の対応する利益に妥当な考慮を払うことを義務づけている（宇宙条約9条1文）。ここでいう妥当な考慮とは，公海自由原則における妥当な考慮と同趣旨であり（国連海洋法条約87条2項），宇宙利用の自由の内在的制約を示すものである。このため，複数の宇宙活動や実験が競合して，他国の活動に有害な干渉や妨害を生じさせてしまうおそれがあると信ずる

理由があるときは，締約国は，該当する国との間で，事前に適当な国際的協議を行うものとされている（宇宙条約9条3・4文）。なお，事前協議が不調に終ったからといって，直ちに国際違法行為責任を生じさせることにはならない。また，締約国は，宇宙空間の汚染と地球外物質の導入による地球環境の悪化を防止するため，研究・探査を行い，必要な場合には適当な措置を執る義務を負う（同9条2文）。この義務は，宇宙活動国の一方的判断で行われるものであり，国際的協議の対象とはならない。

【展開講義　79】　コスモス954事件

　1978年1月，ソ連の原子炉衛星コスモス954号がカナダ領域に落下した。同衛星は約45キログラムの濃縮ウランを使用した小型原子炉を搭載していた。衛星の侵入と放射能を含む破片の落下という事態を前にして，カナダは破片の捜索・回収・落下事故の浄化活動を行った。これに要した費用は，1,400万カナダドルに達した。1979年1月，カナダ政府は，ソ連に対して，両国ともに当事国である宇宙損害責任条約および国際法の一般原則に基づき，約600万カナダドルの損害賠償を求めた。宇宙損害責任条約は衛星により引き起こされた損害について賠償を行う無過失責任を規定しており（2条），危険な放射能を帯びた破片のカナダ領域への落下とそれによる領域の利用不能は，同条約でいう損害にあたること，また，国際法の一般原則によれば，衛星のカナダ領域への侵入と破片の落下は，カナダの主権を侵害するというのがその根拠である。これに対してソ連は，衛星の侵入と破片の落下は，カナダ領域内の人および財産に対して，同条約2条にいう損害をもたらしたとはいえないとして，同条約に基づく賠償責任を否定した。しかも，衛星の捜索，回収，浄化活動の費用については，カナダはソ連の援助申し出を拒否したのであるから，費用負担義務はないとも主張した。ただし，好意による（ex gratia）金銭の支払は否定しなかった。2年にわたる交渉を経て，1981年に締結された議定書で，ソ連は，300万カナダドルを支払うことで決着した。ただし，宇宙損害賠償責任条約は損害賠償の根拠として言及されなかった。

第9章　環境の国際的保護

1　国際環境法の形成

◆　導入対話　◆

学生：国際社会が環境保護の問題を意識するようになるのはいつ頃からでしょうか。

教師：環境汚染が国境を越えて他国に被害を与える事例は，かなり前から存在します。そうした現象が生じた場合，関係する国家間で問題を処理してきました。国際社会全体で環境問題を考慮するようになったのは，比較的最近のことです。第二次大戦後に，先進工業国を中心として展開されてきた産業・交通手段の発展，高度に危険な物質の利用等が，人体や環境に大きな危害を与えかねないことが意識されてからといってよいでしょう。

学生：国際環境汚染の形態として，どのようなものがありますか。

教師：さまざまです。大気汚染，水質汚染等はその典型でしょう。国際法が関わるものとしては，地球温暖化，酸性雨，気候変動，オゾン層の侵食，熱帯雨林の破壊，砂漠化，南極の環境保護等が挙げられます。環境保護・保全を目的とする一群の国際法規を総称して国際環境法といいます。国際法がこれまで以上のエネルギーを傾注して取り組む必要のある現象です。

学生：地球環境を保護しようという主張には，だれも反対できないと思うんですが，国際会議等を見ていると，もめることがしばしばあるようです。何が原因ですか。

教師：環境保護の推進は，経済成長に影響を与えます。つまり，両者は対立する概念です。経済成長や開発を重視したい国からすれば，当然，環境保護のために設定されるさまざまな制約をできるだけ少なくしたいと考えます。最近では，両者の関係を調和させるために，持続可能な開発という概念が唱えられ，環境と開発に関するリオ宣言等に取り入れられています。

環境汚染に対処するため，国家は国内法を制定して対処してきたが，汚染が国境を越えて生じる現象に対しては国内法的規制のみでは十分対応できない。そのため，比較的古くから，海洋汚染や国境を越える環境汚染を規律するため，一定の国際法上の原則が存在してはいたが，環境問題を対象とする国際法の形成が本格化し，具体化するのは1970年代以降である。たとえば，公海に関する条約（1958年）は，海洋環境に関する規定を有するものの，24条と25条の2ヵ条でしかなかった。

国際社会が，本格的に地球環境保護に乗り出すことになる端緒ともいうべき国連人間環境会議は，1972年6月，国際連合の主催の下に，ストックホルムで開催された。同会議は，人間環境の保護をテーマとし，採択された人間環境宣言（ストックホルム宣言）は，法的拘束力こそ有さないものの，その宣言内容は，これ以降に締結される条約で具体化されていくことになる。その意味で，時代を画する宣言の一つといえる。

1982年に締結された国連海洋法条約も，海洋環境の保護の重要性を意識して作成された（第12部192条—237条）。同条約は，締約国に対して，海洋環境を保護および保全するための一般的義務を課している（同192条）。また，海洋汚染の意味を広く解釈し，あらゆる汚染源からの海洋環境の汚染を防止・軽減・規制するために，自国の執り得る実行可能な最善の手段を用い，かつ，自国の能力に応じて，必要なすべての措置を執ることを義務づけている（同194条1項）。こうした一般的規定に続いて，汚染源ごとに詳細な規定をおき，国家の国際的義務の履行と賠償責任についても規定している（同235条）。

地球規模での環境保全に関する条約も徐々に締結されるようになった。気候変動に関する最初の多数国間条約として挙げられるのが，環境改変技術の軍事的使用その他の敵対的利用の禁止に関する条約（1976年）である。この条約は，他国に危害を加えることを目的として，広範囲かつ長期間にわたって深刻な影響を及ぼすような環境改変技術の軍事的または他の利用を禁止するものである。また，1985年に，南極上空にオゾン・ホールが存在する旨発表され，世界に衝撃を与えたことは，この問題に対する国際法的規制の必要性を痛感せしめた。成層圏に存在するオゾン層は，地球を地球外からの放射能から守る機能を果たしており，オゾン層の破壊は，人体への健康障害，農作物や海洋生物への被害，

光化学スモッグの悪化等を生じさせるとされ，早急な対策が必要とされた。こうした状況の中で締結されたのが，オゾン層保護のためのウィーン条約（1985年）である。同条約は，オゾン層の破壊を食い止めるための一般的義務を規定する枠組条約であり，この条約では不十分であることが明らかになったため，具体的義務内容と規制措置について規定したオゾン層を減少させる物質に関するモントリオール議定書が採択された（1987年）。わが国も，同条約実施のため，特定物資の規制等によるオゾン層の保護に関する法律を制定している。モントリオール議定書は，1990年に改正され，その後，次に説明する地球サミットで署名された気候変動枠組条約に引き継がれている。

　ストックホルム人間環境会議後，20年を経た1992年，ブラジルのリオ・デ・ジャネイロで環境と開発に関する国連会議が開催された。同会議には，170ヵ国の代表が参加し，地球サミットとも称された。会議は，地球環境問題に対処する際の理念を示した環境と開発に関するリオ宣言（リオ宣言），21世紀に向けた人類の具体的行動計画であるアジェンダ21，森林保全の原則声明が採択され，また，気候変動枠組条約（温暖化防止条約），生物多様性条約の署名が行われた。気候変動枠組条約は，二酸化炭素等の温室効果ガスの排出に対処する条約である。経済成長が密接に関わるため，利害の対立が激しく，拘束力の弱い表現となっているものの，地球温暖化防止への第一歩として評価されている。生物多様性条約は，資源として利用可能な多様な生物を保護することを目的としている。

　1992年の国連会議以降，国際環境法は新たな展開を示している。2002年に開催された持続可能な開発に関する世界首脳会議（ヨハネスブルクサミット）は，アジェンダ21の実施状況の検証にとどまらず，貧困による地球環境の悪化など，社会開発に関連する諸問題も地球環境保護の射程に含めるようになった（第Ⅲ部9章4(3)参照）。

2　越境損害に対する国家の責任

2.1　領域使用の管理責任

　国家は，自国領域に対して領域主権を有していることから，自国領域を自由

に利用し，また私人に利用させることができる。ただし，他国も他国自身の領域に対して領域主権を有していることから，いかなる国家も，他国の領域を害してはならない義務を負う。すなわち，国家は，自国領域を自ら使用し，または私人に利用させるにあたって，他国が有する権利を害さないよう特別の注意を払う義務がある。これを領域使用の管理責任という。いかなる国家の管轄にも服さない領域についても同様である。この原則は，国内法における相隣関係の法理を国際法に類推適用したものであり，トレイル溶鉱所事件（1941年）において，国際法上の原則として確認されている。ただし，この原則は，越境損害の発生を防止すべき絶対的義務を国家に課したものではない。領域内の私人の行為による越境損害防止のために，相当な注意を払う義務を国家に課したものである。国家が責任を負うのは相当な注意義務が欠如していたことと損害が発生したことの二要件が必要である。したがって，この原則によれば，国家が相当な注意を払っていたにも拘わらず生じた越境損害について，国家が責任を負うことはない。なお，本原則は，より発展した形式でストックホルム宣言原則21，リオ宣言原則2等でも明示されているほか，国連海洋法条約194条1項・2項においても国際慣習法として確認されている。たとえば，この原則が適用される場合を，隣接国についてのみでなく，「環境」一般を対象とすることで広範な汚染を対象としている。また，領域外の損害であっても，国家の管理下にある船舶・航空機・宇宙物体が与える損害についてもその発生を防止する義務を課したり，国際公域も対象に含んでいる。

2.2 越境損害に対する国家の賠償責任

国家の管轄権または管理下にある活動が，現実に国境を越えて他国の環境に重大な損害を与えるとき，国家が具体的に負う賠償義務について，国際法は極めて不十分な内容しか備えていない。前述したように，国家は領域使用に関して絶対的責任を負わないから，国境を越える実質的環境損害が生じても，国家自体が絶対的に賠償責任の主体となるのは，特別な条約でその旨規定されているときだけである。たとえば，宇宙損害責任条約2条は，一定の場合に国家が無過失責任を負うとされているが，このような明示規定がない限り，国家が責任を負うのは，相当な注意義務違反があったときのみである。

また，注意義務の内容も明確とはいえない。基準が明確でないので，賠償責

任をめぐり，紛争が生じざるを得ない。最近の事例でいえば，チェルノブイリ原発事故（1986年）に際してそうした争いが生じている。したがって，今後の課題は，注意義務の内容および程度の客観化・基準化ということになる。

2.3 事前通報義務

越境汚染を防止したり，被害の拡大を極力抑えるために，一定の義務を国家に課す条約が締結されている。たとえば，チェルノブイリ原発事故後に作成された原子力事故の早期通報に関する条約（1986年），産業事故の越境効果に関する条約（1992年）は，突発事故の場合の通報・情報提供・協議義務について具体的に規定している。

リオ宣言19条は，事前かつ時宜にかなった通報，および関連情報の提供義務，ならびに早期かつ誠実に協議する義務を規定した。ただし，どの程度の情報提供義務があるのか，すなわち，提供されるべき情報の内容はどの程度か等について，意見の一致はない。国家または産業の機密保持と密接な関連性があるからである。事前に通報されるべき情報内容については，個々の条約で具体的に設定していくしかない（第Ⅱ部第6章2.1参照）。また，ここでいう協議義務は，事前の同意義務まで要求するものではない。たとえば，自国の経済開発のために河川にダムを建設する計画をたてるとき，当該ダム建設によって河川の下流国に損害が予見される場合には，計画段階で下流国に通報し協議する義務がある。しかし，下流国の合意がないからといって，計画を断念しなければならない義務はない（ラヌー湖事件(1957年)）。要求されているのは交渉義務のみだからである。

【展開講義 80】 チェルノブイリ原発事故

事故は，1986年4月に旧ソ連ウクライナ共和国キエフ北方に所在するチェルノブイリ原子力発電所で発生した。職員の操作ミスによる爆発で発電所の原子炉が崩壊し，事故による放射能放出量のうち70％は北方の白ロシアに飛散したものの，ヨーロッパ各地を中心にして世界中に拡散し，20世紀における最大規模の越境汚染をもたらした。現地の住民が浴びた放射能の量は，広島に投下された原爆の100倍以上と推定された。人体への影響のみならず農作物にも甚大な被害を与えた。ソ連は放射能汚染にまみれた諸国に対して損害賠償を行うことはなかったが，

発電所長らの刑事責任を追及した。発電所全体は2000年に完全に閉鎖された。事故の処理はソ連一国の能力を超えていた。欧州復興開発銀行が中心となって原子炉の密閉作業が行われただけでなく，旧ソ連および東欧に所在する原子力発電所の安全確保のための基金が設けられた。またWHOは医療機器・薬品の供与に中心的役割を演じた。これらの活動を支援するためにわが国が行った資金援助だけでも莫大な額に上り，8,000億ドルを超えている。

　事故直後の東京サミットでは，早速声明が出され，ソ連に情報を迅速に提供するよう求めた。ソ連の情報の提供は遅れ気味であり，隠蔽の可能性もあったからである。こうした中で，国際原子力機関（IAEA）は，事故後の特別総会を開催し，原子力事故の影響を最小限に抑えることを目的として，事故についての早期通報体制を整備するため原子力事故早期通報条約を採択し，同時に緊急支援措置について規定する原子力事故援助条約を採択した。1994年には，原子力安全条約が採択された。この条約は原子力発電所の安全基準を設定したものであった。

【展開講義　81】　有害廃棄物の越境移動に関するバーゼル条約

　1989年に締結された有害廃棄物の越境移動およびその処分に関するバーゼル条約は，国内で発生した特定の有害物質を投棄・処分する目的で，国外に持ち出すことを規制する条約である。自国で処理すると高額の費用がかかる有害廃棄物を他国（とりわけ発展途上国）に送って処理する場合，移動先で不当投棄されたり，簡便な処理方法を採用することによって，環境汚染がもたらされることを防止する必要から作成された条約である。有害物質は可能な限り国内で処理し，越境移動して処理するときは，人の健康や環境を保持する方法で行うべきこと等を規定している。実際に，汚染された土が，いつの間にか行方不明になった事件が1976年にイタリアで生じており，こうした事件を契機として上記の条約が締結されるに至ったのである。わが国は，特定有害廃棄物の輸出入等の規制に関する法律を制定し，本条約を実施する措置を執っている。

3　海洋汚染

　海洋汚染の国際法的規制は，第二次大戦以前からも行われていた。しかし，本格的に関心が払われるようになったのは，第二次大戦後である。まず，1950年代から60年代にかけて見られる海洋汚染に対する規制は，もっぱら船舶から

の故意または過失による油の排出による海水汚濁，および放射性廃棄物の海洋投棄について行われた。その後，石油タンカーの大型化，科学技術の進歩に伴う高度技術の導入によってもたらされる海洋環境破壊に対しても規制の必要性が唱えられ，多くの条約が締結されるようになった。

　こうした背景には，1967年のトリー・キャニオン号事件，1969年のサンタバーバラ油井噴出事故等による被害の発生が，大きな影響を及ぼしている。最近では，河川への汚水排出・パイプラインからの排出による汚染・殺虫剤や化学肥料の混入した農業廃水等による海洋汚染が広がり，海洋環境汚染の形態は，60年代前半までと異なり，多様化している。

【展開講義　82】　トリー・キャニオン号事件

　1967年3月18日，ペルシャ湾から英国に向けて航行中だったリベリア船籍の大型タンカー，トリー・キャニオン号が，英国西南沖の公海上で座礁し，積載していた12万トンの重油のうち，8万トン余りを流出した。原油は風の影響で流されて，周辺海域を汚染した。汚染は英国の観光地であるコーン・ウォール海岸を100マイル以上にも渡って汚染しただけでなく，フランスのブルターニュ地方の海岸にも拡がった。海鳥をはじめとする野生生物の生息に影響しただけでなく（25,000羽が犠牲となる），漁業・観光・海水浴場にも影響を与えた。英国海軍は流出油処理剤や中和剤を散布したりオイルフェンスを設けるなどの防止策をとったが効果はなかった。悪天候のため，離礁作業も失敗し犠牲者が出た。船体から原油を抜き取る作業は爆発の可能性があったため不可能だった。船体をロープで岩から引き離そうとしたところ，船体は二つに分裂した。事ここに至って，英国海軍航空機は1,000ポンド爆弾を何度も投下して船体自体と重油の爆破作業を行った。航空燃料，灯油，ナパーム弾も投下して残りの原油が流出する前に燃やす措置をとった。英国の行為に対して船舶の旗国たるリベリアから抗議はなかった。トリー・キャニオン号は便宜置籍船であったが船主からも抗議はなかった。海岸が旧に復するまでに10年程度かかるとされたが，ヤドカリなど一部の生物についてはそれ以上の時間を必要とした。

　本件で問題となる国際法上の争点の一つは英国の爆破作業である。トリー・キャニオン号は公海上で座礁しており，公海上の船舶に対して管轄権を行使できるのは旗国のみだからである。英国は，切迫した危険が生じていたこと，そして他のすべての措置が失敗に終わったことを爆破措置の正当化事由とした。国際法

上の根拠としては，自衛権，緊急避難，領海及び接続水域に関する条約（1958年）24条の干渉権が考えられる。

事件後，英国の主導の下，政府間海事協議機関（現国際海事機関 IMO）は油濁問題を検討する会議を開催し，今回のような事態に対処するために国際海事法および実行の変更を検討することになった。とりわけ，公海上における沿岸国の干渉権および船主等の民事責任について検討した。会議後，油による汚染を伴う事故の場合における公海上の措置に関する国際条約（公法条約）および油による汚染損害についての民事責任に関する国際条約（私法条約）が採択された（1969年）。1971年には私法条約を補足する油による汚染損害の補償のための国際基金の設立に関する国際条約が採択された。1984年には私法条約を改正する議定書が作成された。

―――――――――――――――――――――――――――――――――――

このように多様化した海洋汚染に対する国際法的規制において，最大の争点は，環境保護に対する管轄権の配分と，汚染された環境に対する国家責任の問題である。海運国からすれば，自国船舶に対する他国の管轄権行使は極力排除することが望ましい。海運国としての利益を有さない国からすれば，海洋環境の維持だけが自国にとっての関心事であるから，たとえば公海上での他国船舶による汚染行為に対して，旗国以外の船舶による取り締まりは当然に望ましいことになる。こうした利害の対立があるにせよ，国際法が関与するに至った以上，公海自由の原則は従来の内容と異ならざるを得ず，海洋汚染に関わる行為に関して，旗国以外にも何らかの権限が認められつつあるのが現状である。たとえば，国連海洋法条約によれば，沿岸国が汚染防止のための規制を行う権限が与えられているのは，領海だけでなく，経済水域や大陸棚の上部水域も含んでいる（同210条）。規制権限には，沿岸国による違反船舶の臨検，抑留その他の法的手続の開始が含まれる（同220条）。この規定については，規制権能を領海内に止めようとする海運国と，広げようとする沿岸国が対立したのであるが，結局，上記のような規定となっており，国際社会の一般的傾向を示すものであるといえる。

海洋汚染に対する現在の国際法の対応は，以下のように汚染源ごとに分けて考えることができる。

(1) 陸上起因汚染

陸上起因汚染は，沿岸国の領域内から派生する海洋汚染であり，執行管轄権はもっぱら沿岸国に集中する。

(2) 船舶起因汚染

船舶起因の汚染防止に対する沿岸国の管轄権については，公海自由の原則との関係でとくに問題となる。すなわち，上述したように，伝統的国際法によれば，船舶は旗国主義の原則の下で，国際法がとくに規定する場合を除き，自国の管轄権に服するのみであった。海洋汚染に関わる船舶に対して規制できるのは，当該船舶の旗国のみであり，このことは，公海条約24条（海水の汚濁防止）でも確認された。しかも，公海自由の原則の下では，国家は公海の使用について，他国の自由に妥当な考慮を払う義務を負うのみとされる。ここでいう妥当な考慮とは，他国の公海使用の自由を害さないことを意味するだけのものとされる。海洋汚染防止措置は，妥当な考慮以上の制約を課すものと考えられてきたから，公海上の外国船舶が，沿岸海域を汚染する場合，旗国主義のみでは十分対処し得ないのは明らかであった。

そこで，旗国主義を原則としつつ，公海上で旗国以外にも一定の管轄権の行使を認めるのが最近の傾向である。まず，1954年の油による海水の汚濁の防止のための国際条約（海水油濁防止条約）は，タンカー等の船舶が故意に油を排出して海水を汚濁することを防止する条約である。対象となる船舶は，タンカーの場合は150総トン以上，その他の船舶の場合は500総トン以上で，沿岸国は陸地から50カイリ以内の海域を禁止海域として指定し，上記のタンカーその他の船舶による油または油性混合物の排出を禁止することができる。また，締約国の船舶は，油排出量表示記録簿を備え付けることが義務づけられ，寄港地国は，油記録簿検査権が付与された。寄港地国が，入港した船舶による条約義務違反を発見したときは，当該船舶の旗国に通報し，違反事実に関する証拠を当該旗国に提出し，旗国がその国内法に基づいて処罰するという手続が採用された。もっとも，寄港地国に一定の権限が付与されてはいるものの，違反行為を処罰できるのは旗国のみとされており，旗国主義の原則が根本的に変更されているわけではない。

1960年代後半以降になると，従来の旗国主義に対して，さらに調整が加えら

れるようになる。とりわけ，トリー・キャニオン号事件以降，厳格な旗国主義を緩和すると同時に，旗国自体の義務も強化されていく傾向を示している。たとえば，1969年の油濁公海措置条約（公法条約）は，大規模な有害結果をもたらすものと合理的に予測され得るような海難，またはそれに関係ある行為の結果，油による海水の汚染または汚染の脅威が生じた場合，自国沿岸または関連する利益に対する重大かつ急迫した危険を防止・軽減・除去するために必要な措置を沿岸国は執ることができる旨規定した。この措置は，1954年条約と異なり，沿岸から50カイリ以内の海域で生じた場合に限定されず，公海上で執ることも認められている。締約国が有するこの権利は，介入権と呼ばれる。本条約によって，旗国主義の内容は従来と多少異なることとなり，その排他性は制限されることになったといえる。ただし，介入権を行使するためには，問題となっている船舶の旗国との事前協議，関係者に対する通報，執った措置の事後報告が条件となっている。なお，本条約を実施するため，わが国は昭和45年に海洋汚染防止法（海洋汚染及び海上災害の防止に関する法律）を制定した。

　1973年に締結された船舶による海洋汚染の防止のための国際条約（MARPOL条約）は，油だけでなく，すべての有害物質による海洋汚染に対処することを目的としている。さらに，1954年条約と異なり，対象となる船舶も限定していない。船舶起因のすべての海洋汚染の防止を目的としており，内容も詳細である。ただし，旗国主義の原則は維持されており，違反船舶を処罰できるのは旗国のみである。寄港地国が有するのは1954年条約と同様，検査権のみである。

　国連海洋法条約は，公海上で国際的な規制に違反して排出行為を行った船舶に対して，国際的基準に従って制定された国内法令を執行する権限を，旗国だけでなく，沿岸国および入港国にも認めている。同条約によれば，違反船舶が旗国以外の国に入港してきたときは，当該入港国が調査を行い，かつ必要な手続を開始することを認めている（218条）。これを入港国主義という。入港国主義によれば，違反行為が入港国の内水・領海・経済水域の外側の海域で行われたときであっても，入港国が管轄権を有するとされる。ただし，他国の内水・領海・経済水域における違反行為については，当該沿岸国・旗国または違反行為によって汚染されもしくは汚染の脅威にさらされた国から要請がないとき，または当該違法行為によって，自国の管轄水域が汚染され，もしくは汚染の脅

威にさらされているのでなければ入港国は当該船舶に対して管轄権を行使し得ない（同218条1項・2項）。他方，旗国に対しては，違反船舶の処罰のために，法令を制定し，訴追する義務を課している（217条）。

(3) 投棄起因汚染

海洋投棄による汚染の規制については，1972年に締結された廃棄物その他の物の投棄による海洋汚染の防止に関する条約（ロンドン海洋投棄条約）がある。海洋投棄ならびに大気・河川・河口・排水およびパイプラインを通じた放射性廃棄物または水銀性化合物等の廃棄物投棄による海洋汚染を防止するための条約で，旗国主義を原則としている。国連海洋法条約も，投棄起因汚染について規定している（216条）。同条約も旗国主義を原則としているが，沿岸国・旗国・原因行為地国による執行管轄権を競合的に認めている（同216条）。

(4) 開発汚染

1960年代後半以降になると，大陸棚の資源開発が進み，それに伴う海洋汚染が新たな問題として登場するに至る。しかし，海洋開発に起因する汚染に関する一般国際法上の基準も要件も不明確である。大陸棚に関する条約（1958年）5条7項は，沿岸国が，海洋生物を危険物質から保護するため，安全区域においてあらゆる適切な措置を執る義務を有すると規定するのみである。国連海洋法条約は，沿岸国が自国の管轄下にある海底活動・人工島・設備等から生ずる海洋汚染を防止・減少・規制するために，法令を制定し，必要な措置を執るよう規定している。

汚染防止のために，どの程度の注意義務を尽くせばよいのかについて，基準は設定されていない。一般的には，石油産業界の善良な慣行に従う程度の注意義務を尽くせば十分と理解されているのみである。

4 貿易・開発と環境問題

(1) 貿易と環境問題

環境問題と貿易との間には密接な結びつきが存在する。たとえば，自由貿易体制の下では，環境を汚染する産業は，環境規制がまったく存在しない国や，規制の緩やかな国へ資本を移動するであろうし，また，環境規制が不十分な国

の企業は，適切な規制措置を執っている国に比べて，貿易上有利な立場を維持し得るからである。こうした背景の中で，国内環境規制の厳しい米国は，他国に自国と同等の環境政策を強いるために，ターゲットとなる国から輸入された製品に制裁を課したり，自国産業に対する貿易優遇措置を執るよう議会に提案してきた。こうした動きが自由貿易体制の維持にとってマイナスの要因となることは間違いない。環境保全を理由とした貿易制限は如何にあるべきか，国際的な環境基準について早急にコンセンサスを得ることが必要とされる問題である。

(2) 開発と環境問題

環境問題は南北問題とも関連が深い。地球規模での環境維持には，途上国と先進国の利害の調整が困難となる場合が多いからである。開発が優先されれば環境破壊は進み，環境が優先されれば開発は制限されざるを得ないからである。環境問題が俎上に載せられるようになったときから両者の関係は問題であったのだが，ストックホルム人間環境会議は，全体として環境重視の雰囲気の中で行われた。しかし，その後の国際会議においては，すなわち，環境基準等について，具体的に設定する必要性が生じるようになると，先進国が環境保全を説き，発展途上国が開発優先を主張して，両者は激しく対立し，平行線をたどってきた。しかし，1980年代の後半以降になると，先進国は国際協力による地球環境問題の解決および途上国に対する支援の必要性を認識するようになり，途上国は地球環境の保護と開発の権利の両立性を強調するようになった。1992年に環境と開発に関する国連会議（地球サミット）が開催されたのはこのような状況においてであった。会議で採択された環境と開発に関するリオ宣言は，持続可能な開発原則を明示している（原則3・4）。

(3) 持続可能な開発原則

持続可能な開発原則（以下，持続原則とする）とは，天然資源の開発と利用に際して，将来の世代が自己の必要性を充たす能力を損なうことなく，現代の世代の必要性を充たすような方法で行うことをいう。この原則は法規範ではなく，国家に経済発展を許容する法規範と環境破壊を禁止する法規範を共存させ調和させるための原則で，その基礎には世代間衡平という発想がある。気候変動枠組条約，生物多様性条約にも挿入された。ただし，その内容と適用基準は

曖昧であり，要請される措置の判断は国家の裁量に委ねられている。

　持続原則を支える基本原則として，「共通だが差異のある責任」がある。これは，先進国と途上国の意見を折衷したもので，同世代間の衡平概念に基づき，主として以下の内容で構成される。すなわち，①先進国と途上国は国際的な環境保全について共通の責任を負う（先進国側の主張）。ただし，②環境を犠牲にして経済発展を遂げた先進国は，環境破壊の予防と削減能力も高いので，環境保護のためにより多くの義務を負う（途上国側の主張）。国家平等原則の例外となる原則であり，1992年の地球サミットで採択されたリオ宣言（第7原則第2文）やアジェンダ21において初めて明示的に用いられ，同サミットで採択された気候変動枠組条約でも採用されている。

　2002年，ヨハネスブルクにおいて持続可能な開発に関する世界首脳会議が開催された。会議で採択されたヨハネスブルク宣言は，リオ宣言に基づく持続原則を再確認（8項）した。それだけでなく，貧困・貧富格差の根絶，経済的・社会的開発を基盤とする天然資源の保護および管理（11項），衛生，健康管理，人的資源の開発，飢餓・占領・人身売買・麻薬犯罪・テロへの対応，性の平等，女性の解放（16—30項）など，社会開発を含む広範囲な行動計画を明記した。経済開発と環境保護の統合概念としての持続原則概念を大きく変容させたともいうべきこのような改変は，かえって持続原則の内容を曖昧にし，法規範としての結実を困難にする可能性がある。

第IV部

国 際 紛 争

> 　紛争のない社会は存在しません。したがって，問題は紛争をいかに解決するかということになります。国際社会においても同じです。国連憲章は，武力行使を禁止する一方で，紛争を平和的に解決する義務を加盟国に課しています。しかし，紛争の平和的解決義務を実効的に担保する制度を，国際法は未だに提供できていないのが実情です。その限りで，紛争解決のための武力行使を排除することは，システムとしては矛盾しているわけです。この矛盾を解決する手掛りを見出す一方で，既存の矛盾を前提とした上で，武力不行使原則を実効的に機能させる制度的枠組を構築することが，現在の国際法学の重要な作業のひとつとなります。

第10章　紛争の平和的処理

1　非裁判手続による紛争処理

◆――――― 導入対話 ―――――◆

学生：国際紛争はどのようにして生じるのですか。

教師：国際紛争の原因は多種多様です。たとえば，仮にどこかの国が国際法に違反すると思われるような行動をとった場合，被害を受けた国は，その違法性を追及し責任をとるように主張するでしょう。この場合，違法を行った国が自らの違法性を認め責任をとれば問題は解決するのですが，違法性に対する両国の見解が異なり，その国が違法性を否定すれば，責任を追及しようとする国との間に紛争が生じることになります。また，国境を相接する二つの国の間で，国境線の引き方に合意ができなければ，紛争が生じることにもなるでしょう。また，ある島の帰属をめぐって，複数の国がその帰属を主張し争う場合なども国際紛争です。国際紛争はさまざまな形で生じますが，ほんとうは，紛争が生じないような関係を作り出すことが最も大切なことなのです。しかし，国内の場合をみてもわかるように，それはとうてい不可能なことでしょう。

学生：では，国際紛争が生じた場合に，それをどのように解決するのでしょうか。

教師：かつては，紛争は，しばしば，武力の行使，つまり，復仇や戦争によって解決されました。伝統的国際法の下では，武力に訴えることが合法的なものと認められていたのです。換言すれば，国際法は，自力救済を認めていたということです。しかし，それでは，必ずしも法的に正しいものが救済されるとは限らず，力の強いものが勝者となります。もちろん，戦争以外の武力の行使によらない紛争の解決方法はありました。しかし，それらは，国家の合意を前提として初めて利用可能でした。それぞれの国家が主権を持ち対等の関係にある国際社会においては，それぞれの国家が最終的判断者であり，合意が形成されなければ解決方法の選択ができず，結局は，力に訴えることになったのです。

学生：国内の場合であれば，紛争の最終的解決方法は，通常，裁判ですが，国際

社会も同じでしょうか。
教師：今日の国際法の下では，戦争（武力の行使）が違法化され，国家が武力に訴えて国際紛争を解決することは認められません。国家は，紛争の解決を平和的な方法で解決しなければならない義務を負っているのです。国家間の合意による選択という構造は変わっていませんが，制度化・組織化が進み，また，解決方法も，国際紛争の多様性に応じて，種々の方法が用意されているのです。

1.1 戦争の違法化と紛争の平和的処理の義務

国際社会において戦争が違法とされるようになったのは，つい最近のことである。戦争が違法とされていなければ，紛争を平和的に解決できなかったときに，強力手続（戦争・復仇）によって解決しようとしても，法的に非難されることはない。戦争に訴えるかどうかの判断は，その時々の政治的・軍事的条件に左右されるだけである。そうした時代であっても，国際紛争を平和的に解決するための方策が，徐々にではあるが，整備されていった。

国際紛争平和的処理条約（1899年）は，国際紛争を平和的に解決するためにあらゆる努力が尽くされるべきであるとし，兵力に訴える前に利用されるべき手段として，周旋，居中調停，国際審査委員会，仲裁裁判についての手続を整備した。ただし，武力による紛争解決を禁止したわけではない。このことは，この条約の締結と同時に，陸戦の法規慣例に関する条約等も採択され，1907年には，開戦に関する条約等が採択されていることからも明らかである。

国際連盟規約（1920年）は，連盟国に対して，国交断絶に至るおそれのある紛争について，国際裁判もしくは連盟理事会の審査に付託することを義務づけた。ただし，一定の場合，戦争に訴えることが許容されており，戦争に訴える権利そのものは否定されていなかった（規約15条7項）。

国際紛争の平和的解決義務を明確に示したのは，戦争を一般的に違法化した不戦条約（1928年）である。すなわち，不戦条約は，締約国に対して，紛争を「平和的手段ニ依ルノ外之力処理又ハ解決ヲ求メサルコトヲ約」（2条）させたのである。具体的措置は，前述の国際紛争平和的処理条約（1899年）の他に，国際紛争平和的処理に関する一般議定書（1928年）等により，19世紀末から次第に整備され発展してきた。後者は，前者を補完すべく，調停・司法的解決に

ついて明記している。こうした制度的発展は，国連憲章に受け継がれた。

国連憲章（1945年）は，2条4項において，武力行使を違法化するとともに，2条3項において，国際紛争を平和的手段によって解決する義務を加盟国に課している。武力の行使が違法とされ，武力を用いて国際紛争を解決することが認められなくなったのであり，紛争は，平和的な方法で解決しなければならなくなった。紛争の平和的解決義務は，国連友好関係原則宣言（1970年）第Ⅰ原則第2，マニラ宣言（1980年）等の存在を通して，国際慣習法として確認されるに至っている。

1.2 平和的処理の手続・方法

紛争の平和的解決義務の内容および手続を具体的に規定しているのが国連憲章第6章（33条—38条）である。第6章によれば，加盟国は，国際紛争のうちで，その継続が国際の平和と安全の維持を危うくするおそれのあるものについて，換言すれば，放置しておくと当事国間に武力衝突をもたらす可能性のある紛争を，交渉，審査，仲介，調停，仲裁裁判，司法裁判，地域的機関・取極などを利用して，平和的に解決しなければならない（憲章33条1項）。

ただし，これらのうちのいずれかの特定の手続に付託すべき義務が課されているわけではない。平和的紛争処理手続の選定は，紛争当事国の合意によって決められる。当事国のみで解決する方法と第三者が介在して解決する方法に分けられ，第三者が介在する場合も，その介在の程度によっていくつかの方法が用意されている。一般的には，外交交渉その他の非裁判手続による解決が，主権概念および国際紛争の多様性に適合するものと受けとめられている。裁判所が下す判決は，当事国を拘束する点で，他の方法と異なる。非裁判手続としては，交渉，周旋，仲介，審査，調停がある。

(1) 交　　渉（negotiation）

紛争当事国同士が協議し，直接合意に到達することを意図する方式である。通常は第三国が関与する紛争処理手続に先立って行われる。簡易で経費がかからないことが長所であるが，当事国の実力関係や交渉力が反映しやすく，弱小国にとって不利とならざるを得ない。また，国力が均衡している国同士だと，交渉が決裂する可能性が高い。重大な武力紛争が発生しているような場合は，直接交渉する機会もほとんど期待できないといった短所もある。なお，国際司

法裁判所が誠実に交渉すべきとの交渉義務を判示することもある（北海大陸棚事件など）。

(2) 周　　　旋（good offices）

　国家または個人の第三者が，紛争解決のために道義的影響力を行使したり，連絡手段や交渉場所・会議施設を提供したりして，紛争当事国を交渉につかせるために，便宜を提供する場合をいう。紛争当事国の交渉を援助することから，斡旋ともいわれる。第三者が解決案を呈示するなど，交渉内容に直接関与することはない。ラオス・カンボジアとタイとの間の境界画定に関して，フランスとタイとで紛争が生じたときに米国が周旋した例（1946年）や，ベトナム戦争に関するパリ協定署名に際して，フランスが周旋した例（1973年）がある。

(3) 仲介（居中調停）（mediation）

　第三者が紛争当事国の主張を調整するなどして，和解を促進する方式であり，交渉の基礎を提案したり，第三者としての自国の立場を表明したりして，交渉に直接介入する場合をいう。紛争当事国に対する説得も含まれる。ただし，当事国が第三者の提案・意見に拘束されることはない。他方，紛争当事国は，そうした提案・意見をもって，第三者の非友誼的行為とみなしてはならない義務も課される。日露戦争終結のための米国の仲介（1905年），中東和平に関するエジプト・イスラエル間のキャンプ・デービッド合意および平和条約締結に際しての米国の仲介（1978年）などが例である。日露戦争終結の際の米国の仲介は，以下のような経緯をたどっている。日本は，戦争終結にあたり，樺太全島の割譲と賠償金を要求した。ロシアがこれを拒否したので，割譲領土を樺太南部とし，北半分については，代金の支払を要求した。ロシアはこの要求も拒否したので，日本は米国に「友誼的斡旋」を依頼した。米国は，交渉決裂を回避せんとして，ロシアに対して樺太北部の代償金支払を勧め，講和条約締結へと至ったのである。

　周旋および仲介は，第三者の介入に程度の差はあるものの，紛争当事国の主権を厳格に尊重し，交渉内容を拘束しないといった類似性が存在する。

(4) 審　　　査（inquiry）

　審査委員会を設置し，紛争の事実関係を解明し，それによって紛争解決の促進を図ることを意図した方式である。国際紛争は，事実認識の相違から生ずる

ことが多いことに鑑みて導入された手続である。本来は，事実関係についての法的判断は含まないのであるが，実際には，国家責任の有無も判断するなどして，仲裁裁判に近い機能を果たすこともある（ドッガー・バンク事件（1904年），レッド・クルセイダー号事件（1962年））。審査結果にどのような法的効力を認めるかは，原則として紛争当事国の任意である。

(5) 調　　停（conciliation）

審査と仲介機能が結合した手続である。すなわち，第三者が，法律問題を含めてあらゆる観点から紛争の実体を審査し，紛争当事国の主張の接近をはかりつつ，妥当な解決案を提示する。ただし，解決案は勧告にとどまり法的拘束力はない。国際紛争平和的処理に関する一般議定書（1928年）により導入された（第1章）。国連海洋法条約（附属書Ｖ2節）も，一定の紛争を，拘束力を有する決定を伴う義務的手続に付託するのではなく，調停に付すことを認めている（297条）。また，条約法に関するウィーン条約や国際人権規約などでも，特別の調停委員会の設置が規定される（条約法条約66条(b)，国際人権規約Ｂ規約42条）。

2　国際連盟および国際連合による紛争の平和的処理

2.1　国際連盟による紛争の平和的処理

国際連盟規約は，問題となっている国際関係の態様を，以下のように分類した上で，連盟の対応を示している。

(a) まず，国際関係に影響する一切の事態で，国際の平和またはその基礎をなす各国間の良好な了解を危うくするおそれのあるものについて，連盟総会または理事会は，加盟国からの注意の喚起を受けて，周旋・仲介・審査・調停等を行う（規約11条2項）。

(b) 事態が，より深刻となって，武力衝突に発展するおそれのある紛争が生じたときで，当事国が裁判手続を選択しない場合には，理事会への付託が紛争当事国に義務づけられ，理事会は強制的に介入することができる（同12条1項，15条1項）。紛争が理事会の審査に付されたとき，理事会は報告書を作成する（同12条，15条6項・7項）。紛争が理事会から連盟総会に移送された場合（同15条9項・10項）も，理事会におけるのと実質的に同じ手続で審議され，報告書

が作成される。

　国際連盟における表決手続は，連盟総会・理事会ともに，別段の規定がない限り，原則として全会一致によるものとされているが（同5条1項），上記の報告書の作成については別段の規定が存在する。すなわち，理事会の報告書は，紛争当事国の代表者を除き，他のすべての連盟理事国が同意したとき，連盟国は当該報告書に応ずる紛争当事国に対して戦争に訴えることが禁止される（同15条6項）。紛争が総会に移送された場合には，紛争当事国の代表者を除く連盟理事会に代表される連盟各国代表者と他の連盟国の過半数の同意を得たのであれば，理事会が作成した報告書の場合と同様に，その報告書に応ずる紛争当事国に対して戦争に訴えることはできない（同15条10項）。

2.2　国際連合による紛争の平和的処理

(1)　紛争の平和的解決義務

　既述のように，国連加盟国は，国際紛争を平和的手段によって解決しなければならない（国連憲章2条3項）。その具体的な手続・方法を定めたのが第6章である。まず，33条に掲げる手段を利用して紛争解決を図ることが行われる。

　(a)　紛争当事者は，33条に掲げる手段によって紛争を解決できなかったときは，これを安全保障理事会に付託しなければならない（同37条1項）。この付託は，裁判付託とは異なり，紛争当事者の合意は必要ない。ただし，33条のいずれかの手段を試みていることが前提となる。

　(b)　付託された紛争に関して，安全保障理事会は，①「適当な調整の手続または方法」を勧告することができ（同36条1項），または，②適当と認める具体的解決条件を自ら勧告しなければならない（同37条2項）。①は，国際の平和および安全の維持を危うくするおそれのある紛争について行われるものであり，紛争が，法律的紛争であると認められるときは，国際司法裁判所への付託も考慮の対象とする（同36条3項）。コルフ海峡事件に際して，英国が安全保障理事会に事件を付託したとき，安全保障理事会は，国際司法裁判所への付託を勧告した。この勧告に基づいて，英国は国際司法裁判所に提訴した。②の例としては，在テヘラン米国大使館占拠事件がある。同事件において，米国は事件を国際司法裁判所に付託すると同時に，人質の即時釈放を求めて安全保障理事会にも提訴した。安全保障理事会は，決議457で，イランに対して大使館員の即時

解放，保護供与，帰国承認を勧告した。ただし，イランは受諾しなかった。

(c) 紛争当事者から紛争の付託がないときであっても，安全保障理事会は，いかなる紛争についても，また国際的摩擦に導きまたは紛争を発生させるおそれのあるいかなる事態についても，その紛争または事態の継続が国際の平和および安全の維持を危うくするおそれがあるかどうかを決定するために自発的に調査することができる（同34条）。調査の結果，国際の平和および安全を危うくするおそれのある紛争であるときは，当事者に対して紛争を平和的に解決するよう勧告することができる（同33条2項，36条）。

(d) 安全保障理事会は，国際の平和と安全の維持を危うくするおそれのない紛争であっても，すべての紛争当事者が要請するのであれば，如何なる紛争についても，当該紛争の平和的解決のために，当事者に対して勧告をすることができる（同38条）。

(e) さらに，国連加盟国は，自国と直接関係のない如何なる紛争または事態についても，安全保障理事会または総会の注意を喚起することができる（同35条1項）。国連加盟国でなくとも，国連憲章の平和的解決義務をあらかじめ受諾しているのであれば，自国が当事者である紛争について，安全保障理事会または総会の注意を喚起することができる（同35条2項）。

(2) 安全保障理事会

国連において，国際の平和および安全の維持に関して主要な責任を負う機関は安全保障理事会である（同24条1項）。総会は，安全保障理事会が，国連憲章によって与えられた任務を，いずれかの紛争または事態について遂行している間は，安全保障理事会の要請がない限り，その紛争または事態についていかなる勧告もしてはならないとされ（同12条1項），安全保障理事会に優越的地位を認めている。より迅速かつ実効的な任務遂行が望ましいとの判断によるものである。

ただし，安全保障理事会は，憲章6章の下で問題を扱う場合には，討議・勧告の権限を有するにすぎない。勧告は当事者を法的に拘束するものではないから，当事者が安全保障理事会の要請や条件の提示を受け入れなければ，安全保障理事会は，それ以上に機能することはできない。上述の在テヘラン米国大使館占拠事件において，採択された人質即時釈放等の安全保障理事会決議をイラ

ンは無視したが，安全保障理事会の決議は，勧告でしかない以上，法的には，決議の無視についてイランに義務違反があったことにはならない。

なお，安全保障理事会での表決は，常任理事国を含む9理事国の同意投票を必要とする（同27条3項）。したがって，常任理事国（五大国）には拒否権が認められている。ただし，第6章に基づく決定に際しては，紛争当事国は投票を棄権しなければならない（同条同項ただし書）。

安全保障理事会の構成国でない国，または国連加盟国でない国は，安全保障理事会で審議中の紛争の当事者であるときは，当該審議に参加することができる。ただし，投票権は認められない（同32条）。

(3) 国 連 総 会

総会は，この憲章の範囲内にある問題もしくは事項，またはこの憲章に規定する機関の権限および任務に関する問題もしくは事項を，一般的に討議することができる（同10条）。さらに，総会に付託される国際の平和および安全の維持に関する如何なる問題も討議し，関係国または安全保障理事会に対して勧告をすることができる（同11条2項，35条1項・2項）。重大な事項については，職権で安全保障理事会の注意を喚起することもできる（同11条3項）。

ただし，国際の平和および安全の維持に関する主要な責任は安全保障理事会にあるので，安全保障理事会が任務を遂行中の紛争については，いかなる勧告を行うことも許されない（同12条1項）。議題として取り上げて審議すること，または勧告に至らない決議を採択することは可能である。安全保障理事会が，拒否権の行使等により，勧告の採択に至らないときは，安全保障理事会の要請の有無を問わず勧告は可能となる。1979年に，ソ連がアフガニスタンに軍事介入したとき，安全保障理事会は，アフガニスタンからのあらゆる外国軍隊の無条件撤退を求める決議を採択しようとしたが，ソ連の拒否権行使によって否決された。そこで安全保障理事会は，緊急特別総会の開催を要請し，総会において外国軍隊即時無条件完全撤退を求める決議を採択したことがある（1980年）。

行動が必要な場合，すなわち強制措置を必要とする場合には，総会は，問題を安全保障理事会に付託しなければならない（同11条2項）。

(4) 国連事務総長

国連事務総長は，一方では，国連職員の長として日常的・行政的事務を遂行

する地位にあるが、他方で、一定の範囲で平和の維持について重要な政治的役割を担う。後者は、国際連盟時代の事務総長にはみられなかった機能である。

(a) 国連事務総長は、国際の平和と安全の維持を脅かすと認める事項について、独自の判断で安全保障理事会の注意を喚起することができる（同99条）。朝鮮戦争、コンゴ動乱、テヘラン人質事件においてみられた機能である。この権限のコロラリーとして、事務総長には、紛争または事態の広範な調査権限が認められる。

(b) 総会または各理事会から委託される任務を遂行する（同98条）。国連事務総長は、本来は日常業務的性質の任務を遂行するものと考えられていたが、委任事項の範囲が拡大するにつれて、政治的な裁量権をも含む任務を遂行するようになってきた。1956年のスエズ動乱に際して派遣された国連緊急軍（UNEF）をはじめとする各種の平和維持軍および監視軍の編成・指揮について、事務総長に幅広い権限が委任された例がこれにあたる。

(c) さらに、国連憲章に明示の規定がないにもかかわらず、国連事務総長は、自ら進んで紛争当事国に対して紛争の平和的解決のために、事実調査・周旋活動・条件の勧告等を行ってきた。こうした活動は広く支持されており、例えば、1988年の国連総会決議43／89は、事務総長が紛争当事国の要請に基づいて周旋その他の活動を提供すること、適当な場合には、受入国の同意を得て事実調査団を派遣することを積極的に支持している。

これらの権限は、国連事務総長の中立的性格が、第三者的仲介者としての役割に適していることから認められるものである。したがって、その政治的中立性からの逸脱がみられるようなときは、強い批判を浴びせられることになる。コンゴ紛争に際して、ソ連は、当時のハマショルド事務総長が西側諸国に偏向していると批判したことがある。ソ連は、これを根拠としてコンゴ動乱で派遣された国連軍（ONUC）の分担金支払いを拒否した。また、1967年には、国連緊急軍（UNEF）の撤退決定に関連して、ウ・タント事務総長が批判されたことがある。

(5) 地域的取極・機関

地域的紛争は、地域的手段による解決が望ましいとされ、地域的取極や機関に参加する国連加盟国は、相互間の紛争を安全保障理事会に付託する前に、こ

うした取極や機関によって平和的に解決することが要請される（同52条1項・2項）。安全保障理事会も，関係国の発意や安全保障理事会からの付託によって，地域的紛争が地域的取極や機関のもとで解決されるよう奨励すべきであるとされる（同条3項）。米州機構は，加盟国が相互間の紛争を国連に付託する前に，米州における地域的解決手続に付すことを約束している。しかし，すべての地域的機関に排他的先議権が認められ，安全保障理事会は，その間，調査権（同34条）のみを有するというわけではない。米州機構のように，明示の規定をおいている場合はともかく，一般的に，紛争付託先は当事国の選択に委ねられているものと解される。

3　国際仲裁裁判

── ◆　導入対話　◆ ──

学生：今まで見てきた紛争解決の方式は，いずれも当事国の同意を必要としており，結局のところ，紛争当事国に対して強制力を持つわけではありませんね。やはり，最終的には，裁判による解決が保証される必要があるのではないでしょうか。

教師：そうですね，紛争解決の方式の中で，解決方式として出された結論が法的に拘束力を持つのは裁判です。国際裁判は，国内の裁判に比べると，種々の制約があり，かなり異なる側面もありますが，判決に拘束力がある点では同じです。この意味では，最も強力な解決方法です。しかし，国際裁判所で裁判をするためには，国内の裁判所のように，強制的な管轄権を持つわけではありませんので，当事国の合意が何らかの形でなければなりません。

学生：国際裁判所といえば，国際連合の一機関として，オランダのハーグに国際司法裁判所が設置されているわけですが，ここですべての国際裁判が行われているのでしょうか。

教師：いいえ，そうではありません。国際裁判には二種類あります。国際仲裁裁判と国際司法裁判です。歴史的には，国際仲裁裁判が先で，20世紀に入るまでは，国際裁判はすべて国際仲裁裁判でした。1907年に地域的な中米司法裁判所が設置され，その後，国際連盟の下に，国際社会全体を対象とする一般的な司法裁判所として，常設国際司法裁判所が設置されて，20世紀になって初めて常

> 設の国際裁判所が設置されたのです。それまでは，国際仲裁裁判ですから，紛
> 争当事国が合意をして，自らが当事者となっている具体的な紛争を解決するた
> めの裁判所を設置したのです。
>
> 今日では，従来からの国際仲裁裁判の他に，司法裁判として，国際社会全体
> を対象に，一般的に問題を扱う国際司法裁判所，海洋法の問題を扱う国際海洋
> 法裁判所，国際法違反の犯罪を犯した者を訴追し，処罰する国際刑事裁判所，
> 地域的ないくつかの裁判所が，それぞれ役割をはたしています。

3.1　国際仲裁裁判の意義

独立した第三者たる判断機関が，対審手続の下で，原則として国際法に基づいて紛争を解決する手続を国際裁判という。国際裁判制度は，沿革的には，仲裁裁判による紛争解決として発達してきた。古代および中世ヨーロッパで行われ，近世に中断していた仲裁裁判制度を復活させる契機となったのは，米国の独立戦争に伴う英米両国民の賠償問題および米国の北部国境問題を処理するために，1794年に英米間で締結されたジェイ条約（英米友好通商航海条約）であった。この条約以降，欧米および中南米において仲裁裁判が利用され，紛争解決の重要な手段となった。仲裁裁判の意義をとくに高めたのは，アラバマ号事件（1872年）であった。この事件後，紛争を裁判で解決することをあらかじめ約束しておく裁判条約が増大し，仲裁裁判所の常設化が主張されるようになった。かくして，前述したように，国際紛争平和的処理条約（1899年）の下で，常設仲裁裁判所が設立されるに至ったのである。「常設」とはいっても，法廷は事件ごとに構成されることに変わりはない。従来と異なるのは，裁判官名簿が常備されるようになったことである。名簿の常備は，裁判部の設置の円滑化に資することになった。

3.2　国際仲裁裁判所の設置

仲裁裁判の場合には，紛争当事国の合意（付託合意（コンプロミー））に基づいて，事件ごとに裁判所を設置して，これを構成する裁判官の選出，訴訟として争うべき問題の設定，準拠する法規，裁判手続，費用など，裁判に必要なすべての事項を明らかにする。そして，当該事件に対する判決が下されると同時に裁判所自体は解消する。とくに，裁判官の選定が重要であり，通常は奇数で

構成されるが，当事国がそれぞれの立場で選んだ後の第三の裁判官が最も重要な役割を果たす。今日では，裁判官の選定に合意できなかった場合に，国際司法裁判所長に依頼するなどの工夫がなされている。これに対して，司法裁判は，独立にかつ常設的に存在する裁判所によって行われる。

　また，裁判準則について，司法裁判が「国際法に従って」（国際司法裁判所規程38条1項）裁判を行うとしているのに対して，仲裁裁判は，「法の尊重を基礎として」行われる（国際紛争平和的処理条約37条）としており，微妙に異なる。仲裁裁判は，原則として国際法を適用するが，法以外の要素を考慮することが可能であるので，司法裁判ほど厳格な法の適用を求めてはいないといえるわけである。もっとも，司法裁判も，当事国の合意があれば衡平と善による裁判は可能である（国際司法裁判所規程38条2項）。いずれにせよ，仲裁裁判は，柔軟に対応できる要素が多く，紛争によっては，仲裁裁判の方が司法裁判よりも適している場合がある。したがって，その存在価値は今日においても依然として大きい。

　なお，仲裁裁判も司法裁判と同様に，非裁判手続による場合と異なり，判決は当事国を法的に拘束する。

【展開講義　83】　法律的紛争と非法律的紛争

　　国家が，裁判付託義務を認める裁判条約を締結したり，裁判条項を規定するとき，国際紛争を法律的紛争と非法律的紛争に分け，前者のみについて裁判付託義務を認めるのが一般的である。あるいは，前者を裁判になじむ紛争とし，後者は裁判に付すのではなく，調停等の非裁判手続による解決方法に適する紛争とする。そこで，法律的紛争とは何かが問題となる。両者を区別する基準として最も妥当と考えられるのは，国際紛争のうち，実定国際法の適用によって解決され得る紛争を法律的紛争とし，実定国際法の変更・改廃・廃棄を求めるか，実定国際法の代わりに正当性・衡平・政治的緊急性といった根拠を援用して解決をはかろうとする紛争を非法律的紛争（政治的紛争）とする区別である。国際紛争平和的処理に関する一般議定書17条のように，「すべての紛争でこれに関し当事国が互いに権利を争うものは，……国際司法裁判所に付託される」と規定するのは，こうした分類基準に基づくものである。

　　こうした分類が行われるのは，国際社会には国内社会に見られるような立法機

関が欠如しているからである。立法機関が欠如しているので，社会の現実に即した国際法の内容の変更が容易でなく，しばしば法と現実との間に乖離が生じやすい。しかも，判決は当事国を拘束することになるから，実定国際法の変更・改廃を求める紛争当事国からすれば，既存の法を基準として紛争を解決する裁判手続は受け入れ難いことになる。こうした事情から，裁判手続の利用は，紛争当事国が共に既存の国際法に基づいて争っている場合に限定されざるを得ない。ただし，これまでに国際司法裁判所が，非法律的紛争であることを理由に，裁判所の管轄権が認められないとする紛争当事国の主張を認めたことはない。

4　国際司法裁判

◆　導入対話　◆

学生：国際社会で，司法裁判所が設置されたのは，20世紀になってからということでしたが，国際司法裁判所以外に，どのような司法裁判所がありますか。

教師：国際社会に司法裁判所が現れるのは20世紀になってからです。20世紀に入り，紛争の裁判付託を確保し，裁判の公正性をより保障するために，独立かつ常設的に存在する裁判所による司法裁判が行われるようになりました。最初の司法裁判所は，地域的なものですが，中米司法裁判所（1908年—1918年）です。一般的な司法裁判所としては，国際連盟の下に設置された常設国際司法裁判所（PCIJ=Permanent Court of International Justice. 1921年—1946年）が最初です。第二次大戦後，これを受け継いで，国際連合の一機関として，国際司法裁判所（ICJ=International Court of Justice, 1945年—）が設立されました。また，扱うことのできる事項を限定した裁判所として，国際海洋法裁判所（1994年—），国際刑事裁判所（2002年—），地域的にも事項的にも管轄権が限定された裁判所として，欧州連合司法裁判所（1952年—），欧州人権裁判所（1959年—），米州人権裁判所（1978年—）があります。

学生：国際司法裁判所に事件を付託する場合も，紛争当事国間の合意がなければなりませんか。国内裁判所のように，強制的な管轄権が認められるということはないのでしょうか。

教師：そうですね，やはり，基本的には，紛争当事国間の合意がなければ，国際

> 司法裁判所の管轄権が行使されることはありません。ただし，合意を得る方法は，仲裁裁判の場合のように，そのつど，付託の合意をするという方法だけでなく，あらかじめ，一般的に管轄権を設定する方式も設けられています。できるだけ，国内裁判所のように，強制的管轄権を認め義務的裁判が行われるように，工夫がこらされています。

4.1 構　　成

　国際司法裁判所は，15名の裁判官で構成される。そのうちのいずれの2人も，同一国の国民であってはならない（国際司法裁判所規程3条）。裁判官の任期は9年で，3年毎に5名ずつ改選される（同13条）。再選は妨げない。選出にあたっては，国連総会と安全保障理事会の双方で，絶対多数の得票を必要とする（同10条）。ここで絶対多数とは，投票権を有する国の過半数とされている。国連総会と安全保障理事会の双方で別個に選挙が行われるのには理由がある。大国は自国の選出する裁判官を常に裁判官団に送り込みたいと考えている。他の諸国は国家平等を盾にこれに反対した。上記の選出方法はこうした両者の妥協の産物である。ただし，安全保障理事会での票決方法は，常任理事国と非常任理事国の間で差を設けていない。つまり拒否権は認められず，8票が絶対多数である。1度の投票で決めることができない場合には，過半数を獲得して当選した者から順次選出され，5名になるまで繰り返し投票が行われる。これまで五大国の国籍を有する裁判官は常に選出されているが，制度的に保障されているわけではない。

　裁判官は，徳望が高く，かつ各自の国で最高の司法官に任ぜられるのに必要な資格を有する者，または国際法に有能な名のある法律家から選挙され，独立の裁判官団を構成する（同2条）。選挙人の留意事項として，このような個人的資格の他に，裁判官全体のうちに世界の主要文明形態および主要法系が代表されるべきものとされており（同9条），ある程度の地理的配分がなされている。裁判官は，職務専念義務があり，他の職業・職務につくことは禁止されている（同16条）。また，その国際的地位からして，本国政府の指示を受けてはならない。身分の独立性を保障するため，外交特権を享受する（同19条）。

　実際の裁判を行う法廷は，15名の裁判官により構成されるが，事件によって

は，特任裁判官が新たに加わる場合がある。また，特別裁判部（同26条）や簡易手続部（同29条）の場合は，少数の裁判官で構成される。

【展開講義 84】 国籍裁判官と特任裁判官

自国の国籍を有する裁判官を，その国にとっての国籍裁判官という。紛争当事国の国籍裁判官は，裁判所に係属する事件について出席する権利を持つ（同31条1項）。紛争当事国の一方が，国籍裁判官を有し，他方が有さないとき，後者の国は，関係する事件に限り，裁判官を選任できる（同2項）。この裁判官を特別選任裁判官（特任裁判官）という。また，いずれの当事国も国籍裁判官がいないときは，それぞれの当事国が特任裁判官を選定することができる（同3項）。特任裁判官は，その者を選任した当事者の国籍以外の者でもよい（国際司法裁判所規則35条）。当事国の平等を確保するための措置であるが，本国政府の見解を代弁するものではない。他の裁判官と同様，独立の裁判官団を構成するのであるから，本国の指示を受けてはならない。

4.2 当事者能力

国際司法裁判所に係属する事件の当事者となり得るのは国のみである（国際司法裁判所規程34条）。国連加盟国は，当然に，国際司法裁判所規程の当事国である（国連憲章93条）から，国連加盟国は，国際司法裁判所の当事国となり得る。国連に加盟していない国であっても，規程の当事国になることはできる。国連加盟前のサン・マリノ，スイスなどがそれである。規程当事国以外の国には，安全保障理事会の定める条件に従うことを条件に裁判所が開放される。条件とは，当該国があらかじめ裁判所の管轄権を受諾すること，裁判所の決定を誠実に履行すること，判決の履行と安全保障理事会の執行措置に関する国連憲章94条の義務を受諾すること等である。こうした条件を受諾して当事者となった国として，北海大陸棚事件における西ドイツがある。なお，国際海洋法裁判所は，国際組織に対しても当事者能力を認め，欧州連合司法裁判所は，個人にも当事者能力を認めている。

4.3 事項的管轄

国際司法裁判所は，国内裁判所と異なり，一般的な強制管轄権をもたない。

すなわち，いずれかの国家が，紛争の解決を求めて事件を国際司法裁判所に付託したとしても，裁判所が，当然のごとくこれを受理し，審理し，判決を下すことになるわけではない。基本的には，紛争当事国の合意があって初めて管轄権を行使することができる。裁判所が管轄権を行使し得る根拠は，以下のように分類できる。

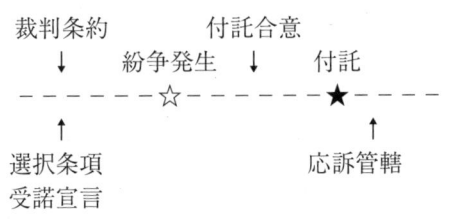

```
        裁判条約           付託合意
           ↓     紛争発生    ↓     付託
    ------☆------★----
           ↑                 ↑
        選択条項           応訴管轄
        受諾宣言
```

(1) 任 意 管 轄

(a) 付託合意（コンプロミー，compromis）　発生した特定の紛争について，紛争当事国が裁判所に紛争を付託するための協定を締結し，それに基づいて裁判所の管轄権を認める方式である。この方式が，国際仲裁裁判について行われてきた方法であり，最も伝統的かつ一般的な国際裁判の行われ方である。なお，付託合意には，仲裁裁判の場合とは異なり，請求目的および提訴の主題のみが規定され，裁判所の構成や手続は含まれない。

(b) 裁判条約・裁判条項　特定の紛争を想定せずに，あらかじめ一定の種類の紛争について，紛争が発生した場合に相手国の同意の有無を問うことなく，提訴できる旨を約束しておく条約のことを裁判条約という。特定の条約の解釈または適用に関して紛争が生じたときに，当該条約の締約国が，裁判所に付託し得ることを定める条項を裁判条項という。条約の附属書の場合もある。裁判条約には，国際紛争平和的処理に関する一般議定書（1928年），紛争の平和的解決に関する欧州条約（1957年）等があり，裁判条項としては，ジェノサイド条約（9条），日米通商航海条約（24条2項）等がある。附属書の形式をとる例としては，外交関係に関するウィーン条約に附属する紛争の義務的解決に関する選択議定書が挙げられる。

(2) 応訴管轄（フォーラム・プロロガトゥム，forum prorogatum）

紛争の一方当事国が，国際司法裁判所の管轄権を認めていないにもかかわらず，他方の当事国が裁判所に一方的に提訴した後に，これに応訴することに

よって裁判所の管轄権が形成されることをいう。紛争当事国が，裁判所の管轄権を認める事前の合意文書を締結しているわけではないので，裁判所の管轄権の受諾は，当事国の提訴後に，しかも黙示的に形成されたものとみなされる。国際司法裁判所規則38条5項は，「請求相手国がのちに与える同意ないし表明する同意によって裁判所の管轄を設定しようとする場合」，すなわち，応訴管轄の存在を前提とした規定をおいている。応訴管轄が認められた事例として，コルフ海峡事件がある。同事件は，英国が一方的に提訴した後に，国際司法裁判所規程の当事国でないアルバニアが応訴して，裁判所の管轄権が認められた例である。

(3) 選択条項受諾宣言

　選択条項とは，国際司法裁判所規程36条2項のことである。任意条項とも呼ばれる。選択条項に基づいて行われる宣言を選択条項受諾宣言という。同宣言は，裁判条約のように，あらかじめ特定の国との間で，条約の形式で裁判所の管轄を認めておくのではなく，国際司法裁判所規程の当事国が，一定の事項について，「一方的に」，裁判所の管轄を義務的と事前に認めておく宣言をいう。この宣言をしてある紛争当事国間では，一方的提訴によって裁判所の管轄が当然に生じることから，義務的管轄権受諾宣言ともいう。裁判所の管轄を，あらゆる国との関係において認めるわけではなく，同一の義務を受諾した国との間においてのみ認める。換言すれば，この宣言を行っている国相互の間においては，裁判所の強制的管轄権が形成されていることになる。対象となる一定の事項とは，条約の解釈，国際法上の問題，認定されれば国際義務の違反となるような事実の存在，国際義務の違反に対する賠償の性質または範囲に関する法律的紛争である。

　この制度は，国際司法裁判所の前身である常設国際司法裁判所の創設の時に設けられた。紛争を平和的に解決するために，法律的紛争のすべてについて，裁判所の一般的強制的管轄権を認めるべきであると，中小国を中心に主張されたのに対して，大国が反対したため，妥協の産物として，任意に裁判所の強制管轄権を認める旨の宣言を行い得る本制度となった。宣言を行うか否かは国家の自由である。宣言書は，国連事務総長に寄託される（規程36条4項）。2007年時点で，受諾国は66ヵ国である。常設国際司法裁判所時代には，最大で規程当

事国の8割以上が受諾していたことがあるが，最近では，規程当事国の三分の一程度である。わが国は，1958年に受諾宣言書を寄託しているが，2007年に新たな留保（下記(4)を参照）を付した宣言を寄託している。フランスは，核実験事件（1974年）を契機に，米国は，対ニカラグア軍事的活動事件（1985年）を契機に，受諾宣言を撤回している。五大国の中で受諾しているのは，英国のみである。

わが国では，日露間の北方領土問題や日韓間の竹島紛争を，国際司法裁判所で解決しようとの意見があるが，ロシアも韓国も同裁判所の強制的管轄権を受諾していないから，日本が選択条項を受諾しているからといって，一方的に事件を付託するわけにはいかない。これらの問題を国際司法裁判所で解決することを意図したとしても，日露および日韓ともに，付託合意が必要となる。

(4)　選択条項受諾宣言の留保

選択条項を受諾する際に，国家はさまざまな条件を付して，特定の紛争を裁判義務から除くことがある。この条件を留保という。国際司法裁判所規程36条3項は，一定の国との相互条件に基づいて，または，一定の期間を付して宣言を行うことを認めている。それ以外の種類の留保に関する規定は存在しない。しかし，これまでの実行によれば，できるだけ多くの国による選択条項の受諾を促進するために，国際連盟の時代に，広く留保を許容する決議が連盟総会によって採択されている。常設国際司法裁判所は，留保を実質的に承認する立場をとった。国際司法裁判所についても，留保を付して選択条項受諾宣言を行うことが許容されているとの立場が確認されている（国際司法裁判所規程を審議した1945年のサン・フランシスコ会議）。受諾宣言に留保を付すこと自体に争いはないが，問題は，いかなる留保が許され，いかなる留保が許されないか，換言すれば，留保の許容範囲または限界をいかに画定するかである。

留保の内容は，多岐にわたるが，主として時間的な留保と事項的な留保に分類することができる。

時間的留保は，受諾宣言の有効期間を限定して，裁判所の管轄権を限定するものである。たとえば，有効期間を5年間として，自動更新するか予告により終了するとするものや，裁判所の管轄権を，「宣言の日付以後の事態または事実に関して同日以後に発生する」紛争に限定し，「宣言の日以前の事態または

事実に関して発生した紛争を除外する」宣言（1958年9月15日の日本の宣言）などがこれにあたる。これらの留保は有効であるが，問題は，期間を限定していないで，いつでも一方的に廃棄できる旨の留保である。これが有効であるとすれば，他国の提訴をみこして，直ちに受諾宣言を撤回して，裁判所の管轄権を否定できることになる。

　事項的留保は，特定の事項に関する紛争を，裁判所の強制管轄から除外する留保である。経済水域に関する紛争や軍事行動から生じる紛争を除外したり，国内管轄事項に関する紛争を裁判所の管轄から除外する留保などである。選択条項の任意性からすれば，裁判所の強制管轄権受諾宣言を行うに際して，宣言国が，留保の範囲を広く選択することは許容されざるを得ない。しかし，受諾する裁判義務の事項的範囲を受諾国自身が判断できる旨の留保（自動的留保）は，受諾宣言制度自体を無意味なものとしかねない（【展開講義　85】）。

　わが国は1958年に受諾宣言を行っているが，2007年になってその内容に修正を加えた。新たな宣言によれば，従来の留保（他の解決手続に合意した紛争の留保等）に加えて，①紛争の他の当事国が特定の紛争のみを目的として管轄権を受諾したときには適用されないとし，また，②他の紛争当事国が，管轄権の受諾後，12ヶ月未満に提訴する紛争を除外する新たな内容の留保を付している。抜き打ち的な提訴に備えた留保内容の追加と解される。

【展開講義　85】　自動的留保（automatic reservation）

　選択条項受諾宣言を行う際の留保の一つで，受諾する裁判義務の事項的範囲に該当するか否かの判断を，すなわち，裁判所の管轄権を認めるかどうかの判断を，当該留保国の主観的判断によって決定する旨，宣言国が主張する留保である。米国が，1946年に選択条項を受諾する際に，国内管轄事項に関して行った留保が最初である。その後，若干の国も追随している。米国の宣言によれば，「米国が，本質的に米国の国内管轄権にあると決定する事項」であると判断する場合は，いつでも裁判所への紛争付託を否認できるのである。

　自動的留保は認められないとの強い批判がある。このような留保は，裁判所が管轄権を有するかどうかについて争いのある場合には，裁判所が決定するとの規定（同36条6項）とも明らかに矛盾しているし，選択条項制度の目的とも両立しないからである。それにもかかわらず，裁判所がこうした留保を無効としたこと

はない。実際に，裁判所が無効としたとしても，選択条項の受諾を宣言する国の数が減少するだけに終わる可能性が高い。

　なお，紛争当事国のいずれか一方が，一定の事項を留保して選択条項を受諾しているとき，選択条項を受諾している他方の紛争当事国は，受諾宣言で相手国と同様の留保をしていなくとも，相手国との関係において，かつその限りで，相手国の留保を援用することが認められる（相互主義）。したがって，原告として裁判所に提訴したとき，相手国が，原告の行っている留保を援用することができるのであるから，原告が裁判所の管轄権行使を広く留保しているときには，場合によっては裁判所の管轄権が否定されることもあり得る。

　たとえば，ノルウェー公債事件（1957年）において，フランスは，ノルウェーを被告として国際司法裁判所に提訴した。しかし，ノルウェーは，フランスの選択条項受諾宣言に付されていた「国内管轄事項に関する紛争についての自動的留保」を援用した。そして，本件で問題となっている事項は，ノルウェーの国内管轄事項であるとして，裁判所の管轄権を否定した。ノルウェー自身の選択条項受諾宣言には，国内管轄事項に関する自動的留保が付されていたわけではないが，相互主義の原則に基づいて，フランスが付している条件を援用できるとノルウェーは主張し，裁判所もこれを認めたのである。裁判所の強制管轄は，紛争当事国の受諾宣言が一致する範囲で認められるにすぎず，したがって，より狭い範囲の管轄を受諾した国の宣言に基づいて決定されるというのがその根拠である。フランスは，事件後の1959年に選択条項受諾宣言を更新した際に，自動的留保を宣言から削除した。自動的留保を行っているのは，現在5ヵ国である。

4.4　裁判手続

(1) 訴えの提起・審理

　裁判所への事件の提起は，裁判所書記にあてて，付託合意に基づく場合は，その特別の合意を通告するか，または，一方的提訴の場合は，書面の請求によって行う。いずれの場合も，紛争の主題および当事者が示されていなければならない（同40条1項）。請求による場合は，当事者について，請求を提起する当事者および請求の相手当事者が明記されなければならない（規則38条1項）。また，特別の合意による付託の場合には管轄権の問題は起きないが，請求の場合は管轄権自体が争われる可能性があるので，請求には，裁判所の管轄権の基礎

となる法的根拠をできる限り記載しなければならず，請求内容の基礎となる事実および理由を簡潔に記載しなければならない（同2項）。裁判所書記は，請求をただちにすべての利害関係者や国連などに通知する（規程40条2項・3項）。

裁判の具体的審理にあたって，当事者は代理人によって代表される（同42条）。審理手続は，弁論と書面の提出の繰り返しで進められ，場合によっては，調査・鑑定の嘱託なども行われる（同43条，45条—52条）。弁論が終結すると，判決の評議がなされ，判決は出席した裁判官の過半数で決定される（同54条，55条）。判決には，その基礎となる理由が記載される他，個別意見・反対意見なども記載される（同56条，57条）。

一方的付託の場合は，管轄権・本案の審理の前に，仮保全措置の要請が行われることがある（同41条）。また，管轄権についても，他方の当事者がこれを否定すれば，裁判所は，管轄権の存否について審理しなければならない（先決的抗弁）。

(2) 手続不参加（欠席裁判）

裁判所に管轄権が欠如していることを理由として出廷せず，裁判手続に参加しない場合，あるいは，事件の防御をしない場合，そのような当事者が存在するからといって，訴訟手続が中断することはない。このような場合，他方の当事者は，自己の請求に有利に裁判するように裁判所に請求することができる。ただし，裁判所は，裁判を行う前に，裁判所が管轄権を有すること，および請求が，事実上および法律上，十分に根拠をもつことを確認する義務がある（同53条）。核実験事件，在テヘラン米国大使館占拠事件，対ニカラグア軍事的活動事件などで指摘されている。

(3) 第三国の訴訟参加

判決が，訴訟当事国以外の第三国に影響を及ぼす可能性があるときは，当該第三国の利益を保護する必要が生ずる。国際司法裁判所規程は，第三国の訴訟参加が認められる場合を二つ挙げている。

先ず第1に，裁判によって影響を受けることのある法律的性質の利害関係をもつと認める国は，当該裁判に参加する許可の要請を裁判所に行うことができる（同62条）。第2に，裁判で条約の解釈が問題となるときは，他の締約国に参加が認められる（同63条）。62条に基づく参加は，法的利害が関連すること

を条件に認められるが，63条の場合，裁判所は参加の要請を拒否することはできず，条約の締約国は訴訟に参加する権利を持つ。ただし，後者の場合であっても，裁判所の許否の判断が無条件に不要とされるのではなく，問題となっている条約の解釈が，当該訴訟において決定的な重要性を持つと考えられる場合に訴訟参加は限定される。63条による参加の例としては，アヤ・デ・ラ・トーレ事件でのキューバの参加がある。

これまで，裁判所は，第三国の訴訟参加について慎重な態度を示してきた。安易に訴訟参加を認めると，裁判付託は紛争当事国の同意を前提とするという原則を修正することになり，事前の同意後に紛争を裁判所に付託した当事国の利益を損ねる可能性があるからである。

【展開講義 86】 先決的抗弁・受理可能性

　国際裁判において，紛争当事国が事件の内容自体を争う本案審理に入ることを阻止するために行う抗弁を先決的抗弁という。被告側から出されるのが普通であり，一定の期限内に行わなければならない。国際司法裁判所規則は，先決的抗弁として，①裁判所の管轄権の存否を争う抗弁，②請求の受理可能性に関する抗弁，③本案手続に進む前に決定を求められるその他の抗弁を挙げている（規則79条1項）。

　①は，裁判条項の対象たる紛争でなかったり，強制管轄受諾宣言発効以前の紛争であることを理由として，裁判所の管轄自体を争うものである。②は，提訴された事案を裁判所が判断することを不適切とする抗弁である。たとえば当事者適格または訴えの利益の存否，国内救済手続または請求についての国籍継続の原則の要件充足，安全保障理事会の専権事項に属する問題であるか否か等をめぐって提起される。③は，訴訟提起後に紛争が消滅した場合に出される抗弁などである。いずれにせよ，先決的抗弁が提出されると，当該抗弁が先決的性質を持たないとされない限り，本案審理は停止され，先決的抗弁について，判決の形式で決定がなされる。抗弁が認められれば本案の審理は行われない。

【展開講義 87】 仮保全措置

　紛争当事国の権利が，本案判決を待っていては回復できない侵害を受けるおそれがあると認められる場合に，当該権利を緊急に保全することを目的として，裁判所が必要と認めるときに指示する暫定措置が仮保全措置である（規程41条）。

当事者の権利を保全することによって，本案判決の実効性を確保することが可能となる。仮保全措置は，当事者の要請により，または職権により，判決に予断を与えることなしに，いつでも指示することができる（規則73条1項，75条1項）。要請にあたり，当事国の合意は不要である。

仮保全措置は，裁判所の管轄権が争われているときでも指示できるかどうかが問題となる。原告が請求する本案についての裁判所の管轄権が明らかに欠如している場合であれば認められないが（たとえば1999年の武力行使の合法性に関する事件），選択条項受諾宣言や裁判条約が存在するなど，管轄権の基礎となり得る根拠の存在が，一見して（prima facie）与えられており，しかも，回復不能の法益侵害の急迫性と紛争悪化の危険性が，十分に納得できる程度存在するなどの事情があれば指示できるとされる（例えば1972年の漁業管轄権事件）。仮保全措置の要請に対する決定は，判決ではなく，命令の形で出される

仮保全措置の法的拘束力の有無については学説上の争いがあった。制度の趣旨からすれば，拘束力が認められなければ意味がない。そうでないと，訴訟当事者の権利が保全されない。しかし，実行は，当事国が誠実に検討するよう望まれるという意味に解されてきて，勧告的性質を有するものでしかないとされていた。ところが，ラグラン事件（→【展開講義 28】）で，国際司法裁判所は初めて仮保全措置に拘束力を認めた。処刑が執行されればドイツの求める救済を国際司法裁判所が命令できなくなり，ドイツの主張する権利に対し，回復不能な侵害が生じることになる。そこで，米国は，国際司法裁判所が最終的な判決を下すまで，刑の執行がなされないよう，あらゆる措置をとること，アリゾナ州知事は米国政府の負っている国際義務に違反しない行動をとる義務があるとした。

4.5 判　　決

(1) 裁判準則

国際司法裁判所は，国際法に従って裁判することを任務とする。裁判準則として，条約，国際慣習法，法の一般原則が挙げられ，この順序で適用されるが，その他に判決および学説が補助手段とされる（規程38条1項）。また，当事者の合意があるときは，実定法に基づかずに，衡平と善に基づいて裁判を行う権限を持つ（同38条2項）。

衡平と善の内容は必ずしも明確ではなく，具体的正義，または便宜的考慮を意味するとされる。衡平と善は，法の一般原則などと同様，法の欠缺を理由と

する裁判不能を避ける機能を果たすとともに，法の厳格な適用を避けて，柔軟な紛争処理を可能とするという意義を有する。ただし，これまで国際司法裁判所が，衡平と善に基づいて判決が下した例は存在しない。

(2) 判決の効力

判決は，出席した裁判官の過半数により決定し，可否同数の場合は，裁判所長が決定投票権を有する（同55条）（たとえば，南西アフリカ事件第二段階判決(1966年)，勧告についてではあるが，核兵器による威嚇・使用の合法性に関する勧告的意見（1996年）における自衛のための核兵器の使用の合法性についての判断）。

判決は，紛争当事国間においてのみ，かつ当該事件に関してのみ法的拘束力を持つ（同59条）。判決は終結とし，上訴は許されない（同60条）。すなわち，裁判確定後，同一事項が問題となっても，当事者はこれに反する主張が許されず，裁判所も当該判決と抵触する裁判を行うことは許されない。判決のこうした力を既判力という。紛争の継続または蒸し返しを防止し，ひいては法秩序の安定をはかることを目的とする。

判決の意義または範囲について争いがある場合には，いずれの当事国も裁判所に解釈の要請を行うことができる（同60条）。

判決確定後であっても，判決にとって決定的要素となる性質をもつ事実で，判決があったときに裁判所および再審請求当事者に知られていなかった新事実が発見されたときは，再審を請求することができる。ただし，当該事実を知らなかったことが，過失によらない場合に限られる（同61条1項）。再審を行うことができるかどうかの要件の認定は，裁判所が行う（同61条2項）。

判決は，紛争当事国以外の国を法的に拘束することはないから，判決に先例拘束性は認められない。それでも，実際には判決中の法解釈が尊重され，その後の事件の判断に影響を与え得る。判決が，実質的法源とされているのはこうした理由による。

【展開講義 88】 判決の履行と国連安保理の役割

判決は，それ自体が拘束力を有し，当事国の合意に依存することはない。しかし，国内社会と異なり，判決を執行するための統一的組織は国際法上存在していない。判決の履行を確保する手段としては，基本的には，個々の国家による外交

的対応や経済的復仇等の自助によらざるを得ない。

　国連憲章は，事件の一方の当事者が，裁判所の判決に基づいて自国が負う義務を履行しないときは，他方の当事者は，安全保障理事会に訴えることができるとした。安全保障理事会は，必要と認めるときは，判決を執行するために勧告をし，または執るべき措置を決定することができる（憲章94条）。安全保障理事会は，何らかの措置を必ず執るよう義務づけられているわけではない。勧告・決定ともに，安全保障理事会の裁量性が極めて強く，判決の執行が完全に保障されているわけではない。また，勧告の場合も，措置の決定の場合も，安全保障理事会が決議を採択する際には，常任理事国の拒否権が認められる。対ニカラグア軍事的活動事件において，米国が判決の履行を拒否したときに，ニカラグアは安全保障理事会に提訴し，安全保障理事会は，判決の即時かつ完全実施を米国に要求する決議案を作成したが，米国の拒否権で否決された。国際連合においても，判決の執行力の担保については限界が存在することを示している。

　判決の履行を確保するために，武力を行使することが可能かどうか問題となる。契約上の債務回収のためにする兵力使用の制限に関する条約（1907年）は，仲裁裁判の申出を拒否したり仲裁判決に従わない債務国に対しては，兵力の使用を許容していた。国際連盟規約（1920年）も，連盟国が一切の判決を誠実に履行するよう義務づける一方で，判決後3ヵ月を経過しても判決を履行しない場合には，他方当事国が戦争に訴えることを許容する余地が残されていた。不戦条約の締結は，戦争を一般的に違法化したものの，判決履行のための武力行使については明確ではない。国連憲章の下では，紛争の平和的解決義務および武力行使の違法化により，判決履行のための武力行使は許容されていないとされる。したがって，一方で，武力行使を一般的に禁止し，他方で，判決の履行を確保し得ないということになり，紛争解決の手続に一貫性を欠いた状況にあるといわざるを得ない。このため，判決執行手段としての武力行使は，国連憲章の目的に反しないので，違法とはならないとの考え方もみられる。

4.6　勧告的意見

　国際司法裁判所には，係争事件の処理をする他に，国連の機関または他の国際組織の諮問に答えて，法律問題について意見を与える権限が認められている。この場合の意見を勧告的意見という。この制度は，国際連盟規約14条に基づいて，常設国際司法裁判所の一機能として導入され，国際司法裁判所に踏襲され

たものである。

　勧告的意見を求めることができるのは，国連総会，安全保障理事会のほかに，総会の許可を得たその他の国連機関および専門機関に限られ，国家は要請できない（憲章96条）。もっとも，勧告的意見によって，影響を与えられると考えられる国家は，陳述書の提出，口頭陳述などの形式で，手続に参加することができる（規程66条）。

　国連総会と安全保障理事会は，「いかなる法律問題について」も勧告的意見を要請することができる。総会の許可を得たその他の国連機関および専門機関は，「その活動の範囲内で生ずる法律問題について」勧告的意見を求めることができる。1996年に世界保健機関（WHO）が，核兵器の使用の合法性について国際司法裁判所の勧告的意見を求めたが，国際司法裁判所は，当該事項は，「専門性の原則」に照らして，同機関の「活動の範囲内で生ずる」問題にはならないとして，意見の要請を拒絶した。

　勧告的意見は，文字どおり勧告であって，判決とは異なり，法的拘束力を持たない。ただし，実際には十分に高い権威を有し，尊重されているのが実態である。また，あらかじめ条約などで，国際司法裁判所の勧告的意見を最終的判断として受諾することを定めている場合がある（国連特権免除条約8条30項，専門機関の特権および免除に関する条約9条32項，国連本部協定8条21項，国際労働機関憲章37条2項）。そのような場合，国際司法裁判所の勧告的意見は，事実上，法的拘束力が備わったのと同じ効力を有する結果がもたらされる。ただし，条約等によって外部から拘束力が付与されることが認められただけであり，勧告的意見そのものに法的拘束力が付与されたわけではない（外部的拘束力付与）。

　なお，勧告的意見は，判決の場合とほぼ同様に慎重な手続によって審理され，判決と同じ裁判準則に従って作成されることから，判決と同様，国際法の形成に重要な意義を有する。

第11章　平和と安全の維持

1　武力行使の違法化過程

◆　　導入対話　　◆

学生：国際法は，創設の当初から，戦争の問題を最も中心的なテーマとしてきたということですね。それは，今日でも変わらないと思いますが，戦争を含めた武力行使に対する規制はどのようになされて，また，現在，どのようになっているのでしょうか。

教師：そうですね，戦争の問題は国際法にとっては最も重要な問題ですし，戦争をどのように位置づけるかによって，国際法の法としての意味合いも異なることは，第Ⅰ部の戦争の違法化をテーマとして取り上げたところ（13頁）で説明しました。伝統的国際法と現代国際法を分けるポイントは，戦争の扱いによる違いでしょう。現在の国際法の下では，戦争を含めた武力行使が違法なものであることははっきりしていますが，そこに至るまでの過程をよく理解してもらいたいと思います。

　国際法が戦争を合法的なものと認めていた時代には，国際法は，戦時法と平時法に分類され，二元的構成になっていました。平時法は，通常の平和な関係を規律する国際法ですが，戦争が起きると，平時法が停止されて戦時法が適用されます。戦闘を行う当事者（交戦国）相互間に適用される交戦法規と戦争に参加しない第三国と交戦国の関係を規律する中立法規によって構成されました。戦争に参加しない第三国同士は従来どおり平時法が適用されました。いまは戦争が違法化されて，今日の国際法はすべて平時法として構成されているといってもよいでしょう。国際紛争が平和的に処理されれば問題ないのですが，時として軍事的衝突に発展したり，武力を用いて威嚇したり，中には，問答無用で一方的に軍事侵攻をする国が出てきたりする場合があります。現在の国際法では，平和と安全の維持という観点から，前もって予防し，安全を維持し，また，そのような状況になった場合には，これを鎮圧して平和を回復する組織的な協

> 力体制が作られているのです。また，武力行使にまで至る紛争の状況に対しては，これを鎮圧する協力体制とともに，武力の行使そのものを規制する法規があります。

1.1　国際連合以前の過程

　17世紀に始まる近代国際法は，戦争をいかに規制するかをその中心的課題として展開していった。すなわち，グロティウスをはじめとする近代国際法の創始者たちは，諸国間の権力闘争を，いかにして合理的な手順に従って解決させ，あるいは武力闘争に限界をもたせるかに関心を集中させたのである。

　戦争をいかに規制するかについては，古くから二つの系譜がある。戦争の正当な原因の追求（jus ad bellum）と，戦闘中における害的手段の規制（jus in bello）である。前者は，戦争を正当な戦争と不正な戦争とに区別して，正当な原因に基づく戦争のみを合法とするもので，正戦論と呼ばれる。グロティウスをはじめとする初期国際法学者の主たる研究対象は，戦争の正当原因の追求にあり，たとえば，国家の権利の侵害が戦争の正当な原因の一つとなると考えた。かくして，彼らは，それ以前から存在する神学的正戦論を法学的に受け継ぎ，緻密化しつつ，戦争を規制しようとしたのである。

　しかし，主権国家の並存する当時の欧州諸国間において，正当な戦争であるか否かを決定する上位の機関は存在せず，結局，紛争当事国がそれぞれ正当性を主張する限り，戦争はいずれにとっても正当とならざるを得なかった。かくして18世紀後半以降の欧州国際社会では，戦争の正・不正の区別や戦争の正当原因を問題としない無差別戦争観が正戦論にとってかわり，これが一般的な考え方となっていった。無差別戦争観が主流を占めた19世紀における国際法学の任務は，戦争の開始から終了までの手続，および戦闘の手段・方法等の規制にあるとされ，戦争の正当原因の研究および規律は，国際法学の対象外とされた。国際法は，このような状況を受けて，平時法と戦時法の二元的構成をとるに至った。

　国際社会において武力行使の違法化という現象が見られるようになるのは，20世紀に入ってからである。その嚆矢となったのは，国家の戦争遂行権を国際

法上初めて制限した「契約上ノ債務回収ノ為ニスル兵力使用ノ制限ニ関スル条約」(1907年，ポーター条約)である。ただし，この条約は，当事国数も限られ，禁止する戦争も，「一国ノ政府ニ対シ他ノ一国ノ政府カ其ノ国民ニ支払ハルヘキモノトシテ請求スル契約上ノ債務ヲ回収スルタメ」(同1条)の兵力使用を禁止したもので，網羅的・一般的なものではなかった。この条約と同時に，「開戦に関する条約」等，13の交戦法規（および1宣言）が採択されていることからもわかるように，戦争自体を一般的に禁止したものではない。1920年に成立した国際連盟も，国際社会において戦争を一般的に禁止してはいない。しかし，1907年の条約とは異なり，禁止される戦争の範囲は拡大している（連盟規約12条—15条）。さらに，国際連盟規約違反の国家に対して制裁を加えることも予定され（同16条），集団安全保障制度の端緒ともなった。

戦争を一般的に禁止した最初の条約は，不戦条約（1928年）である。不戦条約は，国際紛争の解決のために戦争に訴えること，および国家の政策の手段としての戦争を一般的に禁止した（同1条）もので，画期的な条約といえる。ただし，条約に違反したか否かを決定する認定機関は設置されず，違反した国に対する実効的措置を準備したわけでもなかった。しかも，不戦条約が規制の対象としたのは，国際法上の戦争であり，この意味での戦争は，紛争当事国のいずれか一方から出される宣戦布告または条件付き最後通牒の通告によって開始される国家間の武力闘争をいう。これらがなければ本条約で禁止された国際法上の戦争とはならず，したがって，不戦条約違反にはならないと考えられた。こうした宣戦布告なき武力紛争は，1930年代になると増大した。満州事変（1931年），日華事変（1937年）などがその代表例であるが，「事変」当事国からすれば，宣戦布告による国際法上の戦争状態への移行によって，中立国からの援助が不可能となる事態を避ける意図もあった。

1.2 国際連合における武力行使の禁止

国連憲章（1945年）は，すべての国連加盟国に，武力による威嚇または武力の行使を，いかなる国の領土保全または政治的独立に対するものも，また，国際連合の目的と両立しない他の如何なる方法によるものも慎まなければならないとして（国連憲章2条4項），戦争はもちろんのこと，不戦条約が規制の対象としなかった宣戦布告なき武力行使をも含めて規制の対象とした。それだけで

なく,「武力による威嚇」をも一般的に禁止している。「戦争」という言葉が国連憲章本文で使われるのは, わずかに第二次大戦を示す固有名詞としてのみである（たとえば, 同53条2項, 107条。他に, 前文にみられる）。

ただし, 国家の武力行使が全く否定されたわけではない。例外的に武力行使が許容される場合がある。①自衛権の発動（同51条）, ②国連の軍事的強制措置の発動（同42条）, ③地域的機関または取極に基づく強制行動（同53条）, ④旧敵国に対する強制行動（同53条, 107条）の場合がそれにあたる（それぞれについては, 以下で言及）。これら以外に個々の国家が武力行使を正当に行い得る場合があるかどうかについては明確ではない。どのような理由であれすべての武力行使を絶対的に禁止したとの見解も見られるが, 条文の曖昧さからして, 部分的に武力行使の可能性を認める見解も見られる。たとえば, 外国において自国民の生命が危険にさらされ, 在留国政府が何らの措置をとる意思も能力もない場合に, 当該自国民を軍事力を行使して救出する場合などである。

【展開講義 89】 旧敵国条項

第二次大戦中, 連合国の敵であった国（日本, ドイツ, イタリア, ルーマニア, ハンガリー, ブルガリア, フィンランド）に対する国連憲章中の特別な規定を旧敵国条項という。53条1項後段, 77条, 107条がこれにあたる。

107条は, 旧敵国に関する行動で, その行動について責任を有する国（五大国と解するのが一般的）が, この戦争の結果としてとった戦後処理を, 国連が無効としたり排除したりすることはできないというものである。107条は, 過渡的規定の章に含まれており, 講和条約締結に至るまでの行動が規律の対象となる。

53条は, 安全保障理事会が, 強制行動のために地域的取極または機関を利用する場合の規定である。地域的取極または機関は, 紛争解決のために強制行動を行うことができるが, そのためには安全保障理事会の許可が必要となる。しかし, 旧敵国に対する措置で, 107条に従って規定されるもの, または旧敵国による侵略政策の再現に備える地域的取極において規定される措置については, 安全保障理事会の許可が不要とされる。これらの措置については, 国連が責任を負うときまでは, 国連の統制外におかれ, 武力不行使原則の例外の一つを構成することになる。旧ソ連は, この規定に基づき, 中国や東欧諸国との間で二国間の相互援助条約を締結した（いずれもすでに失効）。なお, わが国は, この規定の削除を求

めてきたが，1995年12月11日に採択された国連総会決議（A/RES／50／52）は，将来の国連憲章の改正にあたり旧敵国条項を速やかに削除する旨を，賛成155，反対なし，棄権3で表明した（棄権したのは朝鮮民主主義人民共和国，キューバ，リビア）。

2　国連の集団安全保障制度

◆　導入対話　◆

学生：国家は昔から何らかの形で自国の安全を守ってきたと思うのですが。

教師：そうですね，国家にとって自らの安全を確保することは，いつの時代においても，最重要な課題でした。古くは，国家の安全はそれぞれの国家が自らを守るという個別的な安全保障として行われていましたから，国家は，軍事力を初めとして，国力を増強することに腐心したのです。国際法上も，国家には自己保存権があるものと認められていました。自己保存権は，現在の国際法の下では否定されている権利ですが，攻撃に対して自衛をするのみならず，国家がその生存のために，軍備を増強し，要塞を作り，資源を開発し，さらには，自国領土を拡張する権利として認められていました。

学生：しかし，自国のみで安全を確保できる国は，世界中にそうあるとは思えませんが……。

教師：そうですね。勢力均衡を背景として，どこかを仮想敵国として想定しながら確保される個別的な安全保障は際限がありません。このために，同盟を結び友好国と協力することで他国に対抗しようとしましたが，永続性は確保できず，離合集散を避けることができません。そこで考えられたのが，集団安全保障体制でした。どこかに対抗して安全保障を確保するのではなく，集団全体で集団内部で安全を保障しようとするものです。国際連合は，紛争の平和的解決，軍縮，そして集団安全保障体制の三つの考え方を基礎に，国際社会全体の平和と安全を確保し，そのことで，それぞれの国家の安寧をはかろうとしたのです。

学生：国際連合では個別国家による武力行使が禁止されたということですが，現実には，禁止に違反する国家があると思います。国連は，そのような状況が生じたときにどのように対処するのでしょうか。

> 教師：集団安全保障制度は，すでに国際連盟において採用されていたものです。しかし，国際連盟においては，戦争自体の禁止を前提としていたわけではありませんでした。戦争が起きそうな事態をできるだけ防ぎ，戦争が起きてからの事態に連盟全体で対応するものでした。しかし，最終的に戦争による力の行使を認めている以上，制度自体はどうしても不完全なものです。国際連合の制度は，不戦条約と連盟の制度を結び付け，それをさらに発展させたものです。
> 　集団安全保障制度の基本は，第1に，相互に戦争を含めた武力行使を禁止することです。これが守られれば，何ら問題はないのですが，守らない国が出現することがあります。そこで，第2に，いずれかの国がこの禁止に違反して武力を行使し，平和な状態が侵された場合，その他のすべての国が協力してこの違反に対処し，平和な状態を回復するための組織・制度を設けることが必要です。国際連合も，このような制度として発足したのです。

2.1　集団安全保障制度の意義

　国家は，自国の安全を確保するために，これまでいくつかの方法を採用してきた。自国の軍備力の整備・増強という方法が最も普通に見られる方法である。それでは不十分であると考える国家は，他国との間で軍事同盟条約を締結し，敵となり得べき第三国の軍事力とのバランスをとることによって自国の安全を確保しようとする。これが勢力均衡による安全保障である。通常，軍事同盟は，仮想敵国を前提して，これらの仮想敵国からの攻撃に共同して対処することを相互に約束する。しかし，勢力均衡には重大な欠陥が内在しており，その破綻によって，未曾有の被害をもたらした第一次大戦を経験した国際社会は，勢力均衡に代わる制度を編み出した。これが集団安全保障制度である。

　集団安全保障制度とは，対立関係にある国家も含めて，すべての国が相互に武力によって攻撃しないことを条約によって約束し，約束に違反して，いずれかの締約国が他の締約国の安全を侵害したとき，残りのすべての条約締約国は，協力して，集団で，当該被侵害国の安全を守るための強制措置をとるシステムをいう。この制度の下では仮想敵国を前提した軍事同盟は否定されるべきものとされた。ただし，連盟時代の集団安全保障制度は，規約違反の認定権が個々の加盟国にあるものとされ過度に分権的であり，また，この制度の下でとり得

る措置も，個々の連盟加盟国による経済制裁措置のみであり，強制力は著しく脆弱なものでしかなかった。

【展開講義 90】 勢力均衡による平和の維持

　古来，国家は自国の安全を確保するために，勢力均衡という方式を採用してきた。勢力均衡による安全保障とは，国家が仮想敵国を前提として他国と軍事同盟条約を締結し，第三国の軍事的脅威にさらされたときに，相互に協力し合い，自国の安全を確保する方法をいう。仮想敵国との間に軍事力の均衡を維持することによって，相互に攻撃しあうことを抑制する。

　勢力均衡による安全保障は，集団安全保障制度の導入により，理論的にはその存在意義を失うはずである。しかし，勢力均衡は，基本的には今日においても，後述するような国連の集団安全保障制度の不備から，国家が自国の安全を確保するために依拠している制度であることに変わりはない。

　しかし，勢力均衡による安全保障の確保という制度には，重大な欠陥が内在している。均衡をいかなる方法によって計測するかという問題である。国家は，自国の軍事力を過小評価する性向が著しく強い。仮想敵国同士の間で客観的には均衡しているようにみえる軍事力も，当事国からするとそのようにはみえず，絶えず不安にさいなまれる。結果的に，国家は常に相手国（陣営）より優位に立とうとする。そのため，各国の軍備拡張競争や軍事同盟の強化・軍事同盟相互の対立を助長し，究極的には平和と安全を確保できない。しかも，ひとたび潜在的な対立が武力紛争に転化すると，大戦争になりかねない危険性も内蔵している。たとえば，第一次大戦がその例である。

　第一次大戦は，三国協商側（ロシア・フランス・英国）と三国同盟側（ドイツ・オーストリア・イタリア。ただし，イタリアは当初参戦せず，後に協商側に立って参戦）の対立を軸として，世界的規模で行われた戦争である。1914年6月28日に，オーストリア皇太子夫妻が暗殺されたサラエボ事件をきっかけとして勃発した。7月28日，オーストリアは，暗殺犯の国籍国であるセルビアに宣戦を布告，これに対して，セルビアを支持するスラブの盟主たるロシアが総動員令を発布した。次に，このロシアに対抗すべく，8月1日には，オーストリアと同じチュートン人の国であるドイツが宣戦布告（ドイツとオーストリアは緊密な同盟関係にあった），8月3日には，ロシアの同盟国たるフランスが，宿敵ドイツに対して宣戦布告した。協商国側の英国と軍事同盟を結んでいた日本も参戦した（日英同盟）。かくしてオーストリアとセルビアの紛争が，当時の同盟・協商関係

の連鎖の中で，世界的規模の戦争にまで拡大してしまったのである。

2.2　国連の集団安全保障制度

　国連の集団安全保障制度は，国際連盟のそれに改善を加えて受け継がれた。国連において，国際の平和および安全の維持に関して主要な責任を負うのは，安全保障理事会である（国連憲章24条）。連盟の場合と異なり，総会は安全保障に関しては二次的な役割を演ずるにすぎない（同12条1項）。迅速かつ有効な行動をとる必要から，大国を含む少数の構成国からなる安全保障理事会に広範な裁量の余地を認めたのである。安全保障理事会は，国連憲章第7章の下で，平和維持の任務を遂行するにあたり，全加盟国に代わって行動し（同24条1項），討議・勧告だけでなく，決定を行うことができる。この安全保障理事会の決定は加盟国を法的に拘束する（同25条）。決定は，憲章第6章の紛争の平和的解決の任務においては認められず，第7章の侵略の防止について認められるもので，他の機関にはない強い権限である。安全保障理事会は，このような強い権限を基に集団安全保障制度を運営するのである。

　集団安全保障制度は，国連以外にも，全米相互援助条約（リオ条約，1947年），西欧ブラッセル条約（1955年）など，地域的国際組織でも採用されている。

　国連の集団安全保障制度は，次のように運営される。

(1)　平和に対する脅威・平和の破壊・侵略行為の認定

　集団安全保障制度に基づく措置が実施される前提として，国連は，まず，国連加盟国に，相互に武力を行使することを禁止し，紛争を平和的に解決する義務を課した（同2条3項，33条）。紛争が平和的に解決されず，悪化して，平和に対する脅威・平和の破壊・侵略行為のいずれかの事態に至ったときは，まず，侵略を初めとするこれらの事態の認定が安全保障理事会によって行われ（同39条），次に強制措置が発動されることになる。

　最初に侵略等の認定が行われるのは，国家の行う武力行使のすべてが違法となるわけではないからである。国家が行う武力の行使であっても，自衛権に基づくもの，国連の強制措置の一環として行使されるものなど，正当な根拠に基づく武力行使があり得るので，それに該当するかどうかを認定する作業が必要となる。

① 平和に対する脅威とは，具体的に武力の行使が行われているわけではないが，放置しておくと，国際的武力紛争に至る潜在的可能性がある事態をいう。たとえば，人種差別主義的政権の存在とその政策が国際緊張の増大をもたらす場合などがこれに該当する（南アのアパルトヘイト政策に関連して，同国の武器その他の資材の取得について採択された1977年の安全保障理事会決議418）。原因行為とその国際的危険への急迫性および直接性が認定基準となる。冷戦終結後は，テロ，国際人道法違反，人権侵害に関連する事態にまで認定の対象は拡大している。民間航空機爆破の容疑者の訴追・引渡しにリビアが応じないことを理由として認定した決議748（1992年），ソマリアにおける内戦と深刻な飢餓から生じた事態の悪化に関連して認定した決議794（1992年），民族浄化を含む国際人道法の大規模な違反に関する旧ユーゴスラビアにおける事態についての決議794（1993年），ハイチにおける軍事独裁政権による大規模な人権侵害に関しての決議841（1993年）などである。

② 平和の破壊は，他国に対する軍事行動を伴うすべての武力紛争をいう。侵略国および侵略行為をあえて特定しない場合に利用される。北朝鮮の韓国への武力攻撃に際しての決議82（1950年），フォークランド紛争に際してのアルゼンチン軍の侵入に対する決議502（1982年），イラン・イラク戦争に際しての決議598（1987年），湾岸戦争におけるイラクのクウェート侵攻に関しての決議660（1990年）などがある。

③ 侵略行為は，軍事占領や他国の併合等をいう。1974年に国連総会において採択された「侵略の定義に関する決議」（国連総会決議3314）は，安全保障理事会が侵略を認定する際の指針を提供しているが，安全保障理事会は侵略行為の認定には極めて慎重である。イスラエルが在チュニジアPLO本部を爆撃したことについて，これを武力侵略行為と認定し非難した決議573（1985年）等があるが，それほど多くはない。

【展開講義 91】 侵略の定義

安全保障理事会が侵略を認定する際に一定の指針を提供するため，国連総会で採択されたのが「侵略の定義に関する決議」である（1974年）。安全保障理事会の裁量の幅はかなり広く維持されてはいるものの，この定義によって，ある程度

客観的な基準が提供されたことになる。たとえば，国連憲章に違反して武力を先制的に行使することは，侵略行為の一応の証拠として推定されるとしたこと（ただし，安全保障理事会は，その行為または結果が重大性を有するものでないなどの関連事情に照らして，侵略に該当しないと認定できる（同2条）），侵略行為とみなされる行為として，具体的に，他国の領土への武力侵入，他国の港と海岸の武力による封鎖，第三国に対する侵略の根拠地として他国に自国領土を使用させること，国家が武装集団を他国に送り込むことなどを例示している（同3条）。

(2) 強制措置の発動

前述したように，安全保障理事会は，平和に対する脅威，平和の破壊または侵略行為の存在を決定する。この決定を前提として，安全保障理事会は，国際の平和および安全を維持し，または回復するために勧告をし（平和回復のための勧告），または国連憲章41条および42条に従って，いかなる措置をとるかを決定する（強制措置）（同39条）。勧告は加盟国を拘束しないが，安全保障理事会の決定は，加盟国を拘束する（同25条）。

安全保障理事会は，39条の規定により勧告をし，または強制措置を決定する前に，事態の悪化を防ぐために暫定措置を当事国に要請することができる（同40条）。この措置は，関係当事国に対して，兵力の国境集結や挑発行動に訴えないように要請したり，停戦・撤兵・復員措置の実施，停戦ラインの画定，非武装地帯の設定の要請など，暫定的性質の措置をとることを要請するものである。イラン・イラク戦争を終結させた決議598号（1987年。ただし，両国の受諾は1988年）などがある。

強制措置は，失われた国際平和秩序を回復するために実施される措置であり，これには，非軍事的強制措置（同41条）と軍事的強制措置がある（同42条）。非軍事的強制措置は，兵力の使用を伴わない措置で，経済・交通・通信・外交関係の断絶を含む。41条に基づく措置としては，輸出入その他の経済活動を禁止した対南ローデシア決議235（1966年，1968年），南西アフリカ問題に絡んで武器輸出を禁止した対南ア決議418（1977年），湾岸戦争に際して，イラクに対する包括的経済措置を内容とする決議661（1990年），リビアに対する空路封鎖・武器禁輸・外交官削減を内容とする決議（1992年），ユーゴに対して，全面禁

輸を含む包括的経済措置決議（1992年），対ハイチ石油および武器の禁輸措置（1993年）等がある。

軍事的強制措置は，非軍事的強制措置では不十分なとき，または不十分であろうと認められるときに，国際の平和・安全を維持・回復するために必要とされる空軍・海軍または陸軍の行動であり，示威，封鎖などの行動を含む。42条に基づく軍事的強制措置は，本来，国連自らが指揮をする国連軍によるものであるが，加盟国から軍隊その他の提供を受けて，国連軍を編成する根拠となるべき特別協定（同43条）が，国連と個々の加盟国との間で締結されていないので，本来の国連軍は存在せず，今日にいたるまでに国連軍による強制措置がとられたことはない。

ただし，第7章を根拠として特定の国家の軍隊で構成される多国籍軍に武力行使を容認した例は冷戦終結後にみられる。イラクに対する多国籍軍の武力行使容認決議678（1990年）を初め，ボスニア・ヘルツェゴビナ，ソマリア，ルワンダ，ハイチにおいて展開された多国籍軍（支援提供国または多国籍緊急部隊）に，人道援助等に「必要なすべての措置」をとることを容認する決議がそれである。これらの活動は，根拠となる条文を特定していない。39条の下での勧告に基づくものと考えるのが妥当であろう。いずれにせよ，第7章の下での強制措置（enforcement action）を行っているのであるから，後述する平和維持活動とは異なり，これらの軍隊が展開する領域国の同意は不要である。

国連憲章の基本的考え方は，安全保障理事会の措置を，暫定措置・平和回復のための勧告・そして強制措置へと，侵略行為に対する反撃体制を段階的に強化し組織化しているものとされる。しかし，実際の状況に応じて，直ちに強制措置をとることも可能である。さらに，非軍事的強制措置を行うことなく，いきなり軍事的強制措置をとることも可能である。

(3) 拒 否 権

以上のような手順で，国連の集団安全保障制度は機能する予定であったが，実際には大きな制約が存在した。以下で言及する表決制度と，次節で述べる兵力組織の問題である。両者は，国連の集団安全保障の実効性に対して二重の内在的制約となった。

安全保障理事会の表決は，手続事項については15ヵ国の安全保障理事会構成

国のうちで，9理事国以上の賛成投票で，その他の事項（非手続事項）については，常任理事国の同意投票を含む9理事国以上の賛成投票によって行われる。したがって，非手続事項については，常任理事国，すなわち五大国（米国・英国・ロシア・フランス・中国）のいずれかが反対すれば，たとえ他のすべての国が賛成しても，決議は否決される。五大国の有するこの特権を拒否権という。しかも，ある事項が手続事項か非手続事項かの決定は，非手続事項とされる。したがって，常任理事国は，手続事項か非手続事項かが争われたときは，拒否権を行使して非手続事項とした上で，実質問題の決定にあたり再度拒否権を行使して自己の望まない結果を回避することができる（二重拒否権）。

　集団安全保障との関連でいえば，拒否権の存在によって，五大国のいずれかか，あるいはそれらと密接な関係にある国家が絡む紛争については，国連は事実上関与できないことを意味する。なぜならば，強制措置の発動如何どころか，それ以前の段階での侵略の認定等自体が拒否権の発動によって不可能となるからである。安全保障理事会によって侵略の認定等が行われないのであれば，安全保障理事会としては，それ以上の介入は不可能となる。南ローデシアや南西アフリカ問題などは，平和に対する脅威と認定され，朝鮮戦争，フォークランド・マルビナス紛争，イラン・イラク戦争においては，平和の破壊が認定されたものの，ベルリン封鎖（1948年），パレスチナ事件（1948年），インドシナ・ベトナム戦争（1946−73年），スエズ動乱（1956年），在テヘラン米国大使館占拠事件，ソ連のアフガニスタン侵攻などのように，拒否権の存在から侵略の認定等ができずに，強制措置がその前提の段階で停止してしまうことが多かった。

(4) 国　連　軍

　一般に国連軍と呼ばれるものには三種類が認められる。①国連憲章上の国連軍，②朝鮮国連軍，③国連平和維持軍である。このうち，①の国連軍が国連憲章に規定された本来の国連軍であり，②と③は，本来の国連軍が機能しなかったために，国連の実践から生み出されたものである。また，1990年にクウェートに派遣された多国籍軍による武力行使は，国連が一定の国家に武力の使用を容認した例であり（国連安保理決議678），その後の国連の実践においてしばしば採用されてきた。これも本来の国連軍でないことは明らかである。

　このような国連憲章に規定されていない軍隊が国連によって活用される状況

をどのように評価するかについては，種々の議論が可能であろう。しかし，古来，戦争は一つの制度であり，国家間の紛争解決のための一手段であった。呼称はともかく，人類は，未だに，紛争を解決する最終的な手段として，武力による以外の方法を見出してはいない。個々の国家による戦争または武力行使を実効的に禁止し得るのは，それに代わる制度が存在したときでしかない。一方で武力行使を国際社会から排除しようとしても，他方でそれに代わり得る実効的制度が構築されなければ，武力行使禁止原則は絵に描いた餅でしかなくなる。国連の集団安全保障制度が，欠陥を持つということであれば，2条4項に掲げられた武力行使禁止原則は，それに対応するような解釈を迫られるのは当然であるし，また，このことと密接に関連する国連軍についても，本来予定したものが機能しなければ，これに代わる軍事的活動を検討するのも当然のことであろう。

(a) 国連憲章上の国連軍とは，本来の国連軍であり，国連が，集団安全保障制度を実効的に担保することを目的として，軍事的強制措置をとるために用いる軍隊のことである。この国連軍は，国連加盟国，とりわけ五大国が提供する軍隊で構成するものとされ，国連の集団安全保障制度の中核となるものであり，国連は国際連盟が持たなかった牙を備えたといわれた。

この国連軍を用いた強制行動をとるために，国連は加盟国との間で，憲章43条に規定される特別協定を締結しなければならない（同43条1項）。特別協定は，兵力の数と種類，その出動準備程度および一般的配置並びに提供されるべき便益および援助の性質が規定される（同2項）。加盟国は，締結した特別協定に拘束されるのはいうまでもないが，定められた義務の範囲を越えて，軍事的強制措置を義務づけられることはない。

提供された軍隊を用いて具体的軍事行動を行う兵力使用の計画は，軍事参謀委員会の援助を得て安全保障理事会が作成する（同46条）。軍事参謀委員会は，五大国の参謀総長またはその代表者で構成され，兵力の使用・指揮，軍備規制，軍縮に関する問題について安全保障理事会に助言と援助を与え，安全保障理事会の下で兵力の戦略的指導について責任を負う（同47条）。つまり，国連軍は五大国の一致した協力があって初めて具体的に動かすことができるのである。

しかしながら，第二次大戦直後の米ソの対立により，国連軍の兵力の規模，

各国の分担比率，国連軍の通過権その他の便宜供与等について五大国の一致が得られず，結局，軍事参謀委員会の討議は打ち切られてしまった（1948年4月30日中間報告）。したがって，今日に至るまで，43条に基づく特別協定は締結されておらず，本来の国連軍は創設されていない。なお，国連が軍事行動をとる場合に，特別協定が不可欠か否かについては見解が分かれる。国連が軍事的措置の発動を勧告したり，許容した例はある。以下の朝鮮国連軍と湾岸戦争における多国籍軍がそれにあたる。

　(b)　朝鮮戦争（日本での一般的呼称。韓国・北朝鮮ともに「動乱」とし，「戦争」とは呼ばない。ちなみに韓国は「韓国動乱」，北朝鮮は「朝鮮動乱」とする）の勃発（1950年6月25日）に際して採択された国連安全保障理事会決議84（同年7月7日）は，「武力攻撃を撃退して，この地域における国際の平和と安全を回復する」ことを任務として米軍を主体とする共同防衛軍（朝鮮国連軍）を設置した。

　朝鮮国連軍は，16ヵ国の軍隊で構成され，国連旗の使用が認められている。最盛時の兵力は，50万人にのぼる。朝鮮国連軍は，朝鮮民主主義人民共和国軍および中華人民共和国義勇軍との間で，37ヵ月にもわたり激しい戦闘を行い，1953年に休戦協定が締結されたものの，現在もなお，休戦ライン地域の韓国側に駐留している。

　一般的に朝鮮国連軍と呼ばれる共同防衛軍は，国連憲章第7章が本来予定していたものではない。そもそも特別協定に基づくものではないし，安全保障理事会の勧告によるものでしかないこと，決議はソ連が欠席していたときに採択されたものであること，指揮権も米国に委ねられたものだからである。要するに，加盟国（とりわけ米国）に委ねられた裁量の余地が大きく，国連が五大国の協力を前提として，国際社会全体の立場で，一元的に平和の破壊や侵略行為を防止しようとした国連の集団安全保障の考え方とは，相入れないものであった。

　(c)　1956年に勃発した第二次中東戦争に際して，国連総会が国連事務総長の協力の下で組織した国連緊急軍（UNEF）も，本来の国連軍ではない。4節で述べる国連平和維持活動の一環である。

【展開講義 92】 国連の集団安全保障制度と日本国憲法9条

　わが国は，独立を回復した1952年以降，国連加盟を求めていたが，ソ連の拒否権行使のために加入が阻まれていた。1956（昭和31）年10月19日に，日ソ共同宣言が署名され，日ソ間の戦争状態が終結し，外交および領事関係が回復したのを受けて，同年12月19日に，わが国の国連加盟が実現した。

　国連加盟にあたり，日本国内で問題となったのは，国連憲章42条，43条と日本国憲法9条との関係である。安全保障理事会は，国際の平和および安全の維持または回復に必要な空軍，海軍，または陸軍の行動をとることができるのであり，そのために必要な兵力の提供を要請し得る。しかも，国連憲章25条は，安全保障理事会の決定が加盟国を拘束する旨規定している。したがって，問題は，国連の集団安全保障の一環として，安全保障理事会の決定によって，わが国が軍事的な援助を求められたときに，日本国憲法上応じることができるか，日本国憲法と安全保障理事会の決定はいかなる関係に立つかということである。

　国連加盟にあたって，岡崎外相から国連事務総長宛に送られた書簡においては，わが国は「国連加盟国としての義務を，その有するすべての手段をもって履行することを約束する」としている。この点につき，「非軍事的協力に限る」との留保条件が暗黙に含まれ，了解されたとの見方があったが，1990（平成2）年の国会答弁において，海部首相は，これを否定し，特定のことで留保しているとの認識はないことを示した。

3　地域的安全保障

◆　導入対話　◆

学生：国連の安全保障体制は，安全保障理事会を中心に，国際社会全体で行われなければならないことはわかりましたが，現在の国際社会には，北大西洋条約機構（NATO）のような国際組織が活動していますし，また，日米安全保障条約のような条約がありますが，これらは，国連の安全保障体制とどのように関連するのですか。

教師：国連は，自らが律する普遍主義の立場だけではなく，地域的単位で問題に対処する地域主義の立場も取り入れています。安全保障に関しては，第8章を

設けて，地域的取極・地域的機関に関する規定を置いて，地域的紛争を地域自らの手によって平和的に解決することを認めているのです。確かに，地域の紛争はしばしば地域独自の特徴を持ち，地域で解決するのが容易であり適切でもあるので，国連の立場からはこれを奨励しているのです。そのためには，地域的機関を設置するか地域的取極が交わされ，地域的安全保障の体制がとられていなければなりません。そして，大切なことは，このような地域的安全保障は，あくまでも，国連の集団保障制度の一環として，安全保障理事会の指揮下に置かれなければならないということです。

そのような地域的機関として設けられているのは，米州機構やアフリカ統一機構などです。きみが例として挙げたNATOや日米安全保障条約は，第8章に規定される地域的機関・地域的取極ではありません。それらの機関や条約体制は，後の節で取り上げる国連憲章51条の集団的自衛権を根拠として設けられたものです。

　国連憲章は，地域的取極または地域的機関が，地域的紛争を平和的に解決することを認めると同時に奨励している（憲章52条）。さらには，これらの地域的取極または地域的機関が，強制行動を行う権限をも付与している。ただし，強制行動を行う場合には，国連安全保障理事会の事前の許可を得る必要がある（同53条）。国際の平和と安全の維持を国連が一元的に統制し，ひいては武力行使の濫用を回避するためには，強制行動の自由な発動を抑制する必要があるからである。

　ここではまず，いかなる行動が強制行動となるかが問題となる。すなわち，安全保障理事会の許可が必要となる強制行動に，経済制裁等の非軍事的強制措置や地域的国際機関による平和維持軍の派遣が含まれるかどうかである。1960年のドミニカ問題に関して，米州機構は，外交関係の断絶・経済関係の一部中断の措置をとったが，安全保障理事会はこれを同理事会の許可を要する強制行動とはみなさなかった。ところが，1962年のキューバ危機や1965年のドミニカ内乱の際の軍事的措置についても，米州機構は安全保障理事会に許可を求めなかった。米州機構による軍事的措置の要請は，勧告によるものであり，その場合には安全保障理事会の許可を得る必要はないというのが，この時の米国の解

釈であった。1965年に米州機構がドミニカに派遣した米州平和軍も，地域的な平和維持活動の性格を有し，こうした活動は安全保障理事会の許可を要する強制行動ではないとされた。地域的機関による「強制行動」や「安全保障理事会の許可」のこうした柔軟な解釈は，国連が軍事力の行使を統制するという当初の理念を大幅に修正させる結果をもたらしている。

なお，地域的機関が，外部からの侵略行為に対処するために，相互援助または共同防衛に関する取極に基づいて行動する場合がある。この場合は，集団的自衛権の問題となり（同51条），安全保障理事会の事前の許可をとる必要なしに，安全保障理事会が必要な措置をとるまでの間，地域的機関の構成国が集団的自衛権に基づいて必要な行動をとることが可能となる。北大西洋条約機構（NATO）などがこれに該当する。地域的機関による集団的自衛権の発動は，外部からの行動に対処するためのものであり，地域的機関の内部において，相互に安全を保障しあう地域的集団安全保障の考え方と全く異なるものである。前者は，集団安全保障制度が駆逐しようとしたいわば軍事同盟による自国の安全保障の確保という制度の復活といえる。

ただし，冷戦後に集団的自衛権を行使する可能性が減少するなかで，地域的な紛争に対処する機能を示しはじめている。ユーゴ紛争に際して派遣された国連防護軍にNATOが参加したのはその一例である。

4　平和維持活動

◆　導入対話　◆

学生：国連は，当初予定した安全保障体制を発揮できなかったわけですが，その代わり，新たに平和維持活動を通してその目的と任務を果たしてきたと考えてよいのでしょうか。

教師：集団安全保障制度と平和維持活動の考え方は，必ずしも，相容れるものではありません。前者は，違反者に対する取締りとしての側面が強く，紛争そのものを解決しようとするのに対して，後者では，違反者に対処するというよりは，状況がより悪くなるのを防止し，紛争が鎮静化するよう意図したものなのです。この点では，確かに，紛争を根本的に解決することにはならないのですが，武力行使を停止し平和を回復するための素地を作り出すという点では，平

> 和と安全の維持という国連の目的にはかなう活動といえるでしょう。平和維持活動を，国連憲章の中でどのように位置づけるかについてはいろいろな考え方があります。一つの見方としては，第7章に規定されるような強力な権限を発揮するものではありませんが，軍事力を用いる点では，第6章の紛争の平和的処理の手続よりは強力といえるのではないでしょうか。国連自身も，平和維持活動を，6章半の活動と位置づけています。

4.1 平和維持活動の意義

　すでに述べたように，本来の国連軍の創設は実現していない。そもそも国連の集団安全保障制度そのものが，米ソ冷戦の影響を受けた拒否権の応酬のために機能しえない状況が続いた。他方で，武力行使を伴う国際紛争も消滅するどころか，頻発してきたのが現実である。こうした国際社会の現実を前にして，国連軍創設の失敗の弥縫策として，国連の実践を通じて形成・発展してきた国連慣行の一つが，平和維持活動 (Peace-Keeping Operations, PKO) である。

　この新しい平和維持の方式は，ハマーショルド国連事務総長が唱えた「防止外交」(Preventive Diplomacy) という国連の政策に基づくものである。国際紛争が冷戦中の米ソの対立に置き換えられてしまう時代状況に鑑み，対立する主要ブロック間の接点から離れた地域に生じた紛争や危険な状況に対して，国連が比較的小規模な軍事組織を派遣していち早く介入し，大国間の対立へ転化する前に，国連の権威を利用して，いずれの陣営からも手出しのできない状態を作りだし，もって国際緊張を緩和しようとするものである。したがって，平和維持活動は，国連の存在 (UN Presence) を通じて，紛争を鎮静化し，紛争当事国が交渉等を通じて紛争の平和的解決をはかることを促進することを目的とした活動をいう。したがって，強制措置を任務とする本来の国連軍とは異なり，紛争を根本的に解決することを意図した活動ではない。侵略国に対する制裁としての軍事的強制措置ではないことから，平和の破壊・侵略行為の存在等の認定は前提としない。

　平和維持活動は，事態の悪化を防ぐための暫定措置（40条）の一環として実施される「防止活動」としての側面をも持つ。しかし，暫定措置自体は，紛争

当事国に向けられるものであり、また、強制措置に結びついているものであるが、平和維持活動は、その措置が受け入れられて確保された小康状態がそれ以上悪化しないように、国連自身が出向いていくものである。具体的には、平和維持軍と軍事監視団による活動に分類される。平和維持軍は、軍事組織であり、紛争地域において、停戦または外国軍隊の撤退の実施・監視、あるいは紛争地帯の治安・秩序の回復と維持をはかること、およびこれらの違反防止を任務として現地に赴く。一般的には、防衛的武器を携帯する。1956年のスエズ動乱に際し、停戦の確保と監視を任務として派遣された国連緊急軍（UNEF）が最初である。軍事監視団は、軍事組織というよりは文民を中核とする組織であり、休戦・停戦の監視・監督や選挙監視のために紛争地域に派遣され、停戦合意または関連する選挙法に違反する行為があれば、これを安全保障理事会に報告する。武器は携行しない。国連インド・パキスタン軍事監視団（UNMOGIP, 1948-）の派遣をもって嚆矢とする。

　しかし、国連憲章には、平和維持活動に関する明文の規定が存在しない。国連が本来予定していた制度ではないからである。これまでに多くの考え方が示されてきたが、たとえば、国連憲章22条または29条の補助機関の「設置」に関する規定を根拠とする主張がある。しかし、この条文では、「活動」の根拠とはなし得ず、平和維持活動の一般的根拠規定としては不十分である。他に、紛争の平和的解決に関する第6章と、強制措置に関する第7章の中間的性質を持つ6章半的存在として位置づける考え方、国連憲章の規定にはとくに言及せず、平和維持活動を国連憲章の目的達成に必要な権能として、黙示的に認められているとする国際組織の黙示的権能説に依拠するもの、あるいは、国連が本来持たない権能であっても、実行の集積によって権能を有するようになったとする事後の慣行説などを根拠とする考え方等がある。

【展開講義　93】　平和維持活動の経費負担問題

　1956年、スエズ運河国有化に端を発するスエズ動乱がエジプトと英国・フランス・イスラエルとの間で勃発した。直ちに国連安全保障理事会が召集されたが、英国とフランスは拒否権を行使して安全保障理事会は活動不能となった。そこで国連は緊急特別総会を開催して、総会がその一般的討議・勧告権に基づいて紛争

当事国に停戦を要求すると同時に，停戦確保のため国連事務総長に対して国連緊急軍（UNEF）の派遣計画を作成するよう委ねた。国連緊急軍は，関係国の同意の下に，国連の一機関としてシナイ半島に駐留し，エジプト・イスラエル軍の停戦と兵力分離および撤退の実施を監視する任務が与えられた。1960年，コンゴ独立に際して内乱が生じた。コンゴ中央政府からの要請を受けたハマショルド国連事務総長は，安保理を召集し，国連の介入によりベルギー軍を撤退させるよう提案し，安保理決議によりコンゴ国連軍（ONUC）の派遣が勧告された。コンゴ国連軍はカタンガに進駐し，ベルギー軍の撤退促進とコンゴ国内の治安維持にあたった。

　これらの経費（軍事費は膨大な額に上る）は，毎年総会の決議で一定の分担方式に従って加盟国が負担することとされていた。しかし，平和維持活動に関する明文の規定が国連憲章に存在していないことなどから，ソ連およびフランス等若干の加盟国は分担金の支払を拒否した。平和維持活動に要する費用は国連憲章17条にいう「この機構の経費」に該当しないというわけである。そこで国連総会が，この問題について国際司法裁判所の意見を求めた。裁判所は，平和維持活動を国連の活動として認知した（**【展開講義　43】**参照）。

4.2　平和維持活動の特徴

　国連の平和維持活動は，現地における武力行使の拡大防止を主たる目的として派遣されるのであり，侵略などの存在を前提とする強制措置とは異なる。

（1）　編成の根拠

　国連憲章が本来予定していた国連軍のように，安全保障理事会の強制措置としての活動ではないから，平和維持軍は，安全保障理事会の決議はいうまでもなく，国連総会決議でも編成が可能であり，しかも，国連事務総長の指揮監督下に置かれる。総会の決議も安全保障理事会の決議も，加盟国との関係では，いずれも勧告であり，決定のように拘束力のあるものではない。ただし，総会に同様の資格が認められていることは，国際の平和と安全の維持に関して安全保障理事会に主要な責任を負わせた国連憲章24条との関係で批判がないわけではない。

（2）　同 意 原 則

　強制措置の発動の場合は，国連憲章違反の国に対してはその意に反してでも

国連軍は派遣されるが，平和維持活動の場合は，受入れ国の事前の同意を要する。この同意は，駐留中も継続して必要であるので，同意がなくなると同時に，当該国領域から引き揚げなければならない。さらに，平和維持活動のための軍隊の提供を国連加盟国に求めるにあたり，提供国の同意が必要であることはいうまでもない。

　(3) 中立性の原則

　集団安全保障体制の下での強制措置は，違反国に対する集団的制裁の性質を持ち，侵略者と被害者とを明確に区別するのに対して，平和維持活動は「制裁」ではないので，紛争当事国に対して公平な立場で活動することが要請される。国連は，平和維持活動に際して，紛争のいずれかの当事国を支持してはならないし，積極的に軍事的な紛争解決に従事してはならない。したがって，紛争に特別な利害関係を有する国，またはいずれかの紛争当事国に関わりを持っていることが当然予想される超大国の参加は排除される。平和維持活動自体が，米ソ対立のために編成されなかった国連軍に代わるものとして意図された事情を反映したのであり，冷戦の影響を避けるためには，平和維持軍の編成は，中小国を中心にした方が無難であるとの判断による。中小国の中には，国連待機軍を編成し，国内に待機させている国もある。スウェーデン，ノルウェー，デンマーク，フィンランド，オランダ，オーストリア，カナダ等である。

　また，国連は，平和維持活動を受け入れる国の内政に干渉してはならない。これも国連憲章第7章に基づく強制措置と大きく異なるところである。憲章2条7項に規定されるように，国連の行動原則として国内管轄事項に対する不干渉の原則があるが，同条のただし書きにあるように，第7章に基づく措置であれば，内政不干渉義務は国連に課されない。しかし，平和維持活動は第7章に基づく強制措置ではないので，2条7項の基本原則を守らなければならない。

　(4) 武器使用の制限

　強制措置の場合は，侵略国を全面的に屈服させる必要があり，制裁的・執行的観点から，軍隊の規模・装備などについてもそれ相応の規模を持つことが予定されていた。しかし，平和維持活動は強制措置ではないから，積極的に武力を行使して紛争に介入することはできない。そのため，武器の使用も自衛の場合に限定される。比較的軽微な火器を携帯し，攻撃的な兵器，たとえば，大砲

のような火器は装備としてふさわしくないことになる。

4.3　冷戦終結後の平和維持活動

　90年代になると，米ソの冷戦が終結した一方で，それまで潜在化していた民族・地域紛争が顕現化していった。これらの現象は，平和維持活動のあり方に影響を及ぼさざるをえない。

　まず，五大国が平和維持活動に参加するようになった。国連安全保障理事会決議687に基づいて創設され，国境非武装地帯の停戦監視を行うことを任務とした国連イラク・クウェート監視団に，米国の部隊が初めて参加した。また，地域的国際組織も積極的に参加するようになった。旧ユーゴスラビアに派遣された部隊には，欧州安全保障協力会議（CSCE）から，国連保護軍（UNPROFOR）には，西欧同盟（WEU）からそれぞれ兵力が派遣された。さらには，国連安全保障理事会決議816を受けて，ボスニア・ヘルツェゴビナ上空の飛行禁止を確保するために，北大西洋条約機構（NATO）が，巡視活動を行った。

　民族・地域紛争の増大は，平和維持活動の件数，規模の量的拡大をもたらした。1990年代以降2003年までの約13年間に，1980年までの24年間の3倍以上のPKOが実施された。また，国連カンボジア暫定機構（UNTAC）に参加したのは2万人以上，第二次国連ソマリア活動（UNOSOM II）には2万8000人近く，第二次国連保護軍（UNPROFOR II）には，最大4万5000人もの人員が動員されている。このため，平和維持活動予算も膨大化し，たとえば，ユーゴスラビア関係の平和維持活動経費だけで，国連経常予算の1.5倍（18億ドル）に上った年もある。平和維持軍の任務を多様化・複合化させたのも90年代の特徴である。従来の兵力引離し・停戦監視・治安維持に加えて，国家機構の再建・人道的援助・選挙監視なども含むようになった。

　90年代における変容として，さらに挙げられるのは，同意原則・中立性原則が動揺したことである。たとえば，国連カンボジア暫定機構（UNTAC）は，ポルポト派の攻撃が続く中で，すなわち，一方当事者の意向を無視して，カンボジア制憲議会の選挙を実施した。こうした背景の中で，当時のガリ国連事務総長は，1992年6月に，「平和への課題」と題する改革案を提示した。これによれば，平和維持活動は従来の非強制性と中立性を放棄し，国連は当事者の合意がなくとも，潜在的紛争地域へ「平和執行部隊（Peace-Enforcement Units,

PEU)」を派遣することができ，停戦尊重確保のためには，武力の使用も許されるとする。実際に，旧ユーゴスラビアに展開した国連保護軍（UNPROFOR）が，一方当事者であるセルビア人武装勢力に対して圧力をかけ（安全保障理事会決議770（1992年8月），836（1993年6月）），ソマリアに展開された平和維持軍も，第7章の下におけるような武力行使を行った（安全保障理事会決議794（1992年12月），814（1993年3月））。これらの活動は，人道的援助の円滑な実施のために，必要なときは，第7章の下での武力行使が容認されたのである。

　しかし，ソマリアでの活動は，現地武装勢力との武力衝突をもたらし，撤収せざるを得ない結果となった。その後のソマリアでの平和維持活動は，伝統的な型の下で続けられた。1995年に出された「平和への課題」の追補は，強制行動と平和維持活動を区別せずに曖昧な状態にしておくのは危険であると指摘している。いずれにせよ，国際社会の平和を維持していく上で，平和維持活動が当分の間重要な役割を演じ続けるであろうことは確実である。また，一般的に伝統的な型の平和維持活動に回帰しているわけではない。たとえば，国連シエラ・レオネミッション（1999年）や国連コンゴ民主共和国ミッション（2000年）などのように，国連憲章7章を援用しつつ平和維持活動が実施される例が多く，そこでは任務遂行や要員の安全確保のため，または市民保護のための武力行使が容認されている。

【展開講義　94】　平和維持活動への日本の参加

　わが国が国連平和維持活動および人道的な国際救援活動への本格的参加を検討するに至ったのは湾岸危機（1990-91）を契機としてであった。1990年，湾岸地域に自衛隊を派遣して多国籍軍の後方支援を行うことを目的とした「国連平和協力法案」が国会に提出されたが廃案となった。翌年，参加の対象をPKO活動，人道的国際救援活動への協力等に限定した「国際連合平和維持活動等に対する協力に関する法律（PKO協力法）」が成立した。本法は，PKOに関して後方支援のみならず本隊業務にも参加することを規定したが，参議院での修正により，自衛隊の平和維持軍本隊業務（部隊として行う停戦監視・放棄武器の収集処分等）への参加には国会の承認を要することとし（6条7項），また上記本隊業務への参加は当面の間凍結されることになった。

PKO協力法は，自衛隊がPKOに参加するための五原則を規定した。①紛争当事者間の停戦およびPKO実施についての合意の存在（3条1号）②自衛隊参加に対する紛争当事者の同意の存在（3条1号，6条1項1号）③平和維持軍の中立性の維持（3条1号）④①②③が維持されなくなった時の実施計画の変更（6条13項1号）⑤武器の使用は，自己または自己と共にいる他の隊員の生命身体防護に限定される（24条）である。以上のうち，⑤は国連の平和維持活動の実行と合致していない。武器の使用に関する国連の実行は，(a)自己防衛，(b)任務遂行に対する実力による妨害への対抗の場合に認められているが，PKO協力法では(a)しか認められなかった。すなわち，他国のPKO要員，隊員以外の日本国民が攻撃の対象となっても武器の使用は認められなかった。

　1998年のPKO法改正により，武器の使用は原則として上官の命令によることと改正された。個々の隊員の判断による武器の使用は精神的負担が大きかったためである。また，人道的な国際救援活動のための物資協力については停戦合意の存在を条件とする必要がないものとされた。

　2001年の改正では，平和維持軍本隊業務の凍結が解除されると共に，武器使用基準が緩和された。前者のために後者の改正は不可欠だった。本隊業務は危険性が高いので武器の使用頻度が高まるであろうし，何よりも他国のPKO要員と共同行動を行うにあたり武器使用基準を共通にする必要性があった。改正により，職務を行うに伴い自己の管理の下に入った者，すなわち「自己の管理下に入った」他国のPKO要員，国際機関の職員等の生命身体を守るための武器の使用が可能となった。また，武器防護のための武器の使用も認められた。ただし，任務遂行に対する実力による妨害に対抗するための武器使用については不明のままである。なお，2010年12月までに本法に基づいて平和維持協力隊が派遣されたのは15カ所（延べ24回）で，自衛官を含む参加者数は延べ6,600名ほどである。

5　自衛権

―――――――◆　導入対話　◆―――――――

学生：国家が他国からの攻撃に対して自らを防衛することは，グロティウスの正戦論の時代から，当然のこととして認められていたわけですが，自衛権というのは，そのような時代から，国家の権利として認められていたのでしょうか。

教師：自衛権という概念が強調されるのは，比較的新しいことと思われます。戦争が合法的に認められていた時代には，自衛権を強調する必要がなかったと思われるからです。確かに，グロティウスは，防衛を正当な戦争の一つとして挙げていますし，無差別戦争観の下では，理由の如何を問わず戦争をすることができたのです。また自己保存権も認められていましたから，とくに自衛権を強調する必要もないことになります。もっとも，戦争を行う場合に，その正当性を強調するために，それが自衛権の行使であることを主張する国もありました。そのために，自衛権の古典的な定義も見られますが，なんといっても，自衛権が強調されるようになったのは，戦争が違法化されたためです。戦争が違法なものとなり，武力を用いることが制約されるようになると，国家は，できるだけ合法的な武力の行使を求めるようになり，その一つが自衛権の行使ということなのです。そうなれば，自衛権とはどのようなものをいうのかをより明確にする必要があります。そこで，国際慣習法上の自衛権が規定されるわけです。

学生：自衛権に関して規定する国連憲章51条では，自衛権には，個別的自衛権と集団的自衛権の二つがあると規定してありますが，今のお話の国際慣習法上の自衛権とどのような関係にあるのでしょうか。

教師：国連憲章2条4項により，個別国家による武力の行使や武力による威嚇は禁止され違法なものとされましたが，例外としては，憲章51条で，自衛権の行使を認めました。国家が武力の行使を合法的にできる場合が，自衛権の行使の場合ということです。

　憲章51条では，確かに二つの自衛権が規定されていますが，このうち，集団的自衛権は，国連憲章が制定されたとき，初めて取り入れられた自衛権です。このため，従来の自衛権を個別的自衛権と呼称し，区別したのです。規定にみられる「固有の」というのは，個別的自衛権についていえることで，集団的自衛権については当たらないでしょう。けれども，個別的自衛権についても，従来の国際慣習法上の自衛権をそのまま法典化のように規定したものではなく，憲章独自の要件になっていますので，注意したいものです。もっとも，現在の国連憲章は，国際社会の殆どすべてといってよい国々に受け入れられていますから，憲章上の自衛権がより重要だということでしょう。

5.1　個別的自衛権

国連の集団安全保障制度が，必ずしも実効的に機能するとは限らないとすれ

ば，国家は，自国の安全保障を確保するための方法を他に見出さなければならない。国家が自ら武装して，不慮の事態に備えるというのが最も自然な方法であろう。国連憲章も，他国からの武力攻撃に対して反撃することは，国家の固有の権利であると明示している（憲章51条）。

自衛権は，伝統的には，①国家の国際法上の権利・利益の侵害に対して，②自国を防衛する緊急の必要があるとき（必要性の要件），③当該侵害の排除に必要な限度で（均衡性の要件）反撃し得る権利とされる。他国に対して行われるこの行為は，本来それ自体が持つ違法性を阻却され，適法な権利行為となる。

国連憲章51条は，国連加盟国に自衛の固有の権利を認めているが，この権利は伝統的意味の自衛権をそのまま受け継いだのではなく，自衛権の発動要件・行使条件を厳格に限定化している。

(1) 武力攻撃の発生

51条は，自衛権の発動について，まず，④武力攻撃の発生の存在を必要とする。武力攻撃の発生とは，陸海空軍その他これに準ずる軍事的手段を用い，国境線を越えて行われる組織的・軍事的行動をいう。正規軍によるものでなくとも，正規軍によって行われる現実の武力攻撃に「相当するほどの重大な武力行為を他国に対して行う武装した一群，集団，不正規軍もしくは傭兵が，ある国により，またはある国のために派遣されること」「または，それに国が実質的に関わる」場合も含まれる（侵略の定義3条g，対ニカラグア軍事活動事件）。

正規軍による武力の越境使用に関していえば，あらゆる武力の使用が武力攻撃の発生となるのではなく，その意図と規模および効果が十分なものでなければならない。したがって，国境付近での突発的な軍事衝突事件や外国民間航空機の領空侵入といった程度の行為は，攻撃の意図があるわけではないので，武力攻撃の発生に該当しない。また，他国の反乱団体に対する武器の提供，兵站上その他の支援を行う間接的な武力の行使も，武力攻撃の発生とはならないとされる（他家の国内または対外問題に対する干渉に相当する可能性はある）。

しかし，安全保障という問題の性質上，より広く解されるべきとの見解も見られる。たとえば，間接的な武力の行使については，内戦への介入，反乱軍への援助・助成などによる武力抗争の実施は，国連の集団安全保障体制が不備な現状では武力攻撃として扱うことができる場合があるとの批判がある。他にも，

たとえば軍事力が現実に国境線を越えた時点でなければ自衛権を行使できないという厳格な解釈はとられていない。攻撃の意図を明らかに持つ外国艦隊が，自国に近づきつつある場合のように，攻撃のための行動が開始され，武力攻撃の脅威が差し迫っていれば，武力攻撃の発生という要件は充たされていると考えられる。

(2) 先制自衛

武力攻撃の発生に関連して，先制自衛が許されるか否かが問題となる。先制自衛とは，具体的な武力攻撃が発生する前に，予想される武力攻撃を予防するためにとる措置をいう。武力攻撃の発生を自衛権発動の不可欠の前提とする立場からすれば，先制自衛の許容される余地はない。しかし，国連憲章51条の武力攻撃が発生した場合という要件は，武力攻撃が発生した場合の自衛権の法的地位を明確にしたにとどまるのであり，国際慣習法上の先制的自衛権を当然に否認または制限したものではないと解すれば，許容され得ることになる。しかし，この場合でも，単なる武力攻撃のおそれの存在だけで先制自衛が許されるとはしていない。たとえば，国境を越えたゲリラによる襲撃が絶えず繰り返されるなど，事件の累積により，特定の攻撃が急迫していると信ずるに足りる合理的な理由が存在する場合とか，武力の先制使用が侵略に該当しないと推定され得るような事情の存在が必要とされる。何が予防的行為となるかについては，個々の国家が自ら決定することになり，弱肉強食への道を開くだけだとの批判もあるが，自国の安全確保という国家の最大の存在理由との関連からすれば，全く許容する余地がないともいえない。したがって，先制自衛の問題は，これをいかに要件づけていくかであろう。

(3) テロと自衛権

また，テロ攻撃は武力攻撃の発生とみなされ，自衛権の発動が許されるという主張がある。しかし，憲章51条が認めている自衛権発動の前提たる武力攻撃の発生は，国家対国家を前提としている。テロ組織が私的なものであれば，どれほど大規模であっても憲章上の武力攻撃にはならない。したがって，問題となるのはテロ組織への国家の関与の程度となる。

実行行為者の行為が法的にいずれかの国家に帰属するのであれば，当該国家の行為とみなされ，テロ攻撃について国家責任を伴うので，国連憲章51条の自

衛権発動の前提たる武力攻撃を構成し，自衛権の発動が正当化されることもあり得よう。たとえば，2001年の9.11事件については，対米テロがアフガニスタンの実効的統制の下で行われたのであれば，アル・カイーダの行為はアフガニスタンに帰属することになり，アフガニスタンに国家責任が生じる。テロリストに基地や避難所を提供する国家に対する自衛権を正当化する余地は認められよう。ただし本件における行為の帰属関係の存在は明らかでない。

仮に国家に帰属しないテロ活動に対して武力行使が可能となれば，自衛権の前提たる武力攻撃の解釈を変更するか，自衛権以外にその根拠を求めなければならない。自衛権の解釈拡大は武力行使の法的統制の側面からは好ましくなく，自衛権行使は限定的に解釈されるべきだとすれば，2条4項が許容する型の武力行使の要件を早急に明確にする必要があろう。

(4) 在外自国民保護

次に，自衛権を発動できるのは，武力攻撃がいかなる対象に向けられるときかが問題となる。伝統的には，国家の国際法上の権利または法益を侵害したとき（①）とされるが，国際連盟時代に確立し，国連で確認された自衛権行使の発動要件たる保護法益は，国家の領土保全またはこれに準ずる国家自体の物理的一体性にかかわる法益の侵害行為，具体的には，国家領域，公海上の軍艦・政府船舶・軍用航空機，在外軍事基地に対する攻撃に限定される（保護法益の限定化）。在外公館は，自国領域の延長ではないので，当該公館に対する武力攻撃は，自衛権発動の根拠とはならない。

在外自国民の生命・財産に対する侵害行為に対して，それを保護するための根拠として自衛権を援用できるかどうかが問題となる。かつて，欧米諸国が，アジア・アフリカに進出したとき，自国民を保護するために武力を行使することは当然のことと主張されていた。第二次大戦後においても，自国民保護のために武力が行使された事例は数多く存在する（別表参照）。実際に，暴徒化した領域国国民の自国民に対する実力行動を，領域国国民が放置・許容し，あるいは，その行動に加担するようなときは，緊急性の要件を満たし，他の手段をとる余裕のないときは，例外的に自衛権を発動し得るという見解がある。エンテベ空港事件（1976年）において，米国は，自衛権を根拠として，イスラエルの行動を正当化した。しかし，イスラエル国民に対する侵害行為は，国家の領

土保全に対する武力攻撃と同一視できない。したがって，自衛権発動の根拠として援用することはできない。第三世界および共産圏諸国，そして，西側諸国の多くもイスラエルの行為を正当な自衛権行使とは認めなかった。ただし，だからといって，このことは，他の根拠による保護措置の実施を先験的に否定するものではない。

在外自国民保護（居留民保護）のために軍事力が行使された主な事例

1899-1901年	義和団事件（日本・ロシア他六カ国→中国）
1920	尼港事件（日本→ソ連）
1927	第一次山東出兵（日本→中国）
1928	第二次山東出兵（日本→中国）
1932	第一次上海事変（日本→中国）
1937	第二次上海事変（日本→中国）
1960	コンゴ動乱（ベルギー→コンゴ）
1965	ドミニカ出兵（アメリカ→ドミニカ）
1975	マヤゲス号事件（アメリカ→カンボジア）
1976	エンテベ空港事件（イスラエル→ウガンダ）
1980	テヘラン事件（アメリカ→イラン）
1983	グレナダ事件（アメリカ→グレナダ）

(5) 報告義務

さらに，国連憲章は，⑤自衛権を発動した国連加盟国は，直ちにその旨を安全保障理事会に報告する義務を課し（報告義務），⑥自衛権は，安全保障理事会が必要な措置をとるまで認められるにすぎないことを明示した（暫定性）。④⑤⑥のいずれも，自衛権の発動要件および行使条件を厳格化するとともに，安全保障理事会の客観的統制に服せしめ，自衛権の濫用の危険性を抑制することを目的とするものである。

【展開講義 95】 オイル・プラットフォーム事件（ICJ判決，2003.11.6）
　イラン・イラク戦争中，ペルシャ湾で商船に対する攻撃が頻発した。米国および他の諸国は，自国の旗を掲げる船舶を護衛するために海軍を派遣した。1988年4月，護衛任務中の米国海軍フリゲート艦が，ペルシャ湾中央部の公海上で触雷し損害を被った。米海軍が付近の機雷を確認したところ，前年9月にイラン海軍が敷設した機雷と一致した。4日後，米国は自衛権を根拠として，イランの石油

プラットフォームを攻撃した。これに対してイランは，米国によるイランの石油プラットフォームへの攻撃は，1955年の米国・イラン友好経済関係および領事の権利条約を侵害するとしてICJに提訴した。米国は，同条約20条1項d号は，「締約国の本質的な安全保障上の利益を守るために必要な」措置を許容しているので，オイル・プラットフォームに対する同国の攻撃は，イランの武力攻撃とみなされるものに対処する自衛の行動として必要かつ適当な行為として正当化されると反論した。すなわち，米国は機雷敷設自体が自衛権行使を正当化する武力攻撃であると主張したのである。したがって，問題は触雷が武力攻撃に相当し，自衛権行使を正当化させるのに十分であるか否かであった。ICJは，米国による自衛権の発動について，ニカラグア事件判決に依拠して，①武力攻撃の発生，②必要性，③均衡性の要件を遵守したかどうかを基準とし，以下の理由でこれを否定した。すなわち，

　①機雷敷設はイラン・イラク戦争時に両紛争当事国が敷設しているので，今回触雷した機雷がイラン側のものであるかどうか確定的ではない。軍艦一隻の触雷が「自衛の固有の権利」を行使させるのに十分である可能性は排除できないものの，当時のあらゆる状況から判断して，機雷敷設に関するイランの責任の証拠が不明確であることとあわせて，米国のプラットフォームに対する攻撃が，「武力攻撃」に対する反応として正当に行われたものということはできない。

　②自衛のためにとられたという措置が自衛の目的のために必要だったという国際法上の要件は厳格かつ客観的であり，如何なる程度の裁量を残す余地もない。この基準の一つの側面は，自衛のためと称して使用された武力行使の対象の性質である。米国が提出した証拠によると，プラットフォームは，通航船舶に関する情報の収集および通報であったこと，イラン海軍を調整する軍事通信連絡地点として機能し，中立国商船に対するヘリおよび小型船舶による攻撃のための実際の中継基地としての役目を果たしていたとされる。しかし，プラットフォームの軍事活動について米国がイランに苦情を述べた証拠はなかった。

　③均衡性の要件についても，身元不明の機関による機雷敷設で米国軍艦一隻が甚大な被害をこうむったとはいえ，沈没したわけでもなく，犠牲者が出たわけでもない。そうした事件に対する反応として，プラットフォームを破壊した作戦も，本件の状況下では，自衛のための均衡ある武力行使とはいえない。かくして，米国のイラン石油施設に対する行動は，米国の本質的な安全保障上の利益保護のために必要な措置として，1955年条約の下で正当化できない。自衛行為としての性質を持たない武力行使だからである。

したがって，米国の攻撃は，それに先行するイランの攻撃が憲章51条の武力攻撃に該当せず，さらにまた，米国の攻撃の必要性と均衡性の要件も満たしていないので，条約20条1項d号を根拠として正当化することはできない。

【展開講義　96】　イラク原子炉空爆事件

イスラエルは，イラクの原子炉を爆撃したときに次のような声明を出している。

「（イラクが建設中の）原子炉は，……原爆を製造する能力を有しており，イスラエルの存在自体に対する脅威となっている。……イラクの独裁者は，……イスラエルに対する原爆投下を躊躇なく行うであろう。したがって，イスラエル政府は，……（原子炉爆撃という）作戦行動に移ることを決定した。……（自衛の範囲は）人間の害的能力が高まるにつれて拡大した。したがって，核の時代の到来によって，この自衛概念は，新たに幅広く適用されることを容認している。これに反対する意見を述べる者は，我々の生きている世界の恐るべき現実を直視していない。この現実は，脆弱で核攻撃を受けると生き残れない小国にとって，無視できないのである。」（1981年6月8日）

しかし，国連安全保障理事会は，国連憲章51条を広く解釈したイスラエルの主張を認めず，その行動を，国連憲章と国際社会の行動規範に違反するものとして強く非難した（1981年6月19日，安全保障理事会決議487）。

【展開講義　97】　エンテベ空港事件

1976年6月27日，テル・アビブ発パリ行きのエール・フランス機が，パレスチナ解放人民戦線のメンバーによってハイジャックされ，翌28日にウガンダのエンテベ空港に着陸した。ハイジャック犯は，人質釈放の条件として，イスラエル等に拘禁されているパレスチナ・ゲリラの釈放を要求した。イスラエルは，特殊部隊を派遣してエンテベ空港を襲撃し，ハイジャック犯を射殺し人質を救出したが，その際に空港の警備にあたっていたウガンダ軍とも交戦状態に入り，ウガンダ兵20人以上が死亡した。

この事件についての安全保障理事会における討議で，カメルーンはイスラエルの行動を，国連憲章2条4項に反し，主権国家たるウガンダに対する侵略行為であると非難した。これに対して米国は，イスラエルによる人質救出のための行動が，ウガンダの領土保全に対する侵害を伴ったが，それは一時的なものでしかなかった，と主張した。さらに，在外自国民を，切迫した危害や殺傷から守るために，在留先の国家が保護の意思も能力もないときは，限定的な武力を行使する権

利が確立している。この権利は，自衛権に由来するものであるとして，イスラエルの行動を肯定した。しかし，安全保障理事会に出席したすべての第三世界諸国および社会主義国は，米国のこうした主張を否定した。

5.2 集団的自衛権

　集団的自衛権は，一般には，自国と密接な関係にある他国に対する攻撃に対して，これを防衛し，かつ反撃する権利をいう。集団的自衛権が国連憲章51条に規定されたのは，国連憲章制定時の事情による。国連憲章の原案であるダンバートン・オークス提案に自衛権規定は存在しなかった。明示することで自衛権の濫用がもたらされるではないかと懸念されたためである。しかし，同提案を審議したサン・フランシスコ会議（1945年4月25日―6月26日）において，中小国，とりわけラテン・アメリカ諸国から強い反発を受けた。

　地域的な取極を締結するか，地域的な機関を設立して，地域的な集団安全保障制度を確立しようとすることが国連憲章によって認められているが（憲章53条），これに基づいて強制行動をとろうとする場合，安全保障理事会の許可が前提となる。しかも，許可を得るためには，五大国の同意が必要である。したがって，武力攻撃を行う国家が，安全保障理事会の常任理事国である場合やその支持を受ける国家である場合，安全保障理事会の許可を得ることは事実上不可能となる。とすれば軍事力に劣る中小国は，自国が侵略の対象となったとき，自国の安全を確保するための保障を国連のみに委ねることは極めて危険ということになる。とりわけ，ラテン・アメリカ諸国は，1945年3月に，チャプルテペック協定を締結しており，米州諸国のいずれかの国家に対する攻撃を，他のすべての米州諸国に対する侵略とみなし，とるべき手段について協議を行う旨を宣言していた。チャプルテペック協定は，一般的国際組織が創設されたときには，その目的および原則と一致すべきこと，すなわち国連の集団安全保障の枠組みの中で機能することが予定されていた。したがって，冷戦の影響で，国連安全保障理事会の許可が得られず，国連の集団安全保障機能が不全状態に陥ることが十分予測されたことから，ラテン・アメリカ諸国は，国連以外の手段によって，自国の安全保障を確保する必要に迫られたのである。要するに，53条による拘束を受けずに，地域的取極に基づく相互援助義務を発動し得るよう

な措置を要求したのである。

　そこで，攻撃の直接的対象となった国家以外でも，当該被攻撃国と密接な関係にある他国が，国連安全保障理事会の事前の許可を得ることなく，直ちにこれを援助して戦うことができる権利を明示するよう要求したのであり，その結果明文化されたのが集団的自衛権である。

　個別的自衛権と異なり，集団的自衛権の発動には，集団的自衛権を行使しようとする国に対する現実の武力攻撃は不要である。ただし，被攻撃国に対する現実の武力攻撃の存在は必要であり，すでに述べた個別的自衛権の発動要件はそのまま当てはまる。そして，被攻撃国に対する武力攻撃が，自国に対する武力攻撃と同視されるというのが，集団的自衛権の発動の前提となる。さらに，対ニカラグア軍事的活動事件判決（1986年）において，国際司法裁判所は，集団的自衛権を援用する前提として，この権利行使の対象たる国家が，武力攻撃の犠牲者であることを宣言していること，および，当該国家が集団的自衛権を行使しようとする国に対して明示の援助要請を行っていることが必要である旨を示している。

　いかなる国家に対する攻撃が，集団的自衛権の行使を正当化するかについて，当初の理解では，地理的・政治的・経済的関係が緊密な国家間においてのみ可能ということであった。しかし，冷戦が進行する中で，国家間の緊密性とは無関係に，集団防衛条約が締結され，集団的自衛権もこうした条約に規定されることとなった。北大西洋条約機構（NATO, 1949年），ワルシャワ条約機構（WTO, 1955年），日米安全保障条約（1951年）などは，いずれも集団的自衛権に基礎をおくものである。

　かくして，当初は，国際社会の平和と安全の維持を確保するために安全保障理事会を中心とする国連において，集団安全保障制度を一元的に管理することが予定されていたのだが，集団的自衛権の導入により，これが破綻し，各国が集団的自衛権に基づく軍事同盟条約を個別に締結する根拠を提供することとなった。例外として設けられた規定が，一般的に利用される状況となったのである。

【展開講義 98】 対ニカラグア軍事的活動事件（ICJ判決，1986年）

　米国は，サンディニスタ革命によってニカラグアに成立した新政権が，隣国エルサルバドルの反政府ゲリラ組織に軍事的支援を行っているとして，ニカラグアに対する介入を集団的自衛権を根拠として正当化しようとした。これに対して，ニカラグアは，米国による軍事介入を国際法違反として争ったのが本件である。国際司法裁判所は，集団的自衛権行使について以下のように述べている。

　「194……裁判所は，集団的自衛権の行使のために満たされなければならない要件を明確にしなければならない。

　195……（集団的自衛権を行使するためには，被攻撃国に対する武力攻撃が存在しなければならないが，）集団的自衛権を行使しようとする国家ではなく，当該武力攻撃の犠牲者たる国家こそが，武力攻撃を受けたという認識を持ち，それを宣言しなければならないことは明白である。集団的自衛権を行使しようとする国家が，自らの判断で，問題となっている事態について，集団的自衛権を行使できるとする規則は国際慣習法上存在しない。集団的自衛権を援用する前提として，この権利行使の対象たる国家は，自らが武力攻撃の犠牲者であることを宣言しておく必要があるのである。

　196……集団的自衛権行使の合法性は，被攻撃国による援助要請に依存するかが問題となる。……

　199．裁判所は，……自らが武力攻撃の犠牲者であると考える国家による要請がない場合に，集団的自衛権の行使を許容する規則は，国際慣習法上存在しないと認定する。」

　米国が集団的自衛権を行使しようとした「被攻撃国」たる三国のうち，エルサルバドルは，米国の行動開始後，相当経過してから武力攻撃の犠牲者である旨公式に宣言したにすぎず，米国に集団的自衛権を行使するよう要請した事実は見出せないとし，ホンジュラスとコスタリカについては，両国とも，武力攻撃または集団的自衛権について言及した事実はないとして，米国が集団的自衛権を行使し得る要件は充足していなかったとしてこれを否定した。

　以上のような判決に対する疑問としては，武力攻撃を受けた国家の政府が，短期間のうちに消滅し，武力攻撃を受けたことや，他国への明白な要請もなし得ない状況においては，集団的自衛権を行使するための上記の要件はそもそも満たし得ないではないかということがある。

【展開講義　99】　日本国憲法9条と集団的自衛権

　自衛権は国家の固有の権利，すなわち国家が国家である以上，国家の基本的権利の一つとして，当然保持する権利であるから，わが国も当然有する権利である。日本国憲法も，自国の防衛のために何らかの自衛の措置をとる権利を放棄してはいない。少なくとも，個別的自衛権を否定したことはない。もっとも，このこととそれを軍備で行うか否かを結び付けることは，憲法の解釈問題となろう。集団的自衛権についてはどうか。国連憲章51条は，集団的自衛権も国家の固有の権利であるとしているので，仮にその通りだとすれば，わが国も当然に有する権利となる。しかし，最近の政府の見解によると，個別的自衛権とは異なり，憲法9条の下では集団的自衛権の行使は認められないとしている。日米安全保障条約5条は，「日本国の施政の下にある領域における，いずれか一方に対する武力攻撃」について，日米が共同して防衛にあたるとしているのみであり，米国領土が武力攻撃を受けたとしても，わが国が赴援義務を負うものではない。したがって，米国はこの条約に基づいて集団的自衛権を行使するが，わが国は行使しない。北大西洋条約にはこうした制約がないので，双務的条約といわれるのに対して，本条約が片務的といわれる由縁である。

6　軍縮・軍備管理

◆　導入対話　◆

学生：国際社会の平和と安全を維持するためには，国際紛争の平和的処理，集団安全保障制度，また，軍縮も重要な柱だということですね。最近，核の削減や地雷に対する規制などが話題となっていますが，軍縮・軍備管理はといっても具体的にはどのように行われているのでしょうか。

教師：地球上からあらゆる軍隊，兵器など戦争に用いられるものがなくなれば，戦争はなくなるかもしれませんが，実際にはそれは非現実的な考え方として排斥されるでしょう。全面的に排除できないとすれば，できるだけ削減・規制し，軍隊や武力を用いる可能性を少しでも少なくする道が選ばれるのも当然のことです。もっとも，軍備の削減・縮小が戦争に対する規制という観点から行われるとは限りません。軍備というものは放置しておけばどんどん増殖していくのが自然のなりゆきです。どの国も，軍事費の増額には頭を痛めているわけです

から，経済的観点から軍縮がなされているともいえます。ただ，軍備が少しでも弱められるのであれば，それ自体多とすべきといわざるを得ません。いずれにしろ，紛争が平和的に解決され，集団安全保障制度が機能し，そして，軍備縮小・軍備管理が進められれば，国際社会全体の平和と安全が確保されることは間違いないと思われます。

　軍縮・軍備管理の問題は，基本的には，政策決定の問題ですが，その結果として，条約体制・管理組織が設立されたならば，それは国際法の問題になります。

　いわゆる国際人道法の観点から行われる兵器の規制は，考え方としては，必ずしも軍縮と同じではありませんが，最近は，軍備規制という観点で，ほぼ一元的に捉えられています。第二次大戦後の軍縮の特徴として，軍備の量のみならず質が問題となり，更に，製造，貯蔵，取得，移転など，規制の範囲が広範囲にわたるようになったことがあります。

6.1 定　　義

　軍縮とは軍備縮小のことであり，現有の軍備を量的または質的に削減し，最終的には，すべての軍備を廃絶する軍備撤廃を目指す措置を意味する。軍備の最大限度を定める軍備制限も含めていわれる。軍備管理は，1960年代以降，米国で唱えられた概念であり，軍備の縮小または削減を必ずしも目的とするわけではなく，主要国間における軍事的均衡を維持し，その不安定化を防いだり，または信頼醸成措置の導入により，偶発戦争の危険または奇襲の誘因を減少させることを目的とする行為をいう。軍備規制もほぼ同様の意味に用いられる。軍縮にせよ，軍備管理にせよ，関連用語は厳密に区別されないままに用いられている。理論的には，一方的措置により行われる場合もあり得るが，通常は，交渉を通じて条約体制を創出し，条約上の義務として行われる。

　なお，個々の兵器に対する規制も軍縮に含められるが，かつて戦時国際法の下で，セント・ペテルスブルグ宣言（1868年）を嚆矢として設けられた兵器の禁止に関する法体制は，軍縮とはやや異なる発想にたつものである。これは，人道法の観点から，戦争目的との関係で不必要な苦痛や無益な苦痛を与えるべきではないとの考え方によるものであり，政治的な意図・目的から行われる軍

縮とは異なる考え方によるものである。最近では，国際法自身が一元的構造の下にあることから，このような両者をあまり区別することなく，軍縮という用語は，個々の兵器に対する規制も含めて用いられている。本節でも，兵器の規制について取り上げてある。しかし，観念的には，兵器に対する規制・管理は，国際人道法によるものと軍縮によるものと，必ずしも同じ性質を持つものではないことに留意すべきである。

6.2 歴史的展開過程

今日においても，国家の軍備を制限する一般国際法上の規則は存在しない。軍備は国家が有する主権の属性と考えられるためであり，軍縮および軍備管理の実現は，条約の締結を通じて国家相互を義務づけることによって行われることになる。

軍縮問題が，国際社会全体の問題として初めて議題となったのは，1899年と1907年に開催されたハーグ平和会議においてであった。ただし，軍縮は，この会議の議題として掲げられたものの，具体的な合意を得るには至らなかった。

1920年に成立した国際連盟は，安全保障，国際紛争の平和的解決（とくに，国際裁判）とともに三大原則とし，軍縮を主要な目的の一つとしていた。軍縮に関する1ヵ条を設け（連盟規約8条），連盟理事会の役割の一つとした。しかし，1932年から34年にかけて連盟主催の下で開かれた軍縮会議は，具体的成果を挙げることなく終わり，連盟を舞台とした軍縮は，ほとんど成果を上げていない。戦間期に結実した軍縮条約は，連盟の枠外で主要海軍国間で合意された条約（1922年のワシントン海軍軍縮条約，および1930年のロンドン海軍軍縮条約等），中米5ヵ国軍備制限条約（1923年）等に限定される。

国連は，集団安全保障の下での軍事的制裁措置による平和維持に重点をおく方針から出発しており，国際連盟規約の場合と比べれば軍縮を重視してはいない。連盟のときのように具体的な手続を含めた軍縮に関する規定をおいていない。規定としては，平和と安全の維持に関する総会の権限に軍備縮小および軍備規制が含まれる旨を規定し（憲章11条1項），また，安全保障理事会の任務として，軍備規制に関する計画を作成する責任について規定している（同26条）。軍縮を連盟時代ほど重視しなかった理由としては，いくつか考えられる。①米ソ間のイデオロギーの対立から，国家安全保障上，高度の軍備が不可欠とされ

たこと，②武器輸出による同盟国支配の永続化が意図されたこと，③自衛権および地域的機関による共同防衛組織の役割が容認されたこと等が挙げられよう。

しかし，核兵器その他の大量破壊兵器の登場とそれらの開発競争の激化は，各国に軍縮および軍備制限の必要性を痛感せしめ，国連においても，1970年代と1980年代をそれぞれ軍縮の10年と設定し，数次にわたって軍縮特別総会が開催されてきた。

ただ，国連は，当初，軍縮について容易に任務を果たせなかった。このため，軍縮交渉を管轄する国際機関として，ジュネーブ軍縮会議が設置された。最初，1961年の米ソ交渉の結果，18ヵ国軍縮委員会が設置され，69年には，26ヵ国に拡大され，79年には40ヵ国に拡大・改組されて，軍縮委員会（Committee on Disarmament, CD）となり，84年から現在の軍縮会議（Conference on Disarmament, CD）となった。組織的には国連の枠外であるが，国連と密接に連携している。部分的核実験禁止条約，核拡散防止条約，海底非核化条約，生物毒素兵器禁止条約，環境改変技術敵対的使用禁止条約，化学兵器禁止条約，包括的核実験禁止条約等が重要な成果である。

6.3 特定兵器の規制

(1) 核実験の規制

核実験禁止への動きは，1954年の第五福竜丸事件に端を発する。この事件に触発され，1963年に締結された部分的核実験禁止条約は，大気圏内・宇宙空間および水中における核兵器の実験的爆発および他の核爆発を禁止した。しかし，核保有国のうち，フランスと中国は参加せず，また，地下核実験は禁止の対象外であった。後者については，米ソ二国間で1974年と1976年に条約が締結されたがいずれも未発効であり，また，単一の爆発の上限が約150キロトンまでの実験は許容され，戦術核兵器の開発のための実験は禁止されなかった。

核実験を包括的に禁止する条約が国連で採択されたのは，1996年になってからである。この包括的核実験禁止条約（CTBT）の締結の契機となったのは，1995年に開かれた核拡散防止条約（NPT）再検討・延長会議であった。同会議において，96年末までの包括的核実験禁止条約の締結が確認された。包括的核実験禁止条約は，核軍縮と核不拡散の両面を持ち，爆発を伴うあらゆる核実験を禁止する点で歴史的意義を有する。ただし，コンピュータによる模擬実験等，

核爆発を伴わない各種の実験は許容しており，すでに一定の技術開発を成し遂げている核保有国に，核兵器性能の維持・向上の抜け道を残している。また，核拡散防止条約に参加していない核兵器保有国たるインド（全面核軍縮を主張）・パキスタンは，本条約にも参加していない。

(2) 核拡散防止

1968年に締結された核拡散防止条約は，核兵器国の増加，すなわち核兵器の水平的拡散を防止することを目的として登場した。条約は，核兵器の保有を既存の核兵器国（5ヵ国）に限定し，非核兵器国は核兵器保有の権利を禁じられ（1条，2条），しかも軍事利用への転用防止の保障措置がなければ平和利用の恩恵に浴し得ない（3条）。ただし，核兵器国が管理するのであれば，非核兵器国が自国の領域内に核兵器を配備することは可能とされた（核の傘）。

他方，核兵器国の質的向上および量的増大（垂直的拡散）に関しては，核兵器国に核軍縮のための誠実交渉義務を課すのみであり（6条），核軍縮義務を直接負わせてはいない。こうした条約内容は，核兵器国と非核兵器国との間の責任と義務とのバランスを欠くものであるとして非核兵器国から非難されてきた。このため，インド，パキスタン，イスラエル等は当事国となっていない。

なお，同条約10条2項に基づいて，1995年に開催された核拡散防止条約再検討会議において，同条約の無条件かつ無期限の延長が決定された。

(3) 核兵器の保有制限・禁止

核兵器の具体的な軍縮・管理は，米ソ両核兵器保有国の二国間交渉によって行われてきた。1969年に開始された戦略兵器制限交渉（SALT）は，1972年に結実し，戦略攻撃兵器の制限に関する一定の措置についての暫定協定（SALT I 暫定協定）および弾道ミサイルシステムの制限に関する条約（ABM条約）の締結をもたらした。1979年には，戦略攻撃兵器の制限に関する条約（SALT II 条約）が締結され，戦略核兵器とその運搬手段に上限が設定された。しかし，ソ連のアフガニスタン侵攻事件を契機に，米国が批准を拒否したため発効していない。

戦略兵器制限交渉（SALT）は，1982年以降，戦略兵器削減交渉（START）に切り換えられた。しかし，具体的な成果は，冷戦の終結を待たなければならなかった。1991年に締結された戦略攻撃兵器の削減および制限に関する条約

(START Ⅰ) は，戦略核弾頭の総数・戦略兵器運搬手段の削減（いずれも30%から50%の削減）などの他，詳細かつ厳格な検証措置を規定した。1993年には，戦略攻撃兵器の一層の削減および制限に関する条約（START Ⅱ）が締結され，戦略核弾頭数をさらに削減すると同時に，大陸間弾道ミサイルの MIRV（複数の（核）弾頭を装備し，複数目標の攻撃を可能とする弾道ミサイル）化を禁止した（多弾頭 ICBM 及び重 ICBM（SS-18）の全廃）。ただし，批准の際の条件について両国の意見が合致せず，発効していない。そのため，さらに保有核弾頭数を削減する予定だったその後の第三次戦略兵器削減条約（START Ⅲ）の交渉は進展しなかった。2001年以降，米国が対テロ対策に重きを置くようになると，核兵器の大量保有の必要性が減少した。このため，米露両国は2002年に戦略攻撃能力削減に関する条約（モスクワ条約）を締結した。同条約は，両国の戦略核弾頭の配備数を2012年までに1700〜2200発まで削減することを定めたが，核弾頭及びその運搬手段（ICBM，SLBM およびそれらの MIRV 弾頭，戦略爆撃機等）の廃棄義務は無かった。削減対象とした核弾頭の保管も可能である。新 START は START Ⅰの後継条約として2010年4月にプラハで署名された。この条約は戦略核弾頭を両国ともに1550発に削減するなどを内容とした（START Ⅰでは上限6000発だった）。米露両国は条約発効後7年以内の履行が義務づけられ，その履行の検証については，米露両国政府による相互査察によることを確認した。条約は2011年2月に発効した。これに伴い，前出のモスクワ条約は終了した。。

　他方，中距離核戦力については，1987年に中距離および準中距離ミサイルの廃棄に関する条約（INF 全廃条約）が締結された。この条約は，史上初めて特定種類（地上配備の戦略核ミサイル）の核兵器を全廃したものである。

(4) 生物・化学兵器の規制

　毒ガスについては，1899年の毒ガスの禁止に関するハーグ宣言が最初に規制し，1925年には，毒ガス等の使用禁止に関するジュネーブ議定書が締結された。後者は，窒息性，毒性またはその他のガスのみでなく，細菌学的戦争方法の戦争における使用をも禁止している。

　第二次大戦後，朝鮮戦争やベトナム戦争あるいは植民地解放闘争など，さまざまな形の武力行使が行われるようになり，兵器の使用規制も強く認識される

ようになった。生物・化学兵器禁止問題については，1969年の化学・細菌（生物）兵器とその使用の影響と題する国連事務総長報告を契機として，活発な議論が行われ，化学・生物兵器禁止決議も採択された。ただし，化学兵器については，検証の困難さのために生物兵器と分離して議論が行われることになり，1972年に，まず生物・毒素兵器禁止条約が締結された。また，1976年には，環境改変技術敵対的使用禁止条約も締結された。化学兵器については，24年越しの交渉の結果，1993年になって，ようやく化学兵器禁止条約が締結された。なお，わが国は，生物・毒素兵器禁止条約を実施するための国内措置として，生物・毒素兵器禁止条約実施法（昭和57年）を制定している。

(5) 通 常 兵 器

核兵器や生物・化学兵器といった大量破壊兵器以外の通常兵器についても19世紀後半以降，国際社会はその使用を規制してきた。ダムダム弾の禁止に関するハーグ宣言（1899年），ハーグ陸戦規則の22条および23条等がそれである。第二次大戦後における通常兵器の使用規制は，1974年から開催された武力紛争に適用される国際人道法の再確認と発展に関する外交会議において取り上げられたのが最初である。ただし，同会議は，ジュネーブ諸条約を補完する二つの議定書を採択したが（第12章参照），通常兵器については合意が成立しなかった。これを受けて，1977年の第32国連総会は，特定通常兵器の使用禁止または制限に関する国連会議の召集を決議した。同会議には，85ヵ国が参加し，1980年，ジュネーブにおいて，特定通常兵器使用禁止制限条約が採択された。その議定書IIは地雷議定書と呼ばれ，1996年にはその改正地雷議定書が採択された。しかし，これらの議定書は使用規制を行うにすぎなかった。生産・貯蔵をも含めた全廃を規定したのは，1997年の対人地雷禁止条約（オタワ条約）である。条約への加入に合わせて，わが国も対人地雷規制法を制定している。

他にも，重要な関連文書として，1990年の欧州通常戦力条約（CFE条約）が挙げられる。また，通常兵器の国際取引と移転を規制するために，1991年に，通常兵器移転登録制度が国連総会決議によって創設された。

6.4 特定地域の非核化

条約によって，一定の地域または海域から核兵器の製造・受領・配置等を禁止する試みは，いずれの国家の管轄下にもなく，人の定住にも適さない南極か

ら始められた。南極条約（1959年）は，南極を平和的目的のみに利用することを主目的とし，核爆発だけでなく放射性廃棄物の処分も禁止している。宇宙条約（1966年），海底非核化条約（1971年），月協定（1979年）も，それぞれ微妙な相違はあるものの，核兵器をはじめとする大量破壊兵器の設置・使用等について，一定の規制を及ぼしている。

一定地域の非核化自体を目的として作成された条約としては，ラテン・アメリカ非核地帯条約（トラテロルコ条約，1967年），南太平洋非核地帯条約（ラロトンガ条約，1985年），東南アジア非核兵器地帯条約（バンコク条約，1995年），アフリカ非核地帯条約（ペリンダバ条約，1996年）の四つが存在する。南極条約を含めて，これらの条約により，南半球はほぼ非核地帯化されることとなった。たとえば，トラテロルコ条約は，ラテン・アメリカおよびその周辺の条約適用地域において，核兵器の実験・使用・生産等を包括的に禁止し，義務履行のための機構や保障措置も規定している。さらに，核兵器国が当事国となっている同条約の追加議定書Ⅱにおいて，これら核兵器国は，ラテン・アメリカ非核地帯を尊重し，核兵器の使用・威嚇を行わないことに同意している。ラロトンガ条約も，同様な規定を有するが，さらに，放射性廃棄物の非核地帯内海洋への投棄も禁止している。

6.5 履行確保の方法

軍縮および軍備管理協定の交渉の焦点は，もっぱら現地査察の容認の可否にある。現地査察は，対象国の領域内で実施するのが通常であり，対象国の同意が必要だからである。履行確保の手段としては，立入査察，国際査察，国際組織への通報などが存在するが，その他に，人工衛星など，自らの有する技術的検証手段の活用もある。

査察（inspection）は，条約上の義務の履行確保のために最も普通に用いられる方法であり，義務履行の事実を確認する行為である。履行状況の監視制度としては，事実確認のみならず，審査・勧告などの法的措置をともなう検証（verification）がある。国家間で相互に行う相互査察と国際組織が行う場合があるが，前者の例としては，南極条約や米ソの第一次戦略兵器削減条約があり，後者の例としては，国際原子力機関（IAEA）による保障措置がある。とくに，IAEA保障措置は，核軍縮に欠くことのできない制度となっている。

第12章 武力紛争法

1 武力紛争法

◆ 導入対話 ◆

学生：戦争が違法化されたことで，これまでのような平時国際法と戦時国際法という二元的構成はなくなったということですよね。でも実際には，戦争はなくなってはいないのですが。

教師：そうですね，確かに，戦争の違法化により，国際法は二元的構成をとることができなくなりましたが，実際には，紛争がエスカレートして武力を用いて衝突するような状況がなくなったわけではありません。それは，まさに，かつての戦争と同じ現象といってよいでしょう。今日では，そのような現象は，国際的武力紛争に限らず，内戦のような非国際的武力紛争にもみられます。それらは，武力を用いての衝突という点では同じといえるでしょう。

学生：では，法的規制はどんなかたちで行われれるのでしょうか。

教師：戦争の概念にとらわれなければ，当然法規制の対象とすべきでしょう。ただ，このような現象に対処する法規は，国際慣習法として発達してきた伝統的な戦争法規に多くの蓄積があるわけですから，これらを用いるのが賢明だと思われます。今日では，かつての戦争法規は国際人道法の名称で受け継がれているのです。その代表的なものが，1949年のジュネーブ諸条約です。武力紛争に関する法は，現在の国際法の一元的な構成の中に国際人道法として位置づけられているといってよいでしょう。

武力紛争法は，伝統的に，交戦法規と中立法規とからなる。前者は，敵対行為の実施に関する規則（害敵手段の規制）および戦争犠牲者保護に関する規則（傷病者・捕虜・文民の保護）を内容とし，後者は，武力紛争に参加しない国家の交戦国との関係における法的地位について定める。交戦法規は，人道上の考

慮に基づいて，紛争当事者間の敵対行為を規律し，敵対行為の影響を局限化し，捕虜・文民・難船者といった戦争犠牲者を保護することを目的とする成文・不文の国際法規全体を指すことから，今日では国際人道法とも呼ばれる。

2 交戦法規

―――――― ◆ 導入対話 ◆ ――――――

学生：武力紛争に対しては，現在でも従来の交戦法規が適用されるということですが，どうしてでしょうか。

教師：それは，戦争を対象とした従来の交戦法規の考え方が，現在の武力紛争に対しても当てはまるということです。戦争と武力紛争では，法的にはその位置づけが異なることは確かですが，少なくとも，武力衝突という交戦状態の状況は変わりはないわけですから，法的にこれを規制することになれば，同様の内容・方法で行えば，受け入れられやすく，また，有効だということです。交戦法規が設けられた趣旨は，一言でいえば，戦争をルール化しようということになるでしょう。戦争そのものを，法規制することも，防ぐこともどうしてもできないなら，戦争の悲惨さを少しでも軽減したいと思うのは当然でしょう。戦争は，放置しておけば，どんどんエスカレートしていき，勝利のためには手段を選ばないという状況になります。

　戦争には，大義名分はいろいろあるでしょうが，事実としては，暴力と暴力の衝突ですし，一度始まれば，どちらも，絶対に負けるわけにはいきません。でも戦争は，やみくもに行われるわけではなく，何らかの目的なり理由があって行われるのが普通ですから，戦争目的・戦争原因が達成・除去されれば，それに見合った方法・手段の限度で行えばよいはずです。無限にエスカレートする必要もないはずです。少しでも戦争の悲惨さを軽減し，際限のない暴力行為に規制を加えることが合理的だということです。戦時国際法を適用する場合には，これが適用される一定の状態を前提とする必要から，手続的な面が強調されましたが，今日では，交戦そのもの・戦闘行為そのものを規制するという観点が強調されることになりました。それが，国際人道法なのです。

2.1 害敵手段の規制

　害敵手段の規制に関わる国際法規は，伝統的にハーグ規則と総称される。1899年および1907年のハーグ平和会議において，陸戦の法規慣例に関する条約等，それまでに確立していた国際慣習法を中心に，多くの交戦法規が成文化されたことに由来する。その基本的考え方は，セント・ペテルスブルグ宣言に表わされており，害敵手段の規制の主たる目的は，戦闘中における不必要な苦痛・損害と背信行為を除去することにある。

（1）特定の害敵手段の禁止

　国際的武力紛争の当事者は，戦闘手段と方法の選択について，無制限の権利を認められているわけではない。武力紛争時における害敵手段の規制において考慮されるべき基準は，一方では軍事的効果・必要性であり，他方では，残虐で不必要な殺傷・破壊を抑止しようとする人道的考慮である。害的手段の規制は，これらの相反する二つの考慮を均衡させつつ形成されてきたのであり，敵対行為に際して使用される兵器は，こうした軍事上の効果・必要性と人道的考慮との均衡を保つ範囲内の性質のものに限り適法とされる。したがって，軍事上の効果がそれほどないのに，過度で不必要な苦痛を与えるような兵器の使用は禁止される。害敵手段は，今日までに個々の条約で個別に禁止されてきた。例として，400グラム以下の爆発性・燃焼性発射物等を禁止するセント・ペテルスブルク宣言（1868年），毒ガスの禁止に関するハーグ宣言（1899年），ダムダム弾の禁止に関するハーグ宣言（1899年），軽気球からの投射物・爆発物投下を禁止するハーグ宣言（1899年），自動触発海底水雷を禁止する条約（1907年），生物・毒素兵器禁止条約（1972年），環境改変技術敵対的使用禁止条約（1976年），特定通常兵器使用禁止制限条約（1980年），化学兵器禁止条約（1992年），対人地雷禁止条約（1997年）等がある。兵器を禁止する条約として最も古いものは，セント・ペテルスブルグ宣言であるが，そこには，将来にわたって新兵器の出現に対処する原則が示されており，文明の進歩は，戦争の惨害をできるだけ軽減する結果をもたらすべきことを求め，戦争において求められる唯一の正当な目的は敵の軍事力を弱めることであり，苦痛を無益に増大させないことや人道の法に反しないことが明らかにされている。毒ガスの禁止に関するハーグ宣言やダムダム弾の禁止に関するハーグ宣言は，セント・ペテルスブル

グ宣言の原則を受け継ぐものであり，その後の条約・宣言にも生かされることになった。

(2) 軍事目標主義

　敵対行為に際しては，戦闘員と非戦闘員（文民），軍事目標と非軍事目標とをそれぞれ峻別し，軍事行動は，その対象を戦闘員と軍事目標とに限定すべきだという考え方を軍事目標主義という。陸戦の法規慣例に関する規則（1907年）は，無防守都市（undefended cities）に対する無差別攻撃を禁止し，戦時海軍力をもってする砲撃に関する条約（1907年）は，無防守都市への砲撃を禁止すると同時に，軍事目標については，一定の要件の下に，砲撃を可能とした（1，2条）。後者の条約で明確に規定された軍事目標主義は，1922年に署名された空戦に関する規則案においても確認されている（24条）。

　軍事目標主義によれば，敵に対して砲爆撃を加える際に守られるべき基準が二つ存在する。防守の基準と軍事目標の基準である。防守の基準によれば，ある都市または地域が防守されているのであれば，無差別爆撃が可能である。防守の要件を満たすには，占領の意図を持って，都市または地域に迫っている軍隊が存在していること，および，当該都市にあって，敵の占領の企図に抵抗する軍隊が存在していることが必要である。いずれかを欠く場合には，防守都市とはならない。

　これに対して，防守されていない都市または地域に対しては，無差別爆撃は許されず，そこに存在する軍事目標に対してのみ攻撃が可能とされる。軍事目標に対する攻撃で，文民や非軍事物に付随的に損害が生じても，それが故意に生じたものでなく，また軍事目標の破壊から得られる軍事的利益との比較で過度でない場合は，違法とはならない（戦時海軍砲撃条約2条3項，ジュネーブ諸条約第一追加議定書51条5項(b)）。

　1977年に締結されたジュネーブ諸条約第一追加議定書は，文民および非軍事物の保護のため，無差別攻撃をいっさい禁止する（同51条4項）。すなわち，防守都市であるか否かの基準を排除し，軍事目標主義のみを規定している（同52条2項）。しかも，無防備地域（non-defended localities）に対しては，一切の攻撃を禁止している（同59条1項）。ここで無防備地域とは，軍隊が接触している地帯の附近，またはその中にある居住地で，敵国による占領のために開放され

ている地域で、紛争当事者の適当な当局がその旨宣言できる（同2項）。第一追加議定書によれば、無防備地域は、攻撃の対象とはなり得ないことから、いわば特別保護地域を意味するものとなっている。戦略爆撃等、戦闘方法が大きく様変わりし、文民や非軍事物に対する被害が甚大になってきたための制度である。

　無防備地域以外の地域については、軍事目標主義が適用される（同52条2項）。そこで、軍事目標とは何かが問題となる。

　軍事目標は、人的軍事目標と物的軍事目標とに分類される。前者は、戦闘員を意味するので比較的分かりやすい。後者に該当するのは、基地、兵器、およびその貯蔵所、飛行場等であり、軍事目的に直接使用されるこうした施設および建造物については争いがそれほど生じない。しかし、軍事目的に使用されるか否かという基準は、必ずしも明確な基準とならない場合がある。ジュネーブ諸条約第一追加議定書は、文化財、礼拝所、平和的住民の生存に不可欠なもの（農業作物、家畜、飲料水等）、原子力発電所等に対する攻撃を禁止する（同53条、54条、56条）。ただし、問題の性質からして、完全なリストを作成するのは困難である。その他については、「その性質、位置、目的または用途により、軍事活動に実効的な寄与をするもので、かつその時の一般的状況にあってその全部もしくは一部の破壊、捕獲または無力化が明確な軍事的利益をもたらすもの」（同52条2項）とするのみで、具体的な適用にあたって解釈上の争いの余地を残している。

【展開講義　100】　核兵器の使用の合法性

　害敵手段として、核兵器の使用が国際法上許されるかどうかについては、三つの考え方がある。第1は、核兵器の使用を禁止する国際法は存在しないのだから、使用は許されるとする。第2は、核兵器を直接規制する国際法はないが、核兵器の性質および効果からして、その使用はセント・ペテルスブルグ宣言等の害敵手段に関する現行国際法の「精神」に反し違法だとする（ハーグ陸戦規則23条参照）。第3は、核兵器それ自体は違法ではないが、核兵器は、大量破壊的効果を有し、戦闘員と非戦闘員（一般住民）の区別や軍事目標と非軍事目標の区別をも無意味としてしまうので、そうした結果をもたらすような使用は違法であるとす

る。第3の考え方によると，軍事目標に限定できるとされる戦術核兵器の使用は違法ではなくなる。

　原爆投下行為が国際法違反か否かが争われた下田事件において，東京地裁（1963年12月7日）は，当該行為は，無防守都市に対する無差別爆撃であり，不必要な苦痛を与える残虐な行為であり，このことは非人道的害敵手段の使用を禁止する国際法の原則に反しており，ひいては戦争法の基本原則に反するものであると判断した。

　この判決については，①核兵器の使用自体の違法性を認めたと考えられるべきだとする解釈と，②核兵器の使用自体について判断したものではなく，広島・長崎への原爆投下の軍事的必要性からみて，不必要な苦痛を与えたと裁判所は判断したもので，核兵器の使用方法の観点から，国際法違反を認定したにすぎないとの二通りの解釈が存在する。

　国連総会は，これまでに核兵器の使用を犯罪とする決議1653（XVI），核兵器の使用を永久的に禁止する宣言を内容とする決議2936（XXVII）を採択してきた。そうした中で，1993年には，世界保健機関（WHO）が，1994年には，国連総会が，それぞれ，武力紛争における核兵器使用の合法性について（WHO），核兵器による威嚇または使用の合法性について（UNGA），国際司法裁判所に対して勧告的意見を求めた。国際司法裁判所は，世界保健機関の意見要請に対しては，核兵器の合法性に取り組む権限は同機関に与えられていないので，意見を求める権限は存在しないとしてこれを拒否した。国連総会の要請に対しては，これに答えた（1996年7月8日）。そして，核兵器の使用を許容する国際法は存在せず，核兵器の使用を包括的に禁止する国際法も存在しないとしつつも，核兵器の威嚇・使用は，人道法の原則と規則に一般的に違反すると判断した。ただし，核兵器を「毒または毒を施したる兵器」の類推によって禁止する主張は斥けている。また，国家の生存に関わる極限状態において，自衛のために核兵器を使用し得るか否かについては，違法とも合法とも確定的に判断することはできないとした。

2.2　傷病者・捕虜・文民の保護

　武力紛争法規の第2の側面は，戦闘行為に関係しないか，または関与できなくなった戦争犠牲者の保護に関する規則である。ジュネーブ規則と総称される。武力紛争において，交戦当事者は，これらの者に対して，一定の作為・不作為の義務を負う。戦闘員は，捕虜または傷者・病者になった時点で一定の保護が

与えられるが，非戦闘員は，敵対行為のもたらす危険または不利益から常に免れる。こうしたことから，戦争犠牲者の保護については，戦闘員と非戦闘員の区別が重要となる。

(1) 捕　虜

捕虜の待遇に関するジュネーブ条約（1949年・第三条約）によると，捕虜とは，紛争当事国の政府が召集し，公然とその指揮下においた軍隊の構成員およびその軍隊の一部をなす民兵隊または義勇隊の構成員で，敵の権力内に陥った者をいう（条約4条A(1)）。他に，第二次大戦の経験から，組織的抵抗運動団体の構成員にも，一定の条件の下で捕虜資格が認められることとなった。その条件とは，①部下について責任を負う一人の者が指揮すること，②遠方から認識することのできる固着の特殊標章を有すること，③公然と武器を携行していること，④戦争の法規および慣例に従って行動していることである（同条A(2)）。しかし，1949年以降に頻発することになった，植民地からの独立を目指す民族解放戦争に従事するゲリラや抵抗団体は前提とされていないので，そうした活動に従事するゲリラ兵は，捕虜としての資格を得られない。捕虜としての資格を得られない者の行為は犯罪行為となり，国内法による処罰の対象となり，死刑を科すこともできる（戦時における文民の保護に関する条約（1949年・第四条約）68条）。となれば，ゲリラ側も，自らの権力内に陥った交戦相手国の兵士に対して，捕虜としての待遇を与えず，非人道的な扱いを行いかねず，ひいては両者の戦闘そのものも悲惨な結果をもたらすことになりかねない。そこで，ジュネーブ諸条約第一追加議定書（1977年）は，武力紛争の形態のこうした多様化に対応すべく，捕虜となり得べき戦闘員の範囲を広くとらえるに至った。同議定書は，まず，従来のような正規軍と不正規軍の区別を排除し，前記4条件のうち，①と④の要件は依然として必要とされたが（同43条1項，44条2項），②③の要件は明記されず，代わって自己を一般住民から区別すべき義務を負うこととされた（同44条3項）。ただし，区別の方法については，1949年条約のような具体的規定が存在しないので不明確部分を残している。なお，傭兵が捕虜資格を認められることはない（同47条）。

(2) 軍隊の傷病者

戦地にある軍隊の傷病者は，無差別にかつその属する軍隊の国籍の如何を問

わず，人道的な待遇と保護を受ける（戦地にある軍隊の傷者及び病者の状態の改善に関する条約（1949年・第一条約）4条，12条）。敵の権力内に陥った者は，その抑留国において，捕虜としての資格も付与される（同14条）。

2.3 内戦と国際人道法

伝統的国際法上，内乱は国内問題であり，正統政府は反乱参加者を国内法に基づいて処罰することができる（たとえば，わが国の刑法77条-80条）。しかし，反乱軍が一定の地域を実効的に支配し，事実上，地方的政府としての実質を備えたとき，正統政府または外国政府がこれを交戦団体として承認することがある。交戦団体として承認されると，一定の行為能力を有する国際法上の主体としての地位が認められ，交戦法規が適用される。しかし，正統政府が反乱団体を交戦団体として承認することはほとんどない。正統政府が自己の治安維持能力の欠如を対外的に印象づけてしまうからである。

第二次大戦後，交戦団体としての承認の有無に拘らず，内乱においても人道的法規を適用するため，1949年のジュネーブ四条約は，その共通3条において，非国際的武力紛争において守られるべき最低限の基準を設定した。敵対行為に直接参加しない者の人道的待遇，傷病者の収容・看護義務などがそれである。ただし，非国際的武力紛争の定義がないため，政府側が，3条の武力紛争には該当しないとして，適用を回避する可能性が広く残されていた。とりわけ，植民地支配下や外国占領下にある人民が自決権を行使して，武力闘争を行う事例が数多く見られるようになったこともあり，内乱に適用される法規の対象を拡大することが緊急に必要とされた。かくして，1977年に，ジュネーブ諸条約（1949年）に追加される二つの議定書が採択された。

ジュネーブ諸条約第一追加議定書は，国際的武力紛争に適用される。国際的武力紛争とは，国際法上の戦争であるか否かを問わず，二以上の締約国間に生じる武力紛争であるが，これには従来であれば内乱と考えられていた民族解放戦争も含められた。

非国際的武力紛争には，第二追加議定書が適用される。非国際的武力紛争とは，第一追加議定書に含まれない武力紛争で，一締約国の領域内で生ずる反乱軍またはその他の組織的武装集団と締約国軍隊間の武力紛争をいう（第二追加議定書1条）。ただし，適用の可否を決定するのは，依然として議定書の締約

国たる内乱発生国政府である。したがって，こうした武力紛争において，人道的法規が確実に適用される仕組みにはなっていない。なお，暴動・暴力行為等，国内的騒擾・緊張の事態であって，武力紛争に該当しないものについては，上記の武力紛争法規は適用されない（同条2項）。そうした場合において適用されるのは，人権保護に関する一般国際法のみである。

【展開講義　101】　パレスチナ占領地におけるイスラエルの壁建設不承認を支持する勧告的意見（ICJ勧告的意見，2004. 7. 9）

　第三次中東戦争（1967年）でヨルダン川西岸を占領したイスラエルは，1995年にパレスチナ自治政府と締結した暫定協定で，西岸とガザ地区をパレスチナ自治政府に移譲することを約束した。しかし，イスラエルが既に勧めていた西岸入植地の放棄を拒否したことから，武装したパレスチナ人による襲撃が続いた。イスラエルは，2002年4月頃から，西岸からのテロリストの越境と自爆テロ攻撃を実効的に阻止するため，イスラエルが占領しているパレスチナ地域内での壁の建設に着手した。この壁によって西岸の10％ほどを囲い込むことになり，壁が完成した後には，新たに16万人のパレスチナ人と32万人のイスラエル人の入植が予定された。壁はもっぱら金網のフェンスで，10％ほどがプレハブ・コンクリートであった。パレスチナ人は，壁建設が西岸の一部を事実上併合するものであり，「アパルトヘイトの壁」と称してこれを非難した。

　2003年12月，国連総会は決議を採択し，ジュネーブ第四条約等の国際法の規則および原則並びに安保理決議および総会決議を考慮した上で，東エルサレムおよびその周辺占領地域にイスラエルが壁を建設することで如何なる法的帰結がもたらされるのかについて，国際司法裁判所に勧告的意見を求めた。国際司法裁判所は，管轄権を認め，壁は1967年の休戦ラインを超えて建設される限りにおいて違法であるとの判断を示した。

　イスラエルは，壁建設の根拠として自衛権および緊急状態を援用するが，国際司法裁判所はこれを認めなかった。イスラエルは，テロ攻撃に対する自衛のための武力行使を認めた安保理決議1368（2001），1373（2001）に合致すると主張するが，本件では，そもそもイスラエル以外に関係する国家はなく，国家による武力行為が存在しない。すなわち，壁の構築を正当化しようとしている脅威はパレスチナ占領地内で生じており，上記の安保理決議は，こうした状況を想定して作成されたものではないので適用されないとした。

他方で，西岸は占領地であり，ジュネーブ第四条約（文民条約）2条1項に従って，以下の二つの要件，すなわち，①武力紛争の存在，②締約国間での紛争発生を充たすことから，本条約は本件にも適用されるとした。そうした前提で，イスラエルは，占領地内への自国文民の追放・移送を禁じた第四条約49条6項に違反して入植政策を推し進め，また，ハーグ陸戦規則46条（私権の尊重），52条（徴発と課役）そして第四条約53条（破壊の禁止）に違反する破壊と徴発をもたらしたと認定した。

　国際人権法の適用も認め，壁の構築は，自由権規約12条1項の保障するパレスチナ住民の移動の自由を妨げただけでなく，社会権規約と児童の権利条約で宣言された労働・教育・適切な生活水準の権利の行使も妨げたと指摘した。

　なお，国際人道法には，軍事的必要性を考慮する規定もある。文民条約49条2項（移送と立ち退き），53条（破壊の禁止）がそれで，軍事的必要性は，軍事行動の一般的終了後も占領地域で援用可能であるが，53条の禁止に違反する破壊は，イスラエルの軍事行動にとって絶対に必要だったとは考えられない。武力紛争時において人権条約は適用し得ないとの主張に対しては，人権条約の離脱条項による場合を除き，武力紛争時でも停止しないことを確認した。

　要するに，壁の構築は，イスラエルの安全確保のために必要だったとは考えられず，むしろ，占領地域に居住するパレスチナ人の権利を著しく制限し，その侵害は軍事的必要によって，または国家の安全もしくは公序の要請によっても正当化されないとしたのである。ただし，国際司法裁判所はイスラエルには壁の構築以外の手段があると指摘したが，それが如何なるものであるかは議論していない。

3　中立法規

　　　　　　　　　　　◆　導入対話　◆

学生：戦争が合法化されていた時代には，中立国の制度があり，交戦法規や中立法規も，戦時国際法の重要な構成部分であったということですが，今日でも，このことは当てはまるのでしょうか。

教師：そうですね，伝統的国際法の下では，戦時国際法は，交戦法規と中立法規から成り立っていました。交戦法規は交戦当事国間の関係を規律し，中立法規

> は，交戦に参加しない第三国と交戦国との関係を規律します。無差別戦争観の下では，どの交戦国も法的には同等と評価され，交戦に直接参加しない国家は，どの交戦国に対しても等距離の関係でなければならず，いずれか一方の交戦国に対してのみ支援することは許されません。そのような意味で，交戦関係に参加しない国家は，交戦国に対して中立の地位を守らなければならないということです。このような中立の地位を選択するか否かは，国家が自由に選ぶことができますし，国家の権利として認められていました。しかし，集団安全保障制度の下では，中立国の地位は，このような伝統的な制度とは異なります。中立の地位が認められるかどうか自体が問題となります。集団安全保障制度は，約束を破った国家に対して，残りのすべての国が協力して，これに当たるという点にその眼目があるわけです。そうなると，違反国に対処することがすべての国の義務ということになりますから，この体制の下では，中立の地位は認められないことになります。しかし，この場合の協力義務には多様な選択肢がありますし，そのことは，直接戦闘に参加する立場との関係では，多様な立場があるということです。従来と同じ意味・立場の中立を認めることは無理としても，それが，修正される形で存続している部分も認められるのです。

3.1 伝統的中立制度

　戦争が，国際法上違法とされなかった無差別戦争観の時代においては，武力紛争への参加を希望しない第三国は，中立を宣言する権利が認められた。もっぱら中立国通商の保護を目的とした制度である。中立国は，中立国としての権利を取得して局外に立つことができるとともに，中立国の領土は不可侵とされ，交戦国は中立国の主権を尊重し，中立違反となるような行為を中立国の領土または領海において行ってはならない。他方で，中立国は，中立国としての義務を負うことになる。中立国が中立義務に違反すれば，交戦国から一定の対抗措置がとられるか，交戦国として扱われることになりかねない。中立義務は，19世紀に確立したもので，以下の三種類に分類できる。

　(1) 黙認の義務

　交戦国の適法な行為により，中立国やその国民に損害が生じても，中立国はこれを受認しなければならず，損害賠償の請求も認められない。たとえば，公海上における交戦国による中立国船舶に対する臨検・捜索，戦時禁制品への捕

獲権行使，海上封鎖，交戦地域における砲爆撃や戦闘行為などによって生ずる損害を受忍する義務である。

(2) 避止義務

中立国は，国家として，いずれの交戦国に対しても，軍需物資，資金，情報の提供等，交戦者を援助する行為を行ってはならない。また，交戦国のために，中立国の領土において，戦闘部隊を編成したり，徴募事務所を開設することはできない（陸戦中立条約4条）。ただし，中立国の国民が，個人として交戦国側に義勇兵として参加しても中立国は責任を負わない。また，中立国は，交戦国への兵器，弾薬その他の軍隊または艦隊の用に供し得べき物件の輸出または領域内通過を防止する義務はない。交戦国が，中立国または中立国国民の所有する通信機器を使用することも禁止する必要がない（同6—8条）。

(3) 防止義務

中立国は，交戦国による中立国領域の軍事的利用を防止しなければならない。交戦国は，自国の軍隊または弾薬もしくは軍需品の輸送部隊をして，中立国領域内を通過させてはならない（同2条）義務と，自国の通信機器を中立国領域内に設置してはならない（同3条）義務を負っているのであるが，中立国としては，以上の行為を防止する義務を負うのである（同5条）。

3.2　戦争違法化と集団安全保障制度の確立による中立制度の動揺

第二次大戦初期において，中立国たる米国は，ヨーロッパの戦争に交戦国として参加することなしに，一方の交戦国たる英国に対して，駆逐艦を引き渡すなど，明らかに伝統的意味での中立義務に反する援助を行った。米国以外に，イタリアやラテン・アメリカ諸国も，自らを「中立国」ではなく「非交戦国」と称してこうした援助を行っていた。交戦国と「非交戦国」とのこうした関係を「非交戦状態」と呼び，国連の集団安全保障制度に至るまでの中間的状態だとして正当化する見解もあるが，不利益を被った一方の交戦国たるドイツが，米国との開戦を望まなかったことから，たまたま黙認していたにすぎず，中立義務違反であったことに変わりはなく，第二次大戦後における中立義務の変容をもたらす契機となったということはできない。

伝統的中立制度に何がしかの変容がもたらされるのは，第二次大戦後に設立された国際連合における集団安全保障制度との関係においてである。

国連憲章2条5項によると，国連加盟国は，国連がとる行動について，国連に援助を与え，その防止行動または強制行動の対象となっている国に対して援助の供与を慎む義務を負っている。この規定からすれば，国連加盟国たる以上，国連の行動の対象国との関係で，中立国としての地位を維持することはできないことになる。しかし，実際には，憲法で中立を宣言しているオーストリアは国連に加盟しているし，永世中立を条約で保障されたスイスも国連加盟を果たした。

国連の慣行によれば，国連の措置が，国連総会または安全保障理事会の勧告に基づくときは，加盟国は，公平かつ不偏の立場をとることが許され，実質的に中立の地位を害されることにはならないとしている。安全保障理事会が強制措置をとるときはどうか。7章に基づいて，平和の破壊または侵略行為などの認定がなされ，制裁決定など強制措置が実施されるときは加盟国を拘束することもあるから，非紛争当事国の避止・防止義務は解除される。その一方で，強制措置への参加を義務づけられることがあり得る。その意味からすれば，伝統的中立制度は変容したかにみえる。しかし，強制措置発動のための兵力提供については，安全保障理事会が特定の加盟国を選定できること，加盟国の協力方式は，安全保障理事会の採択する決定の範囲内で，加盟国が選定しうることなどからして，完全に中立制度が廃止されたとはいえない。換言すれば，国連加盟国として，伝統的中立制度の下での中立の地位の任意性を自由に享受することについては国連という組織による強制が課されざるを得ないものの，国連の強制措置に対する加盟国の援助義務は，中立「的」立場を全く否定するものではなく，たとえば援助協力の方式については，その方式を選定する自由を加盟国に維持しているのである。国連加盟国としての組織的強制が課されるようになったという意味での中立制度の変容は確かに存在するものの，中立制度が全く不要となったわけでもない。中立制度は，修正された形態で，紛争の局地化や通商確保のために，依然として重要な機能を果たしているものといえる。

事項索引

あ

IAEA 保障措置　385
アイスランド漁業管轄権事件　61
アイヒマン事件　226
アイム・アローン号事件　255
IUU 漁業　254
アキレ・ラウロ号事件　115, 259
アグレマン　138
アジェンダ21　272, 315
後法は前法を廃する　68
アパルトヘイト　352
アフガニスタンに軍事介入　325
アフリカ統一機構　359
アヤ・デ・ラ・トーレ事件　339
アラバマ号事件　328
アルコア事件　113, 120
アルマ・マタ宣言　106
安全保障理事会　179, 180, 323-325, 331, 342, 351, 353
アンチロッチ　77
アンデレ事件　192

い

EC法の直接効果・優位性　81
イエリネック　78
以遠権　288
一事不再理の原則　114
五つの自由協定　287
一般慣行　27, 28, 31
一般国際法　23
一般条約　67
一般的権利停止　175
一般的国際組織　164
一般的最恵国待遇　109

一方的行為　25, 26
違法性阻却事由　156-158
イラク原子炉空爆事件　374
イラクのクウェート侵攻　352
イラン・イラク戦争　352, 353

う

ウィーン議定書（1815年）　96
ウ・タント　326
内水　239
宇宙空間　279
宇宙の法的地位　294
訴えの利益　339

え

英国の国家免除法　128, 134
エストラーダ主義　97
沿岸国裁判管轄権　246
円建債償還等請求控訴事件判決　130
エンテベ空港事件　371, 374

お

オイル・プラットフォーム事件　372
欧州安全保障協力会議（CSCE）　365
欧州人権委員会　217
欧州人権裁判所　217, 330
欧州連合司法裁判所　167, 330, 332
応訴管轄（フォーラム・プロロガトゥム）　333
沖の鳥島　266
オープン・スカイ　289

か

外観主義　152
外形的行為による賠償　161

外交官　　　134, 137
　　──の特権免除　　142
外交関係の開設　　138
外交使節　　137
　　──の席次に関する規則　　135
外交使節団　　137
　　──の特権免除　　142
　　──の任務　　136
外交団　　137
外交的庇護　　145
外交的保護権　　169, 190, 191, 200-202
外交的保護権行使の要件　　201
外交伝書使　　142
外交封印袋　　142
外国軍隊の地位　　147
外国人　　196
外国人登録法　　196
解釈宣言　　44, 45
外相の特権免除　　144
海上犯罪の取締　　256
海　賊　　117-119, 258
海賊行為　　257
　　──の処罰及び海賊行為への対処に
　　　関する法律　　258
海賊放送　　261
害的手段の規制（jus in bello）　　345, 388
開放条約　　37
外務公務員法　　136
海洋汚染防止法　　312
海洋生物資源の保存及び管理に関する
　　法律　　269
核拡散防止　　382
核拡散防止条約再検討会議　　382
核軍縮　　381
核実験事件　　335, 338
核不拡散　　381
核兵器による威嚇・使用の合法性に関
　　する勧告的意見　　341

核兵器の使用　　390
　　──の合法性についての判断　　341
　　──を永久的に禁止する宣言を内容
　　　とする決議2936（XXVII）　　391
　　──を犯罪とする決議1653（XVI）
　　　391
過失責任　　154, 301
加重投票制　　110, 186
割　譲　　228
「合致の推定」の原則　　82
カッティング事件　　115
合　併　　228
加　入　　172
ガブチコボ・ナジュマロス計画事件
　　160
カボタージュ　　287
ガ　リ　　365
仮署名　　36
仮保全措置　　141, 277, 339
仮保全措置命令　　141
簡易帰化　　193
環境と開発に関する国連会議（地球サ
　　ミット）　　314
韓国漁船拿捕事件　　241
勧告的意見　　177, 342
干渉権　　310
カンボジア代表権問題　　175
関連ある事情　　265

き

帰　化　　190, 193, 202
危険責任主義　　156, 300
旗国主義　　112, 117, 252, 255, 257, 258,
　　　　　　　311-313
機上犯罪　　290
寄　託　　37
北大西洋条約機構（NATO）　　360, 365,
　　　　　　　376

北大西洋条約機構軍地位協定　148
機能的必要説　141, 143
既判力　341
客観責任主義　155
客観的属地主義　112
逆コンセンサス方式　185
規約人権委員会　216
キャンプ・デービッド合意　321
旧敵国条項　347
旧ユーゴスラビア国際刑事裁判所　219
境界移動の原則　106
強化された無害通航権　247
強行規範　49, 50, 62, 69, 158
強制管轄権　111, 332
強制措置　353, 355, 364
共通だが差異のある責任　315
許可方式の臨検　261
漁業管轄権事件　340
漁業水域　245
　――に関する暫定措置法　269
極東国際軍事裁判所　219
居中調停　319
拒否権　110, 176, 177, 181, 186, 325, 354, 355
規律管轄権　111
緊急状態　157, 158
緊急特別総会　362
緊急避難　310
金銭賠償　161
金大中事件　226

く

空戦に関する規則案　389
国に対する強制　48
国の代表者の買収　48
clean slate の原則（白紙の原則）　101
グロティウス　9, 10, 13, 237, 345
軍艦の無害通航権　243

軍事監視団　362
軍事参謀委員会　356, 357
軍事的強制措置　353, 354, 356
　――の発動　347
軍事同盟　360
軍事目標主義　389
軍縮　378, 379
軍縮委員会　381
君主主義的正統主義　96
軍隊の傷病者　392
群島基線　246
群島航路帯　246
群島航路帯通航権　246
群島国家　246
群島水域　245, 246
軍備管理　378, 379

け

経済社会理事会　179
経済難民　210
形式的法源　21
欠席裁判　338
血統主義　190
ケルゼン　78
権限踰越の行為　152
検　証　385
原状回復　161
現代国際法　17, 18, 19
憲法の国際化現象　76
憲法優位説　82
権利停止　175

こ

行為基準説　242, 243
行為性質説　129
合意は拘束する　77
合意は第三者を害しもせず益しもしない　51

合意は守られなければならない　51, 56
行為目的説　129
公　海　250
　　──の自由の原則　68
　　──の使用の自由　252
公海自由の原則　251
公海上での船舶の衝突　254
公海使用の自由　252
降河性の種　271, 272
光華寮事件　104
効果理論　113, 120
公館の不可侵　142
公　空　279
航空機　284
　　──の強取等の処罰に関する法律　291
　　──の不法奪取　291
航空犯罪　290
交　渉　320
交戦法規　386, 387, 395
高度回遊性の種　271
後発的履行不能　60
公文書の不可侵　142
衡平原則　265
衡平と善　340
国際運河　232
国際海峡　240, 247, 248, 250
国際海事機関　260
国際海底機構　265, 273
国際海洋法裁判所　275-277, 330, 332
国際河川　231
国際慣習法　5, 19, 23, 27, 28, 30, 31, 53, 68
国際行政連合　165
国際刑事裁判所　219, 330
国際刑事裁判所規程　220
国際原子力機関（IAEA）　184, 308, 385
国際航空運送協会　288

国際公務員　181
国際司法裁判　327
国際司法裁判所　181, 275, 276, 323, 329, 330, 332
国際司法裁判所規則　334
国際司法裁判所規程　20, 22-24, 334, 335
国際社会の一般的利益　150
国際人権規約　298
国際審査委員会　319
国際人道法　386
国際組織　167
　　──の意義　163
　　──の機関　179
　　──の決議の効力　187
　　──の権利能力　166
　　──の表決手続　184
　　──の類型　164
　　──の歴史　164
国際仲裁裁判　327, 333
国際通貨基金（IMF）　110, 178, 186
国際定期航空運送　287
国際犯罪　218
国際避難民機関（IRO）　209
国際標準主義　153
国際復興開発銀行（IBRD）　110, 178, 186
国際法委員会　50, 64, 66
国際貿易機関（ITO）　183
国際法規の効力関係　69
国際法と国内法　71
　　──の抵触　75
国際法の継受　12
国際法の国内的妥当性　79
国際法の国内的適用　79
国際法の法源　19
国際法の法的性質　6
国際法の法典化　64
国際法の優位の原則　72
国際法優位の一元論　77

事項索引　403

国際法優位の原則　72
国際法優位論　78
国際捕鯨委員会　250
国際民間航空機関（ICAO）　188, 286, 288
国際民間団体　163
国際立法　63
国際礼譲　31, 205
国際連合　166
　——による紛争の平和的処理　323
　——のある種の経費事件　25, 176
　——の経費　177
　——の職務中に被った損害に対する賠償事件　169
　——への加盟承認の条件　173
国際連合平和維持活動等に対する協力に関する法律（PKO協力法）　366
国際連盟　166
　——による紛争の平和的処理　322
国際連盟規約　70, 342, 346
国際労働機関（ILO）　166, 214
国籍継続の原則　201, 339
国籍裁判官　332
国籍主義　112, 113
国籍条項　199
国籍選択制度　228
国籍の機能　189
国籍の付与基準　190
国籍法　192
国内管轄事項　123, 125, 201, 202, 336, 364
国内救済手続　339
国内的救済の原則　201
国内標準主義　153
国内法優位の一元論　77
国内法令尊重義務違反　142
国連イラク・クウェート監視団　365
国連インド・パキスタン軍事監視団　362
国連海洋法条約の紛争解決手続　275
国連カンボジア暫定機構（UNTAC）　365
国連教育科学文化機関　178, 179
国連行政裁判所　182
国連緊急軍（UNEF）　176, 326, 357, 362, 363
国連軍　354-356, 361
国連経済社会理事会　181
　——決議1503手続　218
国連コンゴ民主共和国ミッション　366
国連シエラ・レオネミッション　366
国連事務局　181
国連事務総長　182, 325, 334, 363
国連人権理事会　216
国連信託統治理事会　181
国連総会　180, 325
国連総会決議396（V）　173
国連大学事件　171
国連待機軍　364
国連難民高等弁務官事務所（UNHCR）　183, 209
国連人間環境会議　304
国連人間環境会議勧告51　232
国連の集団安全保障制度　348, 351
　——と日本国憲法9条　358
国連平和維持活動　357
国連平和維持軍　355
国連平和協力法案　366
国連貿易開発会議　253
国連保護軍（UNPROFOR）　365, 366
個人通報制度　216
コスモス954事件　302
国会承認条約　38
国家管轄権　110
　——の競合　119
国家機関の権限外の行為　152

国家主権　107
国家承継　99
国家承認　87
　──の効果　95
　──の方式　93
　──の法的性質　89
　──の要件　91
国家責任　149
　──の解除　161
　──の法的性質　150
国家責任暫定条文草案　150
国家通報制度　216
国家の国際犯罪　150
国家の自己拘束　78
国家への責任集中の原則　300
国家報告制度　215
国旗乱用船　261
個別的自衛権　368, 376, 378
コルフ海峡事件　248, 323, 334
コンゴ国連軍（ONUC）　176, 363
コンゴ動乱　326
コンセンサス方式　185, 274
continuityの原則（継続性の原則）　101

さ

在外自国民保護　371
サイガ号事件　158
最恵国待遇　196
罪刑法定主義の原則　118
最低軌道理論　280
在テヘラン米国大使館占拠事件　153, 323, 324, 338
在日米軍の地位協定　148
裁判拒否　152, 155
裁判権免除の放棄　130
裁判準則　340
裁判条項　333, 339
裁判条約　333, 340

裁判の拒否　202
在留資格　195
在留特別許可　195
詐　欺　48
錯　誤　47
査　察　385
査察制度　234
査　証　194, 195
サラエボ事件　350
サンタバーバラ油井噴出事故　309
暫定措置　361

し

自　衛　156, 158
自衛権　310, 347, 367, 368
　──の濫用　372
ジェノサイド　119
ジェノサイド条約への留保事件　25, 41
時間的留保　335
事項的留保　336
自国民不引渡の原則　205
自国民捕虜補償の原則　83
自己保存権　158
事実上の承認　93-95
事実上の政府　99
自　助　159
事情の根本的な変化　60
事情変更の原則　60
自然延長論　264
事前通報義務　307
事前同意原則　298
持続可能な開発原則　314
執行管轄権　111
　──の競合　122
実効的国籍の原則　201
実質的法源　21, 22
自動執行条約　80
自動的留保　336

事項索引　405

シベリア抑留捕虜補償事件　82
司法管轄権　111
　——の競合　121
島の制度　266
下田事件　391
社会権規約委員会　215
ジャン・ボーダン　7
自由海論　237
重国籍者　191
周　旋　319, 321
集団安全保障制度　349, 350, 356, 361,
　　　　　　　　　　　　379, 396
集団安全保障体制　166, 369
集団殺害（ジェノサイド）　118, 218, 220
集団的自衛権　359, 360, 368, 375-377
重要事項　174, 180
主観的属地主義　112
主　権　7
主権的権利　270
主権平等　16
主権平等原則　108
主権免除　127, 141
出生地主義　190-192
出入国管理及び難民認定法　194
受動的属人主義　115
ジュネーブ軍縮会議　381
受　容　80
受理可能性　339
純粋の政治犯罪　206, 207
純粋法学　77, 78
消極的（受動的）属人主義　114
常設国際司法裁判所　20, 166, 330, 334,
　　　　　　　　　　　335, 342
尚早の承認　92, 94
常駐外交使節制度　135
常駐外交使節団　137
承認の国際的効果　90
承認の国内的効果　90

常任理事国　180
上部サボアとジェックスの自由地帯に
　関する事件　60
情報自由の原則　298
情報流通の自由　298
条　約　4, 19, 23, 31, 68
　——に対する留保　39
　——に対する留保制度　25
　——の解釈・適用　53
　——の改正　57
　——の終了・運用停止　58, 160
　——の承継　101
　——の第三者に対する効力　51
　——の適用　56
　——の登録　45
　——の無効　46
条約境界移動の原則　102
条約締結権　167
条約締結権者　33
条約締結手続　32, 34
条約難民　210
条約文の確定　36
条約文の採択　35
条約優位説　82
上陸拒否事由　195
職務領事　140
女子差別撤廃条約　191
署　名　36
除　名　175, 177
地雷議定書　384
自力救済　160
深海底　272
人権理事会諮問委員会　217
審　査　321
審査委員会　321
新情報通信秩序　179
信託統治理事会　179
人的軍事目標　390

人道的干渉　124
人道に対する罪　118, 119, 218-220, 226
瀋陽総領事館事件　146
信頼醸成措置　379
侵　略　158
　　——の罪　221
　　——の定義　352
　　——の定義に関する決議　352
侵略行為　351-353
人類の共同遺産　262, 272, 274, 295, 298
人類の平和と安全に対する罪に関する
　法典　220

す

スエズ運河　233
スエズ運河国有化　362
スエズ動乱　326, 362
スティムソン・ドクトリン　92
ストックホルム人間環境会議　314
ストラドリング魚種　271, 272
砂川事件　82, 83

せ

西欧同盟（WEU）　365
制限免除主義　128, 129, 131, 132
静止軌道　295, 297
政治犯罪　206, 293
政治犯罪人不引渡しの原則　205, 207, 292
政治問題の理論　82
正戦論　13, 345
政府間海事協議機関　310
征　服　228
政府承継　103
政府承認　95
　　——の効果　98
　　——の方式　98
　　——の要件　96
政府承認不要論　97

生物・毒素兵器禁止条約実施法　384
勢力均衡　349, 350
世界人権宣言　215
世界政府　162, 163
世界貿易機関（WTO）　184
セクター理論　234
積極的（能動的）属人主義　113, 120
接続水域　244, 245, 256
絶対的領土保全理論　232
絶対免除主義　128, 131, 132
瀬戸内海　239
ゼーリンク事件　208
セルデン　237
セルフ・エキュゼキューティング
　（self-executing）な条約　80
全会一致制　109, 184
尖閣諸島　229, 230
先決的抗弁　339
全権委任状　33, 35
宣言的効果説　89, 90
戦時禁制品　396
戦時国際法　386
船種基準説　242, 243
戦術核兵器　391
漸進的発達　66
全人類の活動分野　295
先制自衛　370
先　占　227, 228, 295
戦　争　347
　　——の違法化　13, 14, 48, 319
　　——の正当な原因の追求（jus ad bellum）
　　　345
戦争犯罪　118, 119, 219, 220
選択条項受諾宣言　334
　　——の留保　335
全当事国一致の原則　40
選任領事　140
船舶起因汚染　311

船舶領土説　*112*
専門機関　*164, 166, 183*
専門性の原則　*343*
戦略攻撃兵器の制限に関する一定の措置についての暫定協定（SALT Ⅰ暫定協定）　*382*
戦略兵器削減交渉（START）　*382*
戦略兵器制限交渉（SALT）　*382*

そ

相互主義　*109, 198, 204, 289, 296, 337*
創設的効果説　*89, 90*
相対的政治犯罪　*206*
遭　難　*157*
双方可罰性　*133*
　　──の原則　*205*
相馬ケ原事件　*148*
遡河性の種　*271*
属地主義　*112, 113, 117, 120, 122*
訴状差戻命令に対する抗告事件　*131*
ソフト・ロー　*22, 23*
ソ連原潜の日本領海通航事件　*249*

た

第一次国連海洋法会議　*237*
大韓航空機撃墜事件　*282, 283*
大帰化　*193*
対抗措置　*156, 158, 159*
対抗措置発動の三要件　*160*
第五福竜丸事件　*251, 381*
第三国の訴訟参加　*338*
第三リステイトメント433節　*121*
対ニカラグア軍事的活動事件　*31, 123, 335, 338, 342, 369, 376, 377*
第二次国連海洋法会議　*238*
第二次国連ソマリア活動（UNOSOM Ⅱ）　*365*
第二次国連保護軍（UNPROFOR Ⅱ）　*365*
第二次中東戦争　*357*
代表権　*173*
代表者に対する強制　*48*
代表説　*141*
逮捕状事件　*115, 118, 144*
対南ア決議418　*353*
対南ローデシア決議235　*353*
大陸棚　*268*
　　──に対して主権的権利　*264*
　　──の限界画定　*266*
　　──の限界に関する委員会　*266*
大量破壊兵器　*296, 385*
竹　島　*229, 230, 335*
多国籍軍　*354, 355, 357, 366*
TAJIMA号事件　*115, 116*
多数決制　*184*
脱　退　*178, 179*
ダンチッヒにおけるポーランド系住民の待遇に関する事件　*72*

ち

地域的安全保障　*358*
地域的機関　*347*
地域的国際組織　*164*
地域的取極　*326*
チェルノブイリ原発事故（1986年）　*307*
治外法権説　*141*
地球遠隔探査　*127*
地球探査衛星　*297*
着弾距離説　*238*
チャプルテペック協定　*375*
仲介（居中調停）　*321*
中国代表権問題　*174*
仲裁裁判　*277, 319*
仲裁裁判所　*275*
中西部太平洋まぐろ類委員会　*254*
中米司法裁判所　*330*

中立義務の変容　*397*
中立法規　*386, 395*
張振海事件　*292*
朝鮮国連軍　*355, 357*
朝鮮戦争　*326*
調　停　*322*
直接放送衛星　*297, 298*
直線基線　*25, 240-242*
地理的不利国　*265, 270*

つ

追跡権　*255*
通過通航権　*240, 248, 249*
通常基線　*240*
通常の戦争犯罪　*218*
通常兵器　*296*

て

定期航空業務　*287*
定住外国人の地位　*197*
定着性の種族　*267*
ティンバーレン製材会社事件判決　*120*
テキサダ号事件　*239*
適用除外　*188*
テヘラン人質事件　*326*
テロと自衛権　*370*
伝統的国際法　*17, 18*
天然資源に対する恒久主権原則　*298*
添　付　*228*

と

同　意　*157*
東欧およびソ連における新国家承認に
　関する指針　*91*
投棄起因汚染　*313*
等距離基準　*265*
等距離原則　*30, 53, 265*
等距離方式　*30*

当事者適格　*339*
当事者能力　*332*
統治行為論　*82*
投票権停止　*177*
逃亡犯罪人の引渡手続　*204*
逃亡犯罪人引渡法　*292*
　──3条　*204*
登録国主義　*112, 284*
特定海域　*240*
特定性の原則　*205*
特任裁判官　*332*
特別帰化　*193*
特別協定　*356, 357*
特別使節団　*137*
特別条約　*67*
特別仲裁裁判所　*275*
特別の事情　*30*
特別法　*68*
　──は一般法を破る　*68*
ドッガー・バンク事件（1904年）　*322*
特権免除　*135, 141, 167*
　──の放棄　*144*
トバール主義　*96*
トランスカイ不承認要請決議　*93*
トリー・キャニオン号事件　*158, 308,*
　　　　　　　　　　　　　　309, 312
トリーペル　*77*
奴隷取引　*119, 257*
奴隷輸送　*260*
トレイル溶鉱所事件（1941年）　*306*

な

内国民待遇　*196*
内政不干渉義務　*364*
内戦と国際人道法　*393*
内陸国　*265, 270*
ナチ協力者処罰法　*226*
NATO　*359*

南　極　*234*
南極協議国会議　*234*
南西アフリカ事件第二段階判決　*341*
ナンセン通行証　*209*
難　民　*209*
難民審査参与員制度　*212*
難民認定手続　*211*

に

二元論　*77*
二重拒否権　*181, 355*
日米安全保障条約第3条に基づく行政
　　協定17条　*148*
日華事変　*346*
日ソ共同宣言　*358*
日本国憲法9条と集団的自衛権　*378*
日本の領土紛争　*229*
入港国主義　*312*
ニュルンベルク原則　*219*
ニュルンベルク国際軍事裁判所　*219*
任意管轄　*333*
任意条項　*334*
認可状　*93, 140*

の

ノッテボーム事件　*202*
ノルウェー漁業事件　*240*
ノルウェー公債事件（1957年）　*337*
ノン・セルフ・エキュゼキューティ
　　ング（non-self-executing）な条約　*80*
ノン・ルフールマン原則　*211*

は

バイキング方式　*273*
ハイジャック行為　*291, 292*
排他的経済水域　*158, 256, 268, 269*
　　──及び大陸棚に関する法律　*269*
　　──における漁業等に関する主権的権
　　利の行使等に関する法律　*256, 269*
ハーグ国際法典編纂会議　*237*
ハーグ陸戦規則　*390*
　　──46条　*395*
派遣領事　*140*
発　見　*227*
ハートフォード火災保険会社事件　*120*
ハード・ロー　*22*
パナマ運河　*233*
パナマ干渉　*125*
ハマーショルド　*326, 361*
バーミューダ協定　*287*
ハーモン理論　*232*
パラレル方式（並行方式）　*273*
パルマス島事件　*227*
パレスチナ占領地におけるイスラエル
　　の壁建設不承認を支持する勧告的意見
　　394
パレス・マチェイン事件　*121*
判決の効力　*341*
判決の履行　*341*
犯罪人引渡制度　*122*

ひ

非核三原則　*240, 244, 249, 250*
非軍事的強制措置　*353, 354, 359*
非交戦国　*397*
非交戦状態　*397*
非国際的武力紛争　*386, 393*
避止義務　*397*
批　准　*36, 37*
批准書の交換　*37*
非常任理事国　*180*
非嫡出子の国籍取得制限　*191*
ピノチェ事件　*115, 133*
非法律的紛争　*329*

ふ

フォークランド紛争　352
不可抗力　157
不可侵権　142
不干渉義務　122
父系優先血統主義　190, 191
不承認主義　92
付託合意　328, 333
二つの自由協定　287
二つの中国論　174
普通帰化　193
普通犯罪　205
復仇　159, 319
物的軍事目標　390
部分的権利停止　176
普遍主義　117, 119, 133
父母両系血統主義　191
武力攻撃　376
　　——の発生　369
武力行使禁止原則　356
武力行使の違法化　48, 344
武力行使の合法性に関する事件　340
武力による威嚇　347
武力復仇　159
ブレトン・ウッズ体制　109
分離通航方式　243, 249

へ

米国同時多発テロ事件　260
米国の外国主権免除法　128, 129
閉鎖海論　237
平時国際法　386
米州機構　327, 359
米州機構憲章　124
米州人権委員会　217
米州人権裁判所　217, 330
米州平和軍　360
平和維持活動　177, 354, 360-362, 364
　　——の経費負担問題　362
　　——の特徴　363
　　——への日本の参加　366
平和維持軍　326, 363
平和執行部隊　365
平和に対する脅威　351, 352
平和に対する罪　218, 219
平和の破壊　351, 352
平和への課題　365
ベネット事件　121
ヘルシンキ規則　232
ペルソナ・ノン・グラータ　138, 140, 145
便宜置籍船　116, 253, 254, 309
変型　77, 80
片務的・非相互主義的一般特恵関税制度　109
弁理公使の席次に関する規則　136

ほ

砲艦外交　48
防空識別圏　283
法原則宣言　26
防止外交　361
防止義務　397
放送衛星によるテレビ番組の送出　126
法的確信　27, 29-31
法典化　62, 66
法の一般原則　20, 24
報復　159
法律上の承認　93, 94
法律上の政府　99
法律的紛争　323, 329
補完性の原則　221
北部キプロス（北キプロス・トルコ共和国）不承認要請決議　93
保護主義　114
補助的法源　21

母川国主義　271
北海大陸棚事件　25, 30, 53, 264, 265
北方領土問題　229, 335
ポーランド上部シレジアのドイツ人の
　利益に関する事件　73
捕　虜　392
本務領事　140

ま

マクリーン事件　194, 197
麻薬または向精神薬の不正取引　261
満州事変　92, 346

み

未承認国の国際組織への加盟承認　94
みなみまぐろ事件　276
みなみまぐろ保存委員会　254
南ローデシア不承認要請決議　92
民間航空の安全に対する不法行為　291
民族自決主義　93

む

無害通航権　239, 242
無過失責任原則　154, 155
無許可放送　257, 261
無国籍船　261
無差別攻撃　389
無差別戦争観　14, 345, 396
無差別爆撃　389, 391
無主地　227, 228
無政府主義者　206
無防守都市　389, 391
無防備地域　389

め

名誉領事　140
免除の享有者　130

も

黙認の義務　396

ゆ

友好関係原則宣言　159
Ｕ２型機事件　282
ユーゴスラビア会議仲裁委員会　92
ユーゴスラビア空爆　125
ユダヤ人難民　209
ユナニミティ・ルール　40
ユーニス事件　115
ユネスコの政治化　179
尹秀吉事件　207

よ

横田基地夜間飛行差止等請求事件　131
余剰分　270, 276
ヨーロッパ人権委員会　208
ヨーロッパ人権裁判所　208

ら

ラグラン事件　134, 140, 340
ラヌー湖事件（1957年）　232, 307

り

陸上起因汚染　311
李承晩ライン　231
立憲主義的正統主義　96
立法管轄権　111, 119
　　──の域外適用　121
　　──の競合　119
留　保　335
流　民　210
領域権原　227
領域主権　224
　　──の機能　225
　　──の性質　225

領域使用の管理責任　　305
領　海　　238, 239
　　——および接続水域に関する法律
　　　239, 240
領　空　　279
　　——主権　　280, 285
　　——侵犯　　280, 282
領事官　　134
領事関係条約選択議定書　　141
領事関係の設定　　140
領事機関の公館の不可侵　　146
領事機関の特権免除　　143
領事裁判官　　138
領事裁判権　　139
領事の任務　　139
領事封印袋　　143
両立性の基準　　40, 42
旅　券　　193, 195
臨　検　　257, 258, 262

れ

レイカー事件判決　　120
レッド・クルセイダー号事件（1962年）
　　256, 322
連盟規約
　　——15条1項　　125
　　——15条8項　　125
　　——18条　　45
　　——26条　　58

ろ

ロシア難民問題　　209
路線権　　288
ロチュース号事件　　112, 115

わ

ワルシャワ条約機構　　376
湾　　239
湾口24カイリ規則　　239

条約・憲章・宣言等索引

あ行

アパルトヘイト罪の鎮圧及び処罰に関する条約　*206, 219*
油による汚染損害についての民事責任に関する国際条約（**私法条約**）　*155, 310*
油による汚染損害の補償のための国際基金の設立に関する国際条約　*310*
油による汚染を伴う事故の場合における公海上の措置に関する国際条約（**公法条約**）　*310*
油による海水の汚濁の防止のための国際条約（**海水油濁防止条約**）　*311*
アフリカ統一機構条約　*210*
アフリカ非核地帯条約（**ペリンダバ条約**）　*385*
イベロ・アメリカン航空条約（**マドリード条約**）　*281, 285*
ウィーン外交関係条約　*134, 144*
ウエストファリア条約　*6, 7, 8*
宇宙基地協定　*299*
宇宙救助返還協定　*301*
宇宙条約　*294, 385*
宇宙損害賠償責任条約　*155, 302, 306*
英米逃亡犯罪人引渡条約　*208*
欧州共同体条約　*70*
欧州国家免除条約　*128*
欧州人権条約　*217*
欧州通常戦力条約（**CFE条約**）　*384*
欧州犯罪人引渡条約　*204*
オゾン層保護のためのウィーン条約　*305*
オゾン層を減少させる物質に関するモントリオール議定書　*305*
オープン・スカイ協定　*289*

か行

外交関係に関するウィーン条約　*136*
外交関係に関するウィーン条約に附属する紛争の義務的解決に関する選択議定書　*333*
外国航空機の地表上第三者損害ローマ条約　*155*
開戦に関する条約　*319*
海底非核化条約　*385*
海洋航行の安全に対する不法な行為の防止に関する条約　*260*
海洋航行不法行為防止条約　*117*
海洋主権宣言　*231*
カイロ宣言　*229*
化学兵器禁止条約　*384, 388*
核拡散防止条約（**NPT**）　*381, 382*
核物質海上輸送責任条約　*155*
核物質防護条約　*117*
樺太・千島交換条約　*230*
環境改変技術の軍事的使用その他の敵対的利用の禁止に関する条約　*304, 388*
環境と開発に関するリオ宣言（**リオ宣言**）　*109, 305, 314*
環境保護に関する南極条約議定書　*235*
関税および貿易に関する一般協定（**GATT**）　*183*
気候変動枠組条約　*305, 314*
義務的管轄権受諾宣言　*334*
漁業及び公海の生物資源の保存に関する条約　*238, 268*
軽気球からの投射物・爆発物投下を禁止するハーグ宣言　*388*
経済的・社会的および文化的権利における米州人権条約の追加議定書　*217*

経済的，社会的及び文化的権利に関する国際規約　45
契約上ノ債務回収ノ為ニスル兵力使用ノ制限ニ関スル条約　14, 342, 346
原子力事故援助条約　308
原子力事故の早期通報に関する条約　307, 308
原子力民事責任ウィーン条約　155
公海に関する条約　238, 304, 311
工業所有権保護同盟条約　57, 70
航空機内で行われた犯罪その他のある種の行為に関する条約（**東京条約**）　218, 290
航空機の不法な奪取の防止に関する条約（**ハーグ条約**）　117, 206, 218, 291
拷問禁止条約　115, 117, 133
国際航空運送協定　287
国際航空運送についてのある規則の統一に関する条約（**ワルソー条約（1929年）**）　285
国際航空業務通過協定　287
国際航空条約（**パリ条約**）　281, 285
国際司法裁判所規程　331
国際人権規約A規約　39
国際人権規約B規約　198, 322
国際水路の非航行的利用の法に関する条約　232
国際的に保護された者に対する犯罪の防止及び処罰に関する条約　117, 207
国際紛争平和的処理条約　319, 328, 329
国際紛争平和的処理に関する一般議定書　319, 322, 329, 333
国際民間航空条約（**シカゴ条約**）　46, 281, 282, 286
国際連合とアメリカ合衆国との間の本部協定　169
国際連合の特権および免除に関する条約　168

国際労働機関憲章　343
国連海洋法条約　15, 44, 109, 117, 245, 246, 274, 304, 306, 310, 312, 322
国連特権免除条約　171, 343
国連本部協定　343
国連友好関係原則宣言　27, 124, 159, 320
国家および国家財産の裁判権免除に関する国際連合条約　128, 130
国家承継に伴う無国籍の防止に関するヨーロッパ評議会条約　101
国家の経済的権利義務憲章　109
国家の権利および義務に関するモンテビデオ条約　87, 89
国家の財産・公文書及び債務についての国家承継に関するウィーン条約　101, 102

さ行

産業事故の越境効果に関する条約　307
サンフランシスコ講和条約　230
ジェイ条約（**英米友好通商航海条約**）　328
ジェノサイド条約　219, 333
シカゴ条約　282
死刑廃止のための米州人権条約議定書　217
自動触発海底水雷を禁止する条約　388
市民的及び政治的権利に関する国際規約（**B規約**）　45, 215
市民的及び政治的権利に関する国際規約の選択議定書（**B規約選択議定書**）　215
社会的及び文化的権利に関する国際規約（**A規約**）　215
集団殺害罪の防止及び処罰に関する条約　40, 206
ジュネーブ諸条約第一追加議定書　389, 390, 392, 393
ジュネーブ諸条約第二追加議定書　393

条約・憲章・宣言等索引

ジュネーブ第四条約　*395*
酒類密輸取締条約　*245*
常時有人の民生用宇宙基地の詳細設計，開発運用及び利用における協力に関する協定　*299*
衝突事故等の刑事裁判権に関するブラッセル条約　*254*
条約に関する国家承継に関するウィーン条約　*101*
条約法に関するウィーン条約　*32, 42, 322*
深海底を律する原則宣言　*272*
新国際経済秩序樹立宣言　*109*
スエズ運河の自由通航に関する条約（**コンスタンチノープル条約**）　*233*
ストックホルム宣言　*304, 306*
西欧ブラッセル条約　*351*
生物多様性条約　*305, 314*
生物・毒素兵器禁止条約　*384, 388*
戦時海軍力をもってする砲撃に関する条約　*389*
戦時における文民の保護に関する条約　*392*
戦争犯罪及び人道に対する罪に対する時効不適用条約　*219*
選択条項受諾宣言　*334, 335, 340*
戦地にある軍隊の傷者及び病者の状態の改善に関する条約　*393*
セント・ペテルスブルグ宣言　*379, 388, 390*
船舶等を使用した不法行為ならびに大量破壊兵器等の拡散行為の防止に資する改正のための議定書　*260*
船舶による海洋汚染の防止のための国際条約（**MARPOL条約**）　*312*
船舶の登録要件に関する国連条約　*117, 253*
全米相互援助条約（**リオ条約**）　*351*

専門機関の特権および免除に関する条約　*169, 171, 343*
戦略攻撃能力削減に関する条約（**モスクワ条約**）　*383*
戦略攻撃兵器の削減および制限に関する条約（**START I**）　*382*
戦略攻撃兵器の制限に関する条約（**SALT II条約**）　*382*

た行

第一次戦略兵器削減条約　*385*
大学本部協定　*172*
対人地雷禁止条約（**オタワ条約**）　*15, 384, 388*
大陸棚に関する条約　*30, 238, 263, 313*
大陸棚に対するトルーマン宣言　*263*
ダムダム弾の禁止に関するハーグ宣言　*384, 388*
弾道ミサイルシステムの制限に関する条約（**ABM条約**）　*382*
中距離および準中距離ミサイルの廃棄に関する条約（**INF全廃条約**）　*383*
中米5ヵ国軍備制限条約　*380*
月協定　*295, 296, 298, 385*
テロ資金供与防止条約　*117*
テロリストによる爆弾使用の防止に関する国際条約　*115*
統一ドイツの再建に関するドイツ連邦共和国とドイツ民主共和国との条約（**ドイツ統一条約**）　*106*
東南アジア非核兵器地帯条約（**バンコク条約**）　*385*
毒ガスの禁止に関するハーグ宣言　*383, 388*
特定通常兵器使用禁止制限条約　*384, 388*
トルデシラス条約　*237*
奴隷禁止条約（**ジュネーブ条約**）　*214*

奴隷禁止条約（**ブラッセル条約**） 214

な行

南極アザラシ保存条約 235
南極海洋生物資源保存条約 235
南極鉱物資源活動規制条約 235
南極条約 234, 385
難民の地位に関する条約 209
日米安全保障条約 83, 148, 359, 376, 378
日米航空協定 289
日米地位協定 282
日米通商航海条約 128, 333
日米逃亡犯罪人引渡条約 204, 205
日米友好通商航海条約 196
日露和親条約 230
日韓基本条約 231
日韓漁業協定 241
日韓犯罪人引渡条約 204
日韓法的地位協定 197
日ソ共同宣言 229
日本と連合国との講和条約 229
人間環境宣言（**ストックホルム宣言**） 304, 306

は行

廃棄物その他の物の投棄による海洋汚染の防止に関する条約（**ロンドン海洋投棄条約**） 312
爆弾テロ防止条約 117
バーゼル条約 15
パナマ運河に関する条約（**ヘイ・ポンスフォート条約**） 233
パナマ運河の永久中立と運営に関する条約 233
バーミューダ協定 287
バルセロナ条約 231
パン・アメリカン商業航空条約（**ハバナ条約**） 281, 285

万国著作権条約 70
バンジュール憲章 218
B規約第二選択議定書 215
人質をとる行為に関する条約 115, 117, 207, 218
不戦条約 14, 319, 342, 346
部分的核実験禁止条約 250, 381
文学的及び美術的著作物の保護に関するベルヌ条約 70
紛争の平和的解決に関する欧州条約 333
文民保護条約 152
ヘイ・ヴァリラ条約 233
米国・イラン友好経済関係および領事の権利条約 373
米州人権条約 217
包括的核実験禁止条約（**CTBT**） 381
ボゴダ宣言 297
ボスフォラスおよびダーダネルス両海峡に関するモントルー条約 249
保存水域に関するトルーマン宣言 268
ポーター条約 346
捕虜の待遇に関するジュネーヴ条約 152, 392

ま行

マニラ宣言 320
麻薬及び向精神薬の不正取引の防止に関する国際連合条約 218, 261
南太平洋非核地帯条約（**ラロトンガ条約**） 385
みなみまぐろ保存条約 276, 277
民間航空の安全に対する不法な行為の防止に関する条約（**モントリオール条約**） 117, 206, 218, 291
民生用国際宇宙基地のための協力に関する協定（**宇宙基地協定**） 299
モンテビデオ条約 92

や行

ヤルタ協定　*229*
有害廃棄物の越境移動に関するバーゼル条約　*308*
油濁公海措置条約（**公法条約**）　*311*
ヨハネスブルク宣言　*315*
ヨーロッパ人権条約　*208*

ら行

ラテン・アメリカ非核地帯条約（**トラテロルコ条約**）　*385*
リオ宣言　*306, 307, 315*
陸戦中立条約　*397*
陸戦の法規慣例に関する規則　*384, 389, 390, 395*
陸戦の法規慣例に関する条約　*152*
領海及び接続水域に関する条約　*238, 239, 244-246, 310*
領事関係に関するウィーン条約　*139, 141, 146*
領土不拡大宣言　*229*
ロンドン海軍軍縮条約　*380*

わ行

ワシントン海軍軍縮条約　*380*

[執筆者]　　　　　　　　　　　　　（執筆分担）

廣部　和也（成蹊大学法科大学院教授）　第Ⅰ部・Ⅳ部
荒木　教夫（白鷗大学教授）　　　　　　第Ⅱ部・Ⅲ部

導入対話による　国際法講義〔第3版〕

2000年3月20日　第1版第1刷発行
2004年4月5日　第2版第1刷発行
2006年2月10日　第2版第2刷発行
2011年3月30日　第3版第1刷発行

ⓒ著者　廣部　和也
　　　　荒木　教夫

発行　不磨書房
〒113-0033 東京都文京区本郷 6-2-10-501
TEL（03）3813-7199
FAX（03）3813-7104

㈱信山社
〒113-0033 東京都文京区本郷 6-2-9-102
TEL（03）3818-1019
FAX（03）3818-0344

制作：編集工房 INABA　印刷・製本／松澤印刷・渋谷文泉閣

ISBN4-7972-8585-7　C3332
8585-03011：012-0100-050

〈社〉出版者著作権管理機構　委託出版物〉
本書の無断複写は著作権法上での例外を除き禁じられています。複写される場合は、そのつど事前に、（社）出版者著作権管理機構（電話 03-3513-6969, FAX 03-3513-6979, e-mail: info@jcopy.or.jp）の許諾を得てください。

発売中

携帯性、一覧性に優れ、手になじみやすく、数多い法令に中から必要な情報に容易にアクセス!!

標準六法'11 お陰様で大人気!!

四六・並箱 本体 1,280円（税別）

石川明・池田真朗・宮島司・安冨潔・三上威彦・大森正仁・三木浩一・小山剛　編集代表

専門課程・試験用薄型六法

好評を博した法令厳選超薄型六法『法学六法』のネクストステップ、薄型《スタンダード》六法。大学院入試や各種資格試験などに適した内容で、『法学六法』から更に踏み込んで専門的要素を盛り込んだ、専門課程の学生やプロユースに的を絞った薄型新標準六法。『法学六法』と編集代表を同じくして、編集方針を明確に分け、段階的な学習を目指す六法シリーズ。法学部生や法科大学院生、実務家にお勧めの充実の法令集。略条文・項の明記やスタンダード版収録条文の見直しや追加で、より使いやすくなった'11版。

法学六法'11 携帯六法の最高峰!!

四六・並箱 本体 1,000円（税別）

石川明・池田真朗・宮島司・安冨潔・三上威彦・大森正仁・三木浩一・小山剛　編集代表

初学者向けに情報を厳選したエントリー六法

裁判員制度・法教育など、司法新時代の法学に対応した新時代の好評六法。充実の編集陣により、専門分野での入門授業の成果を結実し、一般市民教育と専門教育を見据え、「生活の中の法」と「紛争解決手段としての法」双方の学習を初期段階から最大限にバックアップ。好評の"脅威の薄さ"はそのままに改正法令を最新化。2色刷・横組で、入門者だけでなく、プロフェッショナルの携帯にも利便の新感覚薄型六法。

ブリッジブックシリーズ

山本和彦 著

ブリッジブック 民事訴訟法入門

四六変・並製・280頁　定価：本体2,600円（税別）　ISBN978-4-7972-2331-6 C3332

将来の本格的、かつ主体的な学習の手掛かりに最適

将来の本格的、かつ主体的な学習の手掛かりに最適の書。①細かな手続や規定の内容というより、大きな制度として、それが何故存在するのかを中心に叙述し、②狭義の民事訴訟法だけではなく、その周辺にある手続、つまり、民事執行、民事保全、家事事件等についても概要を論述、また、③できるだけ興味をもって学習を進めてもらうために、初歩的知識から初めて、現在学界や立法の最先端で議論がされているような問題も取り上げる。市民にとって利用しやすく頼りがいのある民事司法はどのようなものであるべきか、広くそして深く、時代の要請に応える待望の入門書。

ブリッジブック 法学入門	南野　森 編	2,300円（税別）
ブリッジブック 先端法学入門	土田道夫・高橋則夫・後藤巻則 編	2,100円（税別）
ブリッジブック 憲法	横田耕一・高見勝利 編	2,000円（税別）
ブリッジブック 行政法	宇賀克也 編	2,000円（税別）
ブリッジブック 商法	永井和之 編	2,100円（税別）
ブリッジブック 刑法の考え方	高橋則夫 編	2,200円（税別）
ブリッジブック 裁判法（第2版）	小島武司 編	2,800円（税別）
ブリッジブック 民事訴訟法	井上治典 編	2,100円（税別）
ブリッジブック 刑事裁判法	椎橋隆幸 編	2,000円（税別）
ブリッジブック 国際法（第2版）	植木俊哉 編	2,500円（税別）
ブリッジブック 国際人権法	芹田健太郎・薬師寺公夫・坂元茂樹 著	2,500円（税別）
ブリッジブック 医事法	甲斐克則 編	2,100円（税別）
ブリッジブック 法システム入門	宮澤節生・武蔵勝宏・上石圭一・大塚浩 著	2,600円（税別）
ブリッジブック 法哲学	長谷川晃・角田猛之 編	2,200円（税別）
ブリッジブック 社会学	玉野和志 編	2,300円（税別）
ブリッジブック 先端民法入門（第3版）	山野目章夫 編	2,500円（税別）
ブリッジブック 日本の政策構想	寺岡　寛 著	2,200円（税別）
ブリッジブック 日本の外交	井上寿一 著	2,000円（税別）

編集代表　芹田健太郎
編集委員　森川俊孝・黒神直純・林 美香・李 禎之

コンパクト学習条約集

四六正・並箱・584頁　本体1,450円（税別）　ISBN978-4-7972-5911-7 C0532

薄くて持ち易く、内容も工夫された最新条約集

日常の溢れんばかりのニュースの背景にある国際社会の枠組みをより深く知り、調べることができる最新の条約集。国際協力を軸にした、新しい目次立て・体系により、現代の国際社会に対応するとともに、各章ごとの解説、理解を深めるための「ミニ解説」、重要な話題に関する「コラム」、WEB活用の案内などで、一歩すすんで条文の理解を助ける最新型条約集。

重要情報を1冊に凝縮！！

◆目 次◆
I 国 家
　国の権利義務条約
　植民地独立付与宣言
　友好関係原則宣言
　不戦条約
　日米安保条約
　在日米軍地位協定
　国連裁判権免除条約
　国連海洋法条約
　国連公海漁業実施協定　等
II 人権保障
　世界人権宣言
　日本国憲法
　自由権規約
　自由権規約選択議定書
　自由権規約・死刑廃止条約
　社会権規約
　社会権規約選択議定書
　人種差別撤廃条約
　子どもの権利条約　等
III 国際機構
　国連憲章
　平和のための結集決議

　UNHCR規程
　国連開発計画設立決議
　国連環境計画設立決議
　平和構築委員会設立決議
　人権理事会設立決議
　国連要員等安全条約　等
IV 国際協力
　北大西洋条約
　核拡散防止条約
　IAEA憲章
　生物兵器禁止条約
　化学兵器禁止条約
　大量破壊兵器の不拡散
　特定通常兵器禁止条約
　国連人道緊急援助の調整の
　　強化
　人間環境宣言
　京都議定書
　生物多様性条約　等
V 国際裁判
　国際司法裁判所規程
　強制管轄受諾に関する日本
　　国の宣言
　国際海洋法裁判所規程

　紛争解決手続了解
　投資紛争解決条約
VI 武力衝突
　開戦条約
　陸戦の法規慣例に関する条
　　約
　捕虜条約
　1949年ジュネーヴ諸条約
　　の第1追加議定書
　1949年ジュネーヴ諸条約
　　の第2追加議定書
　国連部隊による国際人道法
　　の遵守
VII 平和と友好関係の再構築
　カイロ宣言
　ヤルタ秘密協定
　ポツダム宣言
　降伏文書
　対日平和条約
　日ソ共同宣言
　日中共同声明
　日中平和友好条約
　日韓基本関係条約　等

◆**ブリッジブック国際人権法**◆

四六判・並製・288頁　本体2500円（税別）
ISBN978-4-7972-2327-9

芹田健太郎・薬師寺公夫・坂元茂樹 著

国際人権法の最高水準テキスト

基本知識の習得に役立つよう工夫された法学部生に加え、他学部生で想定したテキスト。国際人権法の規範内容や国際人権法を特徴づける国際実施や国内実施についての概要から応用までをカバー。高度な内容も分かり易いよう口で明快に記述され、2色刷で幅広い学生のニーズに応える画期的テキスト。巻末に、「基本問題」「発展問題」を掲載し、ゼミナールや試験などにも利便の書。充実の執筆陣による待望の国際人権法テキスト。

◆**ブリッジブック国際法[第2版]**◆

四六判・並製・308頁　本体2500円（税別）
ISBN978-4-7972-2325-5

植木俊哉 編　尾崎久仁子・河野真理子
坂本一也・山本 良 著

定評の国際法入門書の最新版

初学者をスムーズに国際法の世界に導く、配慮と工夫に富んだ入門書の第2版。初学者に必要な項目を選択・整理、読後の更なる学習への道筋を示す。国際社会でのさまざまな問題や事件、現象などが、国際法によってどのようにとらえられ、規律されているかを、可能な限り具体的に提示。最新情報を付加した、好評書の改訂版。

◆**プラクティス国際法講義**◆

A5変・上製・464頁　本体3800円（税別）
ISBN978-4-7972-2406-1

柳原正治・森川俊一・兼原敦子 編
江藤淳一・児矢野マリ・申ヘボン・高田 映
深町朋子・間宮勇・宮野洋一 著

必要充分な知識定着型テキスト決定版

国際法の学習に不可欠な歴史的背景や国際的原則の形成過程を丹念に解説し、現行制度の基礎的・体系的理解を定着させる、法学部・法科大学院向けテキストの決定版！各章末にある10の〈確認質問〉により重要ポイントを的確に指摘し、2度塗り効果で知識の定着を図る。必要にして充分な情報で学習を確実に進めることができる。法科大学院入試、司法試験の必読テキスト。